21世纪高等教育会计通用教材

财务会计

Financial Accounting

裘宗舜 主编

东北财经大学出版社
Dongbei University of Finance & Economics Press
大连

图书在版编目（CIP）数据

财务会计 / 裘宗舜主编 .—大连 ：东北财经大学出版社，2008. 10（2010. 7 重印）
（21 世纪高等教育会计通用教材）
ISBN 978 - 7 - 81122 - 438 - 2

Ⅰ. 财… Ⅱ. 裘… Ⅲ. 财务会计 - 高等学校 - 教材 Ⅳ. F234. 4

中国版本图书馆 CIP 数据核字（2008）第 144097 号

东北财经大学出版社出版
（大连市黑石礁尖山街 217 号 邮政编码 116025）
教学支持：（0411）84710309
营 销 部：（0411）84710711
总 编 室：（0411）84710523
网　　址：http：//www. dufep. cn
读者信箱：dufep @ dufe. edu. cn

大连日升印刷厂印刷　　东北财经大学出版社发行

幅面尺寸：170mm × 240mm　　字数：421 千字　　印张：17 1/2
2008 年 10 月第 1 版　　2010 年 7 月第 2 次印刷

责任编辑：李智慧　周　晗　　责任校对：群　乐
封面设计：冀贵收　　版式设计：钟福建

ISBN 978 - 7 - 81122 - 438 - 2
定价：28. 00 元

前　言

随着世界经济的全球化，2007年我国整个经济的发展，尤其是经济的增长速度和内外贸易总量的上升速度，均创出我国历史上的新高，居于世界经济发展的前列，为经济决策和企业管理提供信息服务的会计也越来越重要。

在国际资本市场的跨国投资、融资的活动中，需要各国上市公司透明的财务信息的披露，甚至还需要调整、重编上市公司的财务报表。在激烈的国际贸易竞争中，存在着倾销、反倾销，以及有关的调查、仲裁、诉讼等活动。为求胜诉，企业的营销、生产、技术人员必须提供可信的、有说服力的、符合国际会计准则标准的费用、成本数据作为证据。为此，在国际会计准则理事会（IASB）的促进下，世界各国的会计准则日益走向趋同，不仅要求上市公司的高层管理人员，而且要求企业的商务人员和生产技术人员都具有一定的财务会计知识，以适应国际贸易发展的需要。

会计总是紧跟经济发展而产生并拓展的，在我国改革开放的进程中，它虽然领不了头，可是在浪潮起伏的滚滚洪流中，也不甘落后，时候到了，就会迈出重要的步伐。2006年2月15日，我国新的《企业会计准则》包括基本准则及38项具体准则颁布了，要求自2007年1月1日起首先在全国上市公司实施。我们本着集约精炼的原则提出了全书的基本框架和内容，确定了本书15章的编写大纲。

本书由裘宗舜教授主编，并总纂、定稿。参加初稿编写的有：裘宗舜（第1章）、湛江（第2、9章）、邓圣华（第3、4、15章）、姜寒云（第5章）、夏炎（第6、11章）、周洁（第7、10章）、蒋剑峰（第8、12章）、黄小彬（第13章）、简芬（第14章），柯东昌协助删改、补充及文字校正。他们为此付出了很多时间和辛劳，一并在此致谢。

本书适用于高等院校的本科学生会计学的学习，也可供一般会计工作者和管理人员业余学习参考。限于个人水平，错误在所难免，尚祈同行、读者不吝指教。

裘宗舜
2008年8月

目 录

第一章　总　论

第一节　财务会计的本质和目标

在我国的社会主义市场经济体制下，一些公有的、民间的机构或个人依据《中华人民共和国公司法》（以下简称《公司法》）创立了股份有限公司。这些公司企业为了筹集资金，必须申请进入股票证券市场，发行股票，成为上市公司，如长江电力股份有限公司、中国船舶工业股份有限公司、苏宁电器股份有限公司等。打算购进某公司股票的投资者，在购进这个公司的股票之前，首先需要了解公司的基本情况，如经营范围、注册资本、公司管理层及治理情况等，还要着重了解和评估这个公司的财务状况、经营成果及现金流入和流出，以及该公司的未来发展情况和价值，另外公司必须定期向社会公众公布这些信息。公司在被指定的报刊上登载的财务报告和就是这些信息的载体。潜在的投资者依据这些财务信息及有关的其他信息，经过研究思考决定购进或不购进公司的股票，也就是做出是否投资这个公司的决策。已持有公司股票的投资者，即股东，依据这些信息及其他有关资料，可以考核公司管理层的经营管理是否尽职负责、是否能够做到保本增值、是否具有优良的经营业绩，并决定是否继续持有公司的股票或者卖出股票，也就是做出是否持有这个公司股份的决策。这些提供给潜在的投资者和已持有股份的投资者做出经济决策所需要的信息都是由公司企业的财务会计体系生成，并通过财务报表（即会计报表）提供的。因此，就财务报表及整个财务会计体系的本质来说，它是一个信息系统。

公司企业的投资者购进股票后就获得公司股份和所有权，享有公司股东权利，公司的众多股东通过股东大会选举成立董事会，并由董事会经过人才市场聘用公司经理人员形成公司企业管理层。依据《公司法》创立的股份制公司，其所有权和经营权是分离的。按照公司股份，归股东所有的公司财产由所有股东委托公司管理层保管、经营和运用，公司管理层对全体股东负有受托责任而享有经营权。公司每一个股东可以通过公司定期提供的财务报告（包括财务报表）考核公司管理层履行受托责任的情况，并在股东大会上用手投票决定是否要撤换或改选董事，或者用脚投票，即在股票市场抛售持有的股票，退出公司股东行列。

财务报告的使用者除了潜在的投资者和投资者（股东）外，还有债权人，包括贷款人（银行或财团）、公司债券持有人、供应商（应付账款）、政府及有关部门（包括税务部门、海关、统计部门、研究部门（高等院校、研究所等））和社会公众，他们要查阅公司企业的财务报告，分析公司企业的偿债能力、盈利能力、纳税情况，以及经营规模和发展远景等。这些信息是他们决定政策、选取措施、剖析问题所必需的依据。

满足投资者及其他财务报告使用者在决策中所需的财务信息的需求，是公司企业财务报告及财务会计系统的基本目标。具体来说，财务报告必须向其使用者提供企业财务状况、经营成果和现金流量的信息，以及描述企业管理层履行受托责任情况的信息。这些信息对于财务报告使用者的投资决策、信贷决策、人事决策来说，都是决策中需要的信息，是决策中有用的信息。

一般来说，公司企业财务会计具有以下几个特征：

第一，它与传统会计有紧密的继承关系。首先，表现在它继承了传统的复式记账法，即借贷记账法。1494 年卢卡·巴其阿勒（Luca Pacioli）在他的家教讲义中详细记述了当时在威尼斯流行的“古代复式簿记”。“诚然，巴其阿勒没有发明复式记账，因为有证据表明，复式记账在 14 世纪初期就存在了。但是，巴其阿勒成为撰写复式记账专著的第一位作者，而且是以通俗的语言写成，从而使他赢得了‘会计之父’的称号。”① 直到 18 世纪产业革命开始后，经英国人琼斯（Jones）加以改进，才形成了英国式簿记。其次，承袭了在历史发展中陆续形成的一些会计概念和逻辑，如从凭证到账簿到表、日记账、分类账、试算表、资产负债表和利润表等。

第二，公司企业的财务报表的使用者主要是公司企业的外部人士，如前所述，他们主要是投资者、贷款人、供应商、政府机构人员（包括税务机构和统计机构的人员）等。因此，与对内的管理会计相对称，财务会计又称为对外会计。每个上市公司的定期财务报表在对外公布以前必须经管理层集体讨论与分析，撰写成纪要随附财务报表。财务报表还须经企业经营负责人（如 CEO）和财务会计负责人（如 CFO）签字或盖章以示对报表内容的合法性、真实性、完整性承担责任。财务报表在公布之前，企业还应聘请注册会计师对其进行审计，并写出审计报告随附财务报表一同对外公布。

第三，公司企业财务报表的编制及财务会计对企业日常发生的交易、事项和情况的处理，都必须遵守并依照企业会计准则的有关规定执行。企业会计准则是所有公司企业反映经济活动的财务会计技术标准，是生成和提供财务会计信息的重要依据，也是国家、社会规范乃至强制性规范的重要组成部分。只有所有的公司企业执行统一的技术规范，才能保持公司企业财务报表的一致性、可比性，保障会计信息的质量。

综上所述，在社会主义市场经济体制下，实行股份制的公司企业，它的财务报告包括财务报表和管理层讨论及分析纪要，以及整个财务会计体系，就其本质上来说，是一个会计信息系统。财务会计的目标在于向使用者提供对决策有用的信息。其特征有三：一是它与传统会计有紧密的联系；二是它是对外会计；三是它的会计行为必须遵循企业会计准则，以求高质量、高透明度和可比性。

第二节　企业会计准则与财务会计概念框架

会计准则就是会计行为的标准、会计技术的规范。我国财政部发布的《企业会计准则》是政府部门的规章，是规范性文件，作为法规体系，其具有强制性的特点，要求企业必须执行。

具体来说，会计准则是反映经济活动、确认产权关系、规范收益分配的会计技术标准，是生成和提供会计信息的重要依据，有利于实现社会资源优化配置，有利于维护社会主义市场经济秩序，有利于贯彻我国的改革开放政策，有利于扩展国际经济交往。

由于世界经济日益走向一体化、国际贸易自由化的冲击，使国际资本市场、跨国公司持续扩展，资本、劳务等生产要素在全球范围内自由流通。会计学科是一门计量学科，作为资本和价值计量技术标准的会计标准（即会计准则），也被要求与国际趋同，使会计成为真正的国际通用商业语言。

早在 20 世纪 70 年代，为了适应国际资本在全球范围内流动的需要，依据 1972 年在

① ［美］R. C. 布朗、K. S. 约翰斯顿：《巴其阿勒会计论》，林志军、李若山等译，23 页，上海，立信会计图书用品社，1988。

澳大利亚悉尼召开的第十次国际会计师大会上通过的一项倡议，于1973年6月在英国伦敦成立了国际会计准则委员会（IASC）。IASC陆续发布了40多份国际会计准则（IAS），于1998年12月完成了与证券委员会国际组织（IOSCO）协议承诺的核心准则计划。2000年5月，IOSCO批准了其中30份准则，并由其技术委员会向全球各国证券市场推荐，要求它们的上市公司和跨国筹资采用国际会计准则。这首先得到欧盟（EU）和新加坡等国的响应，欧盟承诺自2005年起，所有欧盟各国的企业均执行除金融工具准则之外的所有其他国际会计准则。为了争取美国的支持，IASC于2001年进行改组。2001年2月，在美国Delaware州成立IASC基金会。IASC基金会受托人的职责为筹集资金，任命国际会计准则理事会（IASB）、常设解释委员会（Standing Interpretation Committee）及准则咨询委员会（Standard Advisory Council）的成员，以及工作和效率的监督。2001年4月，由国际会计准则理事会（IASB）取代IASC，仍设在伦敦，自此以后制定的准则称为国际财务报告准则（IFRS），原IASC制定的准则仍称为国际会计准则（IAS），继续有效。中国在咨询委员会有一个席位，自2006年起，在理事会也有了一个席位。

IASC基金会于2002年2月公布了修订后的章程，规定了IASB的基本目标是：

（1）本着公众的利益，制定一套高质量、易于理解且可实施的全球会计准则。这套准则要求财务报表和其他财务报告中的信息高质量、透明和可比，有助于世界各种资本市场的参与者和其他使用者进行经济决策。

（2）促使这些准则的使用和严格运用。

（3）促使各国会计准则与国际会计准则和国际财务报告准则高质量解决方法的趋同。

在我国对外开放国策的指引下，我国的社会主义市场经济必然融入全球经济一体化的进程中，不可能游离于国际资本市场之外，因此会计准则国际趋同化就成为一种必然趋势。我国财政部一位分管会计的领导同志说得好："趋同是进步，是方向……需要共同努力，尽量寻求一致。"不过，我们也应该考虑到我国当今还是发展中国家，社会经济仍处于转型经济之中，在推行、制定、我国会计准则过程中，其中对比发达国家其环境条件尚不够成熟、火候尚未到达的，就应该等候，暂缓一步，不应把趋同视为等同，简单地照抄、照搬，趋同是一个变化过程，不能急躁，有时尚需互动、沟通。例如，国际准则规定，同受国家控制的企业均视为关联方，所发生的交易作为关联方交易，在财务报表中要求充分披露。我国国有企业及国有资本占主导地位的企业众多，如按国际标准规定，大部分企业都是关联方，实际上这些企业均为独立法人，如果没有投资等关系，不构成关联企业。因此，我国准则规定，仅同受国家控制但不存在"控制、共同控制和重大影响的企业，不认定为关联方，从而大大缩小了关联方的范围，降低了企业的披露成本"。IAS在了解实际情况后，认同了中国的做法，并已着手修改《国际会计准则（IAS）24号——关联方披露》。在当前，我国的企业会计准则对照国际会计准则还存在着不同，这些不多的差异，随着时间的推移，将会逐渐减少而逐渐趋同。

会计准则体系具有严密的结构。我国企业会计准则体系由三部分构成：一是基本准则。它在整个准则体系中起统驭作用，主要规定会计目标，会计基本假设，会计信息质量要求，会计要素及其确认、计量和报告的原则等。它是制定具体会计准则的理论依据，对于尚未有具体会计准则作为规范的那些会计实务规范问题的处理，可以作为原则性指导意见。二是各项具体会计准则，当前有38项。它们分别规范了企业发生的某项或某类具体交易或事项的会计处理。三是会计准则应用指南。它主要包括具体准则的解释和会计科目、主要账务处理等，对执行具体会计准则进行操作性的指导。

《企业会计准则——基本准则》是我国企业会计准则体系的概念基础，各项具体会计准则是在它的理论指导下制定的。我国的这套基本准则类同于美国财务会计准则委员会（FASB）的《财务会计概念框架》和国际会计准则委员会的《编报财务报表的框架》。20世纪70年代后期，美国财务会计准则委员会曾对财务会计概念框架（conceptual framework，CF）下了一个定义："概念框架是一个宪章，是一套目标与基本原理相关联的、有内在逻辑性的体系。这个体系能导致前后一贯的（会计）准则，并指出财务会计与财务报表的性质、作用与局限性。目标辨明会计的目的和意图。基本原理指会计的基本概念。它们指引着应予会计处理的事项的筛选、各种事项的计量及汇总，并使之传递给利害关系集团的手段。由于这类概念派生其他概念，在制定、解释和应用会计与报告准则时又必须反复地引用它们，在这个意义上，这类概念是基本的。"这个定义表明了概念框架的意义、作用及内涵。我国的基本准则也是这样，具体来说，它包含以下几个方面的内容：

（1）财务报告的目标。它是向财务报告的使用者提供对决策有用的信息，并反映企业管理层受托责任的履行情况。关于财务报告以及财务会计的目标，已在上节连同财务会计的本质进行了论述，此处不再重复。

（2）会计基本假设。

（3）会计基础。

（4）会计信息质量要求。

（5）会计要素分类及其确认、计量原则。

（6）财务报告（专章论述）。

一、会计基本假设及会计基础

会计始终处于经济、政治及文化等社会环境中，处理会计工作必然受这些环境的制约，而这些社会环境又是持续发展变化的、处于动态状态的，为了保持会计系统的相对稳定性和相对独立性，必须明确会计系统的空间边界和时间边界，确定会计系统运行和发展的基本前提和制约条件，也就是在开展会计工作之前，设定一些前提和先决条件，这些就是会计基本假设。会计基本假设是用来演绎、推理出其他会计原则和理论以及进行科学论述的、理所当然的原始命题，也是人们设计和选择会计方法、程序，开展会计核算工作的前提和先例。人们在长期的实践中逐步认识和归纳形成的会计基本假设一般有四个，即会计主体、持续经营、会计分期和货币计量，分述如下：

（一）会计主体假设

在社会主义市场经济体制下依法成立的企业，它们在业务经营上都是自主经营和自负盈亏的，不管其所有制形式如何，都必须成为在经营上和经济上独立于它的资本所有者以外的实体。一个独立经营的经济实体应该进行独立核算，成为一个会计系统的会计主体，本企业和其他企业、本企业和本企业的资本所有者在经济上划清界限。企业的会计工作必须确定会计核算行为的范围，规定会计环境与会计系统的空间边界，明确本企业的哪些经济活动应当予以确认、计量和报告，哪些不应当包括在本企业会计核算的范围之内，从而确定本企业是一个会计主体。会计信息系统是在每一个主体范围内建立并运行的，这个系统的信息源是一个主体在经营过程中的价值运动的价值流。因此，会计对象的空间规定性也由于会计主体假设而得到明确，既不包括该会计主体企业的资本所有者本人与本企业无关的经济行为，也不包括其他会计主体的生产经营活动。基于这一假设，财务会计才能够把特定主体的财务状况、经营成果和现金流量独立、准确和完整地在会计报表中揭示出来，供该主体的投资所有者、债权人及其他报表使用者从中获取进行决策的有用信息。

会计主体不同于法律主体（法人）。一般来说，一个法律主体一定是一个会计主体，但是一个会计主体不一定是一个法律主体。例如，在一个企业集团内，母公司拥有若干个子公司，母、子公司虽然是不同的法律主体，但是母公司对子公司拥有控制权，为了全面反映企业集团的财务状况、经营成果和现金流量，有必要将企业集团作为一个会计主体编制合并财务报表。再如，由企业管理的证券投资基金、企业年金基金等，尽管不属于法律主体，但属于会计主体，应当对每项基金进行确认、计量与报告。

（二）持续经营假设

它是指会计主体在可以预见的未来不会宣告破产清算，也不会收缩经营规模，能够正常地持续经营下去。这样，才可以建立起一套完整而稳定的会计计量和确认原则，才能正确解决常见的财产计价和收益确定问题，才能向决策者提供可靠的会计信息。例如，固定资产的价值按使用年限分期折旧为费用，就是以这个假设为前提的。也正是有了此假设，才能认为会计工作的资产有可能在未来给企业带来经济利益。如果有事实证明或经法院宣告一个企业已无法履行其义务，正常的经营活动难以为继，企业请求破产保护，那么，持续经营假设将不再成立，建立在其上的各种准则将不再适用。这时，就要以清算假设替代持续经营假设，进而采用有关企业破产会计准则进行核算。

（三）会计分期假设

会计分期假设是指将会计主体持续经营的产供销过程人为地分割为若干期间，以便结算账目，分期确定损益，计算现金流量，编制会计报表，及时地提供有关财务状况、经营成果和现金流量的会计信息。一个持续经营的企业不可能只有等到企业所有的经营活动最终结束后，才来计算收入，才与费用相比较，计算出企业的净收益。因为企业的投资者、债权人、国家财税部门等外部信息使用者需要及时了解企业的财务状况、经营成果和现金流量，以便做出有关决策；企业内部也需要及时了解这些信息，以便加强管理和控制。为了解决这个矛盾，必须把持续经营企业的经营过程划分为若干相等间距的会计期间来进行结算并计算利润，以求得经营成果，计算企业各类业务的现金流量，反映企业某个时点的财务状况。

会计期间通常是一年，称为“会计年度”。会计年度可以与日历年度相一致（如我国），也可以不相一致。如果有需要，还可以再细分为半年度、季度和月份。我国会计期间的起讫日期采用公历日期。

会计分期假设对于会计核算是十分必要的。没有这个假设，会计上也就没有收入实现，费用分配、待摊及预提等概念和相关的处理方法，编制年度、季度财务报表就无法做出解释。

会计分期假设是持续经营假设的延伸，二者互为补充，它们使会计系统既能及时地反映企业持续经营活动各期间的财务状况、经营成果和现金流量，又能一贯地揭示和处理企业川流不息的经营活动。持续经营假设和会计分期假设规定了会计环境与会计系统的时间界限，或者说划定了会计系统的时间边界。

（四）货币计量假设

货币计量假设是指财务会计以货币为计量单位，处理、揭示、记录、报告企业经营的财务状况和生产经营情况及成果。在企业的生产经营活动中，各种财物千差万别，有的按其重量进行计量（如吨、千克），有的按其面积进行计量（如平方米、平方尺），有的按其长度进行计量（如米、市尺）等，它们的计量尺度是多种多样的，相互之间既无法比较，也不能综合汇总，为了全面、完整地反映企业的生产经营活动，会计核算客观上需要一种统一的计量单位作为它的计量尺度。在市场经济的条件下，货币是商品的一般等价物，是衡量商品价值的共同尺度，会计核算也就理所当然选择货币作为它的计量单位，以货币形式来反映生产经营活动的全过程。货币计量假设是以货币币值稳定为条件的，不具备这个条件，很难充分保证以货币为计量单位进行计量和报告的准确性和可靠性。当币值波动不大或波动时间不长时，可不予考虑；但当币值发生持续地大幅度波动时，就得采用特殊的会计方法，应用物价变动会计。

上述四个会计基本假设是会计确认、计量、记录、报告的前提和基础，它们是对财务会计活动和行为的时、空、度所规定的规范。在这些基本假设的基础上，又发展形成了一系列规范会计实务的相互联系的会计原则和准则。

我国基本准则将权责发生制称为会计基础，而国际会计准则委员会在其 1989 年 7 月公布的《编报财务报表的框架》中将权责发生制和持续经营二者列为“基础假设”。称为基础或者称为假设都是将其视为会计行为的前提，在含义上并无多大差异。按照权责发生制，要在交易和其他事项发生时（而不是在收到或支付现金或现金等价物时）确认其影响，且要将它们记入与其相联系的期间的会计记录，并在该期间的财务报表予以报告。根据权责发生制编制的财务报表，不仅告诉报表使用者过去发生的、关系到现金收付的交易，而且告诉他们未来支付现金的义务和代表未来将要收到现金的资源。因此，这些财务报表提供了在经济决策中对报表使用者最为有用的关于过去发生的交易和其他事项的信息。

与权责发生制相对应的是收付实现制，收付实现制是在收到或支付现金或现金等价物时确认其影响，如确认收入或费用。目前，我国的行政单位会计采用收付实现制，事业单位会计除经营业务可以采用权责发生制外，其他大部分业务采用收付实现制。

二、会计信息质量特征

财务报表使用者在决策中所需要的会计信息必须具备有用性，换句话说，也就是要求企业财务会计报表提供的会计信息必须具备一定的质量、具备某些会计信息特征。在现代企业财务会计的发展历程中，企业财务会计信息质量的研究是伴随企业财务会计的目标研究一道开展的，将会计信息质量特征称为财务会计的质的目标。针对报表使用者决策的有用性，首要的质量特征有：可靠性、相关性、可比性、可理解性；次要的质量特征有：实质重于形式、重要性、谨慎性和及时性。分别论述如下：

（一）可靠性

可靠性是指信息使用者可以信任所提供的信息。只有当企业会计以实际发生的交易或者事项为依据进行确认、计量、记录和报告，如实反映了客观存在的内容，不偏不倚、完整地表述了实际的经济活动和结果，既不倾向于事先预定的结果，也不迎合某一特定利益集团的需要；能够经得起验证核实，没有重要差错和遗漏，内容完整，披露充分，才能认为是具有可靠性的。

（二）相关性

相关性是指向使用者提供的会计信息必须与使用者的决策需要相关联；提供的信息可

以帮助使用者评估过去、现在的事项，预测事项未来的发展趋势，从而具有预测价值，或者通过证实或修正使用者过去的评估，从而具有证实作用的反馈价值。会计信息的预测价值和反馈价值对使用者的经济决策产生影响力，表明会计信息对决策的相关性。

国际会计准委员会在其1989年公布的《编制财务报表的框架》中将重要性列在相关性之下，视为其构成成分之一。美国FASB于其概念公告中将及时性列为相关性的组成部分。这些情况充分表明相关性的内涵是比较复杂的，在认识和理解上，各有千秋，难得一致。

（三）可比性

会计信息的使用者为了更好地理解和分析企业财务状况和经营业绩，评估企业在竞争形势中的地位，不仅需要比较企业不同时期的财务报表数据，还需要对同一时期不同企业（包括同行业的和不同行业的企业）的财务报表的数据进行比较，借以评估企业在发展中是否具有成长性、在市场竞争中是否具有优势，以作为决策中做出判断的参考。为此，要求企业提供的会计信息必须具有可比性，同类交易或事项的确认、计量和列报必须按一致的方法和标准进行。要求企业实施、遵守会计准则，以至于要求国际趋同，都无非是要提高财务信息的可比性水平。

（四）可理解性

为了提高会计信息对决策的有用性，向使用者提供的会计信息应当清晰明了、易于理解。会计信息毕竟是一种专业性较强的信息产品，它所面对的信息使用者理所当然的是掌握一定经济知识和工商管理知识，并且愿意花费时间去研究这些信息的决策者；对于重要的会计信息，不能仅仅由于有些人对其理解有困难而排除在外。

（五）实质重于形式

企业发生的交易和事项的实质，与它们的法律形式或人为形式的明显外表，有时是不一致的。为了保持信息的真实性，必须如实反映，应当根据它们的经济实质（即经济现实）而不是仅仅按照它们的法律形式去反映。例如，在融资租赁合约中，尽管规定在租赁期间融资租入的固定资产（机械设备）的所有权属于出租人，但租赁期届满时出租人会将资产的所有权转移给承租人，而且租赁期占租赁资产使用寿命的大部分（75%以上），因此，在这样的经济现实情况下，承租人在财务会计处理上可将租赁期间的融资租赁资产视同企业所有的资产，列入“固定资产”，从而比较可靠地反映了企业可以使用的机械设备的实际情况。

（六）重要性

重要性是指会计信息对使用者决策的影响程度达到了不可或缺的程度。重要性一般是指项目金额的比重、项目的性质以及二者的综合。重要性是相比较而言的，对甲企业不重要的，对乙企业可能是足够重要的，它的应用主要依赖于职业判断。

（七）谨慎性

企业的生产经营活动面临着许多风险和不确定性，如水灾、火灾、风灾以及销售后的退货、返修等商品质量问题。企业在做出职业判断时应当保持应有的谨慎，充分估计到各种风险和损失，采取必要的预防措施，诸如防火设备的安装、各种灾害的保险投保、商品售后服务中为质量保证确认一项预计负债、设置一项退赔保修保换基金等，力求既不高估资产或者收益，也不低估负债或费用。

谨慎性的应用不允许企业设置秘密准备，如果企业故意低估资产或收入，或者故意高估负债或费用以致形成秘密准备，是不符合可靠性和相关性质量特征要求的，扭曲业绩势必误导使用者的经济决策。

（八）及时性

及时性是指对于企业发生的交易和事项的会计处理过程中，都应当及时进行，不应提前，更不应拖延，以保持信息的时效性。一般来说，企业当日发生的交易和事项应该当日收集、整理有关凭证，当日确认、计量入账，并按规定定期编制财务报告，在规定期限内向外发布。及时性本身并不能使会计信息达到相关，但若信息不及时，以致信息不在决策前递达，则本来相关的信息就失去了时效，也变得与决策无关了，时过境迁，有用信息变为无用了。因此，及时性还是会计信息质量的制约因素，企业需要在相关性和可靠性之间寻求一种平衡，以确定信息及时披露的时间。

此外，为了提高会计信息的质量，以获取效益，就需要花费成本，两相比较，要求效益大于成本，这是普遍的约束条件。在会计实务中，由于有些质量特征是此消彼长的，这就常常要求在质量特征之间权衡取舍，以达到质量特征之间的适当平衡，以免顾此失彼，要力求最佳地满足使用者做出经济决策的需要。

第三节　会计要素及其确认、计量和报告

为了有利于企业财务报表描述交易和事项的财务影响，按照企业交易和事项的经济特征，把它们划分为若干大类，这些大类就称为财务报表要素，也称为会计要素。会计要素实质上就是会计对象的具体化，它们是构造财务报表的材料，或者说，就是财务报表所包含的各类项目，诸如资产、负债、权益、收入、费用、利润等。这些项目运用数字和文字表明某企业或会计主体的各种资源、对这些资源所要求的权利，以及引起了这些资源和权利发生变化的各笔交易、事项和情况的影响。与资产负债表直接相关的要素是资产、负债和权益，与利润表直接相关的要素是收入、费用和利润。

构造财务报表的各种要素分属于两种类型。有的会计著作把这两种类型用图片和电影相类比来加以说明，也有用存量（静态）和流量（动态）相类比来解释的。属于第一种类型的有资产、负债和权益这些要素，它们所描述的是在一定时点上的资源，或对这些资源的权利以及对这些资源所要求权利的数额或程度。属于第二种类型的有收入和费用、利得和损失以及它们的差额（利润或亏损），它们所反映的是企业经营业绩，为取得这些业绩所必要的开支以及经营成果。我国基本准则正式列为会计要素的为收入、费用和利润；由于非日常活动而发生的利得和损失直接计入当年利润，亏损则以利润的负数来表示，均不列为会计要素。

上述两种类型的各种要素存在着下述的相互关系：

（1）资产、负债和权益（净资产），即第一种类型各要素的余额因为发生第二种类型各种要素而变动，而且在任何时候都是第二种类型各要素累计的结果。

（2）如无相应其他资产的减少（增加），或相应的负债或权益的增加（减少），资产的增加（减少）不会发生。

各要素的这种相互关系使同期的各张财务报表基本上是相互关联的，称之为勾稽关系。

上述两种关系通常表述为：（1）期初余额 ± 报告期内变动数 = 期末余额；（2）资产 = 负债 + 权益。复式记账法（即借贷记账法）将这些关系组成一个整体。它是权责

发生制会计将符合要素定义的特定项目正式纳入有勾稽关系的财务报表的一种机制。[①]

这些要素在资产负债表和利润表的列示是一个再分类分项的过程。例如，资产按其流动性可分为流动资产和非流动资产，流动资产再分为货币资金、应收账款、存货等项目，非流动资产再分为固定资产、无形资产等项目。

对于有哪些会计要素，各种准则制定机构的规定不尽相同。2006 年，我国《企业会计准则——基本准则》规定有资产、负债、所有者权益、收入、费用、利润 6 个会计要素。1989 年，IASC 在《编制财务报表框架》中规定有资产、负债、权益、收益、费用 5 个会计要素。1980 年，美国 FASB 在《财务会计概念公告》第六辑中规定有资产、负债、权益（净资产）、业主投资、派给业主款、收入、费用、利得、损失、全面收益 10 个会计要素。

一、各种会计要素的定义

会计要素是会计理论的基本概念，它们是会计对象（资金运动）的具体化。从特定的会计主体出发，可以对全部会计要素分别加以定义。

我国基本准则分别给资产、负债、所有者权益、收入、费用、利润下了定义，下面一一予以列示并适当论述。

（一）资产

资产是指企业过去的交易或事项形成的、由企业拥有或者控制的、预期会给企业带来经济利益的资源。

根据上述资产的定义，表明资产具有以下特征：

（1）资产应是由企业拥有或者控制的资源。首先，资产应是一项资源，并由企业所拥有，也就是说，企业对该项资源享有所有权，能够排他性地进行占有、使用，并从该资源中获取经济利益。所有权是个法律概念，享有一项资产的所有权应持有合法的所有权证件。有些情况下，企业对资产没有所有权，但资产却在企业的控制下，企业可以对此项资产调配、使用并从中获取收益，对这样的资产，企业可视为自有资产。例如，根据融资租赁合约，企业对承租的机械设备或运输工具不享有所有权，但为企业所控制，可以较长期的占有和使用，如果是运货汽车还可以代客运输，收取运费收入，企业对此项融资租赁的资产可以确认为资产，同时，将融资租赁应付款确认为负债。

（2）资产预期会给企业带来经济利益。这是指资产具有直接或间接导致现金和现金等价物增加流入或减少流出的潜力。这种潜力可以来自企业日常的生产经营活动，也可以来自非日常活动。已经确认为资产的项目，如果不能继续为企业带来经济利益，诸如已毁损的商品存货、车辆，烧毁了的仓库等，就应终止确认为资产，转为“待处理财产损失”处理。

（3）资产是由企业过去的交易或事项形式的。只有过去已发生的交易或事项才会形成资产，诸如购买、生产、建造等。企业预期或计划的未来事项，诸如购置计划、预算、意向性协议等，因为尚未发生交易，不符合资产的定义，不应确认为资产。

（二）负债

负债是指企业过去的交易或者事项形成的，预期会导致经济利益流出企业的现时义务。

---

① 请参阅美国 FASB 的《财务会计概念公告》第六辑《财务报告要素》第 21、22 段及有关注释。

根据上述负债的定义，表明负债具有以下特征：

（1）负债是企业承担的现时义务。首先，此项义务是现在已承担的义务。义务可以是法定义务，也可以是推定义务。法定义务是根据有关法律（如税法）而产生的，企业必须履行的义务，或者是根据企业与地方签订的不可撤销的合同（合约），由企业承诺必须履行的现时义务，这些义务的履行带有强制性，不如约履行就是违法、违约，按照法律或合约规定的罚则，违约方须支付巨额罚金。推定义务是指根据企业多年的惯例、一贯的政策、公开的承诺而导致企业将承担的现时责任，并形成了社会公众各方对企业履行义务解脱责任的合理预期。例如，企业对产品售后服务中的保修、保换、保退就属于推定义务，应按照产品销售量的一定比率，确认为一项负债。

（2）负债预期会导致企业经济利益流出企业。企业在履行现时义务清偿负债时，必然流出经济利益。其流出的形式是多种多样的：诸如用现金偿还、用实物偿还；以提供劳务偿还（如保修）、以本企业股票（股份）偿还等。

（3）负债是由企业过去的交易或事项形成的。

（三）所有者权益

所有者权益是指企业资产扣除负债后，由所有者享有的剩余资产（净资产）。公司企业的所有者权益又称为股东权益。

所有者权益按其来源来说，由下列四部分构成：

（1）股本，即实收股本，由股东收入。

（2）资本公积，由股东缴入的股本溢价及其他资本公积。

（3）盈余公积，根据公司章程逐年从利润中提取的盈余积累。

（4）未分配利润，包括当年尚待分配的利润；逐年分配利润后的剩余数；由企业非日常活动所发生的，不应计入当期损益的（即不列入利润表的）而直接计入所有者权益的利得和损失。

有些会计文献中，将上述权益构成的四个项目并为两个项目：第一、二项即实收股本和资本公积合并称为投入资本；第三、四项即盈余公积和未分配利润合并称为留存收益。

（四）收入

收入是指企业在日常活动中形成的，会导致所有者权益增加的，与所有者投入资本无关的经济利益的总流入。

根据收入的定义，收入具有以下特征：

（1）收入是企业在日常活动中形成的。日常活动是指企业完成某经营目标所从事的经常性业务活动及与之相关的活动，诸如企业的产销业务活动。企业的非日常活动所形成的经济利益流入应计入利得，不得确认为收入。①

（2）收入会导致所有者权益的增加。例如，向银行借款，尽管也增加企业经济利益的流入，增加了银行存款或现金，但是，借款是日后要偿还的，不会导致所有者权益的增加，而是增加了负债。只有销售商品、提供劳务、让渡资产使用权的营业收入，在补偿有关成本费用后，它们的差额会经过利润的增加最终导致所有者权益的增加。

---

① 美国 FASB 在其《财务报表概念框架》第 6 辑中将“收入”定义为：“是某一主体在其持续的、主要的或核心业务中，因交付或生产了商品、提供了劳务，或进行其他活动而获得的或增加了的资产，或因而清偿负债（或两者兼而有之）。”将“利得”定义为是某一主体除经营收入或业主投资外来自边缘性或偶发性交易以及来自一切其他交易或事项与情况的权益（净资产）的增加（仅供参照）。

（3）收入是与所有者投入资本无关的经济利益的总流入。收入会导致经济利益的流入，具体体现为资产的增加。但是，股东向企业投入资本也会使企业资产增加，这是股东权益的增加，不应计入收入。

（五）费用

费用是指企业在日常活动中发生的，会导致所有者权益减少的，与向所有者分配利润无关的经济利益的总流出。

根据费用的上述定义，费用具有以下特征：

（1）费用是企业在日常活动中形成的。日常活动中所产生的费用通常包括销售成本（营业成本）、管理费用等。与之相对称，企业非日常活动所形成的经济利益的流出，如火灾损失等，不应确认为费用而应计入损失。

（2）费用会导致所有者权益减少。费用的开支或花费就是经济利益的流出，会导致资产的减少或负债的增加。费用的支出虽然首先由有关的收入来补偿，但最终仍会导致所有者权益的减少。

（3）费用是与向所有者分配利润无关的经济利益的总流出。费用的支付与花费是经济利益的流出、资产的减少。企业向股东分红，即分配利润也体现为资产的减少，但这是所有者权益的抵减项目，不应将分配利润计入费用。

（六）利润

利润是指企业在一定会计期间的经营成果。

利润包括收入减去费用后的净额，以及直接计入当期利润的利得和损失等。收入减去费用后的净额反映的是企业日常活动的经营业绩，也就是企业日常的、持续的基本业务的经营业绩；直接计入当期利润的利得和损失反映的是企业非日常活动的业绩，也就是企业边缘性的、偶发性的事项的业务成果（有赚也有赔）。直接计入当期利润的利得和损失是应当计入当期损益、最终会引起所有者权益发生增减变动的，是与所有者投入资本和向所有者分配利润无关的利得和损失。这样严格地区分收入和利得、费用和损失，其意图在于突出经营管理层的成绩和责任，更准确地反映其业绩。一般来说，利得和损失不在企业管理层的权责范围之内。

在以上的论述中，对于资产、负债、权益发生变化的业务由来，常常随同国际惯例使用“给企业产生财务影响的交易、事项和情况”这样的术语。参照有关文献，略做解释如下：① 所谓事项，一般是已经发生了的，它包括：（1）外部事项，指与企业外部的交易，有交互的交易，如购、销商品等；也有非交互的交易，如业主投入、发放股利、纳税、捐赠等。（2）内部事项，如材料耗用、折旧等。（3）其他事项，如汇率变动、自然灾害等。所谓情况，是指一件事项或一系列发展产生的一个或一组情况，如诉讼、呆账和可能发生的前景等。

二、会计确认

企业财务会计处理发生的交易、事项和情况通常要经过确认、计量、记录和报告四个基本程序。确认就是把符合会计要素定义和确认标准的项目，作为一项资产、负债、收入、费用等，正式纳入会计系统，包括记入会计记录，以及到编入财务报表的过程。它同时用文字和金额描述一个项目，并在财务报表上将其金额计入财务报表的总计之内，即必

① 参阅美国 FASB《财务报表概念框架》第 6 辑第 135—137 段的表述。

须列入表内。确认既包括某一项目的首次确认，称为“初始确认”，还包括确认的项目以后发生的变动的再确认，称为“后续确认”，以及使该项目从这个会计系统消失的“终止确认”。对那些符合要素定义和确认标准的项目，如不予以及时正式确认，尽管在附注中对采用的会计政策加以说明解释，或通过财务报告正文的括号里注释等办法做出交待，既不能等同确认，也不能用以代替确认或认为是有效的补正确认。

对于会计确认的标准而言，我国基本准则规定的确认标准与国际会计准则委员会在《财务报表概念框架》中的规定是一致的。会计确认标准有两条，一个项目如果符合这两条标准，而且符合相关要素定义就应当确认这个项目。会计确认的两条标准是：

（1）与该项目有关的（未来）经济利益很可能流入或流出企业。

（2）对该项目的成本或价值能可靠地计量。

一项资产或者一项负债尽管符合要素定义，但是，它能不能够确认，首先取决于有没有相关的经济利益流入或流出企业。由于经济环境瞬息万变，日后的发展存在着不确定性，对这种不确定性很可能实现的程度，属于职业判断。加拿大特许会计师协会对这种不确定性曾做过研究，认为可以分为四个层次，用概率来描述如下：

（1）可合理确定（reasonable certain）对应95% ~100%。

（2）很可能（probable）对应50% ~95%。

（3）有可能（possible）对应5% ~50%。

（4）极小可能（remote）对应0 ~5%。

这一概念所依存的是企业经营环境变化中的种种不确定因素。评估未来经济利益流量的不确定程度，要根据确认时以及再确认时能够得到的证据。例如，如果企业由于赊销而发生的应收账款，依据对客户信用的调查判断很可能到期守约偿还，而且没有相反证据，这样，就有理由将此项应收账款确认为资产。然而，对于大量分散的应收账款，在一般的正常情况下，也很可能有一些收不到。因此，就有必要参照有关的经验数据加以判断，确认一笔反映未来经济利益将会减少的费用，作为呆账准备。

会计确认的第二条标准是该项目成本或价值的计量必须符合信息质量特征可靠性的要求，也就是说，其计量必须是如实反映、不偏不倚，具有可验证性。在实务中，企业购买的、生产的、建造的资产都有反映实际成本的凭证，可供确认过程中验证，就应当确认。有的项目也许等待若干时日，随着情况的发展或某些事件的出现，该项目的成本或价值也就明确了，符合可靠地计量的标准了。例如，某一诉讼案件带来赔款收入，既符合要素的定义，也符合确认的很可能性标准，但是，不能可靠地计量赔款金额，因而就不能确认为资产和利得。这项赔偿要求权的情况可以在附注中说明，等待以后法院裁决了，明确了赔款收入的金额，确认的条件也就具备了。

美国财务会计准则委员会在其《概念框架公告》中制定的4个基本会计确认标准为：（1）可定义性；（2）可计量性；（3）相关性；（4）可靠性。这四个标准在形式上虽然与我国基本准则和国际会计准则委员会的确认标准有所不同，但是在内容的含义和要求上是基本一致的。

三、会计计量

会计计量就是会计要素计量，会计计量是为了将符合确认条件的会计要素（诸如资产、负债等）登记入账并且列报于财务报表而确定其金额的过程。企业应当按照规定的会计计量属性对会计要素及其项目进行计量，确定它的金额。计量属性是指所予计量某一要素的特性方面，如木材的长度、铁矿石的重量、电流的千瓦时等。就会计角度来说，会计计量属性是确定会计要素金额的计量基础，主要包括历史成本、重置成本、可变现净值、现值及公允价值等。

我国基本准则规定的计量属性有下列几种：

1. 历史成本

历史成本又称为实际成本，是取得或制造某项物资财产时所支付的现金或现金等价物。在历史成本计量下，资产按照其购买时支付的现金或者现金等价物的金额，或者按照购置资产时所付出的对价的公允价值计量。负债按照其因承担现时义务而实际收到的款项或者资产的金额，或者承担现时义务的合同金额，或者按照日常活动中为偿还负债预期需要支付的现金或者现金等价物的金额计量。

2. 重置成本

重置成本又称现行成本，是指按照当前的市场条件，重新取得置备同样的一项资产所需支付的现金或现金等价物的金额。

在重置成本计量下，资产按照现在购买相同或者相似的资产所需支付的现金或者现金等价物的金额计量。负债按照现在偿付该项债务所需支付的现金或者现金等价物的金额计量。在实务中，重置成本多应用于盘盈固定资产的计量。美国曾经在 1979—1986 年、英国曾经在 1980—1985 年先后采用现行成本（即重置成本）会计作为应对当时的通货膨胀的措施。

3. 可变现净值

可变现净值是指在正常生产经营过程中，以预计售价减去进一步加工成本和预计的销售费用以及相关税费后的净值。

在可变现净值计量下，资产按照其正常对外销售所能收到的现金或者现金等价物的金额，扣减该资产至完工时估计将要发生的成本、估计的销售费用以及相关税费后的金额计量。可变现净值通常应用于存货资产减值情况下的后续计量。

4. 现值

现值是指对未来现金流量以恰当的折现率进行折现后的价值。它是采纳了货币时间价值概念的计量属性。

在现值计量下，资产按照预计从其持续使用和最终处置中所产生的未来净现金流入量的折现金额计量。负债按照预计期限内需要偿还的未来净现金流出量的折现金额计量。现值通常用于非流动资产可收回金额和以摊余成本计量的金额资产价值的确定等。例如，在确定固定资产、无形资产等可收回金额时，需要计算资产预计未来现金流量的现值。

5. 公允价值

公允价值是指在公平交易中，熟悉情况的交易双方自愿进行资产交换或者债务清偿的金额。

在公允价值计量下，资产和负债按照在公平交易中熟悉情况的交易双方自愿进行资产交换或者债务清偿的金额计量。公允价值主要应用于交易性金融资产、可供出售金融资产的计量等。

在各种计量属性中，历史成本通常反映的是资产或负债过去的初始确认时的原始价值，而重置成本、可变现净值、现值及公允价值通常反映的是资产或负债的现时成本或现时价值，就其时态上来说是与历史成本相对应的计量属性。

在特定的条件下，不同计量属性的金额可能是相同的，尤其是在初始确认的计量中。例如，在购置资产时，其付出的实际成本是按照所出的对价的公允价值计量，随着时间的推移，当时的公允价值与此项资产的历史成本是等同的。又如，在应用公允价值时，当相关资产或负债不存在活跃市场的报价或者不存在同类或者类似资产的活跃市场报价时，需要采用估值技术来确定相关资产或负债的公允价值，而现值往往是比较通用的一种估值方法，在这种情况下，公允价值就是以现值为基础确定的。

我国基本准则规定，企业在对会计要素进行计量时，一般应当采用历史成本，采用重置成本、可变现净值、现值、公允价值计量的，应当保证所确定的会计要素金额能够取得并可靠计量。

四、财务会计报告

财务会计报告是指企业对外提供的反映企业某一特定日期的财务状况和某一会计期间的经营成果、现金流量等会计信息的文件。

财务会计报告包括会计报表及其附注和其他应当在财务会计报告中披露的相关信息和资料，基本准则规定：会计报表至少应当包括资产负债表、利润表、现金流量表等报表。

资产负债表是指反映企业在某一特定日期的财务状况的会计报表。

利润表是指反映企业在一定会计期间的经营成果的会计报表。此表除反映营业收入、成本费用项目外，还应单独列示投资收益（亏损）、公允价值变动损益、资产减值损失、非流动资产处置损益等项目。

现金流量表是指反映企业在一定会计期间的现金和现金等价物流入和流出的会计报表。

附注是指对在会计报表中列示项目所做的进一步说明，以及对未能在这些报表中列示的项目的说明等。附注是财务报表的重要组成部分，不应轻视，更不应忽略。

当前在国际上流行的还有第四张财务报表，称为综合（全面）收益表，即所有者权益变动表，它反映构成所有者权益的各组成部分当期的增减变动情况。我国 2006 年发布的《企业会计准则第 30 号——财务报表列报》规定应编制此项报表，并包括在财务报表之内。

所有者权益变动表除反映当期所有者（股东）投入资本和向所有者（股东）分配利润（分红）项目外，还应单独列示反映下列各信息项目：

（1）净利润（即当期损益净额），如本期亏损，应为负数；

（2）本期直接计入所有者权益的利得和损失项目及其总额；

（3）会计政策变更和差错更正的累积影响金额；

（4）本期按照规定提取的盈余公积；

（5）实收资本（或股本）、资本公积、盈余公积、未分配利润的期初和期末金额及其调节情况。

因此，所有者权益变动表除了反映与所有者（股东）往来（投入和分配）直接有关的项目外，还反映与所有者往来无关的而影响企业权益变动的其他项目，这样，所有权收益变动表实际上起到了全面反映企业的综合收益的作用，即第四张财务报表的作用。

复习思考题

1. 为什么说企业财务会计是一个信息系统？

2. 什么是公司企业管理层的受托责任？委托者是谁？受托者是谁？他们相互之间是怎样沟通的？

3. 试述企业财务会计系统的基本目标。

4. 公司企业财务会计有哪些特征？

5. 什么是会计准则？为什么要制定会计准则？会计准则的制定为什么日益要求走向国际趋同？试述它是怎样走向国际趋同的？

6. 试述我国企业会计准则体系的结构。试述国外关于财务会计框架的含义，并联系我国的会计基本准则加以论述。

7. 什么是会计基本假设？有哪些会计基本假设？

8. 财务会计信息应具备哪些信息质量特征？

9. 什么是会计要素？有哪些会计要素？试分别阐述它们的定义。

10. 什么是会计确认？试述会计确认的标准。

11. 什么是会计计量属性？有哪些会计计量属性？

12. 什么是财务报告？财务报告应包括哪些财务报表？

第二章 货币资金

第一节 货币资金概述

一、货币资金的含义及特征

货币资金有时也称现金，即广义的现金，是指企业在生产经营过程中处于货币形态可以立即投入流通的那部分资金。根据货币资金的存放地点及用途的不同，货币资金可分为库存现金、银行存款和其他货币资金三部分内容。

货币资金的本质特征是可以立即投入流通，并同时具有价值尺度、流通手段（交换媒介）和支付手段的职能，具体表现为：（1）在会计上作为价值尺度的货币资金是对其他资产进行计量和会计处理的基础。（2）由于货币资金具有普遍的可接受性，因而它既可以用于购买其他资产及劳务而发挥流通手段的职能，也可以用于支付各项费用和清偿各种债务而发挥支付手段的职能。

对于使用受到限制、不能立即投入流通的各种货币资金，如涉及诉讼案件而被依法冻结的银行存款、存入倒闭银行内的存款和存入国外银行且流通受到限制的外币存款等，均不应视为货币资金，而应根据其受限制的程度和期限的长短，分别列作流动资产、非流动资产或其他资产。

二、货币资金的核算范围

货币资金的内容通常包括库存现金、银行存款以及其他货币资金等。在我国会计实务中，货币资金通常分别设置“库存现金”、“银行存款”和“其他货币资金”三个账户来核算。

1. 库存现金，即狭义的现金，用来核算企业的库存现金，包括库存的纸币和硬币。它是指置放在企业财会部门内、由出纳人员经管的、持有目的是为了满足企业日常零星开支的那部分货币资金。

2. 银行存款，用来核算企业存入银行或其他金融机构且未指定特殊用途的那部分货币资金。它是企业流动资产的重要组成部分，也是一种主要的速动资产。

3. 其他货币资金，用来核算企业在生产经营过程中由于存放地点及用途不同于库存现金和银行存款，因而不属于“库存现金”和“银行存款”科目核算内容的那部分货币资金。其主要包括企业的外埠存款、银行汇票存款、银行本票存款、信用卡存款、信用证保证金存款、存出投资款等。

对于企业为了获取收入而短期持有金融市场上的各种基金和各种债券或股票等有价证券，由于这些证券向现金转化通常或多或少会具有一定的风险和受到一定的限制，因而不应将其归入货币资金，而作为交易性金融资产来核算。例如，由欠款客户出具的远期支票，由于其并不具备可以立即流通的特征，因而应作为应收票据处理；企业内部的各种借据和职工借支的差旅费，应作为其他应收款处理。

在编制资产负债表时，一般应将“库存现金”、“银行存款”和“其他货币资金”三个账户的余额汇总以“货币资金”项目来表述，以反映企业全部货币资金的状况及与资产负债表其他项目之间的关系。

第二节　货币资金业务的会计处理

一、库存现金的会计处理

企业应设置“库存现金”账户来核算企业库存现金的收入、支付和结存情况。“库存现金”账户作为一个资产类账户，借方发生额登记库存现金的收入，贷方发生额登记库存现金的支付，余额在借方，表示库存现金的结余数。

企业的现金收入主要包括从银行提取现金、收取不足转账起点的小额销货款、职工交回的多余出差借款等。企业收到现金时，应根据审核无误的会计凭证，借记“库存现金”科目，贷记有关科目。

企业的现金支出包括现金开支范围以内的各项支出。企业实际支付现金时，应根据审核无误的会计凭证，借记有关科目，贷记“库存现金”科目。

【例2—1】某企业根据发生的有关现金收付业务，编制会计分录如下：

（1）企业签发现金支票，从银行提取现金1 000元备用。

借：库存现金　　1 000

　贷：银行存款　　1 000

（2）企业销售产品计300元，收取增值税51元，共计351元。

借：库存现金　　351

　贷：主营业务收入　　300

　　　应交税费——应交增值税（销项税额）　　51

（3）业务员工某因出差预借差旅费600元。

借：其他应收款——王某　　600

　贷：库存现金　　600

（4）办公室报销办公用品费用200元。

借：管理费用　　200

　贷：库存现金　　200

（5）支付本月邮费80元。

借：管理费用　　80

　贷：库存现金　　80

二、银行存款的会计处理

为了详细反映银行存款的收付及结存情况，企业除了设置“银行存款”科目进行总分类核算外，还必须设置银行存款日记账，按照业务发生顺序逐日逐笔连续记录银行存款的收付，并随时结出余额。银行存款应按银行和其他金融机构的名称和存款种类进行明细核算，有外币存款的企业，还应分别按人民币和外币进行明细核算。

企业收入银行存款，应根据银行存款送款单回单或银行收账通知及有关单据，及时编制记账凭证，借记“银行存款”科目，贷记有关科目，经审核无误后，登记银行存款日记账及总账。

企业支付银行存款，应根据支票存根、办理付款结算的付款通知及有关单据，及时编制记账凭证，借记有关科目，贷记“银行存款”科目，经审核无误后，登记银行存款日记账及总账。

【例2—2】某企业根据发生的有关银行存款收付业务，编制会计分录如下：

（1）企业销售产品，销售收入20 00元，增值税340元，共计2 340元，收到支票存入银行。

借：银行存款　2 340

　贷：主营业务收入　2 000

　　应交税费——应交增值税（销项税额）　340

（2）企业预收销货款5 000元存入银行。

借：银行存款　5 000

　贷：预收账款　5 000

（3）收回上月销售产品的应收货款5 850元存入银行。

借：银行存款　5 850

　贷：应收账款　5 850

（4）企业购进原材料8 000元，支付进项税1 360元，货款共计9 360元，以转账支票付讫。

借：原材料　8 000

　应交税费——应交增值税（进项税额）　1 360

　贷：银行存款　9 360

（5）以银行存款支付销售产品的运费600元。

借：销售费用　600

　贷：银行存款　600

（6）从银行提取现金20 000元备发工资。

借：库存现金　20 000

　贷：银行存款　20 000

银行是支付结算和资金清算的中介机构。企业的业务活动普遍依法采用银行结算办法。采用银行转账结算，可以有效保证货币资金的安全。我国目前实行以支票、汇票、本票为主体的银行结算制度，采用的结算方式主要有支票、银行本票、银行汇票、商业汇票、汇兑、委托收款、托收承付等。

支票是银行存款人签发给收款人办理结算或委托开户银行在见票时无条件支付确定的金额给收款人的票据。在签发支票时，企业要写明收款单位或收款人，并列明款项用途和金额。支票适用于同城范围内的商品交易和劳务供应以及其他款项的结算。

银行本票是申请人将款项交存银行，由银行签发给其凭以办理转账结算或支取现金的票据。由于银行签发银行本票时，必须核实申请人交付了相应的银行存款金额，并将其作为银行本票存款，因此保证能够见票即付，信用度高。银行本票适用于同城范围内的商品交易和劳务供应以及其他款项的结算。

银行汇票是汇款人将款项交存当地银行，由银行签发给汇款人持往异地办理转账结算或支取现金的票据。银行汇票一律记名，可用于支付各种款项，其金额起点为500元，有效期为1个月，逾期的汇票，兑付银行不予受理。

商业汇票是由收款人或付款人（或承兑申请人）签发，由承兑人承兑，并于到期日向收款人或被背书人支付款项的票据。商业汇票一律记名，允许背书转让，在同城或异地均可采用。商业汇票是一种延期付款的凭证，其期限由交易双方商定，但最长不得超过6个月。

汇兑是付款人委托银行将款项汇给外地单位或个人的结算方式。它适用于各种款项的结算，一般多用于先收货、后付款的交易。这种结算方式划拨款项简便，比较灵活。汇兑分为信汇和电汇两种，由汇款人根据对汇款快慢的要求选择采用。

委托收款是收款人委托银行向付款人收取款项的结算方式。它可用于在银行或其他金融机构开立账户的单位和个人经济户的商品交易、劳务款项以及其他应收款项的结算。委托收款在同城和异地均可以采用，不受金额起点限制。

托收承付是指根据购销合同，由收款单位发运商品或提供劳务后委托银行向付款人收取款项，付款单位核对单证或验货后向银行承认付款的结算方式。托收承付结算方式适用于订有合同的商品交易和劳务供应的款项结算，同城或异地均可采用这种结算方式。

三、其他货币资金的会计处理

（一）其他货币资金的性质与范围

其他货币资金是指除现金、银行存款以外的其他各种货币资金。其他货币资金同现金和银行存款一样，是企业可以作为支付手段的货币。其他货币资金同现金和银行存款相比，有其特殊的存在形式和支付方式，在管理上有别于现金和银行存款，应单独进行会计核算。

现金、银行存款以外的货币资金主要包括外埠存款、银行汇票存款、银行本票存款、信用卡存款、信用证保证金存款和存出投资款等。

1. 外埠存款是指到外地进行临时或零星采购时，汇往采购地银行并在采购地银行开立采购专户的款项。

2. 银行汇票存款是指企业为取得银行汇票，按规定用于银行汇票结算而存入银行的款项。

3. 银行本票存款是指企业为取得银行本票，按规定用于银行本票结算而存入银行的款项。

4. 信用卡存款是指企业为取得信用卡以办理信用卡结算而按规定存入银行的款项。

5. 信用证保证金存款是指企业为取得信用证按规定存入银行的款项。

6. 存出投资款是指企业已存入证券公司但尚未进行短期投资的款项。

（二）其他货币资金的会计处理

其他货币资金通过“其他货币资金”科目进行核算，在该总账科目下还应按其他货币资金的种类分别设置“外埠存款”、“银行汇票存款”、“银行本票存款”、“信用卡存款”、“信用证保证金”、“存出投资款”明细账户，并按外埠存款的开户银行、银行汇票或本票的收款单位、在途货币资金的汇出单位名称和信用卡的开户银行等设置明细账，进行明细核算。当取得其他货币资金时，借记“其他货币资金——××”账户，贷记“银行存款”账户；当企业用其他货币资金支付相关款项时，借记有关账户，贷记“其他货币资金——××”账户。

1. 外埠存款

企业在外埠开立临时采购专户，需经开户地银行批准。银行对临时采购户一般实行半封闭式管理的办法，即只付不收，付完清户。除采购人员差旅费用可以支取少量现金外，其他支出一律转账。

【例2—3】某企业根据发生的有关外埠存款收付业务，编制会计分录如下：

（1）企业在外埠开立临时采购账户，委托银行将600 000元汇往采购地。

借：其他货币资金——外埠存款　　600 000

　贷：银行存款　　600 000

（2）采购员以外埠存款购买材料，材料价款 400 000 元，增值税 68 000 元，货款共计 468 000 元，材料已验收入库。

借：原材料　　400 000

　应交税费——应交增值税（进项税额）　　68 000

　贷：其他货币资金——外埠存款　　468 000

（3）外埠采购结束，将外埠存款清户，收到银行转来收账通知，余款 132 000 元收妥入账。

借：银行存款　　132 000

　贷：其他货币资金——外埠存款　　132 000

2. 银行汇票存款

企业办理银行汇票，需将款项交存开户银行。对于逾期尚未办理结算的银行汇票，应按规定及时转回（借记“银行存款”科目，贷记“其他货币资金——银行汇票存款”科目），未用的汇票存款也应及时办理退款。

【例 2—4】某企业根据发生的有关银行汇票存款收付业务，编制会计分录如下：

（1）企业申请办理银行汇票，将银行存款 30 000 元转为银行汇票存款。

借：其他货币资金——银行汇票存款　　30 000

　贷：银行存款　　30 000

（2）收到收款单位发票等单据，采购材料付款 29 250 元，其中，材料价款 25 000 元，增值税 4 250 元。材料已验收入库。

借：原材料　　25 000

　应交税费 —— 应交增值税（进项税额）　　4 250

　贷：其他货币资金——银行汇票存款　　29 250

（3）收到多余款项退回通知，将余款 750 元收妥入账。

借：银行存款　　750

　贷：其他货币资金——银行汇票存款　　750

3. 银行本票存款

企业办理银行本票，需将款项交存开户银行。本票存款实行全额结算，本票存款额与结算金额的差额一般采用支票或其他方式结清。对于逾期尚未办理结算的银行本票，应按规定及时转回（借记“银行存款”科目，贷记“其他货币资金——银行本票存款”科目），其账务处理与银行汇票存款基本相同。

【例 2—5】某企业根据发生的有关银行本票存款收付业务，编制会计分录如下：

（1）企业申请办理银行本票，将银行存款 40 000 元转入银行本票存款。

借：其他货币资金——银行本票存款　　40 000

　贷：银行存款　　40 000

（2）收到收款单位发票等单据，采购材料付款 39 780 元，其中，材料价款 34 000 元，增值税 5 780 元。材料已验收入库。

借：原材料　　34 000

　应交税费——应交增值税（进项税额）　　5 780

贷：其他货币资金——银行本票存款 39 780

（3）收到收款单位退回的银行本票余款220元，存入银行。

借：银行存款 220

贷：其他货币资金——银行本票存款 220

4. 信用卡存款

企业对于信用卡存款的核算主要包括办理信用卡存款、以信用卡支付有关费用、收取信用卡存款利息收入等。

【例2—6】某企业根据发生的有关信用卡存款收付业务，编制会计分录如下：

（1）将银行存款50 000元存入信用卡。

借：其他货币资金——信用卡存款 50 000

贷：银行存款 50 000

（2）以信用卡支付业务招待费2 000元。

借：管理费用 2 000

贷：其他货币资金——信用卡存款 2 000

（3）收到信用卡存款的利息100元。

借：其他货币资金——信用卡存款 100

贷：财务费用 100

5. 信用证保证金存款

企业办理信用证结算，应按规定向银行提交开证申请书、信用证申请人承诺书和购销合同。信用证保证金的核算主要包括缴纳保证金和支付货款两部分。

【例2—7】某企业根据发生的信用证结算有关业务，编制会计分录如下：

（1）申请开证并向银行缴纳信用证保证金20 000元。

借：其他货币资金——信用证保证金 20 000

贷：银行存款 20 000

（2）接到开证行交来的信用证来单通知书及有关购货凭证等，以信用证方式采购的材料已到并验收入库，货款全部支付。货款总计150 000元，其中材料价款128 205.13元，增值税21 794.87元。

借：原材料 128 205.13

应交税费——应交增值税（进项税额） 21 794.87

贷：其他货币资金——信用证保证金 20 000

银行存款 130 000

6. 存出投资款

企业对于存出投资款的核算主要包括资金划出和使用两部分。

【例2—8】某企业根据发生的短期投资业务，编制会计分录如下：

（1）将银行存款300 000元划入某证券公司准备进行短期股票投资。

借：其他货币资金——存出投资款 300 000

贷：银行存款 300 000

（2）将存入证券公司款项用于购买股票并已成交，购买股票的成本为150 000元。

借：交易性金融资产 150 000

贷：其他货币资金——存出投资款 150 000

第三节 货币资金管理与控制

从公司治理的角度来说，货币资金的管理与控制应包括三个层次的控制：企业治理控制、企业管理控制和作业控制。其中，企业治理控制是最高层次的控制，它决定货币资金控制的方针和走向；企业管理控制是管理层次的控制，它受制于治理控制，是企业治理控制的执行；作业控制是具体操作层面的控制，指具体的货币资金控制制度，诸如操作流程的控制等。

一、货币资金的企业治理控制

企业的内部控制要以风险管理为核心，企业的货币资金管理与控制当然也要以风险管理为核心来进行。从公司治理角度来说，企业要在董事会下设立风险管理委员会，对货币资金的管理进行严格的流程控制。财务部门将货币资金管理过程中的关键控制点提交给风险管理委员会，由风险管理委员会讨论研究各关键控制点如何进行控制。风险管理委员会要构筑防火墙，针对重大错漏问题进行改进，还要对财务部提交的货币资金使用议案进行风险评估，以决定是否执行此货币资金使用议案。例如，有进出口和外汇业务的公司是否采取套期保值措施，是否可以在套期业务之外经营商品期货、指数期货业务，均应在事前报经董事会审批。公司治理结构中的重要职能部门（如董事会、监事会等）要从各自角度积极参与货币资金的管理与控制。

二、货币资金的企业管理控制

1. 企业应当建立货币资金业务的岗位责任制，明确规定相关部门和岗位的职责权限，确保办理货币资金业务的不相容岗位相互分离、制约和监督。

货币资金业务的不相容岗位至少应当包括：

（1）货币资金支付的审批与执行；

（2）货币资金的保管与盘点清查；

（3）货币资金的会计记录与审计监督。

出纳人员不得兼任稽核、会计档案保管和收入、支出、费用、债权债务账目的登记工作。

2. 企业应当配备合格的人员办理货币资金业务，并结合企业实际情况，对办理货币资金业务的人员定期进行岗位轮换。

企业的关键财会岗位，可以实行强制休假制度，并在最长不超过5年的时间内进行岗位轮换。

3. 企业应当建立货币资金授权制度和审核批准制度，并按照规定的权限和程序办理货币资金支付业务。

（1）支付申请。企业有关部门或个人用款时，应当提前向经授权的审批人提交货币资金支付申请，注明款项的用途、金额、预算、限额、支付方式等内容，并附有效经济合同、原始单据或相关证明。

（2）支付审批。审批人根据其职责、权限和相应程序对支付申请进行审批。对不符合规定的货币资金支付申请，审批人应当拒绝批准，性质或金额重大的，还应及时报告有关部门。

（3）支付复核。复核人应当对批准后的货币资金支付申请进行复核，复核货币资金支付申请的批准范围、权限、程序是否正确，手续及相关单证是否齐备，金额计算是否准确，支付方式、支付企业是否妥当等。复核无误后，交由出纳人员等相关负责人员办理支付手续。

（4）办理支付。出纳人员应当根据复核无误的支付申请，按规定办理货币资金支付手续，及时登记现金和银行存款日记账。

严禁未经授权的部门或人员办理货币资金业务或直接接触货币资金。

4. 企业应当加强与货币资金相关的票据的管理，明确各种票据的购买、保管、领用、背书转让、注销等环节的职责权限和处理程序，并专设登记簿进行记录，防止空白票据的遗失和被盗用。

企业因填写、开具失误或者其他原因导致作废的法定票据，应当按规定予以保存，不得随意处置或销毁。对超过法定保管期限、可以销毁的票据，在履行审核批准手续后进行销毁，但应当建立销毁清册并由授权人员监销。

企业应当设立专门的账簿对票据的转交进行登记；对收取的重要票据，应留有复印件并妥善保管；不得跳号开具票据，不得随意开具印章齐全的空白支票。

5. 企业应当加强银行预留印鉴的管理。财务专用章应当由专人保管，个人名章应当由本人或其授权人员保管，不得由一个人保管支付款项所需的全部印章。

按规定需要由有关负责人签字或盖章的经济业务与事项，必须严格履行签字或盖章手续。

三、货币资金的作业控制

（一）库存现金的管理与控制

首先，应加强现金收入的内部控制。现金收入控制的主要目的在于保证全部现金收入都能没有遗漏地入账，具体包括以下几个方面的工作：

1. 一切现金收入都应开具一式三联的收款收据。

2. 控制收款收据和销售发票的数量和编号。领用收据时要登记数量和起讫号，并由领用人签收。收据存根要由收据保管人收回，并负责保管。已领但尚未使用的空白收据要定期查对，已使用的收据和发票要清点、登记、封存和保管，并按规定程序审批后销毁。

3. 全部现金收入必须当天入账，并尽可能当天送存银行，防止出现以收入的现金直接支付的情况，即“坐支”现金。

其次，应加强现金支出的内部控制。现金支出控制的主要目的在于保证全部现金支付都是经过有关主管人员授权的合法、合理行为，具体措施如下：

1. 要严格遵守国家有关支付结算制度和现金管理的规定使用现金。根据国家现金管理制度和结算制度的规定，企业可在下列范围内使用现金支付：支付职工工资、奖金、福利和津贴；支付给个人的劳务报酬；根据国家规定颁发给个人的科学技术、文化艺术、体育等各类奖金；支付各种抚恤金、退休金、社会保险和社会救济；向个人收购农副产品或其他物资而支付价款；支付出差人员必须携带的差旅费；其他零星支付。对于属于现金结算范围内的支出，企业可以根据需要选择通过银行转账结算或者向银行提取现金支付，不属于现金结算范围内的款项支付，必须一律通过银行转账结算。

2. 企业发生的一切现金支出业务都必须经过有关分管领导的签字认可，方可由出纳人员根据核对无误的付款凭证支付现金。

最后，应加强库存现金的内部控制。库存现金控制的目的是要确定合理的库存现金限额，同时保证库存现金的安全、完整。

1. 企业应尽可能地保持最少量的库存现金，即企业可以根据需要核定一个库存现金的限额，而把绝大部分现金存入银行，这是保护现金实物的有力措施。库存现金限额的核定依据一般是根据企业 3 天的正常零星开支，同时考虑企业距离银行的远近及交通的便利程度。

2. 出纳人员必须及时登记现金日记账，做到日清月结，不得以不符合财务制度和会计凭证手续的“白条”抵充库存现金。企业每天结账后要核对实际库存现金和现金日记账的账面余额，做到账实相符，如发现不符合应及时查明原因并报有关人员处理。

3. 内部稽核人员要定期对库存现金进行核查，也可以根据需要临时进行突击检查。

（二）银行存款的管理与控制

银行存款是企业存入银行或其他金融机构的款项。按照国家有关规定，凡是独立核算的单位都必须在当地银行开设账户。企业在银行开设账户后，除按规定可以通过现金进行收支以外，都必须以银行存款进行收支结算，企业超过限额的现金也必须存入银行。任何单位都必须按规定进行银行存款的管理。银行存款的管理主要包括银行存款开户管理及结算管理两个方面。

1. 银行存款开户管理

中国人民银行于 1997 年 9 月 19 日颁布了《支付结算办法》，按照该办法的规定，企业应在银行或其他金融机构开立账户，以办理存款、取款和转账结算等。企业在银行开立人民币存款账户，必须遵守中国人民银行《银行账户管理办法》的各项规定。

企业开立账户，依其不同的用途可以分为基本存款户、一般存款户、临时存款户和专用存款户等。

（1）基本存款户是企业办理日常结算及现金支取的账户，按照规定，企业发放工资、奖金等需要支取的现金，只能通过基本存款户办理。

（2）一般存款户是企业为了业务方便在银行或金融机构开立的基本存款户以外的账户，该类账户主要用于银行借款的转存以及与开立基本存款户的企业不在同一地点的附属非独立核算的单位开立的账户，按规定，企业可以通过一般存款户办理转账结算和现金缴存，但不得支取现金。

（3）临时存款户是因企业的临时业务活动需要而开立的暂时性账户，企业可以通过此类账户办理转账结算以及按照现金管理的规定办理现金收付。

（4）专用存款户是企业因特定用途需要开立的具有特定用途的账户。

根据银行账户管理的有关规定，一个企业只能选择一家银行的一个营业机构开立一个基本存款户，不得在多家银行机构开立基本存款户，也不得在同一家银行的几个分支机构开立多个一般存款户。

2. 银行存款结算管理

在我国，企业办理转账结算必须遵守中国人民银行《支付结算办法》的各项规定，账户内必须有足够的资金保证支付，必须以合法、有效的票据和结算凭证为依据，不准签发没有资金保证的票据或远期支票套取银行信用；不准签发、取得和转让没有真实交易和债权债务的票据套取银行及他人资金；不准无理拒付款项任意占用他人资金；不准违反规定开立和使用账户；必须遵守“恪守信用，履约付款；谁的钱进谁的账，由谁支配；银行不垫款”的支付结算原则。企业应根据业务特点，采用恰当的结算方式办理各种结算业务。

在我国，企业发生货币资金收付业务可以采用银行汇票、商业汇票、银行本票、支票、信用卡、汇兑、委托收款、托收承付和信用证等 9 种结算方式。企业应按照《支付结算办法》及《中华人民共和国票据法》等的有关规定办理各项结算业务。

3. 银行存款余额的调节

企业每月应将银行存款日记账月底余额与银行对账单月底余额进行核对，如发现差异，则应逐笔相互核对，查明差异的原因。两者月底余额差异的原因，大致可以分为三类：

（1）未达账项，即在途账项，指由于企业与银行得到凭证的时间不同，致使双方记账时间不可能一致而发生的一方已得到结算凭证已登记入账，而另一方由于未得到结算凭证尚未入账的款项。具体地说，未达账项有四种情况：一为银行已收款入账而企业尚未入账的款项；二为银行已付款入账而企业尚未入账的款项；三为企业已收款入账而银行尚未入账的款项；四为企业已付款入账而银行尚未入账的款项。这些未达账项，随着时间的推移，凭证都会先后抵达而入账。

（2）会计处理中发生的技术性错误，诸如其他企业的支票，银行记账员错误记入本企业账户；又如收款凭证金额为 34 578 元，银行入账误记为 35 478 元等。这类错误，应以书面通知银行更正。

（3）违法违纪的偷盗行为，例如，企业被不法分子盗开支票一张，向银行提取现款 50 000 元。如果发生此类事件，财会部门应以书面报告本企业监察、内部审计部门，建议指派专人立案检查。

依据核对发现的情况，可以编制银行存款余额调节表，示例如表 2—1 所示。

表 2—1　　**银行存款余额调节表**

编表单位：××股份有限公司　　2007 年 12 月 31 日　　单位：元

项　目	金　额	项　目	金　额
企业银行存款日记账余额	53 629	银行对账单余额	62 569
一、未达账项		一、未达账项	
加：银行已收款入账而企业尚未入账的款项		加：企业已收款入账而银行尚未入账的款项	
1. 银行存款利息收入	580	客户缴货款的邮汇票已送存银行	500
2. 委托代收货款	8 966	减：企业已付款入账而银行尚未入账的款项	
减：银行已付款入账而企业尚未入账的款项			
1. 扣缴电信费	1 280	1. 已开支票第×号，尚未兑现	1 200
2. 扣缴水电费	6 120	2. 已开汇票第×号，尚未划拨	3 684
二、记账错误		二、记账错误	
减：开出支票第×号，金额 4 450 元，误记为 4 540 元，多记 90 元	90	减：×月×日甲公司支票错入本企业账户	2 500
三、其他		三、其他	
调节后企业银行存款日记账余额	55 685	调节后银行对账单余额	55 685

复习思考题

1. 货币资金的含义是什么？它具有哪些特征？
2. 货币资金的核算范围有哪些？
3. 银行存款采用的结算方式主要有哪些？
4. 其他货币资金的含义是什么？它的核算范围有哪些？
5. 货币资金的管理与控制包含哪三个层次？它们的从属关系是怎样的？
6. 简述货币资金的企业管理控制主要包括哪些内容？
7. 为什么要在月末编制银行存款余额调节表？试指出它的作用。

练习题

1. 甲公司于2008年发生的有关现金的收付业务如下：

（1）2月1日，收到零星销售收入936元，其中应交增值税159元，并送存银行。

（2）3月6日，用现金支票到银行提取现金5 000元，以备零星开支之用。

（3）3月10日，用现金支付职工王某差旅费借款2 000元。

（4）3月25日，用现金购买办公用品600元。

要求：请根据以上业务编制会计分录。

2. 某企业2008年2月发生如下银行存款结算业务：

（1）3日，签发转账支票一张，支付甲公司购货款30 000元，收到乙公司偿还所欠货款的转账支票一张，金额6 0000元。

（2）8日，签发现金支票一张，提取日常备用款10 000元。

要求：请根据以上业务编制会计分录。

3. 某企业2008年1月派采购员到异地采购原材料，发生以下业务：

（1）1月3日，企业委托当地银行汇款100 000元到采购地设立采购专户，收到了银行汇款凭证回单联。

（2）1月12日，采购员交来从采购专户付款购入材料的有关凭证，共支付材料价款70 200元，其中价款60 000元，增值税10 200元。

（3）收到开户银行的收账通知，该采购专户中的结余款项已经转回。

要求：请根据以上业务编制会计分录。

4. 某股份有限公司2007年12月31日银行存款日记账余额为83 465元，同日银行对账单余额为107 871元，经逐笔核对，发现以下情况：

（1）公司于12月29日开出支票第×号支付货款，金额12 585元，持票人尚未提取。

（2）公司于12月26日开出汇票预付定金，金额8 420元，银行尚未支付。

（3）公司委托银行代收货款3 455元，银行已收到入账，企业尚未收到银行通知，未入账。

（4）公司存款利息86元，银行已划入公司账户。

（5）银行扣收结算手续费300元，公司尚未入账。

（6）银行扣缴电信费860元，水电费664元，公司尚未收到费用凭证。

（7）公司开出支票第×号，金额为23 467元，银行误记为24 376元，多记909元。

要求：试根据上述资料，编制该公司银行存款余额调节表。

第三章 应收及预付款项

第一节 应收票据

一、应收票据概述

从广义上讲，应收票据属于企业的一种债权凭证，包括企业持有的所有未到期的汇票、本票及支票。但是在我国，银行汇票、银行本票、支票等为见票即付的即期票据，在会计实务中应视同货币资金，无须将它们作为应收票据处理。因此，在我国，应收票据仅指商业汇票，是企业因销售商品、提供劳务，由债权人或债务人签发的表明债务人在约定时日应按约定金额偿付款项的书面文件。

根据我国有关法律的规定，商业汇票的期限不能超过6个月，因此，应收票据在我国是一项流动资产。按照不同的标准可以将应收票据分为不同的种类：

1. 按照票据是否带息，商业汇票可以分为带息票据和不带息票据。

带息票据是指商业汇票的票面载明年利率，票据到期时，承兑人必须按票面金额加上票面利息，向收款人或被背书人支付票款的汇票。不带息票据是指商业汇票票面未标明利息，票据到期时，承兑人只按票面金额向收款人或被背书人支付款项的汇票。

2. 按照承兑人的不同，商业汇票可以分为银行承兑汇票和商业承兑汇票。

商业承兑汇票的承兑人是付款人，银行承兑汇票的承兑人是承兑申请人的开户银行。

二、应收票据的会计核算

（一）应收票据的取得和初始确认

在我国，企业收到应收票据应按照第一章讲述的确认标准，对于符合资产定义和确认标准的应收票据可以票面价值入账。企业收到承兑的商业汇票时，按票面金额借记“应收票据”科目，并根据不同的业务内容分别记入“主营业务收入”、“应交税费”、“应收账款”等科目。

【例3—1】华兴公司2007年6月20日销售商品一批给华昌公司，价款为500 000元，增值税为85 000元，并于当日收到乙企业开来的一张不带息商业承兑汇票，面值为585 000元，期限6个月。编制会计分录如下：

2007年6月20日收到票据时：

借：应收票据——华昌公司	585 000	
贷：主营业务收入		500 000
应交税费——应交增值税（销项税额）		85 000

（二）应收票据的持有和后续确认

对于不带息票据，持有期间不计算利息，因此在持有期间不需进行任何会计处理。然而，对于带息票据，在票据到期之前，尽管利息尚未实际收到，但企业已经取得了收取票据利息的权利，会计核算上应当按照权责发生制在每个会计期末加以核算、确认这部分利息收入。

应收票据的期限有按月表示和按日表示两种。按月计算的票据，以到期月份中与出票日相同的那一天为到期日；月末出票的票据，不论月份大小，均以到期月份的月末一天为到期日。例如，4月10日出票的3个月期的票据，到期日为7月10日；4月30日出票的1个月、2个月、6个月期的票据，到期日分别为5月31日、6月30日和10月31日。票据期限按月表示时，带息票据的利息应按票面金额、票据期限和月利率（年利率÷12）计算。按日计算的票据，应从出票日起按实际经历的天数计算到期日，但出票日和到期日只能算一天。例如，4月10日出票的30天、60天、90天期的票据，到期日分别为5月10日、6月9日、7月9日。票据期限按日表示时，带息票据的利息应按票面金额、票据期限和日利率（年利率÷360）计算。具体计算公式为：票据利息=票据面值×利率×期限。会计核算时，应借记“应收利息”科目，贷记“财务费用”科目。企业可以根据自身的实际情况及采用的会计政策，选取在月末、季末或是年末对应收票据进行计息。

【例3—2】华兴公司于2007年11月1日收到华昌公司当日开出的商业承兑汇票一张以抵前欠货款，面值为500 000元，年利率为6%，期限为3个月。按照华兴公司的有关政策规定，应于每年年末计提应收票据的利息，作有关分录如下：

11月1日，华兴公司收到票据时：

借：应收票据	500 000	
贷：应收账款		500 000

12月31日，计息时：

借：应收利息	5 000	
贷：财务费用		5 000

【例3—3】甲企业于2007年12月1日采用商业汇票结算方式销售产品一批，发票上注明的销售收入为200 000元，增值税为34 000元，甲企业当即收到带息商业票据一张，期限为90天，到期日为2008年3月1日，票面利率为6%。企业于年末计提应收票据的利息。企业应作下列会计分录：

2007年12月1日，甲企业收到票据时：

借：应收票据	234 000	
贷：主营业务收入		200 000
应交税费——应交增值税（销项税额）		34 000

2007年12月31日，甲企业计息：

利息金额=票据面值×利率×期限=234 000×6%÷360×30=1 170（元）

借：应收利息	1 170	
贷：财务费用		1 170

（三）应收票据到期和终止确认

应收票据到期时，如果收到票款，应按照实际收到的金额借记“银行存款”等科目，应按照应收票据的账面价值贷记“应收票据”科目，按照已计提的利息贷记“应收利息”科目，按其差额贷记“财务费用”科目。

应收票据到期，如果因付款人无力支付票款，而收到由银行退回的商业承兑汇票、委托收款凭证等，应将应收票据的面值转入“应收账款”科目，并将应收票据到期值尚未计提的利息借记“应收利息”科目，贷记“财务费用”科目。期末，除非协议另有规定，不再对已到期的应收票据计提利息。

【例3—4】承例3—2，2008年2月1日，华昌公司开出的应收票据到期，华兴公司应作下列分录：

假设2月1日，票据到期，华兴公司全额收到有关款项：

借：银行存款　　507 500
　贷：应收票据　　500 000
　　应收利息　　5 000
　　财务费用　　2 500

假设2月1日，华昌企业无力支付款项：

借：应收账款　　507 500
　贷：应收票据　　500 000
　　应收利息　　5 000
　　财务费用　　2 500

第二节　应收账款

一、应收账款概述

应收账款是企业在正常经营过程中，因销售商品或提供劳务而应向购货单位或接受劳务单位收取的款项。应收账款主要包括企业因出售商品、提供劳务等应向债务人收取的价款及代购货方垫付的运杂费等。从应收账款的回收期来看，应收账款是指应在1年之内的短期债权。在资产负债表上，应收账款应列为流动资产项目。

应收账款是一种商业信用，在买卖双方相互信任的基础上，买方向卖方所做的口头承诺。企业应加强对应收账款的管理，采取有效措施，积极组织催收，避免企业的资金长期被其他单位占用，及时补充企业生产经营过程中的资金流动，确保企业的持续经营和扩大再生产。

不单独设置“预收账款”科目的企业，预收账款也在“应收账款”科目核算。

二、应收账款的会计处理

（一）应收账款的计价

1. 商业折扣

所谓商业折扣是指企业在销售商品、提供劳务等过程中，根据市场供需状况，或针对不同的顾客以及不同的购买数量，为促销而给予客户的，从商品的标价中扣减部分货款。商业折扣在交易成立时扣除，因此，应收账款和销售收入初始确认的入账金额应当是扣除商品折扣后的净额。

【例3—5】甲企业销售一批商品给乙企业，价目单上注明的价款为30 000元（不含税），给乙企业以7折优惠，甲企业开出增值税专用发票，价款为21 000元，增值税为3 570元，另从银行存款开出支票代垫运杂费500元，货已发出。6月1日接到银行收款通知，该款已入账，作有关分录如下：

借：应收账款——乙企业　　25 070
　贷：主营业务收入　　21 000
　　应交税费——应交增值税（销项税额）　　3 570
　　银行存款　　500

收到货款时，编制如下分录：

借：银行存款　　25 070
　贷：应收账款——乙企业　　25 070

2. 现金折扣

现金折扣是销货企业为了鼓励客户在规定期限内及早偿还货款，而从发票价款中让渡给顾客的一定数额的款项。它发生在交易成立之后，是销货方为加快收账速度、减少信用风险、加速资金周转而采取的理财手段。其表现形式为："2/10，1/20，N/30"（信用期限30天，如果在10天内付款可享受2%的现金折扣；20天之内付款可享受1%的现金折扣；30天内付款无折扣），客户享有折扣额的多少视客户付款时间迟早而决。

对于现金折扣的处理方法有两种，即总价法与净价法。所谓总价法是指销售收入和应收账款均按总金额（发票价格）入账，不考虑可能发生的现金折扣。销货方在折扣期内收到款项时，按实际收款额，借记"银行存款"科目；对顾客享受的现金折扣，借记"财务费用"科目；按应收账款的入账价值，贷记"应收账款"科目。净价法将客户取得现金折扣视为正常现象，认为顾客都会为获得购货折扣而提前付款，因此销售收入和应收账款均按总金额扣除最大现金折扣的金额入账。在这种方法下，对顾客放弃的现金折扣，视为提供信贷获得的收入，记入"财务费用"科目贷方；按实际收款额，借记"银行存款"科目，按应收账款的入账价值，贷记"应收账款"科目。

【例3—6】甲企业于2007年7月1日销售商品一批给乙企业，价款为300 000元，增值税为51 000元，现金折扣条件为2/10，N/30（假设现金折扣时不考虑增值税），现分别用总价法和净价法处理如下：

（1）7月1日销售商品时：

①采用总价法

借：应收账款	351 000	
贷：主营业务收入		300 000
应交税费——应交增值税（销项税额）		51 000

②采用净价法

借：应收账款	345 000	
贷：主营业务收入		294 000
应交税费——应交增值税（销项税额）		51 000

（2）如果客户在折扣期10天内付款：

①采用总价法

借：银行存款	345 000	
财务费用	6 000	
贷：应收账款		351 000

②采用净价法

借：银行存款	345 000	
贷：应收账款		345 000

（3）如果客户超过折扣期付款：

①采用总价法

借：银行存款	351 000	
贷：应收账款		351 000

②采用净价法

借：银行存款	351 000	

贷：应收账款　345 000

　　财务费用　6 000

总价法和净价法对销售收入及应收账款的处理各有利弊。以总价法核算时，入账的销售收入与销货发票上的主营业务收入一致，简化了账务处理的工作量，也便于进行纳税管理，同时还可以提供企业为了及时回款而发生的现金折扣金额，便于报表使用者了解企业应收账款的政策。但是这种方法并不估计可能发生的现金折扣，可能导致虚列销售收入，虚增应收账款，不符合谨慎性的要求。以净价法核算时，销售收入和应收账款都按扣除最大现金折扣后的金额入账，体现了谨慎性的要求。但是由于采用这种方法，销售收入的入账金额和销售发票上的金额不一致，不便于销项税额的核对，会计处理手续也比较复杂。我国现行会计准则要求企业采用总价法对应收账款进行核算，不要求在会计报表中提供现金折扣的信息。

（二）应收账款坏账

企业的应收账款可能因为种种原因无法收回，这些无法收回的应收账款统称为坏账，由这些坏账使企业发生的损失称为坏账损失。对于坏账的核算，在会计上有两种方法：一是直接转销法；二是备抵法。

1. 直接转销法

直接核销法是指在实际发生坏账时，对于发生的坏账损失，经审查确认后直接记入“资产减值损失”科目，同时注销该笔应收款项。坏账收回时，则应先作一笔相反分录，将坏账身份“恢复”为应收账款，再作正常的应收账款收回分录。

【例 3—7】2007 年 11 月，甲企业经批准，将应收乙企业的销货款 100 000 元作为坏账损失。2008 年 1 月 10 日，上述已确认为坏账的应收乙企业的销货款又全数收回，作有关分录如下：

2007 年 11 月，确认坏账：

借：资产减值损失——坏账损失　100 000

　　贷：应收账款——乙企业　100 000

2008 年 1 月，坏账收回：

借：应收账款——乙企业　100 000

　　贷：资产减值损失——坏账损失　100 000

借：银行存款　100 000

　　贷：应收账款——乙企业　100 000

直接转销法的优点是账务处理简单，但这种方法忽视了坏账损失与赊销业务的联系，在转销坏账损失的前期，无视坏账发生的可能性，对于坏账情况不做任何处理，显然不符合权责发生制原则和配比原则，导致企业的陈账、呆账、长年挂账得不到处理，虚增了利润，也夸大了前期资产负债表上应收款项的可实现价值。但是对于某些小企业，由于其坏账发生得比较少，金额也比较小，直接转销法也不失为一种简便的方法。

2. 备抵法

备抵法要求企业按期估计可能发生的坏账损失，对于估计收不回的应收款项，应借记“资产减值损失”科目，贷记“坏账准备”科目。实际发生坏账时，借记“坏账准备”科目，贷记“应收账款”科目。当坏账收回时，与直接核销法一样，先作确认坏账时的相反分录，将坏账身份“恢复”为应收账款，再作正常的应收账款收回分录。

备抵法与直接核销法相比，其优点有：一是预计不能收回的应收款项作为坏账损失及时计入费用，避免虚增企业利润，符合谨慎性原则；二是“坏账准备”作为应收款项的备抵性账户在资产负债表中列示，使得资产负债表中应收款项的金额以净额列示，使报表阅读者更能了解企业真实的财务状况；三是使应收账款实际占用资金接近实际，消除了虚列的应收款项，有利于企业资金周转，提高企业经济效益。

采用备抵法核算应收账款的坏账，必须采用一定的方法合理估计各会计期间的坏账损失。按期估计坏账损失的方法主要有三种：应收账款余额百分比法、账龄分析法和赊销百分比法。

（1）应收账款余额百分比法

应收账款余额百分比法认为，企业发生坏账的可能性与期末仍未收回的应收账款成正比。会计期末，企业应提取的坏账准备大于计提前坏账准备的账面贷方余额（表明企业已提坏账准备）的，按其差额提取；应提取的坏账准备小于其账面贷方余额的，按其差额冲回坏账准备。

【例3—8】甲企业2004年年末应收账款余额为1 000 000元，估计的坏账准备率为5%；2005年年末应收款项余额为1 200 000元；2006年3月应收乙企业的货款确认为坏账损失计80 000元，2006年年末应收账款余额为1 050 000元；2007年5月，上年已确认为坏账的应收账款又收回30 000元，2007年年末应收账款余额为900 000元。甲企业作有关分录如下：

①2004年年末，应提坏账准备 = 1 000 000 × 5% = 50 000（元），期初坏账准备余额为0，因此，本期计提额 = 50 000 − 0 = 50 000（元）：

借：资产减值损失——提取坏账准备　　50 000

　贷：坏账准备　　50 000

②2005年年末，计提坏账：

应计提坏账准备 = 1 200 000 × 5% = 60 000（元）

计提前坏账准备余额 = 50 000元

本期计提额 = 60 000 − 50 000 = 10 000（元）

借：资产减值损失——提取坏账准备　　10 000

　贷：坏账准备　　10 000

③2006年3月发生坏账时：

借：坏账准备　　80 000

　贷：应收账款——乙企业　　80 000

④2006年年末，计提坏账：

应计提坏账准备 = 1 050 000 × 5% = 52 500（元）

计提前坏账准备余额 = 60 000 − 80 000 = −20 000（元）

本期计提额 = 52 500 −（−20 000）= 72 500（元）

借：资产减值损失——提取坏账准备　　72 500

　贷：坏账准备　　72 500

⑤2007年5月，坏账收回时：

借：应收账款——乙企业　　30 000

　贷：坏账准备　　30 000

借：银行存款　　30 000

　贷：应收账款——乙企业　　30 000

⑥2007 年末，计提坏账：

应计提坏账准备 = 900 000 × 5% = 45 000（元）

计提前坏账准备余额 = 52 500 + 30 000 = 82 500（元）

本期计提额 = 45 000 − 82 500 = −37 500（元）

借：坏账准备　　37 500

　贷：资产减值损失——坏账准备冲销　　37 500

采用应收账款余额百分比法估计坏账损失，能使年末调整后“坏账准备”的余额直接体现为应收款项年末余额按预定比例提取的坏账损失数，从而可以恰当地反映应收款项的预期可变现净值。

（2）账龄分析法

账龄分析法实际上是应收账款余额百分比法的一种更为精确的估计坏账的方法。这里的账龄指的是顾客所欠账款的时间。账龄分析法认为，应收款项的入账时间越长，发生坏账的可能性越大，坏账准备率就应越高；反之，则越小。

【例 3—9】甲企业 2007 年年末应收款项的余额为 1 800 000 元，期初坏账准备为贷方余额 50 000 元，应收款项的账龄及估计的坏账损失见表 3—1。

表 3—1　　**应收款项的账龄及估计的坏账损失表**　　单位：元

应收款项账龄	应收款项余额	估计损失（%）	估计损失金额
未到期	600 000	1	6 000
逾期 3 个月	200 000	2	4 000
逾期 6 个月	400 000	3	12 000
逾期 1 年	360 000	5	18 000
逾期 1 年以上	240 000	8	19 200
合计	1 800 000		59 200

如表 3—1 所示，本期应提坏账准备 59 200 元，期初坏账准备为贷方余额 50 000 元，因此本期计提额 = 59 200 − 50 000 = 9 200（元）。

借：资产减值损失——提取坏账准备　　9 200

　贷：坏账准备　　9 200

（3）赊销百分比法

赊销百分比法是按当期赊销金额的一定百分比估计坏账损失的一种方法。这种方法的出发点是，坏账损失的产生与赊销业务直接相关，当期赊销业务越多，产生的坏账损失就越大。因此，企业可以根据过去的经验和当期的有关资料，估计坏账损失与赊销金额之间的比率，再用这一比率乘以当期的赊销净额，计算坏账损失的估计数。赊销净额一般应扣除销货退回和折让。

【例 3—10】甲企业 2006 年度赊销金额为 1 000 000 元，根据以往经验，估计坏账损失率为 5%，则 2006 年应提坏账准备 = 1 000 000 × 5% = 50 000（元），分录如下：

借：资产减值损失——提取坏账准备　　50 000

　贷：坏账准备　　50 000

若甲企业 2007 年度赊销金额为 800 000 元，则 2007 年应计提坏账准备 = 800 000 × 5% = 40 000（元），无须考虑坏账准备的期初余额，分录如下：

借：资产减值损失——提取坏账准备 40 000

贷：坏账准备 40 000

在采用赊销百分比法时，估计坏账损失百分比可能由于生产经营情况的不断变化而不相适应，因此，需要经常检查百分比是否能足以反映企业坏账损失的实际情况，倘若发现百分比过高或过低，应及时调整，因此，采用赊销百分比法对估计坏账所采用的百分比的合理性要求比较高。

根据我国会计准则的有关规定，企业应当定期或至少在每年年度终了，对应收账款进行全面检查，并合理计提坏账准备。在对应收账款进行减值测试时，应当根据本单位的实际情况分为单项金额重大和非重大的应收账款。对于单项金额重大的应收账款，应当单独进行减值测试，有客观证据表明其发生了减值的，应当确认减值损失，计提坏账准备。对于单项金额非重大的应收账款以及单独测试后未发生减值的单项金额重大的应收账款，应当采用组合方式进行减值测试，计算减值损失，计提坏账准备。

企业应根据实际情况，自行确定计提坏账准备的方法和计提比例，既不应设置秘密准备，也不能不计提坏账准备。对于不能收回的应收账款应当查明原因，追究责任。对有确凿证据表明无法收回的应收账款，应根据企业的管理权限，经股东大会或董事会批准作为坏账损失，冲销计提的坏账准备。

第三节　预付账款和其他应收款

一、预付账款

预付账款是指企业为取得生产经营所需的原材料、物资、技术等按照购货合同预付给供应单位的款项。预付账款是商业信用的一种形式，它所代表的是企业在将来从供应单位取得材料、物资的债权。企业按供应单位设明细账。预付账款与应收账款的相同之处在于都代表的是企业的债权。不同之处在于，预付账款产生于购货活动，而应收账款产生于销货活动；预付账款代表的是收货的权利，而应收账款代表的是企业收取款项的权利。

对于预付账款不多的企业，也可以不设“预付账款”科目，将预付账款直接记入“应付账款”科目的借方。

企业在预付账款时，借记“预付账款”科目，贷记“银行存款”科目。收到所购货物时，根据发票账单等列明应计入购入物资成本的金额，借记“在途物资”、“材料采购”或“原材料”、“库存商品”等科目，按专用发票上注明的允许抵扣的增值税税额，借记“应交税费——应交增值税（进项税额）”科目，按实际应付金额，贷记“预付账款”科目。补付款项时，借记“预付账款”科目，贷记“银行存款”科目；收到多付款项时，借记“银行存款”科目，贷记“预付账款”科目。

【例3—11】企业根据购销合同规定，9月10日预付甲企业购货款10 000元。9月25日，收到供应单位提供的商品和开具的发票，发票上注明价款为20 000元，增值税3 400元。10月23日，企业将余款支付给甲企业。有关分录如下：

9月10日，预付购货款时：

借：预付账款 10 000

贷：银行存款 10 000

9月25日，收到所购商品时：

借：库存商品 20 000

借：应交税费——应交增值税（进项税额）　　3 400

　贷：预付账款　　23 400

10 月 23 日，补付购货款时：

借：预付账款　　13 400

　贷：银行存款　　13 400

二、其他应收款

其他应收款核算企业除应收票据、应收账款、预付账款、应收利息、应收股利、应收补贴款以外的其他各种应收、暂付款项，具体包括：

（1）应收的各种赔款、罚款；

（2）应收出租包装物租金；

（3）应向职工收取的各种垫付的款项；

（4）备用金（向企业各职能部门、科室、车间拨出的备用金）；

（5）存出保证金，如租入包装物支付的押金；

（6）预付账款转入；

（7）其他各种应收、暂付款项。

企业拨出用于投资、购买物资的各种款项，在尚未进行投资或购买物资之前，属于企业的其他货币资金，该类款项应通过“其他货币资金”科目进行核算，不属于其他应收款核算范围。

【例 3—12】根据企业发生的有关其他应收款的经济业务，编制会计分录。

（1）某职工预借差旅费 600 元，以现金支付。

借：其他应收款　　600

　贷：库存现金　　600

（2）某职工报销差旅费 850 元，原借 500 元，以现金补付 350 元。

借：管理费用　　850

　贷：其他应收款　　500

　　　库存现金　　350

（3）借入外单位包装物，支付包装物押金 500 元。

借：其他应收款　　500

　贷：银行存款　　500

在其他应收款的业务中，需要特别指出的是备用金的核算。备用金是指为了满足企业内部各部门和职工生产经营活动的需要，而暂付给有关部门和个人使用的现金。根据备用金管理制度的规定，备用金的核算分为定额管理和非定额管理两种情况。

定额管理是企业为了满足内部各部门和个人正常生产经营需要，减少报账次数，根据各职能部门规模大小、用款情况，核定其用款权利大小拨定的定额。各职能部门对于领用的备用金应定期向财务会计部门报销，财务部门根据报销数用现金补足定额。这种方法便于企业对备用金的使用进行控制，一般适用于具有经常性费用开支的内部用款部门。由于用款单位报销领款后，备用金数额仍按定额持有，所以报销费用时，视同货币资金支付费用处理，借记“管理费用”等科目，贷记“银行存款”等科目；在用款单位不再需要备用金时，才将备用金退回，借记“库存现金”等科目，贷记“其他应收款——备用金”科目。

【例3—13】甲企业给其一销售部门核定的备用金定额为6 000元，以现金拨付，作有关分录如下：

借：其他应收款——备用金　　6 000

　贷：库存现金　　6 000

上述销售部门报销日常营业支出2 000元，财务部门补足定额，作有关分录如下：

借：销售费用　　2 000

　贷：库存现金　　2 000

（若车间报销，则借记“制造费用”科目；若厂部报销，则借记“管理费用”科目）

根据经营需要将销售部门的定额收回一部分，减至5 000元，销售部门将款项以现金形式交回1 000元，作有关分录如下：

借：库存现金　　1 000

　贷：其他应收款——备用金　　1 000

非定额管理是指为了满足临时性需要而暂付给有关部门和个人的现金，使用后实报实销。这种方法手续简单，但不便于对备用金的使用进行控制，一般适用于非经常开支的用款单位，由于用款单位报账核销时，财会部门并不以货币资金补充其备用金，而是作为债权的收回处理，因此，用款单位报销费用时，应借记“管理费用”科目，贷记“其他应收款——备用金”科目。

【例3—14】企业销售部外出销售产品，预借款40 000元，以银行存款付讫，作有关分录如下：

借：其他应收款——备用金　　40 000

　贷：银行存款　　40 000

用款单位报销销售产品的搬运费20 000元，作有关分录如下：

借：销售费用　　20 000

　贷：其他应收款——备用金　　20 000

第四节　长期应收款

长期应收款核算企业融资租赁产生的应收款项和采用递延方式分期收款、实质上具有融资性质的销售商品和提供劳务等经营活动产生的应收款项。从回收时间来看，长期应收款的回收期限在一年以上，属于企业的非流动资产。

长期应收款的账务处理主要涉及两种情况：

1. 在融资租赁下，出租人将与租赁资产所有权有关的风险和报酬实质上转移给承租人，将租赁资产的使用权长期转让，并以此获得租金。出租人应在租赁开始日，将租赁开始日最低租赁收款额与初始直接费用之和作为长期应收款的入账价值，并同时记录未担保余值，将最低租赁收款额、初始直接费用与未担保余值之和与其现值之和的差额记录为未实现融资收益。

2. 企业采用递延方式分期收款、实质上具有融资性质的销售商品或提供劳务等经营活动产生的长期应收款，满足收入确认条件的，按应收合同或协议价款，借记“长期应收款”科目，按应收合同或协议价款的公允价值，贷记“主营业务收入”等科目，按专用发票上注明的增值税税额，贷记“应交税费——应交增值税（销项税额）”科目，按其差额，贷记“未实现融资收益”科目。

【例3—15】2005年1月1日，甲企业采用分期收款方式向乙公司销售一台大型设备，合同约定的销售价格是2 000万元，分5次于每年12月31日等额收取。该设备成本是1 500万元。在现销方式下，该大型设备的销售价格为1 600万元，折现率为7.93%。财务费用和已收本金计算如表3—2所示。

表3—2　　**财务费用和已收本金计算表**　　单位：元

年份 (t)	未收本金 ($A_t = A_{t-1} - D_{t-1}$)	财务费用 (B = A × 7.93%)	收现总额 (C)	已收本金 (D = C − B)
2005年1月1日	16 000 000			
2005年12月31日	16 000 000	1 268 800	4 000 000	2 731 200
2006年12月31日	13 268 800	1 052 200	4 000 000	2 947 800
2007年12月31日	10 321 000	818 500	4 000 000	3 181 500
2008年12月31日	7 139 500	566 200	4 000 000	3 433 800
2009年12月31日	3 705 700	294 300	4 000 000	3 705 700
总额		4 000 000	20 000 000	16 000 000

2005年销售实现时：

借：长期应收款　　20 000 000
　　银行存款　　3 400 000
　贷：主营业务收入　　16 000 000
　　　应交税费——应交增值税（销项税额）　　3 400 000
　　　未实现融资收益　　4 000 000
借：主营业务成本　　15 000 000
　贷：库存商品　　15 000 000

2005年收取货款时：

借：银行存款　　4 000 000
　贷：长期应收款　　4 000 000
借：未实现融资收益　　1 268 800
　贷：财务费用　　1 268 800

以后年度依照表3—2做类似处理，此不详述。

第五节　应收债权出售和融资

一、应收票据贴现

票据贴现是指企业因急需资金，将其所持有的未到期的应收票据，在贴付一定利息之后，背书转让给银行的行为。票据贴现后，企业可以从银行取得贴现款。贴现款的计算方法如下：

贴现款 = 到期值 − 贴现息

贴现息 = 票据到期值 × 贴现率 × 贴现天数

其中，贴现率是指企业与银行商定的应付给银行的利率。贴现天数是指银行持有票据的时间（在贴现日和票据到期日这两天中，只计算其中的一天，且无论商业汇票的到期日按日表示还是按月表示，贴现期一律按实际贴现天数计算）。

（一）不带追索权的应收票据贴现

将不带追索权的应收票据贴现，企业在转让票据所有权的同时也将票据到期不能收回票款的风险一起转移给了贴现银行，企业对票据到期无法收回的票款不承担连带责任。因此，在这种情况下，企业应按扣除其贴现息后的净额，借记“银行存款”科目，按票据的账面金额，贷记“应收票据”科目，按已经计提的利息，贷记“应收利息”科目，按其差额，贷记或借记“财务费用”科目。

【例3—16】甲企业于4月20日将其3月20日取得、面值为20 000元、年利率3%、6个月期的银行承兑汇票贴现给银行，贴现率为4.8%（年贴现率），并收到有关款项，该票据已计提利息50元，作有关分录如下：

4月20日票据贴现，取得有关款项时：

到期值 = 20 000 ×（1 + 3% ÷ 12 × 6） = 20 300（元）

票据的到期日是9月20日，贴现天数为4月20日至9月20日这段时间所包含的天数153天。

贴现息 = 20 300 × 4.8% ÷ 360 = 414.12（元）

贴现款 = 20 300 − 414.12 = 19 885.88（元）

借：银行存款	19 885.88	
财务费用	164.12	
贷：应收票据		20 000
应收利息		50

在我国，企业将银行承兑汇票贴现的业务基本上不存在到期不能收回票据的风险，因此企业应将其视为不带追索权的商业汇票贴现。

（二）带追索权的应收票据贴现

将带追索权的应收票据贴现，企业没有转嫁票据到期不能收回的风险，对到期不能收回的票据企业承担连带偿还责任。因此，这种经济业务不符合金融资产终止确认的条件，不能冲销应收票据账户金额。会计核算时，应视同从银行借款处理，根据实际收到的贴现款借记“银行存款”科目，贷记“短期借款”科目。

【例3—17】承例3—16，假设该贴现的票据为商业汇票，企业应编制分录如下：

借：银行存款	19 885.88	
贷：短期借款		19 885.88

到期偿还时

借：短期借款	19 885.88	
财务费用		164.12
贷：应收票据		20 000
应收利息		50

二、应收账款抵借和让售

在一般情况下，应收账款只有在债务人偿付之后才从账簿记录中注销。但在商业信用盛行的市场经济中，应收账款通常占用企业较多的资金，企业为了加速资金的收回，往往利用应收账款来融通所需的经营资金。

借助应收账款进行融资，一方面，可以让资金不足或不能及时从银行取得贷款的企业利用应收账款能借到利息更为低廉的资金，减少应收账款的收账费用，缩短收账周期，及时得到所需资金；另一方面，按照国际惯例，许多国家的立法对债权人利益的保护往往优于对股东权益的保护，因而促使一些企业愿意购买应收账款。银行和其他金融机构在贷款业务不足（资金多余）的情况下，也乐于接受应收账款融通业务，以赚取一定的手续费。

由于以上两方面因素的影响，应收账款融通业务在西方国家颇为盛行。我国目前虽然没有这方面的业务，但随着金融市场的进一步完善，此种业务在不久的将来可能会应运而生。常见的应收账款融通方式主要有两种：一是应收账款抵借；二是应收账款让售。

（一）应收账款抵借

应收账款抵借就是应收账款的持有者（承借人）以应收账款作为抵押，向银行或其他金融机构（出借人）借入资金。抵借双方通常应签订协议，规定可借金额占抵押应收账款的最高比例（视企业的财务状况而定）。承借人实际借款时，往往出具应付票据。出借人对作为抵押的应收账款通常享有追索权，亦即承借人如果到期无法偿付应付票据时，承借人有权直接向欠款顾客收取相应金额的应收账款。

【例3—18】某企业以其全部应收账款500 000元作为抵押，抵借的比率为80%，取得400 000元的借款，会计分录如下：

借：银行存款　　400 000
　贷：短期借款　　400 000

如果企业向银行开出400 000元的票据，以对借款的归还做出承诺，则：

借：银行存款　　400 000
　贷：应付票据　　400 000

企业归还信贷公司借款400 000元，并支付利息72 000元，则：

借：短期借款　　400 000
　　财务费用　　72 000
　贷：银行存款　　472 000

（二）应收账款让售

企业可能出于不同原因而将应收账款让售出去。让售的方式多种多样，最常见的是让售给某一代理商，通常为金融公司或银行。代理商负责评估欠款客户的信用，企业作为销售方只要发货后就可将应收账款让售给代理商。代理商按应收账款净额的一定比例（视顾客的信用等级而定）收取手续费，从预付给让售方的款额中扣抵。到期的应收账款由客户直接支付给代理商。

企业将应收账款让售后，应收账款的所有权发生变化，同时将应收账款可能带来的损失风险转给了代理商，应收账款购买者（代理商）承担收取应收账款的风险，从而就承担了应收账款的坏账损失。让售方则只承担销售折扣、折让和退回等损失，为此，代理商在购买应收账款时一般要按一定比例扣留一部分款项，备抵让售方应承担的折扣、折让和退回等损失，待实际发生销售折扣、折让或退回时，再予以冲销。在会计处理上，让售方应按实际收到的款额，借记“银行存款”科目，按承担的手续费，借记“财务费用”科目，按代理商预留的余款，借记“其他应收款——应收代理商款”科目，按应收账款面值，贷记“应收账款”科目。

【例3—19】2007年3月1日，甲公司将应收账款500 000元以无追索权方式让售给某银行。该银行按应收账款面值的2%收取手续费，并按应收账款面值的5%预留余款，以备抵减可能发生的销售折扣、折让和退回。

3月1日，出售应收账款时，作会计分录如下：

借：银行存款　　465 000

　　财务费用　　10 000

　　其他应收款——应收代理商款　　25 000

　贷：应收账款　　500 000

4月份，代理商共收到账款492 000元，发生坏账5 000元，由代理商承担，企业于4月20日收到客户销售退回货款2 000元，作会计分录如下：

借：主营业务收入　　3 000

　贷：其他应收款——应收代理商款　　3 000

5月1日，甲公司与银行最后结算，代理商银行扣留款25 000元，除销售退回3 000元外，由代理商补付22 000元，作会计分录如下：

借：银行存款　　22 000

　贷：其他应收款——应收代理商款　　22 000

应收账款的抵借和让售是应收账款融通的两种方式，两者的性质是截然不同的。应收账款的抵借，并不改变应收账款的所有权，只是一种抵借行为，不符合金融资产终止确认的条件，企业仍应对其计提坏账准备。应收账款的让售改变了其所有权，让售的应收账款已满足金融资产终止确认的条件，因而不需再计提坏账准备。

复习思考题

1. 商品销售款的“商业折扣”与“现金折扣”有什么区别？总价法与净价法在会计处理上各有哪些优缺点？

2. 试比较应收账款坏账的直接核销法和备抵法。

3. 对于带追索权应收票据的贴现和不带追索权应收票据的贴现，它们的账务处理有什么区别？

4. 试阐述应收账款抵借和出售的含义，并比较这两种情况下应收账款的会计处理有何差别？

练习题

1. 甲企业于2007年6月10日销售商品一批给乙企业，价款为10 000元，增值税为1 700元，并于当日收到商业承兑汇票一张，面值为11 700元，年利率为3%，90天期。

要求：计算该票据的到期日、到期值并作有关取得票据和票据到期时的分录。

2. 甲公司于2007年3月6日销售一批商品给乙企业，价目单上注明的价格为10 000元，假设不考虑增值税，经协商给予乙企业20%的商业折扣，同时约定现金折扣条件为“2/10，1/20，N/30”，3月15日，甲企业应收款项收回3 000元，余款于3月30日收回。

要求：分别用总价法和净价法作甲企业的有关分录。

3. 甲公司2007年年初应收账款余额为600 000元，坏账准备贷方余额为18 000元，坏账准备计提率为3%，2007年6月5日将应收乙公司的货款40 000元确认为坏账，9月20日上年已确认为坏账的应收甲公司货款收回20 000元，2007年年末甲公司应收账款余额为 650 000 元。

要求：编制甲公司 2007 年度有关坏账的分录。

4. A 公司为满足其经营需要，于 2007 年 6 月 10 日在其销售部门设置备用金 2 000 元，以现金拨付，并要求其每月报销一次，6 月 30 日，销售部门报销 1 300 元，补足其定额。7 月 5 日，因业务需要，公司决定将销售部门的备用金增加到 5 000 元，并将款项拨付给销售部门。

要求：编制有关分录。

5. 某企业赊销产品，发票总额为 10 000 元（其中售价 8 547 元，增值税 1 453 元）。该企业决定让售这笔应收账款，手续费率为 2%，扣留款比率为 10%。

要求：编制让售有关分录。

6. A 企业于 5 月 10 日将其于 4 月 20 日取得的、面值为 10 000 元、年利率为 4.8%、3 个月期的银行承兑汇票贴现给银行。

要求：编制有关贴现的会计分录。

7. A 企业以其应收账款 2 000 000 元为抵押，抵借比例为 90%，3 个月后企业归还借款，除支付本金外，还支付了利息费用 80 000 元。

要求：编制相应的会计分录。

第四章 存 货

第一节 存货概述

一、存货的概念和分类

存货是指企业在日常活动中持有以备出售的产成品或商品、处在生产过程中的在产品、在生产过程或提供劳务过程中耗用的材料或物料等。具体来说，存货包括以下三类有形资产：一是在日常生产经营过程中持有以备出售的存货，主要指企业在正常生产经营过程中处于待销状态的各种物品，如工业企业的库存产成品、商品流通企业的库存商品等；二是为了最终出售正处在生产过程的存货或是将在生产过程中消耗的存货，如工业企业的在产品、自制半成品等；三是企业将在生产产品或提供劳务过程中消耗而储存的各种物品，如工业企业为生产产品而储存的材料、燃料、包装物、低值易耗品等。

存货区别于固定资产等非流动资产的最基本的特征是，企业持有存货的最终的目的是为了出售，不论是可供直接出售，如企业的产成品、商品等，还是需经过进一步加工后才能出售，如原材料等。

二、存货管理的重要性

在很多企业，存货往往占流动资产甚至资产总额的比重很大。它们经常处在不断地销售和重置之中，是一项流动性强的资产。存货在保管、维护安全及防止损失等各个方面，其重要程度并不亚于现金。对于存货的管理，首先要保证其安全、完整，以防偷盗事件的发生。除此之外，还要在储备数量上保持适中，而适量的存货储备要求，既能避免因存货过多而使资金积压，甚至因日久变质而遭受损失，又能避免因存货不足而影响正常的生产经营活动，失去应有的获利机会。

存货的管理离不开会计的介入。存货的会计核算主要是对企业生产经营过程中存货的收入、发出和结存进行反映和监督。具体地说，就是要确定存货的收入、发出和结存的数量及金额，从而达到对存货实施计划和控制的目的。

由于存货是资产负债表中流动资产的一个重要项目，也是利润表中销售成本的来源，因此，存货计量得正确与否，将直接和间接地关系到企业的财务状况和经营成果是否正确，进而还会影响到企业所得税税额、收益在各方面的分配及管理人员业绩的评价等。

综上可知，存货管理是企业管理的一个重要组成部分，其影响面极广。存货管理上的失误，可能会导致企业整个生产经营管理活动的最终失败。

第二节 存货的初始计量

企业会计准则规定，企业取得存货经验证符合确认标准的应当按照成本进行计量。然而，按照存货取得方式的不同，其实际成本的组成内容不同，相应的会计处理也不同，具体可分为下面几种情况。

一、外购存货的成本

企业外购存货主要包括原材料和商品。外购存货的成本即存货的采购成本，指企业物资从采购到入库前所发生的全部支出，包括购买价款、相关税费、运输费、装卸费、保险费以及其他可归属于存货采购成本的费用。

1. 存货的购买价款是指企业购入的材料或商品的发票账单上列明的价款，但不包括按规定可以抵扣的增值税税额。

2. 存货的相关税费是指企业购买、自制或委托加工存货发生的进口关税、消费税、资源税和不能抵扣的增值税进项税额等应计入存货采购成本的税费。

3. 其他可归属于存货采购成本的费用，即采购成本中除上述各项以外的可归属于存货采购成本的费用，如在存货采购过程中发生的仓储费、包装费、运输途中的合理损耗、入库前的挑选整理费用等。这些费用能分清负担对象的，应直接计入存货的采购成本；不能分清负担对象的，应选择合理的分配方法，分配计入有关存货的采购成本。分配方法通常包括按所购存货的数量或采购价格比例进行分配。

对于采购过程中发生的物资毁损、短缺等，除合理的途耗应当作为存货的其他可归属于存货采购成本的费用计入采购成本外，应区别不同情况进行会计处理：

1. 从供货单位、外部运输机构等收回的物资短缺或其他赔款，应冲减所购物资的采购成本。

2. 因遭受意外灾害发生的损失和尚待查明原因的途中损耗，暂作为待处理财产损溢进行核算，查明原因后再做处理。

【例4—1】大华公司向南方公司购入存货A材料一批，增值税专用发票上注明价款100 000元、增值税17 000元，另支付运杂费2 000元，用银行存款支付，相应的会计处理如下：

借：原材料——A材料　　102 000
　　应交税费——应交增值税（进项税额）　　17 000
　贷：银行存款　　119 000

【例4—2】某工业企业为增值税一般纳税企业，2007年4月购入A材料1 000千克，增值税专用发票上注明的买价为30 000元、增值税为5 100元，该批A材料在运输途中发生了1%的非合理损耗，实际验收入库990千克，在入库前发生挑选整理费用500元，相应的会计分录如下：

原材料的实际成本 = 30 000 × 990 ÷ 1 000 + 500 = 30 200（元）

借：原材料——A材料　　30 200
　　应交税费——应交增值税（进项税额）　　5 100
　贷：银行存款　　35 300

二、加工取得的存货的成本

企业通过进一步加工取得的存货主要包括产成品、在产品、半成品、委托加工物资等，其成本由采购成本、加工成本构成。某些存货还包括使存货达到目前场所和状态所发生的其他成本，如可直接认定的产品设计费用等。通过进一步加工取得的存货的成本中的采购成本是由所使用或消耗的原材料采购成本转移而来的，因此，计量加工取得的存货的成本，重点是要确定存货的加工成本。

存货的加工成本由直接人工和制造费用构成，其实质是企业在进一步加工存货的过程中追加发生的生产成本，因此，不包括直接由材料存货转移来的价值。其中，直接人工是指企业在生产产品过程中直接从事产品生产的工人的职工薪酬。直接人工和间接人工的划分依据通常是生产工人是否与所生产的产品直接相关（即可否直接确定其服务的产品对象）。制造费用是指企业为生产产品和提供劳务而发生的各项间接费用。制造费用是一种间接生产成本，包括企业生产部门（如生产车间）管理人员的职工薪酬、折旧费、办公费、水电费、机物料消耗、劳动保护费、季节性和修理期间的停工损失等。

三、其他方式取得的存货的成本

企业取得存货的其他方式主要包括接受投资者投资、非货币性资产交换、债务重组、企业合并等。

（一）投资者投入存货的成本

投资者投入存货的成本应当按照投资合同或协议约定的价值确定，但合同或协议约定价值不公允的除外。在投资合同或协议约定价值不公允的情况下，按照该项存货的公允价值作为其入账价值。

（二）通过非货币性资产交换、债务重组、企业合并等方式取得的存货的成本

企业通过非货币性资产交换、债务重组、企业合并等方式取得的存货，其成本应当分别按照《企业会计准则第7号——非货币性资产交换》、《企业会计准则第12号——债务重组》、《企业会计准则第20号——企业合并》等的规定确定。但是，该项存货的后续计量和披露应当执行存货准则的规定。

（三）盘盈存货的成本

盘盈的存货应按同类或类似存货的公允价值作为入账价值，并通过“待处理财产损溢”科目进行会计处理，按管理权限报经批准后冲减当期管理费用。

第三节　存货发出的核算

企业的存货是不断流动的，有流入也有流出，流入与流出相抵后的结余即为期末存货，本期期末存货结转到下期，即为下期的期初存货，下期继续流动，就形成了生产经营过程中的存货流转。

存货流转包括成本流转和实物流转两个方面。理论上，存货的成本流转和实物流转应该一致。比如说，某商品购进成本，第一批200件，单价10元/件；第二批300件，单价15元/件；第三批500件，单价12元/件。本期销售结果是：第一批销售了20件，第二批销售了10件，第三批销售了50件，则本期销售成本为$20\times10+10\times15+50\times12=950$（元），在这种情况下，该商品的成本流转与实物流转是一致的。但在实际工作中一致的情况非常少见，因为企业的存货进出量相当之大，存货的品种繁多，单位成本多变，难以保证各种存货的成本流转和实物流转一致。尽管同种存货的单价不同，但它们都能满足销售及生产的需要，在成本被销售或耗用后，无需分别辨认哪些存货被发出、哪些仍为库存，成本的流转顺序和实物流转顺序可以分离。这样就出现了不同的存货流转假设和发出存货的计价方法。下面介绍几种主要的存货发出计价方法。

一、个别计价法

个别计价法又称具体辨认法、分批实际法等。采用这一方法是假设存货的成本流转与实物流转相一致，按照各种存货逐一辨认其发出和期末结存所属的购进批别或生产批别，分别按其购入或生产时所确定的单位成本作为计算各批发出和期末结存存货成本的方法。

采用这种方法所确定的发出存货的成本、期末结存存货的成本比较真实、准确，而且可以随时结转成本。但是，采用这种方法必须具备必要的条件，即存货项目必须是可以按不同进货单价辨别认定的；必须有详细的记录，据以了解每一个别存货或每批存货项目的收入、发出和结存情况。因而，实务操作中的工作量繁重，困难较大。个别计价法适用于

容易识别、存货品种数量不多、单位成本较高的存货，如房产、船舶、飞机、重型设备、珠宝、名画等贵重物品；能够分清批次、整批进整批出的存货也可以采用这种方法；不能互换使用的存货或为特定的项目专门购入或制造并单独存放的存货也可采用这种方法。

二、先进先出法

先进先出法是假设先收到的存货先售出或先耗用，并根据这种假设的成本流转顺序对发出存货和期末结存存货进行计价的方法。采用这种计价方法，收入存货时要逐笔登记每一批存货的数量、单价和金额；发出存货时，按照先进先出的原则确定单价，逐笔登记存货的发出金额和结存金额。

【例4—3】某企业2007年5月1日结存A材料200千克，每千克实际成本为20元；5月9日和15日分别购入该材料200千克和300千克，每千克实际成本分别为16元和17元；5月13日厂部领用材料270千克，5月27日领用材料250千克。按先进先出法核算时，则发出材料和结存材料的成本见表4—1。

表4—1 **发出材料和结存材料成本表**

品名：A材料　　　　实际计量单位：千克　　　　金额单位：元

20×7年		摘要	收入			发出			结存		
月	日		数量	单价	金额	数量	单价	金额	数量	单价	金额
5	1	结存							200	20	4 000
5	9	购入	200	16	3 200				200 200	20 16	7 200
5	13	发出				200 70	20 16	5 120	130	16	2 080
5	15	购入	300	17	5 100				130 300	16 17	7 180
5	27	发出				130 120	16 17	4 120	180	17	3 060
5	31	合计	500		8 300	520		9 240	180	17	3 060

采用先进先出法能够随时结转成本，期末存货成本比较接近现行的市场价值，企业不能随意挑选存货成本以调整当期利润。但是，在存货收发业务频繁和单价经常变动的情况下，计价的工作量较大。另外，当物价上涨时，会高估企业当期利润；反之，会低估企业当期利润。一般而言，经营活动受存货形态影响较大或存货容易腐败变质的企业可采用先进先出法。这种方法在永续盘存制和实地盘存制下均可使用。

三、移动加权平均法

移动加权平均法也称移动平均法，它是用本次收入存货成本加原有库存存货成本，除以本次收入存货数量加原有库存存货数量，据以计算加权平均单价，并对发出存货和结存存货进行计价的一种方法。移动加权平均法与加权平均法的计算原理基本相同，只是要求在每次收入存货时重新计算加权平均单价。具体计算方法如下：

$$单位成本 = \frac{入库前存货的结存成本 + 本批收货的实际成本}{入库前存货的结存数量 + 本批收货数量}$$

【例4—4】以表4—1中的数据为例：

第一批收入存货后的加权平均单价 = （200×20 + 200×16） ÷ （200 + 200） = 18（元/千克）

第一批发出存货的实际成本 = 18 × 270 = 4 860（元）

结存存货实际成本 = 18 × 130 = 2 340（元）

第二批收入存货后的加权平均单价 = （18 × 130 + 300 × 17） ÷ （130 + 300） = 17.30（元/千克）

第二批发出存货的实际成本 = 17.30 × 250 = 4 325（元）

结存存货实际成本 = 17.30 × 180 = 3 114（元）

总计发出存货的成本 = 4 860 + 4 325 = 9 185（元）

移动加权平均法的优点在于存货发出时可以随时转账，便于加强对存货的日常管理；大量核算工作分散在平时进行，减轻了月末工作量；计算的加权平均单价以及发出和结存存货的成本较客观，企业也不能任意挑选存货成本以调整当期利润。但是，由于每次收入存货都要重新计算一次加权平均单价，计算工作量较大。因此，这种方法适用于购货次数不多的企业。储存在同一地点、性能形态相同的大量存货也可采用加权平均法。这种方法只适用于永续盘存制。

四、月末一次加权平均法

月末一次加权平均法是指以当月全部进货数量加上月初存货数量作为权数，去除当月全部进货成本加上月初存货成本，计算出存货的加权平均单位成本，以此为基础计算当月发出存货成本和期末存货成本的一种方法。

$$存货单位成本 = \frac{月初结存金额 + 本月入库金额}{月初结存数量 + 本月入库数量}$$

【例 4—5】仍以表 4—1 中的数据为例：

A 材料单位成本 = （4 000 + 8 300） ÷ （200 + 500） = 17.57（元/千克）

发出存货成本 = 17.57 × 520 = 9 136.40（元）

结存存货实际成本 = 4 000 + 8 300 − 9 136.40 = 3 163.60（元）

采用月末一次加权平均法只在月末一次计算加权平均单价，工作量较小，计算方法较简单；在市场价格上涨或下跌时，对存货成本的影响较为折中；企业也不能任意挑选存货成本以调整当期利润。这种方法只有在期末才能计算出加权平均单价，并确定发出和结存存货的成本，而平时无法从账上提供发出和结存存货的单价和金额，不利于对存货加强日常管理，而且期末核算工作量较大。因此，这种方法只适用于存货品种较少，前后收入存货单位成本相差较大的企业采用。一般而言，储存在同一地点、性能形态相同的大量存货可月末一次采用加权平均法。

第四节　存货的期末计价

存货的期末计价是指会计期末对存货价值进行的重新计算。企业会计准则规定，企业应当定期或至少于每年年终，对存货进行全面清查，及时发现存货是否因毁损、陈旧过时或是销售价格低于成本等原因，而导致存货成本不能及时收回，并采用成本与可变现净值孰低法进行计量：当存货成本低于可变现净值时，存货按成本计量；当存货成本高于可变现净值时，存货按可变现净值计量，同时按照成本高于可变现净值的差额计提存货跌价准备，计入当期损益。

成本与可变现净值孰低计量的理论基础主要是使存货符合资产的定义。当存货的可变现净值下跌到成本以下时，表明该存货会给企业带来的未来经济利益低于其账面成本，因而应将这部分损失从资产价值中扣除，计入当期损益。在存货的可变现净值低于成本时，如果仍然以其成本计量，就会出现虚计资产的现象。

一、可变现净值及其确定

可变现净值是指在日常活动中，存货的估计售价减去至完工时估计将要发生的成本、估计的销售费用以及相关税费后的金额。存货的可变现净值由存货的估计售价、至完工时将要发生的成本、估计的销售费用和估计的相关税费等内容构成。可变现净值具有以下基本特征：

1. 确定存货可变现净值的前提是企业在进行日常活动，即企业在进行正常的生产经营活动。如果企业不是在进行正常的生产经营活动，比如企业处于清算过程，那么不能按照存货准则的规定确定存货的可变现净值。

2. 可变现净值的特征表现为存货的预计未来净现金流量，而不是存货的售价或合同价。企业预计的销售存货现金流量并不完全等于存货的可变现净值。存货在销售过程中可能发生的销售费用和相关税费，以及为达到预定可销售状态还可能发生的加工成本等相关支出，构成现金流入的抵减项目。企业预计的销售存货现金流量扣除这些抵减项目后，才能确定存货的可变现净值。

3. 不同存货可变现净值的构成不同。

（1）产成品、商品和用于出售的材料等直接用于出售的商品存货，在正常生产经营过程中，应当以该存货的估计售价减去估计的销售费用和相关税费后的金额确定其可变现净值。

（2）需要经过加工的材料存货，在正常生产经营过程中，应当以所生产的产成品的估计售价减去至完工时估计将要发生的成本、估计的销售费用和相关税费后的金额确定其可变现净值。

确定存货可变现净值必须以取得的确凿证据为基础，这类证据包括外来的原始凭证、生产成本账簿记录、活跃时常的公开报价、后者活跃市场类似商品的市场价格、销货方提供的生产成本资料等。

【例4—6】2007年甲企业拥有A器材1 000台，该器材的市场销售价格为每台5 000元，销售A器材每台需花费运杂费200元以及相关税费300元。

要求：计算A器材的可变现净值。

A器材的可变现净值＝（A器材的估计售价－销售费用－相关税费）×数量
＝（5 000－200－300）×1 000
＝4 500 000（元）

【例4—7】2007年甲企业拥有A、B两批配件，其中A配件500个全部被用于加工生产A产品，A配件的成本为500元/个，一个A配件生产一个A产品，在每个A产品的生产过程中还将消耗人工、物料等费用总计100元。A配件的市场售价为450元/个，A产品的市场售价为650元/个。B配件500个，甲企业意欲全部出售，B配件的售价为400元/个。A、B配件或产品在销售过程中都将发生销售费用预计为10元/个。

要求：计算A、B配件的可变现净值。

由于A配件是用来生产A产品的，因此A配件的可变现净值应从A产品的售价而不是A配件的售价入手进行分析：

A配件的可变现净值＝（A产品的售价－生产加工费用－销售费用）×数量
＝（650－100－10）×500
＝270 000（元）

对于B配件，因为是用于直接出售，因此它的可变现净值可以从其自身售价进行分析判断：

B配件的可变现净值＝（B配件的售价－销售费用）×数量
＝（400－10）×500
＝195 000（元）

二、成本和可变现净值的比较

按成本与可变现净值孰低法计价时，可以采用不同的方法对成本和可变现净值进行比较。比较的方法主要有三种：按存货项目比较、按存货类别比较和按全部存货比较。

（一）按存货项目比较

按存货项目比较时，只要某存货项目的可变现净值低于其成本，就将该存货项目按可变现净值计价，不考虑其他存货的可变现净值是否低于成本，不受其他存货可变现净值大小的影响。

（二）按存货类别比较

按存货类别比较时，只要某类存货的可变现净值低于其成本，就将该类存货按可变现净值计价，不考虑其他类存货的可变现净值是否低于成本，不受其他类别存货市价的影响。但采用这种方法时，按该类存货可变现净值总额计价就会将不同存货项目可变现净值同成本的差异相互抵销，使得不同存货项目的可变现净值与成本的关系不能清晰地反映。

（三）按全部存货比较

按全部存货比较时，只有全部存货的可变现净值低于全部存货的成本时，才按可变现净值计价。在这种情况下，不同项目以及不同类别的存货可变现净值与成本的关系都不能得到清晰的反映。

【例4—8】某企业的存货如表4—2所示，按照不同的方法比较成本与可变现净值，并做出相应的会计处理。

表4—2　**某企业的存货表**　单位：元

项　目	成　本	可变现净值
照明器材		
A类灯泡	2 000	3 000
B类灯泡	8 000	6 000
小计	10 000	9 000
家居用品		
A类插线板	7 000	6 000
B类插线板	4 000	5 600
小计	11 000	11 600
存货总计	21 000	20 600

会计处理：

1. 按存货明细项目比较：

照明器材中，A类灯泡的成本2 000元＜可变现净值3 000元，无须计提减值准备；而B类灯泡的成本8 000元＞可变现净值6 000元，需计提减值准备2 000元（8 000－6 000）。

家居用品中，A类插线板的成本7 000元＞可变现净值6 000元，需计提减值准备

1 000元（7 000 -6 000）；而B类插线板的成本4 000 元 < 可变现净值5 600 元，无须计提减值准备。

因此，总共需计提3 000 元的减值准备，分录如下：

借：资产减值损失——存货跌价准备　　　3 000

　贷：存货跌价准备　　　3 000

2. 按存货类别比较：

照明器材中，灯泡的成本10 000 元 > 灯泡的可变现净值9 000 元，需计提减值准备1 000元（10 000 -9 000）；家居用品中，插线板的成本11 000 元 < 可变现净值11 600 元，无须计提减值准备。

因此，总共需计提1 000 元的减值准备，分录如下：

借：资产减值损失——存货跌价准备　　　1 000

　贷：存货跌价准备　　　1 000

3. 按全部存货比较：

全部存货的成本 21 000 元 > 可变现净值 20 600 元，需计提减值准备 400 元（21 000 -20 600），分录如下：

借：资产减值损失——存货跌价准备　　　400

　贷：存货跌价准备　　　400

以后每一会计期末，企业均应通过成本与可变现净值的比较，计算应提的跌价准备，并与“存货跌价准备”科目计提前的余额对比。若计算的应提准备大于计提前准备的余额，则表明存货继续减值，应按差额补提跌价准备，借记“资产减值损失——存货跌价准备”科目，贷记“存货跌价准备”科目；反之，如已计提跌价准备的存货价值以后又得以恢复，应按恢复增加的数额，借记“存货跌价准备”，贷记“资产减值——存货跌价准备”科目。但是，当已计提跌价准备的存货价值以后又得以恢复，其冲减的跌价准备金额，应以“存货跌价准备”的余额冲减至零为限。

【例4—9】甲公司采用成本与可变现净值孰低法进行期末存货的计价核算，假设2004年年末存货的账面余额为50 000 元，预计可变现净值为45 000 元，则当年应计提的存货跌价准备为5 000 元，甲公司应编制如下会计分录：

借：资产减值损失——存货跌价准备　　　5 000

　贷：存货跌价准备　　　5 000

假设 2005 年年末该存货预计可变现净值为 40 000 元，则应计提的跌价准备 =（50 000 -40 000） -5 000 =5 000（元），即：

借：资产减值损失——存货跌价准备　　　5 000

　贷：存货跌价准备　　　5 000

假设2006 年年末，该存货的可变现净值有所恢复，预计可变现净值为47 000 元，则应计提减值准备金额 =（50 000 -47 000） -10 000 = -7 000（元），即冲减计提的存货跌价准备7 000 元，即：

借：存货跌价准备　　　7 000

　贷：资产减值损失——存货跌价准备　　　7 000

假设2007 年年末，该存货的可变现净值进一步恢复，预计可变现净值53 000 元，可变现净值高于成本，不需要计提跌价准备，因此把以前计提的跌价准备全部冲为0 即可，以前计提的跌价准备还剩3 000元，所以冲掉3 000元，即：

借：存货跌价准备　　3 000

　贷：资产减值损失——存货跌价准备　　3 000

复习思考题

1. 存货的核算内容包括哪些？在界定存货的核算范围时，应注意哪些问题？
2. 存货单位成本的确认方法有哪几种？分别对其简要评价。
3. 试比较不同的存货发出方法，并评价每种方法的适用情况。
4. 比较按不同范围计提存货跌价准备对企业利润的影响，并说明理由。

练习题

1. 东方公司2007年7月发生如下外购业务：

(1) 7月5日，向某企业购入A材料一批，增值税专用发票注明价款20 000元、增值税1 700元，支付对方代垫的运杂费300元，款项通过转账支票支付，货物已验收入库。

(2) 7月8日，向远东集团购入B材料2 000千克，每千克成本为19元，C材料3 000千克，每千克成本为21元，增值税17 170元，支付运杂费1 000元，按材料的重量分配运杂费，款未付，货物已验收入库。

(3) 7月10日，向某企业购入A材料，价款为5 000元，增值税850元，款项已于6月份预付3 000元，货物已验收入库。余款于7月14日付清。

(4) 7月15日，向某企业购入材料1 000千克，单价10元/千克，并给该企业开出一张面值为10 000元的不带息商业承兑汇票，7月18日，验收入库时，发现该材料短缺2千克，系运输途中的合理损耗。

(5) 7月19日，向某企业购入C材料2 500千克，单价9元/千克，款已付，但验收入库时，发现该材料只有2 000千克，原因待查。

(6) 7月25日，经查，上述短缺系销货企业少发500千克造成的，应由销货企业补齐。

要求：编制有关分录。

2. 天虹公司采用实际成本法对期末存货和发出存货进行计价，2007年6月存货的收、发、结存情况如表4—3所示。

表4—3　　**存货的收、发、结存情况表**　　数量单位：件　金额单位：元

2007年		摘要	收　入			发　出			结　存		
月	日		数量	单价	金额	数量	单价	金额	数量	单价	金额
6	1	结存							100	12	1 200
	10	购入	300	13	3 900						
	13	发出				350					
	18	购入	500	14	7 000						
	27	发出				270					
	31	合计	800		10 900	620			180		

要求：(1) 分别采用先进先出法、一次加权平均法、移动加权平均法计算发出存货成本和期末存货成本。

(2) 试比较不同的计价方法对企业利润、流动资产的影响。

第五章 投 资

第一节 金融资产投资

一、以公允价值计量且其变动计入当期损益的金融资产概述

以公允价值计量且其变动计入当期损益的金融资产，可以进一步分为交易性金融资产和直接指定为以公允价值计量且其变动计入当期损益的金融资产。

（一）交易性金融资产

满足以下条件之一的金融资产，应当划分为交易性金融资产：

1. 取得该金融资产的目的主要是为了近期内出售、回购或赎回。例如，企业以赚取差价为目的从二级市场购入的股票、债券和基金等。

2. 属于进行集中管理的可辨认金融工具组合的一部分，且有客观证据表明企业近期采用短期获利方式对该组合进行管理。在这种情况下，即使组合中有某个组成项目持有的期限稍长也不受影响。例如，企业基于其投资策略和风险管理需要，将某些金融资产进行组合从事短期投机活动以获取短期利益，应将组合中的各项金融资产认定为交易性金融资产。

3. 属于衍生工具，比如国债期货、股指期货、股指期权等。但是，被指定为有效套期工具的衍生工具、属于财务担保合同的衍生工具、与在活跃市场中没有报价且其公允价值不能可靠计量的权益工具投资挂钩并须通过交付该权益工具结算的衍生工具除外。其中，财务担保合同是指保证人和债权人约定，当债务人不履行债务时，保证人按照约定履行债务或者承担责任的合同。

（二）直接指定为以公允价值计量且其变动计入当期损益的金融资产

企业不能随意将某项金融资产直接指定为以公允价值计量且其变动计入当期损益的金融资产。只有在满足以下条件的情况下，企业才能将某项金融资产直接指定为以公允价值计量且其变动计入当期损益的金融资产。

1. 该指定可以消除或明显减少由于该金融资产的计量基础不同而导致的相关利得或损失在确认和计量方面不一致的情况。

设立这项条件的目的在于通过直接指定为以公允价值计量，并将其变动计入当期损益，以消除会计上可能存在的不配比现象。例如，甲企业将某些金融资产指定或划分为可供出售金融资产，从而其公允价值变动计入所有者权益，但与之直接相关的金融负债却划分为交易性金融负债，从而导致“会计不配比”。但是，如果将以上金融资产直接指定为以公允价值计量且其变动计入当期损益类，那么这种“会计不配比”就能够消除。

2. 企业的风险管理或投资策略的正式书面文件已载明，该金融资产组合或该金融资产和金融负债组合，以公允价值为基础进行管理、评价并向关键管理人员报告。

此项条件着重企业日常管理和评价业绩的方式，而不是关注金融工具组合中各组成部分的性质。例如，风险投资机构、证券投资基金或类似会计主体，其经营活动的主要目的在于从投资工具的公允价值变动中获取回报，它们在风险管理或投资策略的正式书面文件中对此也有清楚的说明。

二、以公允价值计量且其变动计入当期损益的金融资产的会计处理

（一）取得时的会计处理

取得以公允价值计量且其变动计入当期损益的金融资产时，应按公允价值计量，相关交易费用应当直接计入当期损益。其中，交易费用是指可直接归属于购买、发行或处置金融工具新增的外部费用。新增的外部费用是指企业不购买、发行或处置金融工具就不会发生的费用，包括支付给代理机构、咨询公司、券商等的手续费和佣金及其他必要支出，不包括债券溢价、折价、融资费用、内部管理成本及其他与交易不直接相关的费用。

企业取得以公允价值计量且其变动计入当期损益的金融资产所支付的价款中包含的已宣告但尚未发放的现金股利或已到付息期但尚未领取的债券利息，应当单独确认为应收项目进行处理。

【例5—1】20×8年11月2日，甲公司从二级股票市场购入乙公司股票400 000股，每股购买价格10.50元（含已宣告但尚未发放的现金股利0.50元），另支付交易费用2 000元。甲公司持有乙公司股权后对其无重大影响。

20×8年11月2日，购入股票时，作会计分录如下：

借：交易性金融资产——成本	4 000 000	
应收股利	200 000	
投资收益	2 000	
贷：银行存款		4 202 000

【例5—2】20×8年1月1日，甲公司从二级市场支付价款1 080 000元（含已到付息期但尚未领取的利息50 000元）购入乙公司发行的公司债券，另付交易费用20 000元。该债券面值为1 000 000元，剩余期限为2年，票面利率为10%，每半年付息一次，甲公司不打算持有至到期并将其划为交易性金融资产。

20×8年1月1日，购入债券时，作会计分录如下：

借：交易性金融资产——成本	1 030 000	
应收利息	50 000	
投资收益	20 000	
贷：银行存款		1 100 000

（二）持有期间的会计处理

企业在持有以公允价值计量且其变动计入当期损益的金融资产期间所取得的利息或现金股利，应当确认为投资收益。

资产负债表日，企业应将以公允价值计量且其变动计入当期损益的金融资产的公允价值变动计入当期损益。

【例5—3】续例5—1，11月20日，甲公司收到乙公司发放的现金股利。12月31日，乙公司股票价格涨到每股14元，因此，每股涨4元（14－10），共400 000股。

11月20日，收到现金股利时，作会计分录如下：

借：银行存款	200 000	
贷：应收股利		200 000

12月31日，确认股票价格变动时，作会计分录如下：

借：交易性金融资产——公允价值变动	1 600 000	
贷：公允价值变动损益		1 600 000

【例5—4】续例5—2，1月15日，甲公司收到乙公司发行债券的20×7年下半年利息50 000元；6月30日，该债券的公允价值为1 060 000元（不含利息）；7月15日收到该债券半年利息；12月31日，该债券的公允价值为1 020 000元（不含利息）。

1月15日，收到债券利息时，作会计分录如下：

借：银行存款　　50 000

　贷：应收利息　　50 000

6月30日，确认公允价值变动和投资收益时，作会计分录如下：

借：交易性金融资产——公允价值变动（1 060 000－1 030 000）　　30 000

　贷：公允价值变动损益　　30 000

借：应收利息　　50 000

　贷：投资收益　　50 000

7月15日，收到债券利息时，作会计分录如下：

借：银行存款　　50 000

　贷：应收利息　　50 000

12月31日，确认公允价值变动和投资收益时，作会计分录如下：

借：公允价值变动损益　　40 000

　贷：交易性金融资产——公允价值变动（1 060 000－1 020 000）　　40 000

借：应收利息　　50 000

　贷：投资收益　　50 000

（三）处置的会计处理

处置以公允价值计量且其变动计入当期损益的金融资产时，其公允价值与初始入账金额之间的差额确认为投资收益，同时调整公允价值变动损益。如果是部分出售时，无论是其账面价值，还是原来已经计入公允价值变动损益的金额，都应该按出售的金融资产占全部金融资产的比例计算。

【例5—5】续例5—3，20×9年1月30日，甲公司将所持有乙公司股票以每股15元的价格出售200 000股。

20×9年1月30日，出售乙公司股票时，作会计分录如下：

借：银行存款　　3 000 000

　　公允价值变动损益　　800 000

　贷：交易性金融资产——成本　　2 000 000

　　　　　　　　　　——公允价值变动　　800 000

　　投资收益　　1 000 000

【例5—6】续例5—4，20×9年1月3日，甲公司将所持有的乙公司债券出售，取得价款1 070 000元（含20×8年下半年利息50 000元）

20×9年1月3日，出售乙公司债券时，作会计分录如下：

借：银行存款　　1 020 000

　　交易性金融资产——公允价值变动　　10 000

　　投资收益　　10 000

　贷：交易性金融资产——成本　　1 030 000

　　公允价值变动损益　　10 000

借：银行存款 50 000

贷：应收利息 50 000

第二节 持有至到期投资

一、持有至到期投资概述

持有至到期投资是指到期日固定、回收金额固定或可确定，且企业有明确意图和能力持有至到期的非衍生金融资产。通常情况下，能够划分为持有至到期投资的金融资产主要是债权性投资，比如从二级市场上购入的固定利率债券、浮动利率债券等。持有至到期投资通常具有长期性质，但期限较短的债券投资，符合持有至到期投资条件的，也可以将其划分为持有至到期投资。

企业不能将下列非衍生金融资产划分为持有至到期投资：（1）在初始确认时即被指定为以公允价值计量且其变动计入当期损益的非衍生金融资产；（2）在初始确认时被指定为可供出售的非衍生金融资产；（3）符合贷款和应收款项的定义的非衍生金融资产。

（一）到期日固定、回收金额固定或可确定

“到期日固定、回收金额固定或可确定”是指相关合同明确了投资者在确定的期间内获得或应收取现金流量（例如，投资利息和本金等）的金额和时间。因此，首先，从投资者角度看，如果不考虑其他条件，在将某项投资划分为持有至到期投资时可以不考虑可能存在的发行方重大支付风险。其次，由于要求到期日固定，从而权益工具投资（例如股票投资）不能划分为持有至到期投资。最后，如果符合其他条件，不能由于某债务工具投资是浮动利率投资而不将其划分为持有至到期投资。

（二）有明确意图持有至到期

“有明确意图持有至到期”是指投资者在取得投资时意图就是明确的，除非遇到一些企业所不能控制、预期不会重复发生且难以合理预计的独立事件，否则将持有至到期。

存在下列情况之一的，表明企业没有明确意图将金融资产投资持有至到期：

1. 持有该金融资产的期限不确定。

2. 发生市场利率变化、流动性需要变化、替代投资机会及其投资收益率变化、融资来源和条件变化、外汇风险变化等情况时，将出售该金融资产。但是，无法控制、预期不会重复发生且难以合理预计的独立事项引起的金融资产出售除外。

3. 该金融资产的发行方可以按照明显低于其摊余成本的金额清偿。

4. 其他表明企业没有明确意图将该金融资产持有至到期的情况。

据此，对于发行方可以赎回的债务工具，如发行方行使赎回权，投资者仍可收回其几乎所有初始净投资（含支付的溢价和交易费用），那么投资者可以将此类投资划分为持有至到期投资。但是，对于投资者有权要求发行方赎回的债务工具投资，投资者不能将其划分为持有至到期投资。

（三）有能力持有至到期

“有能力持有至到期”是指企业有足够的财务资源，并不受外部因素影响将投资持有至到期。存在下列情况之一的，表明企业没有能力将具有固定期限的金融资产投资持有至到期：

1. 没有可利用的财务资源持续地为该金融资产投资提供资金支持，以使该金融资产投资持有至到期。

2. 受法律、行政法规的限制，使企业难以将该金融资产投资持有至到期。

3. 其他表明企业没有能力将具有固定期限的金融资产投资持有至到期的情况。

企业应当于每个资产负债表日对持有至到期投资的意图和能力进行评价。发生变化的，应当将其重分类为可供出售金融资产进行处理。

二、持有至到期投资的会计处理

（一）持有至到期投资取得的会计处理

持有至到期投资取得时，应当按照取得时的公允价值和相关交易费用之和作为初始入账金额。实际所支付的价款中包含的已到付息期但尚未领取的债券利息，应当单独确认为应收项目进行处理。

【例5—7】20×4年1月1日，甲公司支付1 000万元从二级市场上购入乙公司发行的期限为5年、面值为1 200元、票面利率为8%的公司债券10 000张，另支付交易费用20 000元。甲公司打算并预计其有能力持有该债券至到期。

20×4年1月1日，账务处理如下：

借：持有至到期投资——成本　　12 000 000

　贷：银行存款　　10 020 000

　　　持有至到期投资——利息调整　　1 980 000

【例5—8】20×4年1月1日，甲公司支付1 400万元从二级市场上购入乙公司发行的期限为5年、面值为1 200元、票面利率为8%的公司债券10 000张，另支付交易费用20 000元。甲公司打算并预计其有能力持有该债券至到期。

20×4年1月1日，账务处理如下：

借：持有至到期投资——成本　　12 000 000

　　　　　　　　　——利息调整　　2 020 000

　贷：银行存款　　14 020 000

（二）持有至到期投资持有期间的会计处理

企业在持有至到期投资持有期间，应采用实际利率法，按照摊余成本和实际利率计算确认利息收入并计入投资收益。实际利率应当在取得持有至到期投资时确定，并在该持有至到期投资的预期存续期间或适用的更短期间内保持不变。实际利率与票面利率差别较小时，也可按票面利率计算利息收入并计入投资收益。

实际利率法是指按照金融资产或金融负债（含一组金融资产或金融负债）的实际利率计算其摊余成本及各期利息收入或利息费用的方法。

实际利率是指将金融资产或金融负债在预期存续期间或适用的更短期间内的未来现金流量，折现为该金融资产或金融负债当前账面价值所使用的利率。未来现金流量或存续期间无法可靠预计时，应当采用该金融资产或金融负债在整个合同期内的合同现金流量。在确定实际利率时，企业应当在考虑金融资产或金融负债所有合同条款（包括提前还款权、看涨期权或类似期权等）的基础上预计未来现金流量，但不应考虑未来信用损失。

摊余成本是指该金融资产的初始确认金额经下列调整后的结果：（1）扣除已偿还的本金；（2）加上或减去采用实际利率法将该初始确认金额与到期日金额之间的差额进行摊销形成的累计摊销额；（3）扣除已发生的减值损失。

【例5—9】续例5—7，假设乙公司发行的债券按年付息，本金最后一次还清。

1. 计算该债券的实际利率 r

$$96\times(1+r)^{-1}+96\times(1+r)^{-2}+96\times(1+r)^{-3}+96\times(1+r)^{-4}+(96+1\ 200)\times(1+r)^{-5}=1\ 002$$

采用插值法，可以计算出 r = 12.65%，由此编制表 5—1。

表 5—1　　**计算表**　　单位：万元

年份	期初摊余成本 (1)	投资收益 (2) = (1) ×12.65%	现金流入 (3)	期末摊余成本 (4) = (1) + (2) - (3)
20×4	1 002	127	96	1 033
20×5	1 033	131	96	1 068
20×6	1 068	135	96	1 107
20×7	1 107	140	96	1 151
20×8	1 151	145	1 296	0

2. 甲公司账务处理

20×4 年 12 月 31 日，确认投资收益和收到票面利息：

借：应收利息　　960 000

　　持有至到期投资——利息调整　　310 000

　贷：投资收益　　1 270 000

借：银行存款　　960 000

　贷：应收利息　　960 000

20×5 年 12 月 31 日，确认投资收益和收到票面利息：

借：应收利息　　960 000

　　持有至到期投资——利息调整　　350 000

　贷：投资收益　　1 310 000

借：银行存款　　960 000

　贷：应收利息　　960 000

20×6 年 12 月 31 日，确认投资收益和收到票面利息：

借：应收利息　　960 000

　　持有至到期投资——利息调整　　390 000

　贷：投资收益　　1 350 000

借：银行存款　　960 000

　贷：应收利息　　960 000

20×7 年 12 月 31 日，确认投资收益和收到票面利息：

借：应收利息　　960 000

　　持有至到期投资——利息调整　　440 000

　贷：投资收益　　1 400 000

借：银行存款　　960 000

　贷：应收利息　　960 000

20×8 年 12 月 31 日，确认投资收益和收到票面利息及本金：

借：应收利息　　960 000

借：持有至到期投资——利息调整　　490 000

　贷：投资收益　　1 450 000

借：银行存款　　12 960 000

　贷：应收利息　　960 000

　　持有至到期投资——成本　　12 000 000

【例5—10】续例5—7，假设乙公司发行的债券到期一次还本付息，且利息不以复利计算。

1. 计算该债券的实际利率 r

$(96+96+96+96+96+1\ 200) \times (1+r)^{-5}=1\ 002$

采用插值法，可以计算出 r = 10.89%，由此编制表5—2。

表5—2　　**计算表**　　单位：万元

年份	期初摊余成本 (1)	投资收益 (2) = (1) ×10.89%	现金流入 (3)	期末摊余成本 (4) = (1) + (2) - (3)
20×4	1 002	109	0	1 111
20×5	1 111	121	0	1 232
20×6	1 232	134	0	1 366
20×7	1 366	149	0	1 515
20×8	1 515	165	1 680	0

2. 甲公司账务处理

20×4年12月31日，确认投资收益：

借：持有至到期投资——应计利息　　960 000

　　　　　　　　——利息调整　　130 000

　贷：投资收益　　1 090 000

20×5年12月31日，确认投资收益：

借：持有至到期投资——应计利息　　960 000

　　　　　　　　——利息调整　　250 000

　贷：投资收益　　1 210 000

20×6年12月31日，确认投资收益：

借：持有至到期投资——应计利息　　960 000

　　　　　　　　——利息调整　　380 000

　贷：投资收益　　1 340 000

20×7年12月31日，确认投资收益：

借：持有至到期投资——应计利息　　960 000

　　　　　　　　——利息调整　　530 000

　贷：投资收益　　1 490 000

20×8年12月31日，确认投资收益和收到票面利息及本金：

借：持有至到期投资——应计利息　　960 000

　　　　　　　　——利息调整　　690 000

　贷：投资收益　　1 650 000

借：银行存款　　16 800 000

　贷：持有至到期投资——应计利息　　4 800 000

　　　　　　　　　——成本　　12 000 000

【例5—11】续例5—8，假设乙公司发行的债券按年付息，本金最后一次还清。

1. 计算该债券的实际利率 r

$$96\times(1+r)^{-1}+96\times(1+r)^{-2}+96\times(1+r)^{-3}+96\times(1+r)^{-4}+(96+1\ 200)\times(1+r)^{-5}=1\ 402$$

采用插值法，可以计算出 r=4.20%，由此编制表5—3。

表5—3　　**计算表**　　单位：万元

年份	期初摊余成本 (1)	投资收益 (2) = (1) ×4.20%	现金流入 (3)	期末摊余成本 (4) = (1) + (2) - (3)
20×4	1 402	59	96	1 365
20×5	1 365	57	96	1 326
20×6	1 326	56	96	1 286
20×7	1 286	54	96	1 244
20×8	1 244	52	1 296	0

2. 甲公司账务处理

20×4年12月31日，确认投资收益和收到票面利息：

借：应收利息　　960 000

　贷：持有至到期投资——利息调整　　370 000

　　　投资收益　　590 000

借：银行存款　　960 000

　贷：应收利息　　960 000

20×5年12月31日，确认投资收益和收到票面利息：

借：应收利息　　960 000

　贷：持有至到期投资——利息调整　　390 000

　　　投资收益　　570 000

借：银行存款　　960 000

　贷：应收利息　　960 000

20×6年12月31日，确认投资收益和收到票面利息：

借：应收利息　　960 000

　贷：持有至到期投资——利息调整　　400 000

　　　投资收益　　560 000

借：银行存款　　960 000

　贷：应收利息　　960 000

20×7年12月31日，确认投资收益和收到票面利息：

借：应收利息　　960 000

　贷：持有至到期投资——利息调整　　420 000

　　贷：投资收益　　540 000

借：银行存款　　960 000

　　贷：应收利息　　960 000

20×8年12月31日，确认投资收益和收到票面利息及本金：

借：应收利息　　960 000

　　贷：持有至到期投资——利息调整　　440 000

　　　　投资收益　　520 000

借：银行存款　　12 960 000

　　贷：应收利息　　960 000

　　　　持有至到期投资——成本　　12 000 000

（三）持有至到期投资处置的会计处理

处置持有至到期投资时，应将所取得价款与持有至到期投资账面价值之间的差额计入当期损益。

企业尚未到期的持有至到期投资在到期前出售或重分类为其他类金融资产，通常表明其违背了将投资持有至到期的最初意图。如果出售或重分类的金额相对于该类投资（即企业全部持有至到期投资）在出售或重分类前的总额较大，则企业在出售或重分类后应立即将其剩余的持有至到期投资（即全部持有至到期投资扣除已处置或重分类的部分）重分类为可供出售金融资产，且在本会计年度及以后两个完整的会计年度内不得再将该金融资产划分为持有至到期投资。但是，遇到下列情况可以除外：

1. 出售日或重分类日距离该项投资到期日或赎回日较近（如到期前三个月内），且市场利率变化对该项投资的公允价值没有显著影响。

2. 根据合同约定的偿付方式，企业已收回几乎所有初始本金。

3. 出售或重分类是由于企业无法控制、预期不会重复发生且难以合理预计的独立事件所引起。此种情况主要包括：

（1）因被投资单位信用状况严重恶化，将持有至到期投资予以出售；

（2）因相关税收法规取消了持有至到期投资的利息税前可抵扣政策或显著减少了税前可抵扣金额，将持有至到期投资予以出售；

（3）因发生重大企业合并或重大处置，为保持现行利率风险头寸或维持现行信用风险政策，将持有至到期投资予以出售；

（4）因法律、行政法规对允许投资的范围或特定投资品种的投资限额做出重大调整，将持有至到期投资予以出售；

（5）因监管部门要求大幅度提高资产流动性或大幅度提高持有至到期投资在计算资本充足率时的风险权重，将持有至到期投资予以出售。

企业因持有至到期投资部分出售或重分类的金额较大且不属于企业会计准则所允许的例外情况，使该投资的剩余部分重分类为可供出售金融资产，应以公允价值对其剩余部分进行后续计量。重分类日，该投资剩余部分的账面价值与其公允价值之间的差额计入所有者权益，在该可供出售金融资产发生减值或终止确认时转出，计入当期损益。

【例5—12】续例5—9，假设20×5年11月，由于借款基准利率的变动和其他市场因素的影响，乙公司债券价格持续下跌。为此，甲公司于12月31日对外出售该债券的80%，收取价款800万元。

20×5 年 12 月 31 日，“持有至到期投资——成本”科目余额为 12 000 000 元，“持有至到期投资——利息调整”科目余额 1 320 000 元，则会计处理为：

借：银行存款　　8 000 000
　　持有至到期投资——利息调整　　1 056 000
　　投资收益　　544 000
　贷：持有至到期投资——成本　　9 600 000
借：可供出售金融资产——成本　　2 000 000
　　持有至到期投资——利息调整　　264 000
　　资本公积——其他资本公积　　136 000
　贷：持有至到期投资——成本　　2 400 000

【例 5—13】续例 5—12，20×6 年 1 月 7 日，甲公司将乙公司剩余债券全部出售，收取价款 210 万元。

20×6 年 1 月 7 日的会计处理为：

借：银行存款　　2 100 000
　贷：可供出售金融资产——成本　　2 000 000
　　　投资收益　　100 000
借：投资收益　　136 000
　贷：资本公积——其他资本公积　　136 000

注：《企业会计准则第 22 号——金融工具确认和计量》第三十四条规定，企业因持有意图或能力发生改变，使某项投资不再适合划分为持有至到期投资的，应当将其重分类为可供出售金融资产，并以公允价值进行后续计量。重分类日，该投资的账面价值与公允价值之间的差额计入所有者权益，在该可供出售金融资产发生减值或终止确认时转出，计入当期损益。

第三节　可供出售金融资产

一、可供出售金融资产概述

可供出售金融资产是指初始确认时即被指定为可供出售的非衍生金融资产，以及除下列各类资产以外的金融资产：（1）贷款和应收款项；（2）持有至到期投资；（3）以公允价值计量且其变动计入当期损益的金融资产。

对于在活跃市场上有报价的金融资产，既可能划分为以公允价值计量且其变动计入当期损益的金融资产，也可能划分为可供出售金融资产；如果该金融资产属于有固定到期日、回收金额固定或可确定的金融资产，则该金融资产还可能划分为持有至到期投资。某项金融资产具体应分为哪一类，主要取决于企业管理层的风险管理、投资等因素。金融资产的分类就是管理层意图的如实表达。

二、可供出售金融资产的会计处理

（一）可供出售金融资产取得会计处理

取得的可供出售金融资产，应当按公允价值计量，且不扣除将来处置该金融资产时可能发生的交易费用，相关交易费用应计入初始入账金额。

企业取得可供出售金融资产支付的价款中包含的快到付息期但尚未领取的债券利息或已宣告但尚未发放的现金股利，应单独确认为应收项目。

【例5—14】甲公司20×8年2月20日从二级市场购入股票100万股，每股12元（包含已宣告但尚未发放的现金股利0.50元），相关交易费用3万元。初始确认时甲公司将该股票划分为可供出售金融资产。

20×8年2月20日的会计处理为：

借：可供出售金融资产——成本　　11 530 000

　　应收股利　　500 000

　贷：银行存款　　12 030 000

【例5—15】甲公司20×8年1月1日支付1 100万元购入乙公司发行的3年期公司债券，该债券的票面金额为1 000万元，票面利率为12%，甲公司将该债券划分为可供出售金融资产。

20×8年1月1日的会计处理为：

借：可供出售金融资产——成本　　10 000 000

　　　　　　　　　——利息调整　　1 000 000

　贷：银行存款　　11 000 000

（二）可供出售金融资产持有期间会计处理

可供出售金融资产在持有期间取得的利息或现金股利应当计入当期损益。可供出售金融资产公允价值变动形成的利得或损失，除减值损失和外币货币性金融资产形成的汇兑差额外，应当直接计入所有者权益，在该金融资产终止确认时转出，计入当期损益。

【例5—16】续例5—14，20×8年3月20日，甲公司收到乙公司发放的现金股利50万元。20×8年6月30日，乙公司股票价格为每股11元；20×8年12月31日，乙公司股票价格为每股13元。20×9年1月30日，乙公司宣告每股派发现金股利0.20元，20×9年3月20日，甲公司收到乙公司发放的现金股利。

20×8年3月20日，收到乙公司现金股利，作分录如下：

借：银行存款　　500 000

　贷：应收股利　　500 000

20×8年6月30日，确认股票价格变动，作分录如下：

借：资本公积——其他资本公积　　530 000

　贷：可供出售金融资产——公允价值变动　　530 000

20×8年6月30日可供出售金融资产账面余额为11 530 000元，20×8年6月30日可供出售金融资产公允价值为11 000 000元（11×1 000 000），差额为530 000元，直接计入所有者权益。

20×8年12月30日，确认股票价格变动，作分录如下：

借：可供出售金融资产——公允价值变动　　2 000 000

　贷：资本公积——其他资本公积　　2 000 000

20×9年1月30日，确认应收股利，作分录如下：

借：应收股利　　200 000

　贷：投资收益　　200 000

20×9年3月20日，收到现金股利，作分录如下：

借：银行存款　　200 000

　贷：应收股利　　200 000

注：《企业会计准则第22号——金融工具确认和计量》第三十八条（二）规定，可供出售金融资产公允价值变动形成的利得或损失，除减值损失和外币货币性金融资产形成的汇兑差额外，应当直接计入所有者权益，在该金融资产终止确认时转出，计入当期损益。

【例5—17】续例5—15，假设乙公司发行的债券按年付息，本金最后一次还清，20×8年12月31日该债券市场价格为1 050万元。

1. 计算该债券的实际利率r

$$120\times(1+r)^{-1}+120\times(1+r)^{-2}+1\ 120\times(1+r)^{-3}=1\ 100$$

采用插值法，可以计算出r=8.11%，由此编制表5—4。

表5—4　**计算表**　单位：万元

年份	期初摊余成本 (1)	投资收益 (2) = (1) ×8.11%	现金流入 (3)	期末摊余成本 (4) = (1) + (2) - (3)
20×8	1 100	89	120	1 069

2. 会计处理

20×8年12月31日，收到债券利息，作分录如下：

借：应收利息　1 200 000
　贷：投资收益　890 000
　　可供出售金融资产——利息调整　310 000

借：银行存款　1 200 000
　贷：应收利息　1 200 000

20×8年12月31日，确认公允价值变动，作分录如下：

借：资本公积——其他资本公积　1 900 000
　贷：可供出售金融资产——公允价值变动　1 900 000

20×8年12月31日可供出售金融资产账面余额为10 690 000元（11 000 000 - 310 000），20×8年12月31日可供出售金融资产公允价值为10 500 000元，差额为190 000元，直接计入所有者权益。

（三）可供出售金融资产处置的会计处理

处置可供出售金融资产时，应将取得的价款与该金融资产账面价值间的差额计入投资损益；同时，将原直接计入所有者权益的公允价值变动累计额对应处置部分的金额转出，计入投资损益。

【例5—18】续例5—16，20×9年3月30日，甲公司将所持有的乙公司股票以每股12.5元的价格全部出售，收到款项1 250万元。

借：银行存款　12 500 000
　投资收益　500 000
　贷：可供出售金融资产——成本　11 530 000
　　　　　　　　　——公允价值变动　1 470 000

借：资本公积——其他资本公积　1 470 000
　贷：投资收益　1 470 000

第四节 长期股权投资

一、长期股权投资概述

长期股权投资主要包括以下内容：

一是投资企业能够对被投资单位实施控制的权益性投资，即对子公司投资。控制是指有权决定一个企业的财务和经营政策，并能据以从该企业的经营活动中获取利益。控制一般存在于以下情况，如投资企业直接拥有被投资单位50%以上的表决权资本，投资企业直接拥有被投资单位50%或以下的表决权资本，但具有实质控制权的情况。投资企业对被投资单位是否具有实质控制权，可以通过以下一种或几种情形进行判定：（1）通过与其他投资者的协议，投资企业拥有被投资单位50%以上表决权资本的控制权。（2）根据章程或协议，投资企业控制被投资单位的财务和经营政策。（3）有权任免被投资单位董事会等类似权力机构的多数成员。（4）在被投资单位董事会或类似权力机构会议上有半数以上投票权。

二是投资企业与其他合营方一同对被投资单位实施共同控制的权益性投资，即对合营企业投资。共同控制是指按照合同约定对某项经济活动共有的控制。与联营企业等投资方式不同的特点在于，合营企业的合营各方均受到合营合同的限制和约束。一般在合营企业设立时，合营各方在投资合同或协议中约定在所设立合营企业的重要财务和生产经营决策制定过程中，必须由合营各方均同意才能通过。该约定可能体现为不同的形式，例如可以通过在合营企业的章程中规定，也可以通过制定单独的合同做出约定。共同控制的实质是通过合同约定建立起来的、合营各方对合营企业共有的控制。实务中，在确定是否构成共同控制时，一般可以考虑以下情况作为确定基础：（1）任何一个合营方均不能单独控制合营企业的生产经营活动。（2）涉及合营企业基本经营活动的决策需要各合营方一致同意。（3）各合营方可能通过合同或协议的形式任命其中的一个合营方对合营企业的日常活动进行管理，但其必须在各合营方已经一致同意的财务和经营政策范围内行使管理权。

三是投资企业对被投资单位具有重大影响的权益性投资，即对联营企业投资。重大影响是指对一个企业的财务和经营政策有参与决策的权力，但并不能够控制或者与其他方一起共同控制这些政策的制定。实务中，较为常见的重大影响体现为在被投资单位的董事会或类似权力机构中派有代表，通过在被投资单位生产经营决策制定过程中的发言权实施重大影响。投资企业直接或通过子公司间接拥有被投资单位20%以上但低于50%的表决权股份时，一般认为对被投资单位具有重大影响，除非有明确的证据表明该种情况下不能参与被投资单位的生产经营决策，不形成重大影响。投资企业拥有被投资单位表决权股份的比例低于20%的，一般认为对被投资单位不具有重大影响。企业通常可以通过以下一种或几种情形来判断是否对被投资单位具有重大影响：（1）在被投资单位的董事会或类似权力机构中派有代表。这种情况下，由于在被投资单位的董事会或类似权力机构中派有代表，并享有相应的实质性的参与决策权，投资企业可以通过该代表参与被投资单位经营政策的制定，达到对被投资单位施加重大影响。（2）参与被投资单位的政策制定过程，包括股利分配政策等的制定。这种情况下，因可以参与被投资单位的政策制定过程，在制定政策过程中可以为其自身利益提出建议和意见，从而可以对被投资单位施加重大影响。（3）与被投资单位之间发生重要交易。有关的交易因对被投资单位的日常经营具有重要性，进而一定程度上可以影响到被投资单位的生产经营决策。（4）向被投资单位派出管理人员。这种情况下，通过投资企业对被投资单位派出管理人员，管理人员有权力负责被投资单位的财务和经营活动，从而能够对被投资单位施加重大影响。（5）向被投资单位提供关键技术资料。因被投资单位的生产经营需要依赖投资企业的技术或技术资料，表明投资企业对被投资单位具有重大影响。

在确定能否对被投资单位施加重大影响时，一方面应考虑投资企业直接或间接持有被投资单位的表决权股份，同时要考虑企业及其他方持有的现行可执行潜在表决权在假定转换为对被投资单位的股权后产生的影响，如被投资单位发行的现行可转换的认股权证、股份期权及可转换公司债券等的影响。

四是投资企业持有的对被投资单位不具有控制、共同控制或重大影响，并且在活跃市场中没有报价、公允价值不能可靠计量的权益性投资。

二、长期股权投资取得的会计处理

（一）企业合并形成的长期股权投资

企业合并形成的长期股权投资，应区分企业合并的类型，分别同一控制下控股合并与非同一控制下控股合并确定其初始投资成本。

1. 同一控制下企业合并形成的长期股权投资

合并方应当在合并日按照取得的被合并方所有者权益账面价值的份额作为长期股权投资的初始投资成本。

合并方以支付现金、转让非现金资产或承担债务方式作为合并对价的，长期股权投资的初始投资成本与支付的现金、转让的非现金资产及所承担债务账面价值之间的差额，应当调整资本公积（资本溢价或股本溢价）；资本公积（资本溢价或股本溢价）的余额不足冲减的，调整留存收益。

合并方以发行权益性证券作为合并对价的，应按发行股份的面值总额作为股本，长期股权投资的初始投资成本与所发行股份面值总额之间的差额，应当调整资本公积（资本溢价或股本溢价）；资本公积（资本溢价或股本溢价）不足冲减的，调整留存收益。

在按照合并日应享有被合并方账面所有者权益的份额确定长期股权投资的初始投资成本时，前提是合并前合并方与被合并方采用的会计政策应当一致。企业合并前合并方与被合并方采用的会计政策不同的，应在按照合并方的会计政策对被合并方资产、负债的账面价值进行调整的基础上，计算确定形成长期股权投资的初始投资成本。

【例5—19】20×8年4月30日，甲公司向同一集团内乙公司的原股东定向增发3 000万股普通股（每股面值为1元，市价为12元），取得乙公司100%的股权，并于当日起能够对乙公司实施控制。合并后乙公司仍维持其独立法人资格继续经营。两公司在企业合并前采用的会计政策相同。合并日，乙公司所有者权益的账面总额为36 000万元，会计处理如下：

	借方	贷方
借：长期股权投资	360 000 000	
贷：股本		30 000 000
资本公积——股本溢价		330 000 000

2. 非同一控制下企业合并形成的长期股权投资

非同一控制下的控股合并中，购买方应当按照确定的企业合并成本作为长期股权投资的初始投资成本。企业合并成本包括购买方付出的资产、发生或承担的负债、发行的权益性证券的公允价值以及为进行企业合并发生的各项直接相关费用之和。在涉及以库存商品作为合并对价的，应按库存商品的公允价值，贷记“主营业务收入”科目，并同时结转相关的成本。

【例5—20】甲公司于20×8年3月31日取得乙公司70%的股权，取得该部分股权后能够控制乙公司的生产经营决策。为核实乙公司的资产价值，甲公司聘请专业资产评估机构对乙公司的资产进行评估，支付评估费200万元。合并中，甲公司支付的有关资产在购买日的账面价值如表5—5所示。甲公司用作合并对价的土地使用权原价为7 200万元、专利技术原价为3 000万元，合并前甲公司与乙公司不存任何关联方关系。

表5—5　甲公司支付的有关资产在购买日的账面价值表

20×8年3月31日　单位：万元

项　目	账面价值	公允价值
土地使用权（自用）	6 000	7 600
专利技术	2 400	3 000
库存商品	5 000	5 500
银行存款	2 400	2 400
合　计	15 800	18 500

因甲公司与乙公司在合并前不存在任何关联方关系，应作为非同一控制下的企业合并处理。

借：长期股权投资　187 000 000（185 000 000 + 2 000 000）
　　累计摊销　18 000 000（72 000 000 + 30 000 000 - 60 000 000 - 24 000 000）
　贷：无形资产——土地使用权　72 000 000
　　　　　　——专利技术　30 000 000
　　　主营业务收入　55 000 000（库存商品的公允价值）
　　　银行存款　26 000 000（24 000 000 + 2 000 000）
　　　营业外收入　22 000 000（差额）
借：主营业务成本　50 000 000（库存商品的账面价值）
　贷：库存商品　50 000 000

通过多次交换交易，分步取得股权最终形成企业合并的，企业合并成本为每一单项交换交易的成本之和。其中，达到企业合并前对持有的长期股权投资采用成本法核算的，长期股权投资在购买日的成本应为原账面余额加上购买日为取得进一步的股份新支付对价的公允价值；达到企业合并前对长期股权投资采用权益法等方法核算的，购买日应对权益法下长期股权投资的账面余额进行调整，将有关长期股权投资的账面余额调整至最初取得成本，在此基础上加上购买日新支付对价的公允价值作为购买日长期股权投资的成本。

【例5—21】甲公司于20×8年1月以5 000万元取得乙公司20%的股权，因能够对乙公司施加重大影响，对所取得的长期股权投资采用权益法核算。20×8年乙公司取得净利润1 000万元。20×9年4月1日，甲公司又投资20 000万元取得乙公司另外80%的股权。甲公司在取得对乙公司的长期股权投资以后，乙公司并未宣告发放现金股利或利润。甲公司按净利润的10%提取盈余公积。甲公司对该项长期股权投资未计提任何减值准备。

甲公司是通过分步购买最终达到对乙公司实施控制，形成企业合并。在购买日，甲公司应进行以下会计处理：

购买日前对乙公司长期股权投资的账面余额 =5 000 +200 =5 200（万元）

20 ×9 年 4 月 1 日，作会计分录如下：

借：盈余公积　　200 000

　　利润分配——未分配利润　　1 800 000

　贷：长期股权投资　　2 000 000

借：长期股权投资　　200 000 000

　贷：银行存款　　200 000 000

购买日对乙公司长期股权投资的账面余额 =（5 200 -200）+20 000 =25 000（万元）

（二）企业合并以外其他方式取得的长期股权投资

1. 以支付现金取得的长期股权投资，应当按照实际支付的购买价款作为初始投资成本，包括购买过程中支付的手续费等必要支出，但所支付价款中包含的被投资单位已宣告但尚未发放的现金股利或利润应作为应收项目核算，不构成取得长期股权投资的成本。

【例 5—22】甲公司于 20 ×8 年 3 月 20 日从二级市场中买入乙公司 20% 的股份，实际支付价款 2 000 万元。另外，在购买过程中支付手续费等相关费用 400 万元。甲公司取得该部分股权后能够对乙公司的生产经营决策施加重大影响。

20 ×8 年 3 月 20 日，作会计分录如下：

借：长期股权投资　　24 000 000

　贷：银行存款　　24 000 000

2. 以发行权益性证券方式取得的长期股权投资，其成本为所发行权益性证券的公允价值，但不包括应自被投资单位收取的已宣告但尚未发放的现金股利或利润。为发行权益性证券支付给有关证券承销机构等的手续费、佣金等与权益性证券发行直接相关的费用，不构成取得长期股权投资的成本。该部分费用应自权益性证券的溢价发行收入中扣除，权益性证券的溢价收入不足冲减的，应冲减盈余公积和未分配利润。

【例 5—23】20 ×8 年 3 月 10 日，甲公司通过增发 1 000 万股公司普通股（每股面值 1 元）取得乙公司 20% 的股权，该 1 000 万股股份的公允价值为 9 000 万元。甲公司向证券承销机构等支付了 400 万元的佣金和手续费。甲公司取得该部分股权后能够对乙公司的生产经营决策施加重大影响。

20 ×8 年 3 月 10 日，作会计分录如下：

借：长期股权投资　　90 000 000

　贷：股本　　10 000 000

　　　资本公积——股本溢价　　80 000 000

借：资本公积——股本溢价　　4 000 000

　贷：银行存款　　4 000 000

3. 投资者投入的长期股权投资，应当按照投资合同或协议约定的价值作为初始投资成本，但合同或协议约定的价值不公允的除外。

投资者投入的长期股权投资是指投资者以其持有的对第三方的投资作为出资投入企业，接受投资的企业原则上应当按照投资各方在投资合同或协议中约定的价值作为取得投资的初始投资成本，但有明确证据表明合同或协议中约定的价值不公允的除外。

在确定投资者投入的长期股权投资的公允价值时，有关权益性投资存在活跃市场的，应当参照活跃市场中的市价确定其公允价值；不存在活跃市场，无法按照市场信息确定其公允价值的情况下，应当将按照一定的估值技术等合理的方法确定的价值作为其公允价值。

【例5—24】20×8年10月8日甲公司成立，其主要出资方之一A公司以其持有的对B公司的长期股权投资作为出资投入甲公司。投资各方在投资合同中约定，作为出资的该项长期股权投资作价2 000万元。该作价是按照B公司股票的市价经考虑相关调整因素后确定的。甲公司注册资本为10 000元。A公司出资占甲公司注册资本的20%。取得该项投资后，A公司根据其持股比例，能够派人参与甲公司的财务和生产经营决策。

20×8年10月8日，甲公司账务处理如下：

借：长期股权投资——B公司　　20 000 000

　贷：实收资本　　20 000 000

4. 以债务重组、非货币性资产交换等方式取得的长期股权投资，其初始投资成本应按照《企业会计准则第12号——债务重组》和《企业会计准则第7号——非货币性资产交换》的原则确定。

（三）投资成本中包含的已宣告但尚未发放现金股利或利润的处理

企业无论是以何种方式取得长期股权投资，取得投资时，对于支付的对价中包含的应享有被投资单位已经宣告但尚未发放的现金股利或利润应作为应收项目单独核算，不构成取得长期股权投资的初始投资成本，即企业在支付对价取得长期股权投资时，实际支付的价款中包含的对方已经宣告但尚未发放的现金股利或利润，应作为应收款，构成企业的一项债权，其与取得的对被投资单位的投资应作为两项金融资产。

【例5—25】甲公司于20×8年3月20日从二级市场中买入乙公司20%的股份，实际支付价款2 000万元，其中包含乙公司已经宣告但尚未发放的现金股利10万元。另外，在购买过程中支付手续费等相关费用400万元。甲公司取得该部分股权后能够对乙公司的生产经营决策施加重大影响，账务处理为：

借：长期股权投资　　23 900 000

　　应收股利　　100 000

　贷：银行存款　　24 000 000

三、长期股权投资持有期间的会计处理

长期股权投资在持有期间，根据投资企业对被投资单位的影响程度及是否存在活跃市场、公允价值能否可靠取得等进行划分，应当分别采用成本法及权益法进行核算。

（一）长期股权投资的成本法

1. 成本法的适用范围

采用成本法核算的长期股权投资主要是以下两类：一是企业持有的对子公司投资；二是对被投资单位不具有共同控制或重大影响，且在活跃市场中没有报价、公允价值不能可靠计量的长期股权投资。

2. 长期股权投资账面价值的调整及投资损益的确认

采用成本法核算的长期股权投资，初始投资或追加投资时，按照初始投资或追加投资的成本增加长期股权投资的账面价值。

被投资单位宣告分派的现金股利或利润中，投资企业按应享有的部分确认为当期投资收益；但投资企业确认的投资收益仅限于所获得的被投资单位在接受投资后产生的累积净

利润的分配额。所获得的被投资单位宣告分派的利润或现金股利超过被投资单位在接受投资后产生的累积净利润的部分，应冲减长期股权投资的账面价值。

3. 应抵减初始投资成本金额的确定

按照成本法核算的长期股权投资，自被投资单位获得的现金股利或利润超过被投资单位在接受投资后产生的累积净利润的部分，应冲减投资的账面价值。

一般情况下，投资企业在取得投资当年自被投资单位分得的现金股利或利润应作为投资成本的收回。以后年度，被投资单位累积分派的现金股利或利润超过投资以后至上年末止被投资单位累积实现净损益的，投资企业按照持股比例计算应享有的部分作为投资成本的收回。具体可按以下公式计算：

$$\text{应冲减初始投资成本的金额}=\left(\begin{array}{c}\text{投资后至本年末（或本期末）}\\\text{止被投资单位分派的}\\\text{现金股利或利润}\end{array}-\begin{array}{c}\text{投资后至上年末}\\\text{止被投资单位累积}\\\text{实现的净损益}\end{array}\right)\times\begin{array}{c}\text{投资}\\\text{企业的}\\\text{持股比例}\end{array}-\begin{array}{c}\text{投资企业}\\\text{已冲减的}\\\text{初始投资成本}\end{array}$$

应确认的投资收益 = 投资企业当年获得的利润或现金股利 − 应冲减初始投资成本的金额

如果投资后至本年末（或本期末）止被投资单位累积分派的现金股利或利润大于投资后至上年末止被投资单位累积实现的净损益，则按上述公式计算应冲减初始投资成本的金额；如果投资后至本年末（或本期末）止被投资单位累积分派的现金股利或利润等于或小于投资后至上年末止被投资单位累积实现的净损益，则被投资单位当期分派的利润或现金股利中应由投资企业享有的部分，应确认为投资收益。

【例 5—26】甲公司 20×7 年 1 月 1 日以 3 000 万元的价格购入乙公司 4% 的股份，另支付相关费用 10 万元。乙公司为一家非上市公司，其股票不存在活跃的交易市场。甲公司取得股权后对乙公司不具有重大影响。取得投资后，乙公司实现的净利润及利润分配情况如表 5—6 所示。

表 5—6　　**乙公司实现的净利润及利润分配情况表**　　单位：万元

年度	被投资单位实现净利润	当年度分派利润
20×7	4 000	2 300
20×8	5 000	4 200
20×9	2 000	0

注：乙公司 20×7 年度分派的利润属于对其 20×6 年度及以前实现净利润的分配。

20×7 年账务处理如下：

借：应收股利　　920 000

　贷：长期股权投资　　920 000

借：银行存款　　920 000

　贷：应收股利　　920 000

长期股权投资的账面余额 = 3 000 − 92 = 2 908（万元）

20×8 年账务处理如下：

应冲减初始投资成本的金额 =（2 300 + 4 200 − 4 000）×4% − 92 = 8（万元）

当年度实际分配利润 = 4 200 ×4% = 128（万元）

应确认投资收益 = 168 − 8 = 160（万元）

借：应收股利　　1 680 000

　贷：投资收益　　1 600 000

贷：长期股权投资　　80 000

长期股权投资的账面余额 =2 908 - 8 =2 900（万元）

20 ×9 年账务处理如下：

应冲减初始投资成本的金额 =（2 300 +4 200 -4 000 -5 000）×4% -100 = -200（万元）

当年分配的利润 =0（万元）

转回后的长期股权投资账面余额不应超过长期股权投资初始成本，所以，应冲减初始投资成本不应超过100万元。

借：长期股权投资　　1 000 000

贷：投资收益　　1 000 000

（二）长期股权投资的权益法

1. 权益法的适用范围

应当采用权益法核算的长期股权投资包括两类：一是对合营企业投资；二是对联营企业投资。

2. 权益法核算

按照权益法核算的长期股权投资，一般的核算程序为：一是初始投资或追加投资时，按照初始投资成本或追加投资的投资成本，增加长期股权投资的账面价值。二是比较初始投资成本与投资时应享有被投资单位可辨认净资产公允价值的份额，对于初始投资成本小于应享有被投资单位可辨认净资产公允价值份额的，应对长期股权投资的账面价值进行调整，计入取得投资当期的损益。三是持有投资期间，随着被投资单位所有者权益的变动相应调整增加或减少长期股权投资的账面价值，并分别情况处理，对属于因被投资单位实现净损益产生的所有者权益的变动，投资企业按照持股比例计算应享有的份额，增加或减少长期股权投资的账面价值，同时确认为当期投资损益；对被投资单位除净损益以外其他因素导致的所有者权益变动，在持股比例不变的情况下，按照持股比例计算应享有或应分担的份额，增加或减少长期股权投资的账面价值，同时确认为资本公积（其他资本公积）。四是被投资单位宣告分派利润或现金股利时，投资企业按持股比例计算应分得的部分，一般应冲减长期股权投资的账面价值。

（1）初始投资成本的调整

投资企业取得对联营企业或合营企业的投资以后，对于取得投资时初始投资成本与应享有被投资单位可辨认净资产公允价值份额之间的差额，应区别情况处理：

①初始投资成本大于取得投资时应享有被投资单位可辨认净资产公允价值份额的，该部分差额是投资企业在取得投资过程中通过作价体现出的与所取得股权份额相对应的商誉及不符合确认条件的资产价值，这种情况下不要求对长期股权投资的成本进行调整。

②初始投资成本小于取得投资时应享有被投资单位可辨认净资产公允价值份额的，两者之间的差额体现为双方在交易作价过程中转让方的让步，该部分经济利益流入应作为收益处理，计入取得投资当期的营业外收入，同时调整增加长期股权投资的账面价值。

【例5—27】甲公司于20 ×8 年1 月取得乙公司30% 的股权，支付价款2 000 万元。取得投资时乙公司净资产账面价值为6 500 万元（假定乙公司各项可辨认资产、负债的公允价值与其账面价值相同）。甲公司在取得乙公司的股权后，能够对乙公司施加重大影响，对该投资采用权益法核算。

20 ×8 年1 月取得投资时：

借：长期股权投资——投资成本　　20 000 000

　贷：银行存款　　20 000 000

长期股权投资的初始投资成本 2 000 万元大于取得投资时应享有被投资单位可辨认净资产公允价值的份额 1 950 万元（6 500 × 30%），该差额不调整长期股权投资的账面价值。

【例 5—28】甲公司于 20 × 8 年 3 月取得丙公司 20% 的股权，支付价款 2 000 万元。取得投资时丙公司可辨认净资产公允价值为 12 000 万元。甲公司在取得丙公司的股权后，能够对丙公司施加重大影响，对该投资采用权益法核算。

20 × 8 年 3 月取得投资时：

借：长期股权投资——投资成本　　24 000 000

　贷：银行存款　　20 000 000

　　　营业外收入　　4 000 000

（2）投资损益的确认

采用权益法核算的长期股权投资，在确认应享有或应分担被投资单位的净利润或净亏损时，在被投资单位账面净利润的基础上，应考虑以下因素的影响进行适当调整：一是被投资单位采用的会计政策及会计期间与投资企业不一致的，应按投资企业的会计政策及会计期间对被投资单位的财务报表进行调整。二是以取得投资时被投资单位固定资产、无形资产的公允价值为基础计提的折旧额或摊销额，以及以投资企业取得投资时有关资产的公允价值为基础计算确定的资产减值准备金额等对被投资单位净利润的影响。

被投资单位个别利润表中的净利润是以其持有的资产、负债账面价值为基础持续计算的，而投资企业在取得投资时，是以被投资单位有关资产、负债的公允价值为基础确定投资成本，取得投资后应确认的投资收益代表的是被投资单位资产、负债在公允价值计量的情况下在未来期间通过经营产生的损益中归属于投资企业的部分。取得投资时有关资产、负债的公允价值与其账面价值不同的，未来期间，在计算归属于投资企业应享有的净利润或应承担的净亏损时，应考虑对被投资单位计提的折旧额、摊销额以及资产减值准备金额等进行调整。

【例 5—29】续例 5—27，取得投资当年乙公司实现净利润 600 万元。甲公司与乙公司采用的会计政策相同。会计处理为：

借：长期股权投资——损益调整　　1 800 000

　贷：投资收益　　1 800 000

【例 5—30】续例 5—28，假定除表 5—7 所列项目外，丙公司其他资产、负债的公允价值与账面价值相同。

表 5—7　　**项目表**　　单位：万元

项目	账面原值	已提折旧或摊销	公允价值	丙公司预计使用年限	甲公司取得投资后剩余使用年限
存货	1 600		1 450		
固定资产	5 000	1 250	3 000	20	15
无形资产	2 000	400	1 500	10	8
合计	8 600	1 650	5 950		

丙公司于 20 × 8 年实现净利润 600 万元，其中在甲公司取得投资时的账面存货有

80%对外出售。甲公司与丙公司的会计年度及采用的会计政策相同。固定资产、无形资产均按直线法提取折旧或摊销，预计净残值均为0。

甲公司在确定其应享有的投资收益时，应在丙公司实现净利润的基础上，根据取得投资时丙公司有关资产的账面价值与其公允价值差额的影响进行调整（假定所得税税率为25%）：

存货公允价值与账面价值差额对利润的影响额 =（1 600 − 1 450）×80%×（1 − 25%）=90（万元）

固定资产公允价值与账面价值差额对利润的影响额 =（5 000 ÷ 20 − 3 000 ÷ 15）×（1 − 25%）=37.5（万元）

无形资产公允价值与账面价值差额对利润的影响额 =（2 000 ÷ 10 − 1 500 ÷ 8）×（1 − 25%）=9.375（万元）

调整后的净利润 = 600 + 90 + 37.5 + 9.375 = 736.875（万元）

甲公司应享有份额 = 736.875 × 20% = 147.375（万元）

确认投资收益的账务处理为：

借：长期股权投资——损益调整　　1 473 750

　贷：投资收益　　1 473 750

（3）取得现金股利或利润的处理

按照权益法核算的长期股权投资，投资企业自被投资单位取得的现金股利或利润，应区别以下情况分别处理：

一是自被投资单位分得的现金股利或利润未超过已确认投资损益的，应抵减长期股权投资的账面价值。

二是自被投资单位取得的现金股利或利润超过已确认投资收益部分，但未超过投资以后被投资单位实现的账面净利润中本企业享有的份额，应作为投资收益处理。

三是自被投资单位取得的现金股利或利润超过已确认投资收益，同时也超过了投资以后被投资单位实现的账面净利润中本企业按持股比例计算应享有的部分，该部分金额应作为投资成本的收回。

【例5—31】续例5—29，20×9年3月20日，乙公司宣告分派上年度现金股利300万元。甲公司按投资比例分得90万元。

20×9年3月20日，甲公司确认应收到的股利，会计处理为：

借：应收股利　　900 000

　贷：长期股权投资——损益调整　　900 000

（4）超额亏损的确认

投资企业确认应分担被投资单位发生的损失，原则上应以长期股权投资及其他实质上构成对被投资单位净投资的长期权益减计至零为限。投资企业在确认应分担被投资单位发生的亏损时，应将长期股权投资及其他实质上构成对被投资单位净投资的长期权益项目的账面价值综合起来考虑，在长期股权投资的账面价值减计至零的情况下，如果仍有未确认的投资损失，应以其他长期权益的账面价值为基础继续确认。另外，投资企业在确认应分担被投资单位的净损失时，除应考虑长期股权投资及其他长期权益的账面价值以外，如果在投资合同或协议中约定将履行其他额外的损失补偿义务，还应确认预计将承担的损失金额。

在确认了有关的投资损失以后，被投资单位于以后期间实现盈利的，应按以上相反顺序分别减计已确认的预计负债、恢复其他长期权益及长期股权投资的账面价值，同时确认投资收益。

“其他实质上构成对被投资单位净投资的长期权益”通常是指长期应收项目。比如，企业对被投资单位的长期债权，该债权没有明确的清收计划，且在可预见的未来期间不准备收回的，实质上构成对被投资单位的净投资。应予说明的是，该类长期权益不包括投资企业与被投资单位之间因销售商品、提供劳务等日常活动所产生的长期债权。

【例5—32】甲公司持有乙公司30%的股权，能够对乙公司施加重大影响。20×8年1月1日该项长期股权投资的账面价值为3 000万元。乙公司20×8年由于一项主要经营业务市场条件发生变化，当年度亏损5 000万元。甲公司在取得该投资时，乙公司各项可辨认资产、负债的公允价值与其账面价值相等，双方所采用的会计政策及会计期间也相同。20×9年乙公司的亏损额为12 000万元。

20×8年12月21日，甲公司确认投资损益，会计处理为：

借：投资收益　　15 000 000

　贷：长期股权投资——损益调整　　15 000 000

甲公司长期股权投资账面价值=3 000－1 500=1 500（万元）

20×9年12月21日，甲企业按其持股比例确认应分担的损失为3 600万元，但长期股权投资的账面价值仅为1 500万元，如果没有其他实质上构成对被投资单位净投资的长期权益项目，则甲企业应确认的投资损失仅为1 500万元，超额损失在账外进行备查登记；在确认了1 500万元的投资损失后，甲公司长期股权投资的账面价值减计至零，会计处理为：

借：投资收益　　15 000 000

　贷：长期股权投资——损益调整　　15 000 000

甲公司长期股权投资账面价值=1 500－1 500=0（万元）

假设上例中甲公司账上仍有应收乙公司的长期应收款3 000万元，该款项从目前情况看，没有明确的清偿计划（并非产生于商品购销等日常活动）。

借：投资收益　　21 000 000

　贷：长期应收款　　21 000 000

（5）被投资单位除净损益以外所有者权益的其他变动

采用权益法核算时，投资企业对于被投资单位除净损益以外所有者权益的其他变动，在持股比例不变的情况下，应按照持股比例与被投资单位除净损益以外所有者权益的其他变动中归属于本企业的部分，相应调整长期股权投资的账面价值，同时增加或减少资本公积。

【例5—33】续例5—32，20×9年乙公司因持有的可供出售金融资产公允价值的变动计入资本公积的金额为2 000万元，除该事项外，乙公司所有者权益除净损益外无其他变动。

借：长期股权投资——其他权益变动　　6 000 000

　贷：资本公积——其他资本公积　　6 000 000

（6）股票股利的处理

被投资单位分派的股票股利，投资企业不做账务处理，但应于除权日注明所增加的股数，以反映股份的变化情况。

四、长期股权投资核算方法的转换及处置

（一）长期股权投资核算方法的转换

长期股权投资在持有期间，因各方面情况的变化，可能导致其核算需要由一种方法转换为另外的方法。企业在会计实务中涉及长期股权投资核算方法的转换时，应分别以下原则进行处理。

1. 成本法转换为权益法

长期股权投资的核算由成本法转为权益法时，应区别形成该转换的不同情况进行处理。

（1）原持有的对被投资单位不具有共同控制或重大影响、在活跃市场中没有报价、公允价值不能可靠计量的长期股权投资，因追加投资导致持股比例上升，能够对被投资单位施加重大影响或是实施共同控制的，在从成本法转为权益法时，应区分原持有的长期股权投资以及新增长期股权投资两部分分别处理：

①原持有长期股权投资的账面余额与按照原持股比例计算确定应享有原取得投资时被投资单位可辨认净资产公允价值份额之间的差额，属于原取得投资时投资成本大于应享有被投资单位可辨认净资产公允价值份额的部分（通过投资作价体现的商誉部分），不调整长期股权投资的账面价值；属于原取得投资时因投资成本小于应享有被投资单位可辨认净资产公允价值份额的差额，一方面应调整长期股权投资的账面价值，同时调整留存收益。

②对于新取得的股权部分，应比较新增投资的成本与取得该部分投资时应享有被投资单位可辨认净资产公允价值的份额，其中投资成本大于投资时应享有被投资单位可辨认净资产公允价值份额的，不调整长期股权投资的成本；投资成本小于应享有被投资单位可辨认净资产公允价值份额的，应调整增加长期股权投资的成本，同时计入取得当期的营业外收入。

上述与原持股比例相对应的商誉或是应计入留存收益的金额与新取得投资过程中体现的商誉及计入当期损益的金额应综合考虑，在此基础上确定与整体投资相关的商誉或是因投资成本小于应享有被投资单位可辨认净资产公允价值份额应计入留存收益或是损益的金额。

③对于原取得投资后至新取得投资的交易日之间被投资单位可辨认净资产公允价值的变动相对于原持股比例的部分，属于在此期间被投资单位实现净损益中应享有份额的，一方面应当调整长期股权投资的账面价值，同时调整留存收益；属于其他原因导致的被投资单位可辨认净资产公允价值变动中应享有的份额，在调整长期股权投资账面价值的同时，应当记入“资本公积——其他资本公积”科目。

【例5—34】甲公司于20×8年3月20日取得乙公司10%的股权，成本为500万元，当日乙公司可辨认净资产公允价值总额为4 500万元，账面价值与公允价值相同。因对乙公司不具有重大影响且无法可靠确定该项投资的公允价值，甲公司对该项长期投资采用成本法核算。甲公司按照净利润的10%提取盈余公积。

20×9年4月10日，甲公司又以1 200万元的价格取得乙公司15%的股权，当日乙公司可辨认净资产公允价值总额为6 000万元。取得该部分股权后，按照乙公司章程规定，甲公司能够派人参与乙公司的生产经营决策，因此甲公司对该项长期股权投资转为采用权益法核算。甲公司在取得对乙公司10%股权后至新增投资日，乙公司通过生产经营活动实现的净利润为700万元，乙公司未派发现金股利或利润。除所实现净利润外，未发生其

他计入资本公积的交易或事项。

①20×9 年 4 月 10 日，甲公司应确认对乙公司的长期股权投资

借：长期股权投资　　12 000 000

　贷：银行存款　　12 000 000

②对长期股权投资账面价值的调整

确认该部分长期股权投资后，甲公司对乙公司投资的账面价值为 1 700 万元。

A. 甲公司对于原 10% 股权的成本 500 万元与原投资时应享有乙公司可辨认净资产公允价值份额 450 万元（4 500×10%）之间的差额 50 万元，属于原投资时体现的商誉，该部分差额不调整长期股权投资的账面价值。

B. 对于乙公司可辨认净资产在原投资时（20×8 年 3 月 20 日）至新增投资交易日（20×9 年 4 月 10 日）之间公允价值的变动（6 000－4 500）相对于原持股比例的部分 150 万元，其中属于投资后乙公司实现净利润部分 70 万元（700×10%），应调整增加长期股权投资的账面余额，同时调整留存收益；除实现净损益外其他原因导致的可辨认净资产公允价值的变动 80 万元，应当调整增加长期股权投资的账面余额，同时计记入“资本公积——其他资本公积”科目。针对该部分投资的账务处理为：

借：长期股权投资　　1 500 000

　贷：资本公积——其他资本公积　　800 000

　　　盈余公积　　70 000

　　　利润分配——未分配利润　　630 000

C. 对于新取得的股权，其成本为 1 200 万元，与取得该投资时按照持股比例计算确定应享有乙公司可辨认净资产公允价值的份额 900 万元（6 000×15%）之间的差额为投资作价中体现出的商誉，该部分商誉不要求调整长期股权投资的成本。

（2）因处置投资导致对被投资单位的影响能力由控制转为具有重大影响或者共同控制的情况下，首先应按处置或收回投资的比例结转应终止确认的长期股权投资成本。在此基础上，应当比较剩余的长期股权投资成本与按照剩余持股比例计算原投资时应享有被投资单位可辨认净资产公允价值的份额。投资成本大于原投资时应享有被投资单位可辨认净资产公允价值份额的，不调整长期股权投资的账面价值；属于投资成本小于原投资时应享有被投资单位可辨认净资产公允价值份额的，在调整长期股权投资成本的同时，应调整留存收益。

对于原取得投资后至转变为权益法核算之间被投资单位实现净损益中应享有的份额，一方面应当调整长期股权投资的账面价值，同时调整留存收益；其他原因导致被投资单位所有者权益变动中应享有的份额，在调整长期股权投资账面价值的同时，应当记入“资本公积——其他资本公积”科目。

长期股权投资自成本法转为权益法后，未来期间应当按照准则规定计算确认应享有被投资单位实现的净损益及所有者权益其他变动的份额。

【例 5—35】甲公司原持有乙公司 80% 的股权，其账面余额为 10 000 万元，未计提减值准备。20×8 年 1 月 1 日，甲公司将其持有的对乙公司长期股权投资中的 1/2 对外出售，取得价款 6 000 万元，当日被投资单位可辨认净资产公允价值总额为 16 000 万元。甲公司原取得乙公司 80% 股权时，乙公司可辨认净资产公允价值总额为 14 000 万元（假定公允价值与账面价值相同），自甲公司取得对乙公司长期股权投资后至部分处置投资前，

乙公司实现净利润2 000万元。假定乙公司一直未进行利润分配。除所实现净损益外，乙公司未发生其他计入资本公积的交易或事项。本例中甲公司按净利润的10%提取盈余公积。

在出售40%的股权后，甲公司对乙公司的持股比例为40%，在被投资单位董事会中派有代表，但不能对乙公司生产经营决策实施控制。对乙公司长期股权投资应由成本法改为按照权益法核算。

①确认长期股权投资处置损益

借：银行存款　　60 000 000

　贷：长期股权投资　　50 000 000

　　投资收益　　10 000 000

②调整长期股权投资账面价值

A. 剩余长期股权投资的账面价值5 000万元小于原投资时应享有被投资单位可辨认净资产公允价值份额5 600万元，其差额600万元应当调整长期股权投资的账面价值，同时调整留存收益：

借：长期股权投资　　6 000 000

　贷：盈余公积　　600 000

　　利润分配——未分配利润　　5 400 000

B. 部分处置投资以后按照持股比例计算享有被投资单位自购买日至处置投资日期间实现的净损益为800万元（2 000×40%），应调整增加长期股权投资的账面价值，同时调整留存收益：

借：长期股权投资　　8 000 000

　贷：盈余公积　　800 000

　　利润分配——未分配利润　　7 200 000

2. 权益法转换为成本法

因减少投资导致长期股权投资的核算由权益法转换为成本法（投资企业对被投资单位不具有共同控制或重大影响，并且在活跃市场中没有报价、公允价值不能可靠计量的长期股权投资）的，应以转换时长期股权投资的账面价值作为按照成本法核算的基础。以后期间，自被投资单位分得的现金股利或利润未超过转换时被投资单位账面留存收益中本企业享有份额的，分得的现金股利或利润应冲减长期股权投资的成本，不作为投资收益。自被投资单位取得的现金股利或利润超过转换时被投资单位账面留存收益中本企业享有份额的部分，确认为当期损益。

【例5—36】甲公司持有乙公司30%的有表决权股份，该项投资不存在活跃市场，公允价值无法可靠确定，因能够对乙公司的生产经营决策施加重大影响，采用权益法核算。20×8年10月，甲公司将该项投资中的50%对外出售，出售以后，无法再对乙公司施加重大影响，出售以后转为采用成本法核算。出售时，该项长期股权投资的账面价值为3 000万元，其中投资成本2 500元，损益调整为500万元，出售取得价款1 800万元。转换日乙公司的账面留存收益为2 000万元。20×9年3月10日，乙公司分配现金股利2 400万元。

20×8年10月，甲公司将该项投资中的50%对外出售：

借：银行存款　　18 000 000

贷：长期股权投资 15 000 000

投资收益 3 000 000

处置投资后，该项长期股权投资的账面价值为 1 500 万元，其中包括投资成本 1 250 万元，原确认的损益调整 250 万元。

20×9 年 3 月 10 日，甲公司确认应收的现金股利：

借：应收股利 3 600 000

贷：长期股权投资 3 000 000

投资收益 600 000

甲公司取得的现金股利 360 万元（2 400×15%）大于转换时被投资单位账面留存收益中本企业享有的份额 300 万元（2 000×15%），超过部分确定为当期损益。

（二）长期股权投资的处置

企业持有长期股权投资的过程中，由于各方面的考虑，决定将所持有的对被投资单位的股权全部或部分对外出售时，应相应结转与所售股权相对应的长期股权投资的账面价值，出售所得价款与处置长期股权投资账面价值之间的差额，应确认为处置损益。

采用权益法核算的长期股权投资，原计入资本公积中的金额，在处置时亦应进行结转，将与所出售股权相对应的部分在处置时自资本公积转入当期损益。

【例 5—37】甲企业原持有乙企业 30% 的股权，20×8 年 6 月 20 日，甲企业决定出售其持有的乙企业股权的 1/3，出售时甲企业账面上对乙企业长期股权投资的成本为 1 200 万元，损益调整 450 万元，其他权益变动 240 万元，出售取得价款 700 万元。

20×8 年 6 月 20 日，甲企业确认处置损益：

借：银行存款 7 000 000

贷：长期股权投资 6 300 000

投资收益 700 000

同时，还应将原计入资本公积的部分按比例转入当期损益：

借：资本公积——其他资本公积 800 000

贷：投资收益 800 000

复习思考题

1. 简述交易性金融资产划分的条件。
2. 解释实际利率与摊余成本的概念。
3. 简要说明控制的几种情形。
4. 简述成本法与权益法的适用范围。

练习题

1. 甲公司为上市公司，20×8 年有关业务如下：

（1）1 月 6 日，甲企业以赚取差价为目的从二级市场购入一批债券作为交易性金融资产，面值总额为 1 000 万元，票面利率为 8%，3 年期，每半年付息一次，该债券为 20×7 年 1 月 1 日发行。取得时该债券的公允价值为 1 030 万元，其中含已到付息期但尚未领取的 20×7 年下半年的利息 40 万元，另支付交易费用 20 万元，全部价款以银行存款支付。

（2）1月16日，收到20×7年下半年的利息40万元。

（3）3月31日，该债券公允价值为1 100万元。

（4）3月31日，按债券票面利率计算利息。

（5）6月30日，该债券公允价值为960万元。

（6）6月30日，按债券票面利率计算利息。

（7）7月16日，收到20×8年上半年的利息40万元。

（8）8月16日，将该债券全部处置，实际收到价款1 200万元。

要求：根据以上业务编制有关交易性金融资产的会计分录。

2. 20×8年1月1日，甲公司支付800万元购入乙公司发行的期限为5年公司债券一批，该债券的票面价值为1 000万元，票面利率为10%，按年付息，本金最后一次还清。甲公司打算并预计其有能力持有该债券至到期。另甲公司支付相关交易费用2万元。

20×9年11月，由于借款基准利率的变动和其他市场因素的影响，乙公司债券价格持续下跌。为此，甲公司于12月31日对外出售该债券的80%，收取价款800万元。

要求：根据以上业务编制甲公司相关的会计分录。

3. 20×8年6月20日，甲公司购入股票10万股，每股14元（包含已宣告但尚未发放的现金股利0.50元），相关交易费用4万元。初始确认时甲公司将该股票划分为可供出售金融资产。

20×8年7月20日甲公司收到乙公司发放的现金股利5万元。

20×8年12月31日，乙公司股票价格为每股13元。

20×9年3月30日，乙公司宣告每股派发现金股利0.20元。

20×9年4月20日，甲公司收到乙公司发放的现金股利。

20×9年6月30日，甲公司将所持有的乙公司股票以每股15.50元的价格全部出售，收到款项155万元。

要求：根据以上业务编制甲公司相关的会计分录。

4. 20×8年1月2日，甲公司以6 000万元投资于B公司，占B公司表决权的10%，投资企业对被投资单位不具有共同控制或重大影响，并且在活跃市场中没有报价、公允价值不能可靠计量，采用成本法核算。B公司有关资料如下：

（1）20×8年4月20日，B公司宣告20×7年度的现金股利150万元，20×8年实现净利润600万元。

（2）20×9年4月20日，B公司宣告20×8年度的现金股利750万元，20×9年实现净利润700万元。

（3）2×10年4月20日，B公司宣告20×9年度的现金股利600万元，2×10年实现净利润550万元。

（4）2×11年4月20日，B公司宣告2×10年度的现金股利300万元。

要求：编制各年度有关会计分录。

5. 20×8年1月，甲公司取得乙公司30%的股权，支付价款5 000万元。取得投资时乙公司可辨认净资产公允价值为16 000万元。甲公司在取得乙公司的股权后，能够对乙公司施加重大影响，对该投资采用权益法核算。假定除表5—8所列项目外，乙公司其他资产、负债的公允价值与账面价值相同。

表5—8　　项目表　　单位：万元

项目	账面原值	已提折旧或摊销	公允价值	乙公司预计使用年限	甲公司取得投资后剩余使用年限
存货	3 000		3 250		
固定资产	6 000	2 800	3 400	15	8
无形资产	2 000	1 000	1 200	10	5
合计	11 000	3 800	7 850		

乙公司20×8年实现净利润500万元，其中在甲公司取得投资时的账面存货有80%对外出售。甲公司与乙公司的会计年度及采用的会计政策相同。固定资产、无形资产均按直线法提取折旧或摊销，预计净残值均为0，所得税税率均为25%。

20×9年3月20日，乙公司宣告分派上年度现金股利350万元。甲公司按投资比例应分得105万元。

20×9年4月20日，甲公司收到乙公司分派的股利。

20×9年，乙公司因持有的可供出售金融资产公允价值的变动计入资本公积的金额为500万元，当年乙公司实现净利润600万元，当年未分配利润，除固定资产和无形资产外，其他资产、负债的公允价值与账面价值相同。

2×10年，乙公司当年度由于一项主要经营业务市场条件发生变化，亏损12 000万元，除固定资产和无形资产外，其他资产、负债的公允价值与账面价值相同。

要求：编制甲公司各年度相关会计分录。

6. 20×8年1月1日，甲公司取得乙公司10%的股权，成本为500万元，当日乙公司可辨认净资产公允价值总额为6 000万元，账面价值与公允价值相同。因对乙公司不具有重大影响且无法可靠确定该项投资的公允价值，甲公司对该项长期投资采用成本法核算。甲公司按照净利润的10%提取盈余公积。

20×9年10月10日，甲公司又以2 000万元的价格取得乙公司20%的股权，当日乙公司可辨认净资产公允价值总额为8 000万元。取得该部分股权后，按照乙公司章程规定，甲公司能够派人参与乙公司的生产经营决策，因此甲公司对该项长期股权投资转为采用权益法核算。甲公司在取得对乙公司10%股权后至新增投资日，乙公司通过生产经营活动实现的净利润为1 700万元，乙公司未派发现金股利或利润，除所实现净利润外，未发生其他计入资本公积的交易或事项。甲公司增加投资后乙公司实现净利润300万元。

2×10年3月20日，乙公司宣告分派上年度现金股利150万元。

2×10年11月，甲公司由于业务调整，决定将对乙公司的投资中的50%对外出售，取得价款1 600万元。出售以后，无法再对乙公司施加重大影响，转为采用成本法对该项投资进行核算。

2×11年3月10日，乙公司分配现金股利200万元。

要求：编制甲公司相关会计分录。

第六章　固定资产

第一节　固定资产概述

一、固定资产的概念

固定资产是指使用寿命超过一个会计年度的为生产商品、提供劳务、出租或经营管理而持有的有形资产。从固定资产的定义看，固定资产具有以下三个特征：

（一）固定资产使用寿命超过一个会计年度

固定资产的使用寿命是指企业使用固定资产的预计期间，或者该固定资产所能生产产品或提供劳务的数量。通常情况下，固定资产的使用寿命是指使用固定资产的预计期间，如自用房屋建筑物的使用寿命按使用年限表示。对于某些机器设备（如发电机）或运输设备（如汽车、飞机）等固定资产，其使用寿命往往以该固定资产所能生产产品或提供劳务的数量来表示，固定资产使用寿命超过一个会计年度，意味着固定资产属于长期资产，随着使用和磨损，通过计提折旧方式逐渐减少账面价值。

（二）固定资产是为生产商品、提供劳务、出租或经营管理而持有

企业持有固定资产的目的是为了生产商品、提供劳务、出租或经营管理，这意味着，企业持有的固定资产是企业的劳动工具或手段，而不是直接用于出售的产品。这一特征可以区分固定资产与企业的存货。其中“出租”的固定资产是指用以出租的机器设备类固定资产，不包括以经营租赁方式出租的建筑物，后者属于企业的投资性房地产，不属于固定资产。

（三）固定资产为有形资产

固定资产具有实物特征，这一特征将固定资产与无形资产区别开来。固定资产具有明显的实物状态，可以看得见、摸得着，有些无形资产可能同时符合固定资产的其他特征，如无形资产为生产商品、提供劳务而持有，使用寿命超过一个会计年度，但是，由于没有实物形态，所以不属于固定资产。

二、固定资产的分类

企业的固定资产的品种繁多，为了加强对固定资产的管理和核算，应按照不同的标准对固定资产进行分类。

（一）按经济用途划分

固定资产按经济用途进行分类，可以分为生产经营用固定资产和非生产经营用固定资产。

生产经营用固定资产是指直接参加生产经营过程或直接服务于生产经营过程的各种房屋、建筑物、机器、机械、运输设备、器具及工具等。

非生产经营用固定资产是指生活福利部门等非生产经营部门使用的房屋、器具及职工住宅等。

（二）按使用情况划分

固定资产按使用情况分类，可以分为使用中固定资产、未使用固定资产和不需用固定资产。

使用中固定资产是指正在使用的各种固定资产。

未使用固定资产是指尚未投入使用或暂停使用的各种固定资产。

不需用固定资产是指不适合本企业需要，准备出售处理的各种固定资产。

（三）按所有权划分

固定资产按所有权进行分类，可以分为自有固定资产和租入固定资产。

自有固定资产是指企业可以自行处置的固定资产，企业对自有固定资产拥有所有权。

租入固定资产是指企业按照租约规定使用的固定资产，进一步按照企业未来对租入固定资产的权利可以将其划分为经营性租入固定资产和融资性租入固定资产两种。

第二节　固定资产的初始计量

固定资产的初始计量是指确定固定资产的取得成本。固定资产应当按照成本进行初始计量。

一、外购固定资产

企业外购固定资产的成本，包括购买价款、相关税费、使固定资产达到预定可使用状态前所发生的可归属于该项资产的运输费、装卸费、安装费和专业人员服务费等。外购固定资产分为购入不需要安装的固定资产和购入需要安装的固定资产两种情形。前者的取得成本为企业实际支付的购买价款、包装费、运杂费、保险费、专业人员服务费和相关税费等，其账务处理为：按应计入固定资产成本的金额，借记“固定资产”科目，贷记“银行存款”、“其他应付款”、“应付票据”等科目。后者的取得成本是在前者取得成本的基础上，加上安装调试成本等。其账务处理为，按应计入固定资产成本的金额，先记入“在建工程”科目，安装完毕交付使用时再转入“固定资产”科目。

【例6—1】甲公司购入一台不需要安装的设备，取得的增值税发票上注明的设备价款为2 000 000元、增值税进项税额为340 000元，发生运输费5 000元，款项全部付清。不考虑其他相关费用，会计处理如下：

借：固定资产　　2 345 000

　贷：银行存款　　2 345 000

【例6—2】甲公司购入一台需要安装的设备，取得的增值税专用发票上注明的设备价款为10 000元、增值税进项税额为1 700元，发生运输费200元，款项全部付清。安装设备时，用银行存款支付安装费1 000元，该设备安装完工后交付使用。假定不考虑其他相关税费，会计处理如下：

（1）购入固定资产

借：在建工程　　11 900

　贷：银行存款　　11 900

（2）支付安装费

借：在建工程　　1 000

　贷：银行存款　　1 000

（3）工程完工、验收合格

借：固定资产　　12 900

　贷：在建工程　　12 900

以一笔款项购入多项没有单独标价的固定资产，应当按照各项固定资产的公允价值比例对总成本进行分配，分别确定各项固定资产的成本。

【例6—3】甲公司乙公司一次购进了3套不同型号且具有不同生产能力的设备A、B和C。甲公司为该批设备共支付货款1 000 000元、增值税税额170 000元、包装费12 000元，全部以银行存款支付。假定设备A、B和C均满足固定资产的定义及确认条件，公允价值分别为300 000元、350 000元、250 000元。不考虑其他相关税费。

甲公司的账务处理如下：

（1）确定计入固定资产成本的金额，包括买价、包装费及增值税税额等

应计入固定资产成本的金额=1 000 000+170 000+12 000 =1 182 000（元）

（2）确定设备A、B和C的价值分配

A设备应分配的固定资产价值比例=300 000÷（300 000+350 000+250 000） ×100% =33.33%

B设备应分配的固定资产价值比例=350 000÷（300 000+350 000+250 000） ×100% =38.89%

C设备应分配的固定资产价值比例=250 000÷（300 000+350 000+250 000） ×100% =27.78%

（3）确定设备A、B和C各自的入账价值

A设备的入账价值=1 182 000×33.33% =393 960.60（元）

B设备的入账价值=1 182 000×38.89% =459 679.80（元）

C设备的入账价值=1 182 000×27.78% =328 359.60（元）

（4）编制会计分录

借：固定资产——A设备　　393 960.60

　　　　　　——B设备　　459 679.80

　　　　　　——C设备　　328 359.60

　贷：银行存款　　1 182 000

企业购买固定资产通常在正常信用条件期限内付款，但也会发生超过正常信用条件购买固定资产的经济业务事项，如采用分期付款方式购买资产，且在合同中规定的付款期限比较长，超过了正常信用条件，通常在3年以上。在这种情况下，该类购货合同实质上具有融资租赁性质，购入资产的成本不能以各期付款额之和确定，而应以各期付款额的现值之和确定。购入固定资产时，按购买价款的现值，借记“固定资产”或“在建工程”科目；按应支付的金额，贷记“长期应付款”科目；按其差额，借记“未确认融资费用”科目。固定资产购买价款的现值，应当按照各期支付的购买价款选择恰当的折现率进行折现后的金额加以确定。折现率是反映当前市场货币时间价值和延期付款债务特定风险的利率。该折现率实质上是供货企业的必要报酬率。各期实际支付的价款与购买价款的现值之间的差额，符合《企业会计准则第17号——借款费用》中规定的资本化条件的，应当计入固定资产成本，其余部分应当在信用期间内确认为财务费用，计入当期损益。

【例6—4】2007年1月1日，甲公司与乙公司签订一项购货合同，从乙公司购入一台需要安装的大型机器设备，收到的增值税专用发票上注明的设备价款为9 000 000元、增值税税额为1 530 000元。合同约定，甲公司于2007—2011年5年内，每年的12月31日支付2 106 000元。2007年1月1日，甲公司收到该设备并投入安装，发生保险费、装卸费等7 000元；2007年12月31日，该设备安装完毕达到预定可使用状态，共发生安装费50 000元，款项均以银行存款支付。假定甲公司综合各方面因素后决定采用10%作为折现率，不考虑其他因素。已知（P/A，5，10%） =3.7908。

甲公司的账务处理如下：

（1）2007年1月1日，确定购入固定资产成本的金额，包括购买价款、增值税税额、保险费、装卸费等。

购入固定资产成本 =2 106 000 ×3.7908 +7 000 =7 990 424.80（元）

借：在建工程　　7 990 424.80

　未确认融资费用　　2 546 575.20

　贷：长期应付款　　10 530 000

　　银行存款　　7 000

（2）2007 年度发生安装费用 50 000 元。

借：在建工程　　50 000

　贷：银行存款　　50 000

（3）确定未确认融资费用在信用期间的分摊额，见表 6—1。

表 6—1　　**未确认融资费用分摊表**　　单位：元

日　期	分期付款额 (1)	确认的融资费用 (2) =期初 (4) ×10%	应付本金减少额 (3) = (1) - (2)	应付本金余额 期末 (4) =期初 (4) - (3)
2007 年 1 月 1 日				7 983 424.80
2007 年 12 月 31 日	2 106 000	798 342.48	1 307 657.52	6 675 767.28
2008 年 12 月 31 日	2 106 000	667 576.73	1 438 423.27	5 237 344.01
2009 年 12 月 31 日	2 106 000	523 734.40	1 582 265.60	3 655 078.41
2010 年 12 月 31 日	2 106 000	365 507.84	1 740 492.16	1 914 586.25
2011 年 12 月 31 日	2 106 000	191 413.75*	1 914 586.25	0
合　计	10 530 000	2 546 575.20	7 983 424.80	

注：* 为尾数调整。

（4）2007 年 12 月 31 日，分摊未确认融资费用、结转工程成本、支付款项。

2007 年未确认融资费用摊销 =（10 530 000 - 2 546 575.2）×10% =798 342.48（元）

借：在建工程　　798 342.48

　贷：未确认融资费用　　798 342.48

借：固定资产　　8 838 767.28

　贷：在建工程　　8 838 767.28

借：长期应付款　　2 106 000

　贷：银行存款　　2 106 000

（5）2008 年 12 月 31 日，分摊未确认融资费用、支付款项。

2008 年未确认融资费用摊销 =［（10 530 000 -2 106 000）-（2 546 575.20 - 798 342.48）］×10%

=667 576.73（元）

借：财务费用　　667 576.73

　贷：未确认融资费用　　667 576.73

借：长期应付款　　2 106 000

　贷：银行存款　　2 106 000

2009—2011 年分摊未确认融资费用、支付款项的账务处理比照 2008 年的相关财务处理。

二、自行建造固定资产

自行建造的固定资产的成本，由建造该项资产达到预定可使用状态前所发生的必要支出构成。包括工程用物资成本、人工成本、缴纳的相关税费、应予资本化的借款费用以及应分摊的间接费用等。企业自行建造固定资产包括自营建造和出包建造两种方式。

（一）自营方式建造固定资产

企业购入自营工程所需材料物资时，应按实际支付的购买价款、增值税税额、运输费、保险费等相关税费作为实际成本，并按各种专项物资的种类进行明细核算。工程完工后剩余的工程物资，如转作本企业库存材料的，按其实际成本或计划成本转作企业的库存材料。存在可抵扣增值税进项税额的，应按减去增值税进项税额后的实际成本或计划成本，转作企业的库存材料。盘盈、盘亏、报废、毁损的工程物资，减去保险公司、过失人赔偿部分后的差额，工程项目尚未完工的，计入或冲减所建工程项目的成本；工程已经完工的，计入当期营业外收支。在建工程应当按照实际发生的支出确定其工程成本，并单独核算。

【例6—5】2007年1月，甲公司准备自行建造一座厂房，为此购入工程物资一批，价款为200 000元，支付的增值税进项税额为34 000元，款项以银行存款支付。1—6月，工程先后领用工程物资210 600元（含增值税税额）；剩余工程物资转为该公司的存货，其所含的增值税进项税额可以抵扣；领用生产原材料一批，实际成本为32 000元，未计提存货跌价准备，购进该批原材料时支付的增值税进项税额为5 440元；辅助生产车间为工程提供有关劳务支出35 000元；应支付工程人员薪酬11 400元；6月底，工程达到预定可使用状态并交付使用。假定丙公司适用的增值税税率为17%，不考虑其他相关税费。账务处理如下：

（1）购入为工程准备的物资

借：工程物资　234 000

　贷：银行存款　234 000

（2）工程领用物资

借：在建工程　210 600

　贷：工程物资　210 600

（3）工程领用原材料

借：在建工程　37 440

　贷：原材料　32 000

　　应交税费——应交增值税（进项税额转出）　5 440

（4）辅助生产车间为工程提供劳务支出

借：在建工程　35 000

　贷：生产成本——辅助生产成本　35 000

（5）计提工程人员薪酬

借：在建工程　11 400

　贷：应付职工薪酬　11 400

（6）6月底，工程达到预定可使用状态经验收并交付使用

借：固定资产　294 440

　　贷：在建工程　294 440

(7) 剩余工程物资转作存货

借：原材料　20 000

　　应交税费——应交增值税（进项税额）　3 400

　　贷：工程物资　23 400

(二) 出包方式建造固定资产

企业采用出包方式建造固定资产，其成本由建造该项固定资产达到预定可使用状态前所发生的必要支出构成，包括发生的建筑工程支出、安装工程支出，以及需分摊计入各固定资产价值的待摊支出。出包方式下，"在建工程"科目主要是企业与建造承包商办理工程价款的结算科目，企业支付给建造承包商的工程价款作为工程成本通过"在建工程"科目核算。企业应按合理估计的工程进度和合同规定结算的进度款，借记"在建工程——建筑工程（××工程）"、"在建工程——安装工程（××工程）"等科目，贷记"银行存款"、"预付账款"等科目。工程完成时，按合同规定补付的工程款，借记"在建工程"科目，贷记"银行存款"等科目。企业将需安装设备运抵现场安装时，借记"在建工程——在安装设备（××设备）"科目，贷记"工程物资——××设备"科目；企业为建造固定资产发生的待摊支出，借记"在建工程——待摊支出"科目，贷记"银行存款"、"应付职工薪酬"、"长期借款"等科目。

【例6—6】甲企业将一幢厂房的建造工程出包给丙公司承建，按合理估计的发包工程进度和合同规定向丙公司结算进度款600 000元，工程完工后，收到丙公司有关工程结算单据，补付工程款400 000元，工程完工并达到预定可使用状态。该企业应作如下会计处理：

(1) 按合理估计的发包工程进度和合同规定向丙公司结算进度款

借：在建工程　600 000

　　贷：银行存款　600 000

(2) 补付工程款

借：在建工程　400 000

　　贷：银行存款　400 000

(3) 工程完工并达到预定可使用状态时

借：固定资产　1 000 000

　　贷：在建工程　1 000 000

三、存在废置业务的固定资产

对于特殊行业的特定固定资产，确定其初始入账成本时还应考虑弃置费用。弃置费用通常是指根据国家法律和行政法规、国际公约等规定，企业承担的环境保护和生态恢复等义务所确定的支出，如核电站核设施等的弃置和恢复环境义务。对于这些特殊行业的特定固定资产，企业应当按照弃置费用的现值计入相关固定资产成本。一般工商企业的固定资产发生的报废清理费用不属于弃置费用，应当在发生时作为固定资产处置费用处理。

【例6—7】某上市公司按照国家法律和行政法规的规定对未来废弃固定资产拥有环境保护等义务。该固定资产初始计价20 000万元，预计使用30年，弃置费用为5 000万元。按照规定需以预计弃置费用折现后金额增加资产初始确认时成本，假设折现率为4%，则该项固定资产的入账价值是多少？

该项固定资产的入账价值 = 20 000 + 5 000 ÷ （1 + 4%）^{30} = 21 541.59（万元）

借：固定资产　　　　215 415 900

　贷：银行存款　　　　200 000 000

　　　预计负债　　　　15 415 900

第二年，该项未来弃置费用的本利和 = 1 541.59 × 104% = 1 603.25（万元），增加的利息计入财务费用 = 1 603.25 − 1 541.59（或 1 541.59 × 4%）= 61.66（万元）。

借：财务费用　　　　616 600

　贷：预计负债　　　　616 600

第三年，该项未来弃置费用的本利和 = 1 541.59 ×（104%）^{2} = 1 667.38（万元），增加的利息计入财务费用 = 1 667.38 − 1 603.25（或 1 603.25 × 4%）= 64.13（万元）。

以后年度继续增加预计负债，直到该项固定资产使用期满时满足预计负债 = 1 541.59 ×（1 + 4%）^{30} = 5 000（万元）。

第三节　固定资产的后续计量

固定资产的后续计量主要包括固定资产折旧的计提、减值损失的确定，以及后续支出的计量。其中，固定资产的减值应当按照《企业会计准则第 8 号——资产减值》处理。

一、固定资产折旧

（一）固定资产折旧的定义

固定资产折旧是指在固定资产由于损耗而减少的价值。固定资产损耗分为有形损耗和无形损耗两种。有形损耗是指固定资产在使用过程中由于使用和自然力的影响在使用价值和价值上的损耗。无形损耗是指由于技术进步而引起的固定资产价值上的损耗。固定资产与存货不同，它的价值不是一次转移计入产品成本或费用，而是在长期使用过程中，随着损耗程度，以折旧费项目分期计入产品成本或费用，并通过取得相应的收入而得到补偿。

（二）影响固定资产折旧的因素

1. 固定资产原价

固定资产原价为固定资产的初始入账成本，包括购置固定资产时形成的原始成本和特定情况下确定的固定资产的重置成本。固定资产原价是计提折旧的基础。

2. 预计净残值

预计净残值是指假定固定资产预计使用寿命已满并处于使用寿命终了时的预期状态，企业目前从该项资产处置中获得的扣除预计处置费用后的金额。

3. 固定资产预计可使用寿命

固定资产预计使用寿命是指固定资产预计可使用的年限，或者预计固定资产所能生产产品或提供劳务的数量。这也是影响折旧计算的一个基本因素。企业确定固定资产使用寿命，应当考虑下列因素：（1）预计生产能力或实物产量；（2）预计有形损耗和无形损耗；（3）法律或者类似规定对资产使用的限制。

（三）计提折旧的固定资产范围

现行固定资产准则规定，企业应对所有的固定资产计提折旧，但是，已提足折旧仍继续使用的固定资产和单独计价入账的土地除外。

在确定计提折旧的范围时还应注意以下几点：

1. 固定资产应当按月计提折旧。从理论上讲，当月增加的固定资产当月应该计提折旧，当月减少的固定资产当月不应再提折旧。为了简化核算，固定资产应用指南仍沿用了实务中的做法：当月增加的固定资产，当月不计提折旧，从下月起计提折旧；当月减少的固定资产，当月仍计提折旧，从下月起不计提折旧。

2. 固定资产提足折旧后，不论能否继续使用，均不再计提折旧，提前报废的固定资产也不再补提折旧。所谓提足折旧是指已经提足该项固定资产的应计折旧额。

3. 已达到预定可使用状态但尚未办理竣工决算的固定资产，应当按照估计价值确定其成本，并计提折旧；待办理竣工决算后再按实际成本调整原来的暂估价值，但不需要调整原已计提的折旧额。

（四）固定资产折旧方法

企业应当根据与固定资产有关的经济利益的预期实现方式合理选择固定资产折旧方法。可选用的折旧方法包括年限平均法、工作量法、双倍余额递减法和年数总和法等。固定资产的折旧方法一经确定，不得随意变更。

1. 年限平均法

年限平均法又称直线法，是指将固定资产的应计折旧额均衡地分摊到固定资产预计使用寿命内的一种方法。采用这种方法计算的每期折旧额均相等。计算公式如下：

年折旧率 =（1 - 预计净残值率）÷ 预计使用寿命（年）×100%

月折旧率 = 年折旧率 ÷ 12

月折旧额 = 固定资产原价 × 月折旧率

【例6—8】某设备的原价为50 000元，预计使用5年，预计净残值为5 000元。该设备的月折旧率和月折旧额计算如下：

预计净残值率 = 5 000 ÷ 50 000 × 100% = 10%

年折旧率 =（1 - 10%）÷ 5 × 100% = 18%

月折旧率 = 18% ÷ 12 × 100% = 1.5%

月折旧额 = 50 000 × 1.5% = 750（元）

2. 工作量法

工作量法是根据实际工作量计算每期应提折旧额的一种方法。计算公式如下：

单位工作量折旧额 = 固定资产原价 ×（1 - 预计净残值率）÷ 预计总工作量

某项固定资产月折旧额 = 该项固定资产当月工作量 × 单位工作量折旧额

【例6—9】某企业购入一台设备，原价是600 000元，预计总工作时间为3 000 000小时，预计净残值率为5%，本月共工作30 000小时，假设该企业没有对该机器设备计提减值准备。

单个小时折旧额 = 600 000 ×（1 - 5%）÷ 3 000 000 = 0.19（元/小时）

本月折旧额 = 30 000 × 0.19 = 5 700（元）

3. 双倍余额递减法

双倍余额递减法是指在不考虑固定资产预计净残值的情况下，根据每期期初固定资产原价减去累计折旧后的金额和双倍的直线法折旧率计算固定资产折旧的一种方法。应用这种方法计算折旧额时，由于每年年初固定资产净值没有扣除预计净残值，所以在计算固定资产折旧额时，应在其折旧年限到期前两年内，将固定资产净值扣除预计净残值后的余额平均摊销，最后两年采用年限平均法。计算公式如下：

年折旧率 = 2 ÷ 预计使用寿命（年）× 100%

月折旧率 = 年折旧率 ÷ 12

月折旧额=每月月初固定资产账面净值×月折旧率

【例6—10】某企业购入一台设备，原价是20 000元，预计使用年限为5年，预计净残值为200元，假设该企业没有对该机器设备计提减值准备。按双倍余额递减法计提折旧。

年折旧率=2÷5×100%=40%

第一年应提折旧=20 000×40%=8 000（元）

第二年应提折旧=（20 000－8 000）×40%=4 800（元）

第三年应提折旧=（20 000－8 000－4 800）×40%=2 880（元）

最后两年是按年限平均法（直线法）计提折旧

第四、五年应提折旧额=（20 000－8 000－4 800－2 880－200）÷2=2 060（元）

4. 年数总和法

年数总和法又称年限合计法，是指将固定资产的原价减去预计净残值后的余额，乘以一个以固定资产尚可使用寿命为分子、以预计使用寿命逐年数字之和为分母的逐年递减的分数计算每年的折旧额。计算公式如下：

年折旧率=尚可使用年限÷预计使用寿命的年数总和×100%

月折旧率=年折旧率÷12

月折旧额=（固定资产原价－预计净残值）×月折旧率

【例6—11】甲公司购置一台不需安装即可投入使用的固定资产。固定资产入账价值为600 000元，预计使用寿命为5年，预计净残值为零。甲公司采用年数总和法计提折旧。

每一使用年度应计提的折旧额如下：

第一年计提折旧金额$=600\ 000\times\frac{5}{15}=200\ 000$（元）

第二年计提折旧金额$=600\ 000\times\frac{4}{15}=160\ 000$（元）

第三年计提折旧金额$=600\ 000\times\frac{3}{15}=120\ 000$（元）

第四年计提折旧金额$=600\ 000\times\frac{2}{15}=80\ 000$（元）

第五年计提折旧金额$=600\ 000\times\frac{1}{15}=40\ 000$（元）

固定资产应当按月计提折旧，计提的折旧应通过“累计折旧”科目核算，并根据用途计入相关资产的成本或者当期损益。例如，企业自行建造固定资产过程中使用的固定资产，其计提的折旧应计入在建工程成本；基本生产车间所使用的固定资产，其计提的折旧应计入制造费用；管理部门所使用的固定资产，其计提的折旧应计入管理费用；销售部门所使用的固定资产，其计提的折旧应计入销售费用；经营租出的固定资产，其计提的折旧额应计入其他业务成本。

二、固定资产的后续支出

固定资产的后续支出是指固定资产使用过程中发生的更新改造支出、修理费用等。后续支出的处理原则为：与固定资产有关的更新改造等后续支出，符合固定资产确认条件的，应当计入固定资产成本，同时将被替换部分的账面价值扣除；与固定资产有关的修理费用等后续支出，不符合固定资产确认条件的，应当计入当期损益。

（一）资本化的后续支出

固定资产发生可资本化的后续支出时，企业一般应将相关固定资产的原价、已计提的累计折旧和减值准备转销，将固定资产的账面价值转入在建工程，并停止计提折旧。发生的可资本化的后续支出，通过“在建工程”科目核算。待固定资产发生的后续支出完工并达到预定可使用状态时，再从在建工程转为固定资产，并按重新确定的使用寿命、预计净残值和折旧方法计提折旧。

【例6—12】1998年12月，甲公司采用出包方式建造的营业厅达到预定可使用状态投入使用，并结转固定资产成本1 800 000元。该营业厅内有一部电梯，成本为200 000元，未单独确认为固定资产。2007年1月，为吸引顾客，甲公司决定更换一部观光电梯。支付的新电梯购买价款为320 000元（含增值税税额，适用的增值税税率为17%），另发生安装费用31 000元，以银行存款支付；旧电梯的回收价格为100 000元，款项尚未收到。假定营业厅的年折旧率为3%。

甲公司的账务处理如下：

（1）2007年1月，购入观光电梯

借：工程物资	320 000	
贷：银行存款		320 000

（2）2007年1月，将营业厅的账面价值转入在建工程

营业厅的累计折旧金额 = 1 800 000 × 3% × 8 = 432 000（元）

借：在建工程	1 368 000	
累计折旧	432 000	
贷：固定资产		1 800 000

（3）2007年1月，转销旧电梯的账面价值

旧电梯的账面价值 = 200 000 − 200 000 ÷ 1 800 000 × 432 000 = 152 000（元）

借：其他应收款	100 000	
营业外支出	52 000	
贷：在建工程		152 000

（4）2007年1月，安装新电梯

借：在建工程	351 000	
贷：工程物资		320 000
银行存款		31 000

（5）电梯安装完毕达到预定可使用状态投入使用

借：固定资产	1 567 000	
贷：在建工程		1 567 000

企业发生的一些固定资产后续支出可能涉及替换原固定资产的某组成部分，当发生的后续支出符合固定资产确认条件时，应将其计入固定资产成本，同时将被替换部分的账面价值扣除。这样可以避免将替换部分的成本和被替换部分的成本同时计入固定资产成本，导致固定资产成本虚高。

【例6—13】甲公司对某生产线进行改造。该生产线的账面原价为3 200 000元，按照直线法计提折旧1 000 000元。在改造过程中，领用工程用材料310 000元，领用生产用原材料200 000元，更换生产线一主要部件700 000元，原生产线使用的该部件800 000

元，计算改造后生产线入账价值。

按照规定，如有被替换的部分应扣除其账面价值：

这部分账面价值 = 800 000 − 1 000 000 ÷ 3 200 000 × 800 000 = 550 000（元）

改造后生产线入账价值 = 3 200 000 − 1 000 000 − 550 000 + 310 000 + 200 000 × 117% + 700 000
= 2 894 000（元）

会计处理如下：

借：在建工程　　2 200 000
　　累计折旧　　1 000 000
　贷：固定资产　　3 200 000

借：在建工程　　1 244 000
　贷：工程物资——专用材料　　310 000
　　　原材料　　200 000
　　　应交税费——应交增值税（进项税额转出）　　34 000
　　　工程物资——专用设备　　700 000

借：营业外支出——处置非流动资产　　550 000
　贷：在建工程　　550 000

借：固定资产　　2 894 000
　贷：在建工程　　2 894 000

（二）费用化的后续支出

与固定资产有关的修理费用等后续支出，不符合固定资产确认条件的，应当根据不同情况分别在发生时计入当期管理费用或销售费用等。企业生产车间（部门）和行政管理部门等发生的固定资产修理费用等后续支出均在“管理费用”科目核算。企业发生的与专设销售机构相关的固定资产修理费用等后续支出，计入销售费用。对于处于修理、更新改造过程而停止使用的固定资产，如果其修理、更新改造支出不满足固定资产的确认条件，在发生时也应直接计入当期损益。

【例6—14】甲公司发生车间修理费4 000元，均为人工工资，账务处理如下：

借：管理费用　　4 000
　贷：应付职工薪酬　　4 000

第四节　固定资产处置

一、固定资产终止确认的条件

现行会计准则规定，固定资产满足下列条件之一的，应当予以终止确认：

1. 该固定资产处于处置状态。固定资产处置包括固定资产的出售、转让、报废或毁损、对外投资、非货币性资产交换、债务重组等。处于处置状态的固定资产不再用于生产商品、提供劳务、出租或经营管理，因此不再符合固定资产的定义，应予终止确认。

2. 该固定资产预期通过使用或处置不能产生经济利益。固定资产的确认条件之一是“与该固定资产有关的经济利益很可能流入企业”，如果一项固定资产预期通过使用或处置不能产生经济利益，那么它就不再符合固定资产的定义和确认条件，应予终止确认。

二、固定资产处置的会计处理

企业出售、转让、报废固定资产或发生固定资产毁损，应当将处置收入扣除账面价值和相关税费后的金额计入当期损益。固定资产处置一般通过“固定资产清理”科目进行核算。

企业因出售、报废或毁损、对外投资、非货币性资产交换、债务重组等处置固定资产，其会计处理一般经过以下几个步骤：

第一，固定资产转入清理。固定资产转入清理时，按固定资产账面价值，借记“固定资产清理”科目，按已计提的累计折旧，借记“累计折旧”科目，按已计提的减值准备，借记“固定资产减值准备”科目，按固定资产账面余额，贷记“固定资产”科目。

第二，发生的清理费用。固定资产清理过程中发生的有关费用以及应支付的相关税费，借记“固定资产清理”科目，贷记“银行存款”、“应交税费”等科目。

第三，出售收入和残料等的处理。企业收回出售固定资产的价款、残料价值和变价收入等，应冲减清理支出。按实际收到的出售价款以及残料变价收入等，借记“银行存款”、“原材料”等科目，贷记“固定资产清理”科目。

第四，保险赔偿的处理。企业计算或收到的应由保险公司或过失人赔偿的损失，应冲减清理支出，借记“其他应收款”、“银行存款”等科目，贷记“固定资产清理”科目。

第五，清理净损益的处理。固定资产清理完成后的净损失，属于生产经营期间正常的处理损失，借记“营业外支出——处置非流动资产损失”科目，贷记“固定资产清理”科目；属于生产经营期间由于自然灾害等非正常原因造成的，借记“营业外支出——非常损失”科目，贷记“固定资产清理”科目。固定资产清理完成后的净收益，借记“固定资产清理”科目，贷记“营业外收入”科目。

【例6—15】甲公司有一台设备，因使用期满经批准报废。该设备原价为198 400元，累计已计提折旧171 100元，已计提减值准备2 700元。在清理过程中，以银行存款支付清理费6 000元，残料变卖收入为3 500元。

甲公司的账务处理如下：

（1）固定资产转入清理

	借方	贷方
借：固定资产清理	24 600	
累计折旧	171 100	
固定资产减值准备	2 700	
贷：固定资产		198 400

（2）发生清理费用

	借方	贷方
借：固定资产清理	6 000	
贷：银行存款		6 000

（3）收到残料变价收入

	借方	贷方
借：银行存款	3 500	
贷：固定资产清理		3 500

（4）结转固定资产净损益

	借方	贷方
借：营业外支出——处置非流动资产损失	27 100	
贷：固定资产清理		27 100

三、持有待售的固定资产

持有待售的固定资产是指在当前状况下仅根据出售同类固定资产的惯例就可以直接出售且极可能出售的固定资产，如已经与买主签订了不可撤销的销售协议等。企业对于持有待售的固定资产，应当调整该项固定资产的预计净残值，使该项固定资产的预计净残值能够反映其公允价值减去处置费用后的金额，但不得超过符合持有待售条件时该项固定资产的原账面价值；原账面价值高于预计净残值的差额，应作为资产减值损失计入当期损益。在定期财务报表披露中，可将其净残值、公允价值等信息予以注明。

【例6—16】某设备原值为85 000元，已提折旧35 000元，净值为50 000元，未计提减值准备。现准备将其出售，不再计提折旧和减值。假设该设备公允价值为60 000元，处置费用为12 000元。

该设备的净残值为48 000元，则计提2 000元的减值损失准备，账务处理为：

借：资产减值损失　　2 000

　贷：固定资产减值准备　　2 000

原账面价值50 000元高于预计净残值48 000元（60 000 - 12 000）的差额2 000元（50 000 - 48 000）应作为资产减值损失计入当期损益。

计提减值后，固定资产的账面价值为48 000元，即净残值为48 000元。

四、固定资产的盘盈与盘亏

固定资产是一种单位价值较高、使用期限较长的有形资产，因此，对于管理规范的企业而言，在清查中发现盘盈、盘亏的固定资产是比较少见的，也是不正常的。一般来说，每年至少应在编制会计决算报告之前对固定资产进行一次全面清查，平时可以根据需要进行局部清查，以保证固定资产核算的真实性和完整性。如果清查中发现固定资产的损溢应及时查明原因，在期末结账前处理完毕。

（一）固定资产盘盈

企业在财产清查中盘盈的固定资产，作为前期差错处理。应根据重置价值借记“固定资产”科目，贷记“以前年度损益调整”科目。

【例6—17】某企业盘盈机器设备一台，重置价值为65 000元。报经有关部门审批后，将盘盈固定资产的净值转为营业外收入。

（1）发现固定资产盘盈时

借：固定资产　　65 000

　贷：以前年度损益调整　　65 000

（2）经有关部门审批后，转销固定资产盘盈

借：以前年度损益调整　　65 000

　贷：营业外收入　　65 000

（二）固定资产盘亏

企业在财产清查中盘亏的固定资产，通过“待处理财产损溢——待处理固定资产损溢”科目核算，盘亏造成的损失，通过“营业外支出——盘亏损失”科目核算，应当计入当期损益。

【例6—18】某企业盘亏机器设备一台，原值为30 000元。已提折旧为16 000元，净值为14 000元。报经有关部门审批后，将盘亏固定资产的净值转为营业外支出。

借：待处理财产损溢——待处理固定资产损溢　　14 000

　　累计折旧　　16 000

　贷：固定资产　　30 000

借：营业外支出——盘亏损失　　14 000

贷：待处理财产损溢——待处理固定资产损溢 14 000

复习思考题

1. 如何确定自行建造固定资产的成本?

2. 哪些固定资产属于应予折旧的固定资产? 计提折旧的直线法和双倍余额递减法各有哪些特点?

3. 如何进行存在废置业务的固定资产的核算?

4. 如何进行固定资产改扩建的核算?

5. 如何进行固定资产处置的核算?

6. 如何进行固定资产清理的核算?

练习题

1. 甲公司于2004年年末自乙公司购入一台生产用设备，总价款为1 000 000元，假定无相关税费。双方约定分三次结算货款，2005年年末支付400 000元，2006年年末支付300 000元，2007年年末支付300 000元。2005年年初该设备的现销价为800 000元，假定无相关税费。甲公司购入该设备后采用直线法提取折旧，折旧期为10年，净残值率为2%。

要求：根据上述资料，做出甲公司2005至2007年的会计处理。

2. 甲公司是一家从事造纸业的企业，有关业务资料如下：

（1）2005年12月，该公司自行建成了一条造纸生产线，建造成本为284 000元，采用年限平均法计提折旧，预计净残值率为固定资产原价的3%，预计使用年限为6年。

（2）2007年12月31日，由于生产的产品适销对路，现有生产线的生产能力已难以满足公司生产发展的需要，但若新建生产线，成本过高，周期过长，于是公司决定对现有生产线进行改扩建，以提高其生产能力。

（3）2007年12月31日至2008年3月31日，经过三个月的改扩建，完成了对这条造纸生产线的改扩建工程，共发生支出134 450元，全部以银行存款支付。

（4）该生产线改扩建工程达到预定可使用状态后，大大提高了生产能力，预计将其使用年限延长了4年，即为10年。假定改扩建后的生产线的预计净残值率为改扩建后固定资产账面价值的3%，折旧方法仍为年限平均法。

（5）为简化核算，整个过程不考虑其他相关税费，公司按年度计提固定资产折旧。

假定改扩建后的固定资产的入账价值不能超过其可收回金额。

要求：（1）若改扩建工程达到预定可使用状态后，该生产线预计能给企业带来的可收回金额为350 000元，编制固定资产改扩建过程的全部会计分录并计算2008年和2009年计提的折旧额。

（2）若改扩建工程达到预定可使用状态后，该生产线预计能给企业带来的可收回金额为300 000元，计算2008年和2009年计提的折旧额。

（结果要求保留两位小数）

第七章 无形资产

第一节 无形资产的特征和分类

一、无形资产的概念及基本特征

无形资产是指企业拥有或者控制的没有实物形态的可辨认的非货币性资产。相对于其他资产，无形资产具有以下特征：

（一）无形资产不具有实物形态

无形资产通常表现为某种权利、某项技术或是某种获取超额利润的综合能力，它们不具有实物形态，看不见，摸不着，如土地使用权、非专利技术等。企业的有形资产（如固定资产）虽然也能为企业带来经济利益，但其为企业带来经济利益的方式与无形资产不同，固定资产是通过实物价值的磨损和转移来为企业带来未来经济利益，而无形资产很大程度上是通过自身所具有的技术等优势为企业带来未来经济利益，不具有实物形态是无形资产区别于其他资产的特征之一。

某些无形资产的存在有赖于实物载体。比如，计算机软件需要存储在磁盘中。但这并不改变无形资产本身不具实物形态的特性。在确定一项包含无形和有形要素的资产是属于固定资产，还是属于无形资产时，需要通过判断来加以确定，通常以哪个要素更重要作为判断的依据。例如，计算机控制的机械工具没有特定计算机软件就不能运行时，说明该软件是构成相关硬件不可缺少的组成部分，则该软件应作为固定资产处理；如果计算机软件不是相关硬件不可缺少的组成部分，则该软件应作为无形资产核算。无论是否存在实物载体，只要将一项资产归类为无形资产，则不具有实物形态仍然是无形资产的特征之一。

（二）无形资产具有可辨认性

要作为无形资产进行核算，该资产必须是能够区别于其他资产可单独辨认的，如企业持有的专利权、非专利技术、商标权、土地使用权、特许权等。这一特征主要是与商誉等不可辨认经济资源相对而言的。符合以下条件之一的，则认为其具有可辨认性：

1. 能够从企业中分离或者划分出来，并能单独用于出售或转让等，而不需要同时处置在同一获利活动中的其他资产，则说明无形资产可以辨认。某些情况下无形资产可能需要与有关的合同一起用于出售转让等，这种情况下也视为可辨认无形资产。

2. 产生于合同性权利或其他法定权利，无论这些权利是否可以从企业或其他权利和义务中转移或者分离。如一方通过与另一方签订特许权合同而获得的特许使用权，通过法律程序申请获得的商标权、专利权等。

（三）无形资产属于非货币性资产

非货币性资产是指企业持有的货币资金和将以固定或可确定的金额收取的资产以外的其他资产。无形资产由于没有发达的交易市场，一般不容易转化成现金，在持有过程中为企业带来未来经济利益的情况不确定，不属于以固定或可确定的金额收取的资产，属于非货币性资产。

二、无形资产的基本分类

无形资产按不同的标准，可以划分为不同的类别。

（一）按经济内容分类

无形资产按其反映的经济内容，可以分为专利权、非专利技术、商标权、著作权、特许权、土地使用权等。

1. 专利权。专利权是指国家专利主管机关依法授予发明创造专利申请人，对其发明创造在法定期限内所享有的专有权利，包括发明专利权、实用新型专利权和外观设计专利权。

2. 非专利技术。非专利技术也称专有技术。它是指不为外界所知、在生产经营活动中已采用了的、不享有法律保护的、可以带来经济效益的各种技术和诀窍。非专利技术一般包括工业专有技术、商业贸易专有技术、管理专有技术等。

3. 商标权。商标是用来辨认特定的商品或劳务的标记。商标权指专门在某类指定的商品或产品上使用特定的名称或图案的权利。

4. 著作权。著作权又称版权，指作者对其创作的文学、科学和艺术作品依法享有的某些特殊权利。著作权包括作品署名权、发表权、修改权和保护作品完整权，还包括复制权、发行权、出租权、展览权、表演权、放映权、广播权、信息网络传播权、摄制权、改编权、翻译权、汇编权以及应当由著作权人享有的其他权利。

5. 特许权。特许权又称经营特许权、专营权，指企业在某一地区经营或销售某种特定商品的权利或是一家企业接受另一家企业使用其商标、商号、技术秘密等的权利。特许权通常有两种形式：一种是由政府机构授权，准许企业使用或在一定地区享有经营某种业务的特权，如水、电、邮电通信等专营权、烟草专卖权等；另一种指企业间依照签订的合同，有限期或无限期使用另一家企业的某些权利，如连锁店分店使用总店的名称等。

6. 土地使用权。土地使用权是指国家准许某企业在一定期间内对国有土地享有开发、利用、经营的权利。根据我国《土地管理法》的规定，我国土地实行公有制，任何单位和个人不得侵占、买卖或者以其他形式非法转让。企业取得土地使用权的方式大致有以下几种：行政划拨取得、外购取得及投资者投资取得。

（二）按来源途径分类

无形资产按其来源途径，可以分为外来无形资产和自创无形资产。

外来无形资产是指企业用资金或可以变现的资产从国内外科研单位及其他企业购进的无形资产以及接受投资或接受捐赠形成的无形资产。自创无形资产是指企业自行开发、研制的无形资产。

（三）按可辨认性分类

无形资产按其可辨认性，可分为可辨认的无形资产和不可辨认的无形资产。

前者包括如专利权、商标权、著作权、土地使用权者、租赁权和特许权等。后者主要是指企业的商誉。根据企业会计准则的规定，无形资产仅指可辨认的无形资产。以下着重说明可辨认的无形资产的计量和摊销及会计处理。

第二节 可辨认无形资产的初始确认和计量

一、可辨认无形资产的初始确认

某一资产项目，如果要作为无形资产加以确认，首先要求符合无形资产的定义；其次还要求符合无形资产的确认条件，即与该无形资产有关的经济利益很可能流入企业、该资产的成本能够可靠地计量。

（一）符合无形资产的定义

符合无形资产定义的重要表现之一，就是企业能够控制该无形资产产生的经济利益。一般来说，如果企业有权获得某项无形资产产生的经济利益，同时又能约束其他人获得这些经济利益，则说明企业控制了该无形资产，或者说控制了该无形资产产生的经济利益，具体表现为企业拥有该无形资产的法定所有权，或企业与他人签订了协议，使得企业的相关权利受到法律的保护。反之，如果没有通过法定方式或合约方式等来认定企业所拥有的控制权，则说明相关的项目不符合无形资产的定义。

（二）与该无形资产有关的经济利益很可能流入企业

资产最基本的特征是产生的经济利益预期很可能流入企业，如果某一项目产生的经济利益预期不能流入企业，就不能确认为企业的资产。如果某一无形资产产生的经济利益很可能流入企业，并同时满足无形资产确认的其他条件，那么企业应将其确认为无形资产。

（三）该无形资产的成本能够可靠地计量

成本能够可靠地计量是资产确认的一项基本条件。对于无形资产来说，这个条件显得十分重要。企业自创商誉符合无形资产的定义，但自创商誉过程中发生的支出却难以计量，因而不能作为企业的无形资产予以确认。

二、可辨认无形资产的初始计量

无形资产通常是按实际成本计量，即以取得无形资产并使之达到预定用途而发生的全部支出作为无形资产的成本。对于不同来源取得的无形资产，其成本构成不尽相同。

（一）外购的无形资产成本

外购的无形资产，其成本包括购买价款、相关税费以及直接归属于使该项资产达到预定用途所发生的其他支出，例如，促使无形资产达到预定用途所发生的专业服务费用、测试无形资产是否能够正常发挥作用的费用等，但不包括为引入新产品进行宣传发生的广告费、管理费用及其他间接费用，也不包括在无形资产已经达到预定用途以后发生的费用。企业应根据购入无形资产的实际成本，借记“无形资产”科目，贷记“银行存款”等科目。

无形资产达到预定用途后所发生的支出，不构成无形资产的成本。例如，在形成预定经济规模之前发生的初始运作损失，以及在无形资产达到预定用途之前发生的其他经营活动的支出，如果该经营活动并非是与无形资产达到预定用途必不可少的，则有关经营活动的损益应于发生时计入当期损益，不应构成无形资产的成本。

购买无形资产的价款超过正常信用条件延期支付（如付款期在3年以上），实际上具有融资性质的，即采用分期付款方式购买无形资产，无形资产的成本为购买价款的现值。

【例7—1】2005年2月8日，甲公司从乙公司购买一项商标权，由于甲公司资金周转比较紧张，经与乙公司协商采用分期付款方式支付款项。合同规定，该项商标权总计6 000 000元，每年末付款2 000 000元，3年付清。假定银行同期贷款利率为6%，3年期年金现值系数为2.6730。为了简化核算，假定不考虑其他有关税费，其有关计算如下：

无形资产现值 = 2 000 000 × 2.6730 = 5 346 000（元）

未确认融资费用 = 6 000 000 − 5 346 000 = 654 000（元）

甲公司账务处理如下：

第一年取得商标权时：

借：无形资产——商标权　　　　5 346 000

借：未确认融资费用 654 000
  贷：长期应付款 6 000 000

第一年底付款时：

借：长期应付款 2 000 000
  贷：银行存款 2 000 000

应确认的融资费用 =5 346 000 ×6% =320 760（元）

借：财务费用 320 760
  贷：未确认融资费用 320 760

第二年底付款时：

借：长期应付款 2 000 000
  贷：银行存款 2 000 000

应确认的融资费用 = ［5 346 000 －（2 000 000 －320 760）］×6%
= 3 666 760 × 6% =220 005.60（元）

借：财务费用 220 005.60
  贷：未确认融资费用 220 005.60

第三年底付款时：

借：长期应付款 2 000 000
  贷：银行存款 2 000 000

应确认的融资费用 = ［3 666 760 －（2 000 000 －220 005.60）］×6%
=1 886 765.60 × 6% =113 205.94（元）

借：财务费用 113 205.94
  贷：未确认融资费用 113 205.94

（二）投资者投入的无形资产成本

投资者投入的无形资产的成本，应当按照投资合同或协议约定的价值确定，在投资合同或协议约定价值不公允的情况下，应按无形资产的公允价值入账。

企业接受无形资产投资时，应按双方协商确认的价值计价，借记“无形资产”科目，贷记“实收资本”科目。如果无形资产的价值大于投资方在企业注册资本中占有的份额，其差额应贷记“资本公积”科目。

【例7—2】某企业接受投资者土地使用权投资，经资产评估机构评估，土地使用权作价660 000元。根据以上资料，编制会计分录如下：

借：无形资产——土地使用权 660 000
  贷：实收资本 660 000

（三）通过非货币性资产交换取得的无形资产成本

企业通过非货币性资产交换取得的无形资产，包括以投资、存货、固定资产或无形资产换入的无形资产等。非货币性资产交换具有商业实质且公允价值能够可靠计量的，在发生补价的情况下，支付补价方应当以换出资产的公允价值加上支付的补价（即换入无形资产的公允价值）和应支付的相关税费，作为换入无形资产的成本；收到补价方，应当以换入无形资产的公允价值（或换出资产的公允价值减去补价）和应支付的相关税费，作为换入无形资产的成本。

（四）通过债务重组取得的无形资产成本

通过债务重组取得的无形资产是指企业作为债权人取得的债务人用于偿还债务的非现金资产，且企业作为无形资产管理的资产。通过债务重组取得的无形资产成本，应当按照受让的无形资产的公允价值加上应支付的相关税费，借记“无形资产”科目，按照重组债权已计提的减值准备，借记“坏账准备”科目，按照重组债权的账面余额，贷记“应收账款”等科目，按照应支付的相关税费，贷记“银行存款”、“应交税费”等科目，按照借贷方的差额，借记“营业外支出”科目或贷记“营业外收入”科目。

【例 7—3】2008 年 1 月 23 日，A 股份有限公司从 B 股份有限公司购买两部生产设备，收到的增值税专用发票上注明的设备价款为 400 000 元、增值税进项税额为 68 000 元；两部生产设备已收到并验收完毕，款项尚未支付。2008 年 6 月 2 日，A 股份有限公司因资金周转发生困难，无法按期偿还债务，双方协议后，B 股份有限公司同意 A 股份有限公司以某无形资产用于抵偿债务。该项无形资产的公允价值为 420 000 元，假定不考虑相关税费。B 股份有限公司与债务重组有关的会计处理如下：

借：无形资产　　420 000

　　营业外支出　　48 000

　贷：应收账款　　468 000

（五）土地使用权的处理

企业取得的土地使用权通常应当按照取得时所支付的价款及相关税费确认为无形资产。土地使用权用于自行开发建造厂房等地上建筑物时，土地使用权的账面价值不与地上建筑物合并计算其成本，而仍作为无形资产进行核算，土地使用权与地上建筑物分别进行摊销和提取折旧。但下列情况除外：

1. 房地产开发企业取得的土地使用权用于建造对外出售的房屋建筑物，相关的土地使用权应当计入所建造的房屋建筑物成本。

2. 企业外购的房屋建筑物，实际支付的价款中包括土地以及建筑物的价值，则应当对支付的价款按照合理的方法（例如，公允价值）在土地和地上建筑物之间进行分配；如果确实无法在地上建筑物与土地使用权之间进行合理分配的，应当全部作为固定资产核算。企业改变土地使用权的用途，将其作为用于出租或增值目的时，应将其转为投资性房地产。

【例 7—4】2006 年 1 月 2 日，甲股份有限公司购入一块土地的使用权，以银行存款转账支付 8 000 万元，并在该土地上自行建造厂房等工程，发生材料支出 12 000 万元，工资费用 8 000 万元，其他相关费用 10 000 万元等。该工程已经完工并达到预定可使用状态。假定土地使用权的使用年限为 50 年，该厂房的使用年限为 25 年，两者都没有净残值，都采用直线法进行摊销和计提折旧。为简化核算，不考虑其他相关税费。

分析：甲公司购入土地使用权，使用年限为 50 年，表明它属于使用寿命有限的无形资产，在该土地上自行建造厂房，应将土地使用权和地上建筑物分别作为无形资产和固定资产进行核算，并分别摊销和计提折旧。

甲公司的账务处理如下：

（1）支付转让价款：

借：无形资产——土地使用权　　80 000 000

　贷：银行存款　　80 000 000

（2）在土地上自行建造厂房：

借：在建工程　　300 000 000

　贷：工程物资　　120 000 000

　　　应付职工薪酬　　80 000 000

　　　银行存款　　100 000 000

（3）厂房达到预定可使用状态：

借：固定资产　　300 000 000

　贷：在建工程　　300 000 000

（4）每年分期摊销土地使用权和对厂房计提折旧：

借：管理费用　　1 600 000

　　制造费用　　12 000 000

　贷：累计摊销　　1 600 000

　　　累计折旧　　12 000 000

（六）企业合并中取得的无形资产成本

企业合并中取得的无形资产，按照企业合并的分类，分别处理：

1. 同一控制下吸收合并，按照被合并企业无形资产的账面价值确认为取得时的初始成本；同一控制下控股合并中，合并方在合并日编制合并报表时，应当按照被合并方无形资产的账面价值作为合并基础。

2. 非同一控制下的企业合并中，购买方取得的无形资产应以其在购买日的公允价值计量，而且合并中确认的无形资产并不仅限于被购买方原已确认的无形资产，只要该无形资产的公允价值能够可靠计量，购买方就应在购买日将其独立于商誉确认为一项无形资产。

企业合并中取得的无形资产，其公允价值能够可靠计量的，则应单独确认为无形资产。公允价值的取得一般有以下途径：

（1）活跃市场中的市场报价，该报价提供了无形资产公允价值的最可靠的估计。恰当的市场价格一般是现行售出价。无法获得现行售出价的情况下，如果类似交易的最近交易日和资产公允价值估计日之间的经济情况没有发生重大变化，则可以类似交易的最近价格为基础来估计公允价值。

（2）如果无形资产不存在活跃市场，则其公允价值应按照购买日从购买方可获得的信息为基础，在熟悉情况并自愿的当事人之间进行的公平交易中，为取得该资产所支付的金额，如对无形资产预计产生的未来现金流量进行折现等。

企业合并中取得的无形资产本身可能是可以单独辨认的，但其计量或处置与有形的或无形的资产一并作价，如天然矿泉水的商标可能与特定的泉眼有关，所以不能独立于该泉眼出售。在这种情况下，如果该无形资产及与其相关的资产各自的公允价值不能可靠计量，则应将该资产组（即将无形资产与其相关的有形资产一并）独立于商誉确认为相关资产。

第三节　商誉的确认与计量

一、商誉的取得

商誉是指企业在购买另一个企业时，购买成本大于被购买企业可辨认净资产公允价值的差额。商誉具有以下三个特征：（1）商誉不能同企业的整体价值相分离，不能单独交换，不能单独转换为现金；（2）它难以进行可靠的计量；（3）它具有高度的不确定性。

在会计实务上，商誉的确认通常以产权交易时得到的为限，即只确认外购的商誉，而不确认所谓的自创商誉。因为后者更无法加以公允地计量。外购商誉实际上是公司并购活动中产生的购买溢价。其计算公式为：

$$\text{商誉的入账价值}=\text{实际买价}-\left(\text{被购买企业可辨认资产公允价值}-\text{负债公允价值}-\text{或有负债公允价值}\right)$$

而自创商誉指的是作为持续经营的企业，其价值高于它所拥有可辨认净资产的公允价值，或低于它所拥有可辨认净资产的公允价值。

企业如果以货币资金购买，其购买成本为实际支付价款。企业应根据购入的各种可辨认资产的公允价值，借记各资产科目；根据应承担的各项债务的公允价值，贷记各负债科目；根据实际支付的价款，贷记“银行存款”等科目；根据实际支付的价款大于净资产公允价值的差额，借记“商誉”科目。

【例 7—5】某企业购买另一企业，实际支付的价款为 1 000 000 元。被购买企业的全部可辨认资产公允价值为 2 000 000 元，全部负债公允价值为 1 200 000 元。根据以上资料，编制会计分录。

借：商誉	200 000	
资产类科目	2 000 000	
贷：银行存款		1 000 000
负债类科目		1 200 000

【例 7—6】某企业以一批固定资产购买另一企业，固定资产的原始价值为 1 000 000 元，累计折旧为 350 000 元，公允价值为 900 000 元。被购买企业的全部可辨认资产公允价值为 2 000 000 元，全部负债公允价值为 1 400 000 元。根据以上资料，编制会计分录。

借：固定资产清理	650 000	
累计折旧	350 000	
贷：固定资产		1 000 000
借：商誉	300 000	
资产类科目	2 000 000	
贷：固定资产清理		900 000
负债类科目		1 400 000
借：固定资产清理	250 000	
贷：营业外收入		250 000

二、商誉的期末计价

企业合并中形成的商誉在企业持续经营期间不进行摊销。

每年年末，企业应对商誉进行减值测试。商誉应当结合与其相关的资产组或者资产组组合进行减值测试。相关的资产组或者资产组组合应当是能够从企业合并的协同效应中受益的资产组或者资产组组合。

企业进行资产减值测试，对于因企业合并形成的商誉的账面价值，应当自购买日起按照合理的方法分摊至相关的资产组；难以分摊至相关的资产组的，应当将其分摊至相关的资产组组合。

第四节　内部研究开发费用的确认与计量

企业自行研究与开发活动发生的费用，除了要遵循无形资产确认和初始计量的一般要求外，还需要满足其他特定的条件，才能确定为一项无形资产。首先，为评价内部产生的无形资产是否满足确认标准，企业应当将资产的形成过程分为研究阶段和开发阶段两部分；其次，对于开发过程中发生的费用，在符合一定条件的情况下，才可确认为一项无形资产。

一、研究阶段与开发阶段的划分

（一）研究阶段

研究阶段是指为获取新的技术和知识等进行的有计划的调查，如材料、设备、产品、工序、系统或服务替代品的研究及新的或经改进的材料、设备、产品、工序、系统或服务的可能替代品的配制、设计、评价和最终选择。研究阶段的特点在于研究阶段是建立在有计划的调查基础上，是一个探索性的过程，是为了进一步的开发活动进行资料及相关方面的准备，其研究是否能在未来形成成果，即通过开发后是否会形成无形资产均有很大的不确定性，企业也无法证明其研究活动一定能够形成带来未来经济利益的无形资产，因此，研究阶段的有关支出在发生时应当费用化计入当期损益。

（二）开发阶段

开发阶段是指在进行商业性生产或使用前，将研究成果或其他知识应用于某项计划或设计，以生产出新的或具有实质性改进的材料、装置、产品等，如生产前或使用前的原型和模型的设计、建造和测试，含新技术的工具、夹具、模具和冲模的设计等。开发阶段的特点在于对项目的开发具有针对性，研发项目往往形成成果的可能性较大。

由于开发阶段相对于研究阶段更进一步，且很大程度上形成一项新产品或新技术的基本条件已经具备，此时如果企业能够证明满足无形资产的定义及相关确认条件，则所发生的开发支出可资本化，确认为无形资产的成本。企业自行研究开发项目在开发阶段发生的支出，同时满足下列条件的，应当确认为无形资产：

1. 完成该无形资产以使其能够使用或出售在技术上具有可行性；

2. 具有完成该无形资产并使用或出售的意图；

3. 无形资产产生经济利益的方式，包括能够证明运用该无形资产生产的产品存在市场或无形资产自身存在市场，无形资产将在内部使用的，应当证明其有用性；

4. 有足够的技术、财务资源和其他资源支持，以完成该无形资产的开发，并有能力使用或出售该无形资产；

5. 归属于该无形资产开发阶段的支出能够可靠地计量。

二、内部开发的无形资产的计量

内部开发活动形成的无形资产，其成本由可直接归属于该资产的创造、生产并使该资产能够以管理层预定的方式运作的所有必要支出组成。可直接归属于该资产的成本包括开发该无形资产时耗费的材料、劳务成本、注册费、在开发该无形资产过程中使用的其他专利权和特许权的摊销及资本化的利息支出，以及为使该无形资产达到预定用途前所发生的其他费用。在开发无形资产过程中发生的除上述可直接归属于无形资产开发活动的其他销售费用、管理费用等间接费用、无形资产达到预定用途前发生的可辨认的无效和初始运作损失、为运行该无形资产发生的培训支出等不构成无形资产的开发成本。

值得说明的是，内部开发无形资产的成本仅包括在满足资本化条件的时点至无形资产达到预定用途前发生的支出总和，对于同一项无形资产在开发过程中达到资本化条件之前已经费用化计入损益的支出不再进行调整。

三、内部研究开发费用的账务处理

一般说来，企业研究阶段的支出全部费用化，计入当期损益（管理费用）。开发阶段的支出不符合资本化条件的计入当期损益（管理费用），借记“研发支出——费用化支出”科目；满足资本化条件的，借记“研发支出——资本化支出”科目，贷记“原材料”、“银行存款”、“应付职工薪酬”等科目。如果确实无法区分研究阶段的支出和开发阶段的支出，应将其所发生的研发支出全部费用化，计入当期损益。

企业购买正在进行中的研究开发项目，应按确定的金额，借记“研发支出——资本化支出”科目，贷记“银行存款”等科目。

研究开发项目达到预定用途形成无形资产的，应按“研发支出——资本化支出”科目的余额，借记“无形资产”科目，贷记“研发支出——资本化支出”科目。

【例7—7】某企业自行研究开发一项新产品专利技术，在研究开发过程中发生材料费4 000 000元，人工工资1 000 000元，以及其他费用3 000 000元，总计8 000 000元，其中，符合资本化条件的支出为5 000 000元，期末，该专利技术已经达到预定用途。

相关费用发生时：

借：研发支出——费用化支出	3 000 000	
——资本化支出	5 000 000	
贷：原材料		4 000 000
应付职工薪酬		1 000 000
银行存款		3 000 000

期末：

借：管理费用	3 000 000	
无形资产	5 000 000	
贷：研发支出——费用化支出		3 000 000
——资本化支出		5 000 000

第五节　无形资产的摊销与处置

一、无形资产的摊销

（一）无形资产的摊销期限

无形资产属于企业的长期资产，能在较长的时间里给企业带来经济利益。但无形资产通常也有一定的有效期限，它所具有的价值的权利或特权总会终结或消失，因此，企业应当于取得无形资产时分析判断其使用寿命。

如果无形资产的使用寿命是有限的，则应估计该使用寿命的年限或者构成使用寿命的产量等类似计量单位数量；无法预见无形资产为企业带来经济利益期限的，应当视为使用寿命不确定的无形资产。

使用寿命有限的无形资产，其摊销金额应当在使用寿命内系统、合理地摊销。无形资产的摊销年限，一般按下列原则确定：

1. 合同规定了受益年限，而法律未规定有效年限，摊销年限以合同规定的受益年限为上限；

2. 合同未规定受益年限，而法律规定了有效年限，摊销年限以法定有效年限为上限；

3. 合同规定了受益年限，法律也规定了有效年限，摊销年限以合同规定的受益年限与有效年限中较短者为上限。

使用寿命不确定的无形资产不应摊销。

（二）无形资产的摊销方法

无形资产的摊销方法，可以采用年限平均法、工作量法、双倍余额递减法和年数总和法等。不能可靠地确定预期实现方式的，应采用年限平均法摊销。

无形资产的应摊销金额为其成本扣除预计残值后的金额。已计提减值准备的无形资产，还应扣除已计提的无形资产减值准备累计金额。使用寿命有限的无形资产，如果有第三方承诺在无形资产使用寿命结束时购买该无形资产，或可以根据活跃市场得到预计残值信息，并且该市场在无形资产使用寿命结束时很可能存在，则可以预计其净残值；否则，其残值应当视为零。

为了分别反映无形资产的原始价值和累计摊销额，应设置“累计摊销”这一备抵科目。摊销无形资产价值时，应借记“管理费用”科目，贷记“累计摊销”科目。

【例7—8】某企业购入一专利技术，双方协商确认的价值为600 000元，该专利权法律规定的有效年限为30年，合同规定的受益年限为20年，采用年限平均法摊销，不预计净残值。根据以上资料，编制会计分录如下：

年摊销额＝600 000 ÷ 20＝30 000（元）

月摊销额＝30 000 ÷ 12＝2 500（元）

借：管理费用	2 500	
贷：累计摊销		2 500

二、无形资产的处置

无形资产的处置主要是指无形资产出售、对外出租、对外捐赠，或者无法为企业带来未来经济利益时，应予转销并终止确认。

（一）无形资产的出售

无形资产的出售是指将无形资产的所有权让渡给他人，即在出售以后，企业不再对该项无形资产拥有占有、使用、收益、处置的权利。

企业出售无形资产时，应按实际收到的金额，借记“银行存款”等科目；按已摊销的累计摊销额，借记“累计摊销”科目；原已计提减值准备的，借记“无形资产减值准备”科目；按应支付的相关税费，贷记“应交税费”等科目；按其账面余额，贷记“无形资产”科目，按其差额，贷记“营业外收入——处置非流动资产利得”科目或借记“营业外支出——处置非流动资产损失”科目。

【例7—9】某公司出售一项无形资产，收取价款100 000元，应交营业税5 000元。该无形资产的原始价值为150 000元，累计摊销额为40 000元，已计提的减值准备为20 000元。账务处理如下：

借：银行存款	100 000	
累计摊销	40 000	
无形资产减值准备	20 000	
贷：无形资产		150 000

贷：应交税费——应交营业税 5 000

营业外收入——处置非流动资产利得 5 000

（二）无形资产的出租

无形资产的出租是指将无形资产的使用权让渡给他人，企业仍保留对无形资产的所有权。

出租无形资产时，取得的租金收入，借记“银行存款”等科目，贷记“其他业务收入”等科目；摊销出租无形资产的成本并发生与转让有关的各种费用支出时，借记“其他业务成本”科目，贷记“累计摊销”科目。

【例7—10】某企业将一项专利技术出租给另外一个企业使用，该专利技术账面余额为5 000 000元，摊销期限为10年，出租合同规定，承租方每销售一件用该专利生产的产品，必须付给出租方10元专利技术使用费。假定承租方当年销售该产品1 000 000件。假定不考虑其他相关税费。出租方的账务处理如下：

借：银行存款 10 000 000

贷：其他业务收入 1 000 000

借：其他业务成本 5 000 000

贷：累计摊销 5 000 000

（三）无形资产的报废

无形资产的报废是指无形资产由于已被其他新技术所代替或不再受法律保护等原因，预期不能为企业带来经济利益而进行的处置。

报废无形资产时，应按实际收到的金额，借记“银行存款”等科目；按已摊销的累计摊销额，借记“累计摊销”科目；原已计提减值准备的，借记“无形资产减值准备”科目；按应支付的相关税费，贷记“应交税费”等科目；按其账面余额，贷记“无形资产”科目，按其差额，贷记“营业外收入——处置非流动资产利得”科目或借记“营业外支出——处置非流动资产损失”科目。

【例7—11】某企业的某项专利技术，其账面余额为5 000 000元，摊销期限为10年，采用直线法进行摊销，已摊销了5年，假定该项专利权的残值为0，计提的减值准备为1 000 000元，今年用其生产的产品没有市场，应予转销。假定不考虑其他相关因素。财务处理如下：

借：累计摊销 2 500 000

无形资产减值准备 1 000 000

营业外支出——处置无形资产损失 1 500 000

贷：无形资产——专利权 5 000 000

复习思考题

1. 无形资产有哪些特征？
2. 如何确定自行开发无形资产的成本？
3. 如何确认商誉的入账价值？
4. 无形资产出售、出租和报废的核算有哪些区别？

练习题

1. 2000 年 1 月 1 日，A 企业外购一无形资产，实际支付的价款为 100 万元，有效期限为 10 年。2004 年 12 月 31 日，由于与该无形资产相关的经济因素发生变化，致使该无形资产发生减值准备。A 企业估计其可收回金额为 30 万元，预计使用年限不变。2006 年 12 月 31 日，A 企业将该无形资产出售，收取价款 25 万元，按 5% 结转营业税（不考虑其他税费），并结转无形资产成本。

要求：（1）编制从无形资产购入到无形资产出售相关业务的会计分录。

（2）计算出售无形资产的净损益。

2. 企业自行研究开发一新型技术，成功后拟申请专利。研究过程中，支付职工薪酬 50 万元，另支付各项费用 100 万元；开发过程中，支付职工薪酬 100 万元，另支付各项费用 200 万元。项目研制成功后申请专利，以银行存款支付律师费等 10 万元，并获取专利部门批准。

要求：编制有关该专利权的各项会计分录。

第八章　资产减值

第一节　资产减值概述

资产减值是指资产的可收回金额低于其账面价值。资产是企业过去的交易或者事项形成的、由企业拥有或者控制的、预期会给企业带来经济利益的资源。资产的主要特征之一是它必须能够为企业带来经济利益的流入，如果资产不能够为企业带来经济利益或者带来的经济利益低于其账面价值，那么该资产就不能再予确认，或者不能再以原账面价值予以确认，否则将不符合资产的定义，也不能反映资产的实际价值，其结果会导致企业资产虚增和利润虚增。因此，当企业资产的可收回金额低于其账面价值时，即表明资产发生了减值，企业应当确认资产减值损失，并把资产的账面价值减计至可收回金额。

一、资产减值的范围

企业所有的资产在发生减值时，原则上都应当对所发生的减值损失及时加以确认和计量，因此，资产减值包括所有资产的减值。但是，由于有关资产特性不同，其减值会计处理也有所差别，因而所适用的具体准则也不尽相同。《企业会计准则第 8 号——资产减值》主要规范了企业非流动资产的减值会计问题，具体包括以下资产的减值：

1. 对子公司、联营企业和合营企业的长期股价投资；
2. 采用成本模式进行后续计量的投资性房地产；
3. 固定资产；
4. 生产性生物资产；
5. 无形资产；
6. 商誉；
7. 探明石油天然气矿区权益和井及相关设施等。

二、资产减值的迹象与测试

（一）资产减值迹象的判断

企业在资产负债表日应当判断资产是否存在可能发生减值的迹象，主要可从外部信息来源和内部信息来源两方面加以判断：

从企业外部信息来源来看，如果出现了资产的市价在当期大幅度下跌，其跌幅明显高于因时间的推移或者正常使用而预计的下跌；企业经营所处的经济、技术或者法律等环境以及资产所处的市场在当期或者将在近期发生重大变化，从而对企业产生不利影响；市场利率或者其他市场投资报酬率在当期已经提高，从而影响企业计算资产预计未来现金流量现值的折现率，导致资产可收回金额大幅度降低等，均属于资产可能发生减值的迹象，企业需要据此估计资产的可收回金额，决定是否需要确认减值损失。

从企业内部信息来源来看，如果有证据表明资产已经陈旧过时或者其实体已经损坏；资产已经或者将被闲置、终止使用或者低于预期，如资产所创造的净现金流量或者实现的营业利润远远低于原来的预算或者预计金额、资产发生的营业损失远远高于原来的预算或者预计金额、资产在建造或者收购时所需的现金支出远远高于最初的预算、资产在经营或者维护中所需的现金支出远远高于最初的预算等，均属于资产可能发生减值的迹象。

需要说明的是，上述列举的资产减值迹象并不能穷尽所有的减值迹象，企业应当根据实际情况来认定资产可能发生减值的迹象。

（二）资产减值的测试

如果有确凿证据表明资产存在减值迹象的，应当进行减值测试，估计资产的可收回金额。资产存在减值迹象是资产是否需要进行减值测试的必要前提，但是有两项资产除外，即因企业合并形成的商誉和使用寿命不确定的无形资产，对于这两类资产，无论是否存在减值迹象，都应当至少于每年年度终了进行减值测试。其原因是，因企业合并所形成的商誉和使用寿命不确定的无形资产在后续计量中不再进行摊销，但是考虑到这两类资产的价值和产生的未来经济利益有较大的不确定性，为了避免资产减值高估，及时确认商誉和使用寿命不确定的无形资产的减值损失，如实反映企业财务状况和经营成果，对于这两类资产，企业至少应当于每年年度终了进行减值测试。

企业在判断资产减值迹象以决定是否需要估计资产可收回金额时，应当遵守重要性原则。根据这一原则，企业资产存在下列情况的，可以不估计其可收回金额：

1. 以前报告期间的计算结果表明，资产可收回金额远高于其账面价值，之后又没有发生消除这一差异的交易或者事项的，企业在资产负债表日可以不需重新估计该资产的可收回金额。

2. 以前报告期间的计算与分析表明，资产可收回金额对于资产减值准则中所列示的一种或者多种减值迹象反应不敏感，在本报告期间又发生了这些减值迹象的，在资产负债表日企业可以不需因为上述减值迹象的出现而重新估计该资产的可收回金额。比如，在当期市场利率或者其他市场投资报酬率提高的情况下，如果企业计算资产未来现金流量现值时所采用的折现率不大可能受到该市场利率或者其他市场投资报酬率提高的影响；或者即使会受到影响，但以前期间的可收回金额敏感性分析表明，该资产预计未来现金流量也很可能相应增加，因而不大可能导致资产的可收回金额大幅度下降的，企业可以不必对该资产可收回金额进行重新估计。

第二节　资产减值的会计处理

一、资产可收回金额的计量

根据资产减值准则的规定，资产存在减值迹象的，应当估计其可收回金额，然后将所估计的资产可收回金额与其账面价值相比较，以确定资产是否发生了减值，以及是否需要计提资产减值准备并确认相应的减值损失。在估计资产可收回金额时，原则上应当以单项资产为基础，如果企业难以对单项资产的可收回金额进行估计的，应当以该资产所属的资产组为基础确定资产组的可收回金额。有关资产组的认定及减值处理将在后面阐述。

资产可收回金额的估计应当根据其公允价值减去处置费用后的净额与资产预计未来现金流量的现值两者之间较高者确定。

（一）资产的公允价值减去处置费用后的净额的估计

资产的公允价值减去处置费用后的净额通常反映的是资产如果被出售或者处置时可以收回的净现金收入。其中，资产的公允价值是指在公平交易中，熟悉情况的交易双方自愿进行资产交换的金额。企业应按照下列次序确定资产的公允价值：（1）公平交易中销售协议的价格；（2）活跃市场中该资产的市场价格；（3）参照同行业类似资产的最近交易价格进行估计。处置费用是指可以直接归属于资产处置的增量成本，包括与资产处置有关的法律费用、相关税费、搬运费以及为使资产达到可销售状态所发生的直接费用等，但是财务费用和所得税费用等不包括在内。

如果企业按照上述要求无法可靠估计资产的公允价值减去处置费用后的净额的，应当以该资产预计未来现金流量的现值作为其可收回金额。

（二）资产预计未来现金流量的现值的估计

资产预计未来现金流量的现值，应当按照资产在持续使用过程中和最终处置时所产生的预计未来现金流量，选择适当的折现率对其进行折现后的金额加以确定。因此，预计资产未来现金流量的现值，主要应当综合考虑以下因素：（1）资产的预计未来现金流量；（2）资产的使用寿命；（3）折现率。

在预计资产的未来现金流量时，企业管理层应当在合理和有依据的基础上对资产剩余使用寿命内整个经济状况进行最佳估计，并将资产未来现金流量的预计建立在经企业管理层批准的最近财务预算或者预测数据之上。一般情况下，预计的现金流量最多涵盖 5 年。如果资产未来现金流量的预计还包括最近财务预算或者预测期之后的现金流量，企业应当以该预算或者预测期之后年份稳定的或者递减的增长率为基础进行估计。但是，企业管理层如能证明递增的增长率是合理的，可以以递增的增长率为基础进行估计。

企业资产在使用过程中有时会因为改良、重组等原因而发生变化，因此，在预计资产未来现金流量时，企业应当以资产的当前状况为基础，不应当包括将来可能会发生的、尚未做出承诺的重组事项或者与资产改良有关的预计未来现金流量，也不应当包括筹资活动产生的现金流入或者流出以及与所得税收付有关的现金流量。

计算资产未来现金流量现值时所使用的折现率应当是反映当前市场货币时间价值和资产特定风险的税前利率。该折现率是企业在购置或者投资资产时所要求的必要报酬率。需要说明的是，如果在预计资产的未来现金流量时已经对资产特定风险的影响做了调整的，折现率的估计不需要考虑这些特定风险。如果用于估计折现率的基础是税后的，应当将其调整为税前的折现率，以便于与资产未来现金流量的估计基础相一致。企业在确定折现率时，应当首先以该资产的市场利率为依据。如果该资产的利率无法从市场获得的，可以使用替代利率估计。

在预计资产未来现金流量和折现率的基础之上，资产未来现金流量的现值只需将该资产的预计未来现金流量按照预计的折现率在预计期限内加以折现即可确定。其计算公式如下：

$$资产未来现金流量的现值(PV) = \sum[第\ t\ 年预计资产未来现金流量(NCF_t) \div (1+折现率\ R)^t]$$

【例 8—1】某航运公司于 20×0 年年末对一艘远洋运输船舶进行减值测试。该船舶账面价值为 16 000 万元，预计尚可使用年限为 8 年。

该船舶的公允价值减去处置费用后的净额难以确定，因此，企业需要通过计算其未来现金流量的现值确定资产的可收回金额。假定公司的增量借款利率为 15%，公司认为 15% 是该资产的最低必要报酬率，已考虑了与该资产有关的货币时间价值和特定风险。因此在计算其未来现金流量现值时，使用 15% 作为其折现率（税前）。

公司管理层批准的财务预算显示：公司将于 20×5 年更新船舶的发动机系统，预计为此发生资本性支出 1 500 万元，这一支出将降低船舶运输油耗、提高使用效率等，因此将提高资产的运营绩效。

为了计算船舶在 20×0 年年末未来现金流量的现值，公司首先必须预计其未来现金流量。假定公司管理层批准的 20×0 年年末的该船舶预计未来现金流量如表 8—1 所示。

表 8—1　　**该船舶预计未来现金流量表**　　单位：万元

年　份	预计未来现金流量（不包括改良的影响金额）	预计未来现金流量（包括改良的影响金额）
20×1	2 500	
20×2	2 460	
20×3	2 380	
20×4	2 360	
20×5	2 390	
20×6	2 470	3 290
20×7	2 500	3 280
20×8	2 510	3 300

根据资产减值准则的规定，在 20×0 年年末预计资产未来现金流量时，应当以资产当时的状况为基础，不应考虑与该资产改良有关的预计未来现金流量，因此，尽管 20×5 年船舶发动机系统将进行更新以改良资产绩效，提高资产未来现金流量，但是在 20×0 年年末对其进行减值测试时，则不应将其包括在内，即在 20×0 年年末计算该资产未来现金流量的现值时，应当以不包括资产改良影响金额的未来现金流量为基础加以计算。具体如表 8—2 所示。

表 8—2　　**计算表**　　金额单位：万元

年　份	预计未来现金流量（不包括改良的影响金额）	折现率为 15% 的折现系数（P/F，15%，n）	预计未来现金流量的现值
20×1	2 500	0. 8696	2 174
20×2	2 460	0. 7561	1 860
20×3	2 380	0. 6575	1 565
20×4	2 360	0. 5718	1 349
20×5	2 390	0. 4972	1 188
20×6	2 470	0. 4323	1 068
20×7	2 500	0. 3759	940
20×8	2 510	0. 3269	821
合　计	—	—	10 965

由于在 20×0 年年末，船舶的账面价值（尚未确认减值损失）为 16 000 万元，而其可收回金额为 10 965 万元，账面价值高于其可收回金额，因此，应当确认减值损失，并计提相应的资产减值准备。

应确认的减值损失 = 16 000 − 10 965 = 5 035（万元）

假定在 20×1 年至 20×4 年间该船舶没有发生进一步减值的迹象，因此不必再进行减值测试，无需计算其可收回金额了。20×5 年发生了 1 500 万元的资本性支出，改良了资产绩效，导致其未来现金流量增加，但由于我国企业会计准则规定不允许将以前期间已经确认的资产减值损失予以转回，因此，在这种情况下，不必计算其可收回金额。

二、资产减值损失的确认与计量

（一）资产减值损失确认与计量的一般原则

企业在对资产进行减值测试并计算了资产可收回金额后，如果资产的可收回金额低于其账面减值的，应当将资产的账面价值减计至可收回金额，减计的金额确认为资产减值损失，计入当期损益，同时计提相应的资产减值准备。资产减值损失确认后，减值资产的折旧或者摊销费用应当在未来期间做相应调整，以使该资产在剩余使用寿命中，系统地分摊调整后的资产账面价值（扣除预计净残值）。

考虑到固定资产、无形资产、商誉等资产发生减值后，一方面价值回升的可能性比较小，通常属于永久性减值；另一方面从会计信息谨慎性要求考虑，为了避免确认资产重估增值和操纵利润，资产减值准则规定，资产减值损失一经确认，在以后会计期间不得转回。以前期间计提的资产减值准备，在资产处置、出售、对外投资、以非货币性资产交换方式换出、在债务重组中抵偿债务等时，才可予以转出。

（二）资产减值损失的账务处理

为了正确核算企业确认的资产减值损失和计提的资产减值准备，企业应当设置“资产减值损失”科目，按照资产类别进行明细核算，反映各类资产在当期确认的资产减值损失金额；同时，应当根据不同的资产类别，分别设置“固定资产减值准备”、“在建工程减值准备”、“投资性房地产减值准备”、“无形资产减值准备”、“商誉减值准备”、“长期股权投资减值准备”、“生产性生物资产减值准备”等科目。

当企业根据资产减值准则规定确定资产发生了减值的，应当根据所确认的资产减值金额，借记“资产减值损失”科目，贷记“固定资产减值准备”、“在建工程减值准备”、“投资性房地产减值准备”、“无形资产减值准备”、“商誉减值准备”、“长期股权投资减值准备”、“生产性生物资产减值准备”等科目。在期末，企业应当将“资产减值损失”科目余额转入“本年利润”科目，结转后该科目应当没有余额。各资产减值准备科目累积每期计提的资产减值准备，直至相关资产被处置才予以转出。

【例8—2】沿用例8—1，根据测试和计算结果，该航运公司应确认的船舶减值损失为5 035万元，账户处理如下：

借：资产减值损失——固定资产减值损失　　　　50 350 000

　贷：固定资产减值准备　　　　　　　　　　　　　50 350 000

计提资产减值准备后，船舶的账面价值为10 965万元，在该船舶剩余使用寿命内，公司应当以此为基础计提折旧。如果发生进一步减值的，再做进一步的减值测试。

三、资产组的认定及减值处理

（一）资产组的认定

资产组是企业可以认定的最小资产组合，其产生的现金流入应当基本上独立于其他资产或者资产组。资产组应当由创造现金流入相关的资产组成。

首先，资产组的认定应当以资产组产生的主要现金流入是否独立于其他资产或者资产组的现金流入为依据。因此，资产组能否独立产生现金流入是认定资产组的最关键因素，如企业的某一生产线、营业网点、业务部门等。其次，资产组的认定还应当考虑企业管理层对生产经营活动的管理或者监控方式（如按照生产线、业务种类还是按照地区或者区域等）和对资产的持续使用或者处置的决策方式等。最后，资产组一经确定后，在各个会计期间应当保持一致，不得随意变更。

（二）资产组减值的会计处理

资产组减值测试的原理和单项资产是一致的，即企业需要预计资产组的可收回金额和计算资产组的账面价值，并将两者进行比较，如果资产组的可收回金额低于其账面价值的，表明资产组发生了减值损失，应当予以确认。减值损失金额应当按照以下顺序进行分摊：

首先抵减分摊至资产组中商誉的账面价值。

然后根据资产组中除商誉之外的其他各项资产的账面价值所占比重，按比例抵减其他各项资产的账面价值。

以上资产账面价值的抵减应当作为各单项资产（包括商誉）的减值损失处理，计入当期损益。抵减后的各资产的账面价值不得低于以下三者之中最高者：该资产的公允价值减去处置费用后的净额（如可确定的）、该资产预计未来现金流量的现值（如可确定的）和零。因此而导致的未能分摊的减值损失金额，应当按照相关资产组中其他各项资产的账面价值所占比重进行分摊。

【例8—3】XYZ公司有一条甲生产线，该生产线生产光学器材，由A、B、C三部机器构成，成本分别为400 000元、600 000元、1 000 000元。使用年限为10年，净残值为零，以年限平均法计提折旧。各机器均无法单独产生现金流量，但整条生产线构成完整的产销单位，属于一个资产组。2005年甲生产线所生产的光学产品有替代产品上市，到年底，导致公司光学产品的销路锐减40%，因此，对甲生产线进行减值测试。

2005年12月31日，A、B、C三部机器的账面价值分别为200 000元、300 000元、500 000元。估计A机器的公允价值减去处置费用后的净额为150 000元，B、C机器都无法合理估计其公允价值减去处置费用后的净额以及未来现金流量的现值。

整条生产线预计尚可使用5年。经估计其未来5年的现金流量及其恰当的折现率后，得到该生产线预计未来现金流量的现值为600 000元。由于A机器的公允价值减去处置费用后的净额为150 000元，因此，A机器分摊了减值损失后的账面价值不应低于150 000元。具体分摊过程如表8—3所示。

表8—3　　**资产组减值损失分摊表**　　金额单位：元

项　目	机器A	机器B	机器C	整个生产线（资产组）
账面价值	200 000	300 000	500 000	1 000 000
可收回金额				600 000
减值损失				400 000
减值损失分摊比例	20%	30%	50%	
分摊减值损失	50 000	120 000	200 000	370 000
分摊后账面价值	150 000	180 000	300 000	
尚未分摊的减值损失				30 000
二次分摊比例		37.50%	62.50%	
二次分摊减值损失		11 250	18 750	30 000
二次分摊后应确认减值损失总额		131 250	218 750	
二次分摊后账面价值	150 000	168 750	281 250	600 000

根据上述计算和分摊结果，构成甲生产线的机器 A、机器 B 和机器 C 应当分别确认减值损失 50 000 元、131 250 元和 218 750 元，账务处理如下：

借：资产减值损失——机器 A　　50 000
　　　　　　　——机器 B　　131 250
　　　　　　　——机器 C　　218 750
　贷：固定资产减值准备——机器 A　　50 000
　　　　　　　　　　——机器 B　　131 250
　　　　　　　　　　——机器 C　　218 750

（三）总部资产的减值测试

企业总部资产包括企业集团或其事业部的办公楼、电子数据处理设备等资产。其显著特征是难以脱离其他资产（或者资产组）产生独立的现金流入，而且其账面价值难以完全归属于某一资产组。因此，总部资产通常难以单独进行减值测试，需要结合其他相关资产组或者资产组组合进行。资产组组合是指由若干个资产组组成的最小资产组组合，包括资产组或者资产组组合，以及按合理方法分摊的总部资产部分。

在资产负债表日，如果有迹象表明某项总部资产可能发生减值的，企业应当计算确定该总部资产所归属的资产组或者资产组组合的可收回金额，然后将其与相应的账面价值相比较，据以判断是否需要确认减值损失。

基于此，企业对某一资产组进行减值测试，应当先认定所有与该资产组相关的总部资产，再根据相关总部资产能否按照合理和一致的基础分摊至该资产组分别下列情况处理：

1. 对于相关总部资产能够按照合理和一致的基础分摊至该资产组的部分，应当将该部分总部资产的账面价值分摊至该资产组，再据以比较该资产组的账面价值（包括已分摊的总部资产的账面价值部分）和可收回金额，并按照《企业会计准则第 8 号——资产减值》第二十二条的规定处理。

2. 对于相关总部资产中有部分资产难以按照合理和一致的基础分摊至该资产组的，应当按照下列步骤处理：

首先，在不考虑相关总部资产的情况下，估计和比较资产组的账面价值和可收回金额，并按照前述有关资产组减值测试的顺序和方法处理。

其次，认定由若干个资产组组成的最小的资产组组合，该资产组组合应当包括所测试的资产组与可以按照合理和一致的基础将该部分总部资产的账面价值分摊其上的部分。

最后，比较所认定的资产组组合的账面价值（包括已分摊的总部资产的账面价值部分）和可收回金额，并按照前述有关资产组减值测试的顺序和方法处理。

【例 8—4】ABC 高科技企业拥有 A、B 和 C 三个资产组，在 20×0 年末，这三个资产组的账面价值分别为 200 万元、300 万元和 400 万元，没有商誉。这三个资产组为三条生产线，预计剩余使用寿命分别为 10 年、20 年和 20 年，采用直线法计提折旧。由于 ABC 公司的竞争对手通过技术创新推出了更高技术含量的产品，并且受到市场欢迎，从而对 ABC 公司产品产生了重大不利影响，为此，ABC 公司于 20×0 年末对各资产组进行了减值测试。

在对资产组进行减值测试时，首先应当认定与其相关的总部资产。ABC 公司的经营管理活动由总部负责，总部资产包括一栋办公大楼和一个研发中心，其中办公大楼的账面价值为 300 万元，研发中心的账面价值为 100 万元。办公大楼的账面价值可以在合理和一致的基础上分摊至各相关资产组。对于办公大楼的账面价值，企业根据各资产组的账面价值和剩余使用寿命加权平均计算的账面价值分摊比例进行分摊，如表8—4所示。

表8—4　　**各资产组账面价值**　　金额单位：万元

项　目	资产组A	资产组B	资产组C	合　计
各资产组账面价值	200	300	400	900
各资产组剩余使用寿命	10	20	20	
按使用寿命计算的权重	1	2	2	
加权计算后的账面价值	200	600	800	1 600
办公大楼分摊比例（各资产组加权计算后的账面价值÷各资产组加权平均计算后的账面价值合计）	12.5%	37.5%	50%	100%
办公大楼账面价值分摊到各资产组的金额	37.50	112.50	150	300
包括分摊的办公大楼账面价值部分的各资产组账面价值	237.50	412.50	550	1 200

企业随后应当确定各资产组的可收回金额，并将其与账面价值（包括已分摊的办公大楼的账面价值部分）相比较，以确定相应的减值损失。考虑到研发中心的账面价值难以按照合理和一致的基础分摊至资产组，因此，确定由A、B、C三个资产组组成最小资产组组合（即为ABC整个企业），通过计算该资产组组合的可收回金额，并将其与账面价值（包括已分摊的办公大楼账面价值和研发中心的账面价值）相比较，以确定相应的减值损失。假定各资产组和资产组组合的公允价值减去处置费用后的净额难以确定，企业根据它们的预计未来现金流量的现值来计算其可收回金额，计算现值所用的折现率为15%，计算过程如表8—5所示。

根据上述资料，资产组A、B、C的可收回金额分别为398万元、328万元和542万元，相应的账面价值（包括分摊的办公大楼账面价值）分别为237.50万元、412.50万元和550万元，资产组B和C的可收回金额均低于其账面价值，应当分别确认84.50万元和8万元减值损失，并将该减值损失在办公大楼和资产组之间进行分摊。根据分摊结果，因资产组B发生减值损失84.50万元而导致办公大楼减值23.05万元（84.50×112.50÷412.50），导致资产组B中所包括资产发生减值61.45万元（84.50×300÷412.50）；因资产组C发生减值损失8万元而导致办公大楼减值2万元（8×150÷550），导致资产组C中所包括资产发生减值6万元（8×400÷550）。

经过上述减值测试后，资产组A、B、C和办公大楼的账面价值分别为200万元、238.55万元、394万元和274.95万元，研发中心的账面价值仍为100万元，由此包括研发中心在内的最小资产组组合（即ABC公司）的账面价值总额为1 207.50万元（200+238.55+394+274.95+100），但其可收回金额为1 440万元，高于其账面价值，因此，企业不必再进一步确认减值损失（包括研发中心的减值损失）。

表8—5 **计算过程表** 单位：万元

年份	资产组 A		资产组 B		资产组 C		包括研发中心在内的最小资产组组合（ABC公司）	
	未来现金流量	现值	未来现金流量	现值	未来现金流量	现值	未来现金流量	现值
1	36	32	18	16	20	18	78	68
2	62	46	32	24	40	30	144	108
3	74	48	48	32	68	44	210	138
4	84	48	58	34	88	50	256	146
5	94	48	64	32	102	50	286	142
6	104	44	66	28	112	48	310	134
7	110	42	68	26	120	44	324	122
8	110	36	70	22	126	42	332	108
9	106	30	70	20	130	36	334	96
10	96	24	70	18	132	32	338	84
11			72	16	132	28	264	56
12			70	14	132	24	262	50
13			70	12	132	22	262	42
14			66	10	130	18	256	36
15			60	8	124	16	244	30
16			52	6	120	12	230	24
17			44	4	114	10	216	20
18			36	2	102	8	194	16
19			28	2	86	6	170	12
20			20	2	70	4	142	8
现值合计		398		328		542		1 440

四、商誉减值的会计处理

（一）商誉账面价值的分摊

企业合并所形成的商誉，至少应当在每年年度终了进行减值测试。商誉应当结合与其相关的资产组或者资产组组合进行减值测试。相关的资产组或者资产组组合应当是能够从企业合并的协同效应中受益的资产组或者资产组组合，不应当大于按照《企业会计准则第35号——分部报告》所确定的报告分部。

企业进行资产减值测试，对于因企业合并形成的商誉的账面价值，应当自购买日起按照合理的方法分摊至相关的资产组；难以分摊至相关的资产组的，应当将其分摊至相关的资产组组合。

企业因重组等原因改变了其报告结构，从而影响到已分摊商誉的一个或者若干个资产组或者资产组组合构成的，应当按照合理的分摊方法，将商誉重新分摊至受影响的资产组或者资产组组合。

（二）商誉减值的会计处理

根据企业会计准则的规定，在对包含商誉的相关资产组或者资产组组合进行减值测试时，如与商誉相关的资产组或者资产组组合存在减值迹象的，应当先对不包含商誉的资产组或者资产组组合进行减值测试，计算可收回金额，并与相关账面价值相比较，确认相应的减值损失。再对包含商誉的资产组或者资产组组合进行减值测试，比较这些相关资产组或者资产组组合的账面价值（包括所分摊的商誉的账面价值部分）与可收回金额，如相关资产组或者资产组组合的可收回金额低于其账面价值的，应当确认商誉的减值损失。减值损失金额应当抵减分摊至资产组或者资产组组合中商誉的账面价值，再根据资产组或者资产组组合中除商誉之外的其他各项资产的账面价值所占比重，按比例抵减其他各项资产的账面价值。

【例 8—5】某企业商誉账面价值为 1 000 万元，按照公允价值分摊到 A 资产组的比例为 100 万元。资产负债表日，有迹象表明 A 资产组发生减值，经测算 A 资产组减值 20 万元。将商誉价值合并到资产组中，重新测定 A 资产组账面价值与可收回金额，得到减值数为 30 万，因此，商誉减值为 10 万元。

具体来说，企业确认的商誉减值损失，应当借记“资产减值损失”科目，贷记“商誉减值准备”科目。

复习思考题

1. 什么是资产减值？企业采取这样的措施，有哪些现实意义？
2. 根据我国现行会计准则，怎样确定可收回金额和资产减值损失？
3. 根据我国现行会计准则，资产组或资产组组合是指什么？
4. 公司总部资产出现减值迹象如何测试，并计算其减值损失？
5. 如何对公司的商誉进行减值测试并计算减值损失？

练习题

1. 某运输公司 2007 年末对一艘远洋运输船舶进行减值测试。该船舶原值为 50 000 万元，累计折旧为 25 000 万元，2007 年末账面价值为 25 000 万元，预计尚可使用 5 年。假定该船舶存在活跃市场，其公允价值为 19 000 万元，直接归属于该船舶的处置费用为 200 万元。该公司在计算其未来现金流量的现值确定可收回金额时，考虑了与该船舶资产有关的货币时间价值和特定风险因素后，确定 6% 为该资产的最低必要报酬率，并将其作为计算未来现金流量现值时使用的折现率。公司根据有关部门提供的该船舶历史营运记录、船舶性能状况和未来每年运量发展趋势，预计未来每年营运收入和相关人工费用、燃料费用、安全费用、港口码头费用以及日常维护费用等支出，在此基础上估计该船舶在 2008—2012 年每年预计未来现金流量分别为 3 750 万元、3 690 万元、3 250 万元、3 060

万元、2 685 万元。

要求：计算该船舶的减值损失，并编制会计分录。

2. 长江公司有一条甲生产线，生产光学器材，由 A、B、C 三部机器构成，初始成本分别为600 万元、600 万元和800 万元。使用年限为10 年，预计净残值为零，以年限平均法计提折旧。三部机器均无法单独产生现金流量，但整条生产线构成完整的产销单位，属于一个资产组。2007 年，该生产线所生产光学产品有替代产品上市，到年底导致公司光学产品销路锐减 40%，因此，公司于年末对该条生产线进行减值测试。经估计生产线未来 5 年现金流量及其折现率，得到其现值为 820 万元。公司无法合理估计其公允价值减去处置费用后的净额，则以预计未来现金流量的现值作为其可收回金额。2007 年末 C 机器的公允价值减去处置费用后的净额为 388 万元，A、B 机器都无法合理估计其公允价值减去处置费用后的净额以及未来现金流量的现值。整条生产线已使用 5 年，预计尚可使用 5 年。

要求：(1）确定 2007 年 12 月 31 日资产组账面价值。

(2）计算资产减值损失，将计算结果填入表 8—6。

表 8—6　**资产减值损失计算表**　单位：万元

项　目	机器 A	机器 B	机器 C	整条生产线（资产组）
账面价值				
可收回金额				
减值损失				
减值损失分摊比例				
分摊减值损失				
分摊后账面价值				
尚未分摊的减值损失				
二次分摊比例				
二次分摊减值损失				
二次分摊后应确认减值损失总额				
二次分摊后账面价值				

(3）编制计提资产减值损失的会计分录。

3. ABC 高科技企业拥有 A、B 和 C 三个资产组，在 2007 年末，这三个资产组的账面价值分别为 100 万元、150 万元和 200 万元，没有商誉。这三个资产组为三条生产线，预计剩余使用寿命分别为 10 年、20 年和 20 年，采用直线法计提折旧。由于 ABC 公司的竞争对手通过技术创新推出了更高技术含量的产品，受到市场欢迎，从而对 ABC 公司产品产生了重大不利影响，为此，ABC 公司于 2007 年末对各资产组进行减值测试。

已知 ABC 公司的经营管理活动由总部负责，总部资产包括一栋办公大楼和一个研发中心，其中办公大楼的账面价值为 150 万元，研发中心的账面价值为 50 万元。办公大楼的账面价值可以在合理和一致的基础上分摊至各资产组，但是研发中心的账面价值难以在合理和一致的基础上分摊至各相关资产组。对于办公大楼的账面价值，企业根据各资产组的账面价值和剩余使用寿命加权平均计算的账面价值分摊比例进行分摊。

ABC公司计算得到的资产组A的未来现金流量现值为199万元，资产组B的未来现金流量现值为164万元，资产组C的未来现金流量现值为271万元，包括研发中心在内的最小资产组组合（ABC公司）的未来现金流量现值为720万元。

假定各资产组的公允价值减去处置费用后的净额难以确定。

要求：计算确定资产组A、B、C和总部资产是否发生了减值，如果发生了减值，则相应的减值损失金额为多少?

第九章　流动负债

第一节　流动负债概述

一、负债的概念

我国的《企业财务会计报告条例》将负债要素定义为："负债是指由于过去的交易、事项形成的现时义务，履行该义务预期会导致经济利益流出企业。"财政部于2006年2月发布的《企业会计准则——基本准则》中对负债的定义如下：负债是指过去的交易或事项形成的，预期会导致经济利益流出企业的现时义务。其中，现时义务是指企业在现行条件下已承担的义务。未来发生的交易或者事项形成的义务不属于现时义务，不应当确认为负债。根据负债的定义，负债一般应当具有以下特征：

1. 负债是由于过去的交易、事项形成的现时义务，与该义务有关的经济利益很可能流出企业。

2. 未来流出的经济利益的金额能够可靠地计量。

二、流动负债的分类

企业的负债按其清偿时间的长短可分为流动负债和非流动负债。其中流动负债是指将在一年或超过一年的一个营业周期内偿付的债务，包括应付账款、应付票据、应交税费、预收账款、短期借款、应付职工薪酬、应付股利及其他流动负债。

企业的流动负债可以按照偿付金额是否确定进行分类，可以分为：

1. 偿付金额确定的流动负债。偿付金额确定的流动负债是指在经济业务和经济事项发生当时，就可以确定企业未来应付的金额是多少的流动负债，包括应付账款、应付票据、短期借款、应付股利、预收账款和其他应付款等。

2. 偿付金额视经营情况而定的流动负债。偿付金额视经营情况而定的流动负债是指在经济业务和经济事项发生时，不能当即确定未来应付的金额是多少，而是要根据企业经营情况确定负债金额的流动负债，包括应交税费、应付职工薪酬等。

三、流动负债的计价

由于企业的流动负债是过去的交易或事项形成的现时义务，该现时义务需要在将来以某种方式偿还，从提高会计信息的有用性和相关性角度出发，对负债的计价应考虑货币时间价值，即不论其偿付期的长短，均应在其发生时按未来偿付金额的现值计价入账。但是，我国《企业会计制度》中规定，各项流动负债应当按其实际发生额计价，也就是按未来应付的金额计价。然而，在2006年2月，财政部颁布的《企业会计准则第12号——债务重组》中规定，修改其他债务条件，债务人应当将修改其他债务条件后债务的公允价值作为重组后的债务的入账价值。由此可见，流动负债的计价有两种：一是以未来应付的金额计价；二是以公允价值计价。至于哪些流动负债以未来应付金额计价，哪些流动负债以公允价值计价，要根据企业会计准则的具体规定来确定。

第二节　偿付金额确定的流动负债

一、应付账款

应付账款是指因为购买材料商品或接受劳务供应等而发生应付未付的债务。它是一种最常见、最普通的流动负债。

（一）应付账款的确认和计量

应付账款的确认是对应付账款的入账时间及入账金额的确认。从理论上讲，在赊购商品或材料等情况下，应付账款的入账时间应以所有权的转移为标志，即在企业取得所购货物的所有权时确认应付账款。但是，由于收到所购货物发票的时间与收到所购货物的时间往往比较接近，因此，在实际工作中，如果货物在收到发票后到达，一般是等货物验收入库后才根据发票金额登记应付账款。然而，如果已到期末，已经收到发票，但仍未收到货物，为正确反映企业的财务状况，应根据发票上的金额登记应付账款。

我国会计实务中一般都是按未来应付的金额（或面值）计价。这种做法虽然导致高估负债，但符合谨慎性原则。因此，《企业会计制度》中规定，包括应付账款在内的各项流动负债应当按其实际发生额计价。但是，如果购货条件包括一定的现金折扣时，则采用总价法进行处理，即应付账款按扣除现金折扣前的发票金额入账，如果在折扣期内付款享有的现金折扣视为理财收益，冲减财务费用。

（二）应付账款一般业务的账务处理

对于应付账款业务的核算，应设置“应付账款”总分类账户及按供应单位名称设置明细账户。企业发生应付而未付的购买材料、商品或接受劳务供应的款项时，应根据验收单、购货发票等凭证，借记“原材料”、“库存商品”、“应交税费——应交增值税（进项税额）”等账户，贷记“应付账款”账户。偿还债务时，借记“应付账款”账户，贷记“银行存款”账户。如果以商业汇票支付应付账款时，借记“应付账款”账户，贷记“应付票据”账户。

【例9—1】甲公司20×7年2月15日向乙公司购入材料一批，增值税专用发票列明，价款45 000元，增值税7 650元。该材料已经验收入库，款项定于3月20日支付。

2月15日购货时的账务处理：

借：原材料	45 000	
应交税费——应交增值税（进项税额）	7 650	
贷：应付账款——乙公司		52 650

3月20日支付款项时的账务处理：

借：应付账款——乙公司	52 650	
贷：银行存款		52 650

【例9—2】假设上述购货时的现金折扣条件为：2/10，N/30。

2月15日购货时的账务处理：

借：原材料	45 000	
应交税费——应交增值税（进项税额）	7 650	
贷：应付账款——乙公司		52 650

在规定的折扣期内付款：

实际付款金额 = 52 650 ×（1 - 2%）= 51 597（元）

借：应付账款——乙公司	52 650	
贷：银行存款		51 597
财务费用		1 053

超过规定的折扣期付款：

借：应付账款——乙公司　　52 650
　贷：银行存款　　52 650

应付账款到期不能按时付款，如果以承兑的票据抵偿，将应付账款的账面价值转为应付票据，借记“应付账款”账户，贷记“应付票据”账户。

二、短期借款

短期借款是指企业从银行或其他金融机构借入的偿还期在1年以内（特殊情况下在超过1年的一个营业周期以内）的款项。

（一）短期借款的取得

企业从银行或其他金融机构借入款项时，应签订借款合同，标明借款金额、借款利率和还款时间等。取得短期借款时，应借记“银行存款”科目，贷记“短期借款”科目。“短期借款”科目应按债权人以及借款种类、还款时间设置明细账。

【例9—3】某企业20×8年12月1日从银行取得偿还期为3个月的借款8万元，年利率为6%。根据以上资料，编制会计分录如下：

借：银行存款　　80 000
　贷：短期借款　　80 000

（二）短期借款的利息费用及偿还的处理

企业取得短期借款而发生的利息费用，一般应作为财务费用处理，计入当期损益。资产负债表日，尚未支付的利息，应按确定的短期借款利息数，借记“财务费用”科目，贷记“应付利息”科目；支付利息时，对于资产负债表日已计息的部分，借记“应付利息”科目，对于资产负债表日后计息的部分，借记“财务费用”科目，贷记“银行存款”科目。

短期借款期末列示在资产负债表的流动负债部分，列示项目为“短期借款”，列示金额为“短期借款”科目的贷方余额。

【例9—4】以例9—3资料为例，编制会计分录如下：

（1）12月31日，计算尚未支付的利息。

借：财务费用　　400
　贷：应付利息　　400

（2）到期偿还借款本金和支付利息。

借：短期借款　　80 000
　　应付费用　　400
　　财务费用　　800
　贷：银行存款　　81 200

三、应付票据

应付票据是指企业采用商业汇票结算方式延期付款购入货物应付的票据款。在我国，商业汇票的付款期限最长为6个月，因而应付票据是短期应付票据。

（一）商业汇票的签付

商业汇票结算方式是一种延期付款的结算方式。企业采用商业汇票结算方式购入货物，应向供货单位签付银行已承兑的商业汇票。企业也可以签付商业汇票，用以抵偿应付账款。商业汇票按承兑人分类，可以分为商业承兑汇票和银行承兑汇票两种；按是否带息分类，可以分为不带息商业汇票和带息商业汇票两种。

1. 不带息商业汇票。企业签付不带息的商业汇票，不论是商业承兑汇票还是银行承兑汇票，其到期价值即为票面价值。按照重要性原则，应付票据应按业务发生时的金额即票面价值（即到期价值）入账。企业取得结算凭证并签付商业汇票后，应按票面价值借记“原材料”、“应交税费”等科目，贷记“应付票据”科目。企业向银行申请承兑支付的手续费，应计入财务费用。

2. 带息商业汇票。企业签付带息的商业汇票，不论是商业承兑汇票还是银行承兑汇票，其到期价值为票面价值与应计利息之和。在这种情况下，其票面价值为应付票据的现值，应付票据仍应按业务发生时的金额即票面价值（即现值）入账。企业取得结算凭证并签付商业汇票后，应按结算凭证上注明的价款借记“原材料”、“应交税费”等科目，按商业汇票的票面价值贷记“应付票据”科目。企业向银行申请承兑支付的手续费，应计入财务费用。

（二）带息商业汇票的利息费用

带息商业汇票利息费用的核算，一般有以下几种方法：

1. 按月计提。这种方法适用于票面价值较大、利息费用较多的商业汇票利息费用的核算。采用这种方法，应于每月月末计算当月应付的商业汇票利息费用，计入财务费用，借记“财务费用”科目，贷记“应付利息”科目。

2. 到期计提。这种方法适用于票面价值较小、利息费用较少且签发日与到期日在同一个会计年度的商业汇票利息费用的核算。采用这种方法，每月月末不需要计提利息费用，而是在到期日一次计算确认全部利息费用，计入财务费用。到期单独确认利息费用，应借记“财务费用”科目，贷记“应付利息”科目；付款时，应借记“应付票据”、“应付利息”科目，贷记“银行存款”科目。到期与付款等一并进行账务处理，应按商业汇票的票面价值，借记“应付票据”科目，按全部应计利息，借记“财务费用”科目，按商业汇票的票面价值与应计利息之和，贷记“银行存款”或“应付账款”科目。

3. 年末及到期计提。这种方法适用于票面价值较小、利息费用较少但签发日与到期日不在同一个会计年度的商业汇票利息费用的核算。采用这种方法，每月月末不需要计提利息费用，但由于签发日与到期日不在同一个会计年度，按照权责发生制原则应在年末计提当年的利息费用，在到期日再计算确认其余利息费用。年末计提利息费用的核算方法，与按月计提利息费用的核算方法相同；到期日确认其余利息费用的核算方法，与到期确认利息费用的核算方法相同。

企业如果在6月30日需要提供对外会计报告，则利息费用在6月30日的核算方法与年末相同。

（三）商业汇票的到期

企业签付的商业汇票到期时，应无条件支付票据款。由于企业筹集付款资金的方法和能力有所不同，到期时可能会出现有能力支付票据款和无力支付票据款两种情况。

1. 有能力支付票据款。在商业汇票到期时，如果企业有能力支付票据款，则企业的开户银行在收到商业汇票付款通知时，无条件支付票据款。企业在收到开户银行的付款通知时，核销应付票据。

支付不带息的票据款时，应借记“应付票据”科目，贷记“银行存款”科目。

支付带息的票据款时，应按商业汇票账面价值，借记“应付票据”科目；按已计提的利息，借记“应付利息”科目；按尚未计提的应计利息，借记“财务费用”科目；按

实际支付 的票据款，贷记“银行存款”科目。

2. 无力支付票据款。在商业汇票到期时，如果企业无力支付票据款，则应根据不同承兑人承兑的商业汇票做不同的处理。

采用商业承兑汇票进行结算，承兑人即为付款人。如果付款人无力支付票据款，银行将把商业承兑汇票退还给收款人，由收付款双方协商解决。由于商业汇票已经失效，付款人应将应付票据款转为应付账款，应付的利息也应计入应付账款。如果是不带息的商业汇票，企业应按票面价值借记“应付票据”科目，贷记“应付账款”科目。如果是带息的商业汇票，企业应借记“应付票据”、“应付利息”、“财务费用”科目，贷记“应付账款”科目。

采用银行承兑汇票进行结算，承兑人为承兑银行。如果付款人无力支付票据款，承兑银行将代为支付票据款，并将其转为对付款人的逾期贷款。由于商业汇票已经失效，付款人应将应付票据转为短期借款，应付的利息也应计入短期借款。如果是不带息的商业汇票，企业应按票面价值借记“应付票据”科目，贷记“短期借款”科目；如果是带息的商业汇票，企业应借记“应付票据”、“应付利息”、“财务费用”科目，贷记“短期借款”科目。企业支付的罚息，应计入财务费用。

【例9—5】某企业3月1日购入原材料一批，买价为10 000元，增值税为1 700元，共计11 700元，原材料已验收入库，采用商业汇票结算方式进行结算。该企业签付一张商业承兑汇票，付款期限为3个月。6月1日用银行存款支付票据款11 700元。根据以上资料，编制会计分录如下：

（1）3月1日签付商业承兑汇票11 700元。

	借方	贷方
借：原材料	10 000	
应交税费——应交增值税（进项税额）	1 700	
贷：应付票据		11 700

（2）6月1日支付票据款11 700元。

	借方	贷方
借：应付票据	11 700	
贷：银行存款		11 700

四、应付股利

企业作为独立核算的经济实体，对其实现的经营成果除了按照税法及有关规定缴纳税费外，还必须对投资者投入的资金给予一定的回报。股利就是投资者对企业的经营成果——利润的分享。企业应分配给投资者的股利，在未实际支付前就形成一笔对投资者的负债，在会计核算中设置“应付股利”账户核算。股利有现金股利和股票股利两种基本形式，但是股票股利不通过“应付股利”账户核算，即股票股利不构成负债。因为股票股利只是所有者权益项目内部的一种转化，即从未分配利润或盈余公积转化为股本，这种转化不会使企业经济利益外流。而现金股利在实际发放日是要以现金偿付的，会使企业经济利益流出。企业按照董事会提请股东大会批准的利润分配方案中应分配给股东的现金股利，借记“利润分配”账户，贷记“应付股利”账户；实际发放现金股利时，借记“应付股利”账户，贷记“银行存款”账户。

五、预收账款

预收账款是买卖双方协议商定，由购货方预先支付一部分货款给供货方而发生的一项负债。预收账款的核算应视企业的具体情况而定。如果预收账款比较多，可以设置“预收账款”账户；预收账款不多的，也可以不设置“预收账款”账户，直接记入“应收账款”账户的贷方。单独设置“预收账款”账户核算的，其贷方反映预收的货款和补收的货款；借方反映应收的货款和退回多收的货款；期末贷方余额反映尚未结清的预收账款，借方余额反映应收的款项。

六、其他应付款

企业除了应付账款、应付票据等以外，还会发生一些应付、暂收其他单位或个人的款项，如应付租入固定资产、包装物租金，存入保证金，应付统筹退休金等。这些暂收应付的款项构成了企业的流动负债。在会计核算时，设置“其他应付款”账户核算。发生应付、暂收的款项，借记“管理费用”、“制造费用”、“库存现金”等账户，贷记“其他应付款”账户。偿付、退还应付款项时，借记“其他应付款”账户，贷记“银行存款”、“库存现金”等账户。

第三节　偿付金额视经营情况而定的流动负债

一、应交税费

应交税费是指企业在生产经营过程中产生的应向国家缴纳的各种税费，主要包括增值税、消费税、营业税、城市维护建设税、教育费附加和所得税等。本章主要介绍企业应交的增值税、消费税、营业税等税种，应交所得税的核算将在第十三章中讲述。

（一）应交增值税

1. 纳税义务人

增值税是以商品生产、流通以及工业性加工、修理修配各个环节的增值额为征税对象的一种流转税。在我国境内销售货物或者提供加工、修理修配劳务以及进口货物的单位和个人为增值税纳税义务人。

按照我国现行法规，纳税义务人分为一般纳税人和小规模纳税人两种。小规模纳税人是指年销售额在规定的数额以下、会计核算不健全的纳税义务人，其应交增值税采用简化的核算方法进行核算（后面讲述）。

2. “应交税费——应交增值税”科目和“应交税费——未交增值税”科目的设置

（1）“应交税费——应交增值税”科目设置。应交增值税对于一般纳税人来说，在一般情况下属于一种价外税，即销售货物和提供应税劳务收取的增值税不计入销售收入，购进货物和接受应税劳务支付的增值税一般也不计入货物和劳务的成本，在价外单独核算。为此，应在“应交税费”科目下设置“应交增值税”二级科目进行核算。“应交增值税”二级科目还应按照应交增值税的构成内容设置专栏，进行明细核算。

“应交增值税”二级科目的借方一般设置进项税额、已交税金、出口抵减内销产品应纳税额和转出未交增值税四栏；贷方一般设置销项税额、进项税额转出、出口退税和转出多交增值税四栏。

贷方专栏中进项税额转出和出口退税两项为借方专栏中进项税额的抵减项目。本期销项税额大于抵减后的进项税额与出口抵减内销产品应纳税额之和的，其差额为本期应交增值税税额。本期应交增值税税额大于借方专栏“已交税金”的差额，为本期未交增值税，应从“应交增值税”二级科目的借方（“转出未交增值税”专栏）转出，转入“未交增值税”二级科目贷方；本期应交增值税税额小于借方专栏“已交税金”的差额，为本期多交增值税，应从“应交增值税”二级科目贷方（“转出多交增值税”专栏）转出，转入“未交增值税”二级科目借方。经过上述结转后，“应交增值税”二级科目应无余额。

如果本期销项税额小于抵减后的进项税额与出口抵减内销产品应纳税额之和，其差额为尚未抵扣的进项税额，保留在“应交增值税”二级科目内，可以在以后期间继续抵扣。“应交增值税”二级科目月末如有余额，应为借方余额，即尚未抵扣的进项税额。

（2）“应交税费——未交增值税”科目设置。“应交税费——未交增值税”科目反映企业月末累计未交增值税或多交增值税。该科目借方登记转入的当期应交未交增值税和实际缴纳的增值税，贷方登记转入的当期多交增值税。该科目借方余额为累计多交增值税，贷方余额为累计未交增值税。

值得注意的是，企业在缴纳增值税时，应将补交的以前月份未交增值税记入“应交税费——未交增值税”科目借方，将缴纳的当月增值税记入“应交税费——应交增值税（已交税金）”科目借方。

3. 增值税进项税额

增值税进项税额是指一般纳税人购进货物或接受应税劳务支付价款中所含的增值税税额。企业支付的增值税进项税额能否在销项税额中抵扣，应视具体情况而定。

（1）不得抵扣的进项税额。按我国税法规定，下列项目的进项税额不得从销项税额中抵扣：

①购进固定资产；

②用于非应税项目的购进货物或者应税劳务；

③用于免税项目的购进货物或者应税劳务；

④用于集体福利或者个人消费的购进货物或者应税劳务；

⑤非正常损失的购进货物；

⑥非正常损失的在产品、产成品所耗用的购进货物或者应税劳务。

（2）可以抵扣的进项税额。一般来说，凡是未明确不得抵扣的进项税额都可以抵扣。可以抵扣的进项税额又分为两种情况：取得增值税扣税凭证和未取得增值税扣税凭证。

①取得增值税扣税凭证。企业购进的一般货物及接受的应税劳务，必须取得增值税扣税凭证，才能从销项税额中抵扣，这部分进项税额不计入购进货物或应税劳务的成本。企业购进货物或接受应税劳务时，应根据增值税专用发票中货物或应税劳务的价款，借记“原材料”等科目；根据增值税专用发票中的进项税额，借记“应交税费——应交增值税（进项税额）”科目；根据全部价款，贷记“银行存款”等科目。

②未取得增值税扣税凭证。企业购进的货物如为免税的农业产品或废旧物资，由于销售方不收增值税，因而企业无法取得增值税专用发票。但是按照税法规定，企业可以按照免税农产品买价的13%以及废旧物资收购价的10%作为进项税额抵扣。企业购进农业产品时，应按买价的87%借记“原材料”等科目，按买价的13%借记“应交税费——应交增值税（进项税额）”科目，按买价贷记“银行存款”等科目。企业收购废旧物资时，应按收购价的90%借记“原材料”科目，按收购价的10%借记“应交税费——应交增值税（进项税额）”科目，按收购价贷记“银行存款”等科目。

企业购进货物时，支付的价款中如果含有销货单位代垫的运费（即运输部门开具的运输发票），则由于运费属于非增值税项目，运输部门不能开具增值税专用发票。但是按照现行制度规定，也可以按照这部分运费的7%作为进项税额抵扣。

【例9—6】某公司为增值税一般纳税人，10月份根据发生的有关增值税进项税额的业务编制会计分录如下：

（1）购入全新的不需安装的机器设备一台，买价 100 000 元，增值税 17 000 元，运杂费 500 元，共计 117 500 元，用银行存款支付。

借：固定资产　　117 500

　贷：银行存款　　117 500

（2）购入原材料一批，买价 200 000 元，增值税 34 000 元，运费 1 000 元，共计 235 000元，结算凭证已到，原材料入库，货款用银行存款支付。

原材料成本 = 200 000 + 1 000 ×（1 − 7%）= 200 930（元）

进项税额 = 34 000 + 1 000 × 7% = 34 070（元）

借：原材料　　200 930

　　应交税费——应交增值税（进项税额）　　34 070

　贷：银行存款　　235 000

（3）收购废旧物资一批，作为原材料入库，收购价 50 000 元，用银行存款支付。

借：原材料　　45 000

　　应交税费——应交增值税（进项税额）　　5 000

　贷：银行存款　　50 000

4. 增值税进项税额转出

一般纳税人在购进货物时如果不能直接认定其进项税额能否抵扣，支付的进项税额可以先予以抵扣，待以后用于不得抵扣进项税额的项目时，再将其进项税额转出，抵减当期进项税额。进项税额转出时，应借记有关科目，贷记“应交税费——应交增值税（进项税额转出）”科目。

【例 9—7】某公司 10 月份根据发生的有关进项税额转出业务，编制会计分录如下：

（1）自建固定资产领用原材料一批，实际成本 50 000 元，购进该批原材料时支付的进项税额 8 500 元已经抵扣。

借：在建工程　　58 500

　贷：原材料　　50 000

　　　应交税费——应交增值税（进项税额转出）　　8 500

（2）由于自然灾害，毁损产成品一批，实际成本 40 000 元，所耗购进货物的进项税额为 3 400 元。

借：待处理财产损溢　　43 400

　贷：库存商品　　40 000

　　　应交税费——应交增值税（进项税额转出）　　3 400

5. 增值税销项税额

增值税销项税额是指一般纳税人销售货物或提供应税劳务收取价款中所含的增值税税额。

（1）计征增值税的销售额。计征增值税的销售额是指企业销售货物或提供应税劳务向购买方收取的除销项税额、代扣代缴的消费税以及代垫运杂费以外的全部价款和价外费用。价外费用主要包括手续费、包装费、违约金（延期付款利息）以及自营运杂费等。

（2）销项税额的计算。企业如果采用不含税定价的方法，销项税额可以直接根据不含税的销售额乘以增值税税率计算；如果采用合并定价的方法，销项税额应根据下列公式计算：

$$销售额=\frac{含税销售额}{1+增值税税率}$$

销项税额＝销售额×增值税税率

企业销售货物或提供应税劳务以后，应根据全部价款，借记“银行存款”等科目；根据销项税额，贷记“应交税费——应交增值税（销项税额）”科目；根据其他价款和价外费用，贷记“主营业务收入”等科目。

（3）视同销售行为。视同销售行为是指企业在会计核算中未做销售处理而税法中要求按照销售行为缴纳增值税的行为，主要包括：①将自产或委托加工的货物用于非应税项目；②将自产、委托加工或购买的货物用于投资、提供给其他单位或个体经营者；③将自产、委托加工或购买的货物分配给股东或投资者；④将自产或委托加工的货物用于集体福利或个人消费；⑤将自产、委托加工或购买的货物无偿赠送他人。

在会计核算中，上述视同销售行为的货物一般按成本转账，不计入销售收入，会计账面中不反映销售额。在计算缴纳增值税时，销售额应按下列顺序确定：①按当月同类货物的平均销售价格确定；②按最近时期同类货物的平均销售价格确定；③按组成计税价格确定，其计算公式为：

组成计税价格＝成本×（1＋成本利润率）

属于应征消费税的货物，其组成计税价格中应加计消费税税额。

（4）混合销售行为。混合销售行为是指在一项销售业务中既涉及货物又涉及非应税劳务的行为。对于从事货物生产、批发或零售的企业，混合销售行为视同销售货物，收取的非应税劳务价款也应一并计征增值税。如前所述，计征增值税销售额中的价外费用大部分属于营业税项目，但由于与销售货物一并进行，属于混合销售行为，应计征增值税。混合销售行为中的非应税项目计征增值税后，不再计征其他税金。

（5）兼营销售行为。兼营销售行为是指在不同的销售业务中分别涉及货物或非应税劳务的行为。企业兼营非应税劳务，如果能够单独进行准确的核算，可以按非应税劳务的性质计征营业税，不计征增值税；如果不分别核算或者不能准确核算，则应与销售货物或提供应税劳务一并计征增值税。

【例9—8】某公司10月份根据发生的有关销项税额业务，编制会计分录如下：

（1）销售甲产品100件，不含税的价款为500 000元，增值税税率17%，增值税销项税额85 000元，款项收到，存入银行。

借：银行存款　　585 000
　贷：主营业务收入　　500 000
　　　应交税费——应交增值税（销项税额）　　85 000

（2）甲产品10件用于在建工程，成本共计35 000元，增值税按当月甲产品的销售价格50 000元和增值税税率17%计算。

借：在建工程　　43 500
　贷：库存商品　　35 000
　　　应交税费——应交增值税（销项税额）　　8 500

（3）用原材料一批对外投资。原材料的账目价值为100 000元，投资双方的不含税协商价值为100 000元，增值税按协商价值的17%计算。

借：长期股权投资　117 000
　贷：原材料　100 000
　　应交税费——应交增值税（销项税额）　17 000

（4）销售乙产品20件，不含税的价款为10 000元，另收取了自营运输费200元，由于该项业务属于混合销售行为，自营运输费应一并缴纳增值税，增值税销项税额为1 734元，共计11 934元，款项收到，存入银行。

借：银行存款　11 934
　贷：主营业务收入　10 000
　　其他业务收入　200
　　应交税费——应交增值税（销项税额）　1 734

6. 增值税出口退税及出口抵减内销产品应纳税额

按照税法规定，出口货物的增值税税率为零，即出口货物在出口环节不征收增值税，但企业在购进出口货物或购进出口货物所耗原材料时还要照章支付增值税进项税额。企业支付的进项税额按规定可以先计入增值税进项税额，在货物进口以后，再根据出口报关单等有关凭证，向税务部门申报办理该项出口货物的退税。

按照现行法规，企业购进出口货物支付的进项税额，不全额退还。企业收到退还的进项税额时，应借记“银行存款”等科目，贷记“应交税费——应交增值税（出口退税）”科目；未退还的部分，也不能从内销产品的销项税额中抵扣，应将其从进项税额中转出，计入销售成本，借记“主营业务成本”科目，贷记“应交税费——应交增值税（进项税额转出）”科目。

如果企业有内销产品，国家对应退的出口退税款将不再直接退还，而是允许企业将这部分出口退税款抵减内销产品的销项税额，借记“应交税费——应交增值税（出口抵减内销产品应纳税额）”科目，贷记“应交税费——应交增值税（出口退税）”科目。

【例9—9】某公司10月份根据发生的有关出口退税业务，编制会计分录如下：

（1）出口丙产品2件，价款折合人民币20 000元，尚未收到。

借：应收账款　20 000
　贷：主营业务收入　20 000

（2）出口丙产品2件所耗原材料为10 000元，进项税额为1 700元，申报退税后，应退回税款900元，允许企业抵减内销产品销项税额。

借：应交税费——应交增值税（出口抵减内销产品应纳税额）　900
　贷：应交税费——应交增值税（出口退税）　900

（3）出口丙产品所耗原材料未退回的进项税额800元（1 700－900），计入销售成本。

借：主营业务成本　800
　贷：应交税费——应交增值税（进项税额转出）　800

7. 当月应交增值税与实交增值税

企业根据当月“应交税费——应交增值税”科目的借、贷方发生额，可以计算出当月应交增值税税额，其计算公式为：

$$\text{应交增值税}=\text{销项税额}-\left(\text{进项税额}-\text{进项税额转出}-\text{出口退税}\right)-\text{出口抵减内销产品应纳税额}$$

企业应交的增值税税额，应根据具体情况按日缴纳或按月预缴。预缴当月增值税时，应借记“应交税费——应交增值税（已交税金）”科目，贷记“银行存款”等科目。

【例9—10】某公司按照规定可以按月缴纳增值税。根据前述有关资料，编制会计分录如下：

（1）10月份应交增值税计算如下：

进项税额＝34 070 ＋ 5 000 ＝ 39 070（元）

进项税额转出＝8 500＋3 400＋800＝12 700（元）

出口退税＝900元

出口抵减内销产品应纳税额＝900元

销项税额＝85 000＋8 500＋17 000＋1734＝112 234（元）

应交增值税＝112 234－（39 070－12 700－900）－900

＝112 234－25 470－900＝85 864（元）

（2）10月份补交10月末未交增值税2 000元，并预交10月份增值税80 000元，合计82 000元。

借：应交税费——未交增值税　　2 000

——应交增值税（已交税金）　　80 000

贷：银行存款　　82 000

8. 转出未交增值税与多交增值税

月末，企业应将当月未交增值税或多交增值税从“应交税费——应交增值税”科目转出，转入“应交税费——未交增值税”科目。转出未交增值税时，应借记“应交税费——应交增值税（转出未交增值税）”科目，贷记“应交税费——未交增值税”科目；转出多交增值税时，应借记“应交税费——未交增值税”科目，贷记“应交税费——应交增值税（转出多交增值税）”科目。

【例9—11】根据例9—10的计算结果，转出未交增值税。

转出未交增值税 ＝ 85 864－80 000＝5 864（元）

借：应交税费——应交增值税（转出未交增值税）　　5 864

贷：应交税费——未交增值税　　5 864

月末未交增值税＝月初未交增值税－当月补交增值税＋当月未交增值税

＝2 000－2 000＋5 864＝ 5 864（元）

9. 小规模纳税人

税法对小规模纳税人的规定标准为：

（1）从事货物生产或提供应税劳务的纳税人，以及以从事货物生产或提供应税劳务为主，并兼营货物批发或零售的纳税人，年应征增值税销售额在100万元以下。

（2）从事货物批发或零售的纳税人，年应征增值税销售额在180万元以下。

同时，税法也规定，如果小规模纳税人的会计核算健全，能按会计制度和税务部门的要求准确核算进项税额、销项税额和应纳税额，可以认定为一般纳税人。

小规模纳税人应交增值税的核算采用简化的方法，即购进货物或接受应税劳务支付的增值税进项税额，一律不予抵扣，均计入购进货物或接受应税劳务的成本。

小规模纳税人的应征增值税销售额计算方法与一般纳税人相同。一般来说，小规模纳税人采用销售额和应纳税额合并定价的方法，销售货物或提供应税劳务后，应进行价税分离，其计算公式为：

$$\text{不含税销售额}=\frac{\text{含税销售额}}{1+\text{征收率}}$$

应纳税额 = 不含税销售额×征收率

小规模纳税人的应纳税额也不计入销售收入。在销售货物或提供应税劳务时，应按全部价款借记“银行存款”等科目，按不含税销售额贷记“主营业务收入”等科目，按应征税额贷记“应交税费——应交增值税”科目。

【例9—12】某企业为小规模纳税人，某月根据发生的购销业务，编制会计分录如下：

（1）购进原材料一批，价款10 000元，增值税1 700元，共计11 700元，款项用银行存款支付。

借：原材料　11 700

　贷：银行存款　11 700

（2）销售产品一批，全部价款为31 800元，款项收到，存入银行，征收率为6%。

不含税销售额 = 31 800÷（1+6%）= 30 000（元）

应纳税额 = 30 000×6% = 1 800（元）

借：银行存款　31 800

　贷：主营业务收入　30 000

　　　应交税费——应交增值税　1 800

（二）应交消费税

1. 纳税义务人

在我国境内生产、委托加工和进口应征消费税的消费品的单位和个人，为消费税的纳税义务人。

2. 销售产品应交消费税

消费税与增值税不同，一般来说，属于价内税，即产品销售收入中包含消费税，也就是说，消费税应由产品销售收入来补偿。消费税实行从价定率或者从量定额的方法计算应纳税额，计算公式如下：

实行从价定率方法计算的应纳税额 = 销售额×税率

实行从量定额方法计算的应纳税额 = 销售数量×单位税额

上列公式中的销售额与计征增值税的销售额口径相同，是指销售应税消费品向购买方收取的不含增值税的全部价款和价外费用。

由于企业销售应税消费品的销售收入中含有应交消费税，在核算消费税时，应设置“营业税金及附加——消费税”科目。该科目属于费用类科目。企业结转应交消费税时，应根据应纳税额借记“营业税金及附加——消费税”科目，贷记“应交税费——应交消费税”科目；实际缴纳消费税时，应借记“应交税费——应交消费税”科目，贷记“银行存款”科目。

【例9—13】某企业某月根据发生的有关消费税业务，编制会计分录如下：

（1）销售应税消费品一批，不含增值税的价款为50 000元，增值税销项税额为8 500元，共计58 500元，款项收到，存入银行。

借：银行存款　58 500

　贷：主营业务收入　50 000

　　　应交税费——应交增值税　8 500

（2）销售该产品的消费税税率为10%，结转应交消费税5 000元。

借：营业税金及附加　5 000

贷：应交税费——应交消费税　　5 000

3. 视同销售应交消费税

企业将自产的应税消费品用于本企业的生产经营、在建工程、集体福利、个人消费，或用于对外投资、分配给股东或投资者或无偿捐赠给他人，均应视同销售，计算缴纳消费税。其销售额应按生产同类消费品的销售价格计算；没有同类消费品销售价格的，应按照组成计税价格计算，其计算公式为：

$$组成计税价格 = \frac{成本 + 利润}{1 - 消费税税率}$$

【例9—14】某企业某月根据发生的有关视同销售业务，编制会计分录如下：

（1）管理部门领用自产的应税消费品甲产品1件，实际成本为5 000元，同类产品的销售价格为10 000元，消费税税率为20%。

应交消费税 = 10 000 ×20% =2 000（元）

借：管理费用　　7 000

　贷：库存商品　　5 000

　　应交税费——应交消费税　　2 000

（2）将自产的应税消费品乙产品一批对外捐赠，实际成本为200 000元，没有同类产品的销售价格，正常的成本利润率为60%，增值税税率为17%，消费税税率为20%。

$$组成计税价格 = \frac{200\ 000 + 200\ 000 \times 60\%}{1 - 20\%} = 400\ 000（元）$$

增值税销项税额 = 400 000 ×17% = 68 000（元）

消费税税额 = 400 000 ×20% = 80 000（元）

借：营业外支出　　348 000

　贷：库存商品　　200 000

　　应交税费——应交增值税（销项税额）　　68 000

　　　　——应交消费税　　80 000

4. 委托加工应交消费税

企业委托外单位加工应税消费品，按税法规定，应由受托方在向委托方交货时代扣代缴消费税，其销售额应按受托方同类消费品的销售价格计算；没有同类消费品销售价格的，应按组成计税价格计算，其计算公式为：

$$组成计税价格 = \frac{材料成本 + 加工费}{1 - 消费税税率}$$

企业收回委托加工的应税消费品，如果用于连续生产应税消费品，按税法规定，缴纳的消费税可以抵扣，应借记“应交税费——应交消费税”科目，贷记“银行存款”等科目；在企业最终销售应税消费品时，再根据其销售额计算应交的全部消费税，借记“营业税金及附加”科目，贷记“应交税费——应交消费税”科目；应交的全部消费税扣除收回委托加工应税消费品时缴纳的消费税，为应补交的消费税，缴纳消费税时，借记“应交税费——应交消费税”科目，贷记“银行存款”科目。

企业收回委托加工的应税消费品，如果不再加工，而是直接出售，则缴纳的消费税应计入收回的应税消费品的成本，借记“委托加工材料”等科目，贷记“银行存款”等科目；在应税消费品出售时，不必再计算缴纳消费税。

【例9—15】某企业根据发生的有关委托加工应税消费品业务，编制会计分录如下：

（1）发出原材料一批，实际成本是100 000元，加工应税消费品。

借：委托加工材料　　100 000

　贷：原材料　　100 000

（2）收回加工完成的应税消费品，作为原材料入库，用银行存款实际支付不含税的加工费20 000元，增值税3 400元；消费税税率是20%，支付消费税30 000元（（100 000＋20 000）÷（1－20%）×20%）；共计53 400元。

如果收回的应税消费品继续加工：

借：委托加工材料　　20 000

　　应交税费——增值税（进项税额）　　3 400

　　　　　　——应交消费税　　30 000

　贷：银行存款　　53 400

借：原材料　　120 000

　贷：委托加工材料　　120 000

如果收回的应税消费品直接出售：

借：委托加工材料　　50 000

　　应交税费——增值税（进项税额）　　3 400

　贷：银行存款　　53 400

借：原材料　　150 000

　贷：委托加工材料　　150 000

5. 缴纳消费税

企业实际缴纳消费税时，应借记“应交税费——应交消费税”科目，贷记“银行存款”科目。

（三）应交营业税

1. 纳税义务人

在我国境内提供交通运输、建筑、金融保险、邮电通信、文化体育、娱乐、服务等劳务以及出租、出售无形资产或销售不动产的单位和个人，为营业税的纳税义务人。

2. 提供劳务和出租、出售无形资产应交营业税

营业税也是一种价内税，其应纳税额的计算公式为：

应纳税额 ＝ 营业额×税率

营业额是指企业提供劳务和出租、出售无形资产等向对方收取的全部价款和价外费用。一般来说，工商企业提供的劳务和出租无形资产不属于其主要经营业务，取得收入时，应通过“其他业务收入”科目进行核算，借记“银行存款”等科目，贷记“其他业务收入”科目；应交的营业税应由其他业务收入来补偿，结转应交营业税时，应借记“营业税金及附加”科目，贷记“应交税费——应交营业税”科目；为提供劳务和出租无形资产而发生的各项成本，也应由其他业务收入来补偿，按照配比原则，应借记“其他业务成本”科目，贷记有关科目。企业出售无形资产取得的价款不属于营业收入，出售无形资产应缴纳的营业税，不通过“营业税金及附加”科目核算，应直接计入应交税费。

【例9—16】某企业对外提供运输劳务，取得运输收入50 000元，存入银行；营业税税率为3%。根据以上资料，编制会计分录如下：

（1）取得运输收入。

借：银行存款　　50 000
　贷：其他业务收入　　50 000

（2）结转应交营业税。

借：营业税金及附加　　1 500
　贷：应交税费——应交营业税　　1 500

3. 销售不动产应交营业税

企业销售不动产取得的收入，也应按规定缴纳营业税。由于不动产属于固定资产，销售不动产的核算，应通过“固定资产清理”科目进行。

【例9—17】某企业根据发生的有关销售不动产业务，编制会计分录如下：

（1）出售房屋一套，实际收取价款300 000元，存入银行。

借：银行存款　　300 000
　贷：固定资产清理　　300 000

（2）结转应交营业税，税率为5%。

借：固定资产清理　　15 000
　贷：应交税费——应交营业税　　15 000

4. 缴纳营业税

企业实际缴纳营业税时，应借记“应交税费——应交营业税”科目，贷记“银行存款”科目。

（四）应交城市维护建设税

城市维护建设税是一种附加税。按照现行税法规定，城市维护建设税应根据应交增值税、消费税和营业税之和的一定比例计算缴纳。城市维护建设税也是一种价内税，应由形成应交税费的各种收入来补偿。结转应交城市维护建设税时，应借记“营业税金及附加”、“固定资产清理”等科目，贷记“应交税费——应交城市维护建设税”科目；实际缴纳城市维护建设税时，应借记“应交税费——应交城市维护建设税”科目，贷记“银行存款”科目。

【例9—18】某企业根据取得的各项收入形成的应交增值税、消费税和营业税及城市维护建设税税率（7%）计算并结转应交城市维护建设税如下：

销售产品应交增值税	100 000元	应交城市维护建设税	7 000元
销售产品应交增值税	50 000元	应交城市维护建设税	3 500元
运输收入应交营业税	20 000元	应交城市维护建设税	1 400元
销售不动产应交营业税	10 000元	应交城市维护建设税	700元
合　计	180 000元	合　计	12 600元

编制会计分录如下：

借：营业税金及附加　　11 900
　　固定资产清理　　700
　贷：应交税费——应交城市维护建设税　　12 600

（五）应交教育费附加

教育费附加是一种附加费。应交教育费附加的计算方法与应交城市维护建设税的计算方法相同。结转应交教育费附加时，应借记“营业税金及附加”、“固定资产清理”等科目，贷记“应交税费——应交教育费附加”科目；实际缴纳教育费附加时，应借记“应交税费——应交教育费附加”科目，贷记“银行存款”科目。

【例9—19】以例9—18资料为例，计算并结转应交教育费附加（费率为3%）。

销售产品应交增值税	100 000元	应交教育费附加	3 000元
销售产品应交增值税	50 000元	应交教育费附加	1 500元
运输收入应交营业税	20 000元	应交教育费附加	600元
销售不动产应交营业税	10 000元	应交教育费附加	300元
合 计	180 000元	合 计	5 400元

编制会计分录如下：

借：营业税金及附加 5 100

固定资产清理 300

贷：应交税费——应交教育费附加 5 400

二、应付职工薪酬

（一）职工的范围

职工薪酬准则所称的“职工”比较宽泛，与《劳动法》中的“劳动者”相比，既有重合，又有拓展，包括以下三类人员：

1. 与企业订立劳动合同的所有人员，含全职、兼职和临时职工。按照《劳动法》的规定，企业作为用人单位与劳动者应当订立劳动合同，职工薪酬准则中的职工首先包括这部分人员，即与企业订立了固定期限、无固定期限和以完成一定的工作为期限的劳动合同的所有人员。

2. 未与企业订立劳动合同，但由企业正式任命的人员，如董事会成员、监事会成员等。按照《公司法》的规定，公司应当设立董事会和监事会，董事会、监事会成员为企业的战略发展提出建议、进行相关监督等，目的是提高企业整体经营管理水平，对其支付的津贴、补贴等报酬从性质上属于职工薪酬。因而，尽管董事会、监事会成员不是《劳动法》中所称的劳动者，未与企业订立劳动合同，但是属于职工薪酬准则所称的职工。

3. 在企业的计划和控制下，虽未与企业订立劳动合同或未由其正式任命，但为其提供与职工类似服务的人员，也属于职工薪酬准则所称的职工。比如，企业与有关中介机构签订劳务用工合同，虽然企业并不直接与合同下雇用的人员订立单项劳动合同，也不任命这些人员，但通过劳务用工合同，这些人员在企业相关人员的领导下，按照企业的工作计划和安排，为企业提供与本企业职工类似的服务。换句话说，如果企业不使用这些劳务用工人员，也需要雇用职工订立劳动合同，以提供类似服务，因而，这些劳务用工人员属于职工薪酬准则所称的职工。

（二）职工薪酬的范围

职工薪酬是企业因职工提供服务而支付或放弃的所有对价，企业在确定应当作为职工薪酬进行确认和计量的项目时，需要综合考虑，确保企业人工成本核算的完整性和准确性。职工薪酬准则规定的职工薪酬主要包括以下内容：

1. 职工工资、奖金、津贴和补贴，是指按照国家统计局的规定构成工资总额的计时工资、计件工资、支付给职工的超额劳动报酬和增收节支的劳动报酬、为了补偿职工特殊或额外的劳动消耗和因其他特殊原因支付给职工的津贴，以及为了保证职工工资水平不受物价影响支付给职工的物价补贴等。

2. 职工福利费，主要是尚未实行分离办社会职能或主辅分离、辅业改制的企业，内设医务室、职工浴室、理发室、托儿所等集体福利机构人员的工资、医务经费、职工因公负伤赴外地就医路费、职工生活困难补助、未实行医疗统筹企业职工医疗费用，以及按规定发生的其他职工福利支出。

3. 医疗保险费、养老保险费、失业保险费、工伤保险费和生育保险费等社会保险费，是指企业按照国务院、各地方政府或企业年金计划规定的基准和比例计算，向社会保险经办机构缴纳的医疗保险费、养老保险费（包括向社会保险经办机构缴纳的基本养老保险费和向企业年金基金相关管理人缴纳的补充养老保险费）、失业保险费、工伤保险费和生育保险费。企业以购买商业保险形式提供给职工的各种保险待遇属于职工薪酬，应当按照职工薪酬准则进行确认、计量和披露。

养老保险是我国企业提供给职工离职后福利的主要形式，分为三个层次：第一层次是社会统筹与职工个人账户相结合的基本养老保险；第二层次是企业补充养老保险；第三层次是个人储蓄性养老保险，属于职工个人的行为，与企业无关，不属于职工薪酬准则规范的范畴。

4. 住房公积金，是指企业按照国务院《住房公积金管理条例》规定的基准和比例计算，向住房公积金管理机构缴存的住房公积金。

5. 工会经费和职工教育经费，是指企业为了改善职工文化生活、为职工学习先进技术和提高文化水平及业务素质，用于开展工会活动和职工教育及职业技能培训等相关支出。

6. 非货币性福利，是指企业以自己的产品或外购商品发放给职工作为福利，企业提供给职工无偿使用自己拥有的资产或租赁资产供职工无偿使用，比如提供给企业高级管理人员使用的住房，免费为职工提供诸如医疗保健的服务，或向职工提供企业支付了一定补贴的商品或服务等，比如以低于成本的价格向职工出售住房等。

7. 因解除与职工的劳动关系给予的补偿，是指由于分离办社会职能、实施主辅分离、辅业改制，重组、改组计划、职工不能胜任等原因，企业在职工劳动合同尚未到期之前解除与职工的劳动关系，或者为鼓励职工自愿接受裁减而提出补偿建议的计划中给予职工的经济补偿，即国际财务报告准则中所指的辞退福利。

8. 其他与获得职工提供的服务相关的支出，是指除上述七种薪酬以外的其他为获得职工提供的服务而给予的薪酬，比如企业提供给职工以权益形式结算的认股权、以现金形式结算但以权益工具公允价值为基础确定的现金股票增值权等。

总之，从薪酬的涵盖时间和支付形式来看，职工薪酬包括企业在职工在职期间和离职后给予的所有货币性薪酬和非货币性福利；从薪酬的支付对象来看，职工薪酬包括提供给职工本人和其配偶、子女或其他被赡养人的福利，比如支付给因公伤亡职工的配偶、子女或其他被赡养人的抚恤金。

（三）应付职工薪酬的确认和计量

职工薪酬准则规定，企业应当在职工为其提供服务的会计期间，将应付的职工薪酬确认为负债，除因解除与职工的劳动关系给予的补偿外，应当根据职工提供服务的受益对象，分别下列情况处理：

1. 应由生产产品、提供劳务负担的职工薪酬，计入产品成本或劳务成本。生产产品、提供劳务中的直接生产人员和直接提供劳务人员发生的职工薪酬，根据《企业会计准则第 1 号——存货》的规定，计入存货成本，但非正常消耗的直接生产人员和直接提供劳务人员的职工薪酬，应当在发生时确认为当期损益。

2. 应由在建工程、无形资产负担的职工薪酬，计入固定资产或无形资产成本。自行建造固定资产和自行研究开发无形资产过程中发生的职工薪酬，能否计入固定资产或无形资产成本的原则，根据《企业会计准则第 4 号——固定资产》和《企业会计准则第 6 号——无形资产》确定。比如企业在研究阶段发生的职工薪酬不能计入自行开发无形资产的成本，在开发阶段发生的职工薪酬，符合《企业会计准则第 6 号——无形资产》资本化条件的，应当计入自行开发无形资产的成本。

3. 上述两项之外的其他职工薪酬，计入当期损益。除直接生产人员、直接提供劳务人员、建造固定资产人员、开发无形资产人员以外的职工，包括公司总部管理人员、董事会成员、监事会成员等人员相关的职工薪酬，因难以确定直接对应的受益对象，均应当在发生时计入当期损益。

【例 9—20】某公司从银行提取现金 390 000 元，发放工资。月份终了，分配工资，其中：生产工人工资 280 000 元，管理人员工资 45 000 元，销售人员工资 3 000 元，车间管理人员工资 22 500 元，在建工程人员工资 15 000 元，工会人员工资 4 500 元。另支付退休人员退休费 20 000 元（假定无代扣个人所得税等）。该公司应作如下账务处理：

（1）从银行提取现金：

借：库存现金　　390 000

　贷：银行存款　　390 000

（2）以现金发放职工工资：

借：应付职工薪酬——工资　　370 000

　贷：库存现金　　370 000

（3）发放退休人员费用：

借：管理费用　　20 000

　贷：库存现金　　20 000

（4）月份终了，分配工资：

借：生产成本　　280 000

　　制造费用　　22 500

　　管理费用　　45 000

　　销售费用　　3 000

　　在建工程　　15 000

　　其他应付款　　4 500

　贷：应付职工薪酬——工资　　370 000

如果有代扣职工个人所得税，则发放工资时，应当由“应付职工薪酬——工资”账户转入“应交税费——应交个人所得税”账户。

（四）应付社会保险费和住房公积金

1. 社会保险费和住房公积金的计提

社会保险费是按国家规定由企业和职工共同负担的费用，包括医疗保险费、养老保险费、失业保险费、工伤保险费和生育保险费等。住房公积金是按照国家规定由企业和职工共同负担用于解决职工住房问题的费用。为了反映社会保险费和住房公积金的提取和缴纳情况，应在“应付职工薪酬”科目下设置“社会保险费”和“住房公积金”明细科目。

应由职工个人负担的社会保险费和住房公积金，属于职工工资的组成部分，应根据职工工资的一定比例计算，并在职工工资中扣除，借记“应付职工薪酬——工资”科目，贷记“其他应付款”科目。

应由企业负担的社会保险费和住房公积金，应在职工为其提供服务的会计期间，根据职工工资的一定比例计算，并按照规定的用途进行分配，借记“生产成本”、“制造费用”、“管理费用”、“销售费用”、“在建工程”和“研发支出”等科目，贷记“应付职工薪酬——社会保险费（或住房公积金）”科目。

2. 社会保险费和住房公积金的缴纳

企业缴纳社会保险费和住房公积金时，应根据职工负担的部分，借记“其他应付款”科目；根据企业负担的部分，借记“应付职工薪酬——社会保险费”和“应付职工薪酬——住房公积金”科目；根据缴纳的全部社会保险费和住房公积金，贷记“银行存款”科目。

（五）应付福利费

在我国，企业职工从事生产经营活动除了领取劳务报酬以外，还享受一定的福利补助，如医疗费、独生子女保健费等。为了反映职工福利的支付与分配情况，应在“应付职工薪酬”科目下设置“职工福利”明细科目。

1. 应付福利费的支出

企业发生福利费支出时，应借记“应付职工薪酬——职工福利”科目，贷记有关科目。

【例 9—21】某公司 10 月份用现金支付职工洗理费 500 元，编制会计分录如下：

借：应付职工薪酬——职工福利　　500

　贷：库存现金　　500

2. 应付福利费的分配

月末，企业应按照用途对发生的职工福利费进行分配。在各月实际发生的职工福利费相差不多的情况下，可以根据实际发生的金额进行分配；如果各月发生的职工福利费相差较大，则应根据估计的金额进行分配。

企业分配职工福利费时，应借记“生产成本”、“制造费用”、“管理费用”、“销售费用”、“在建工程”和“研发支出”等科目，贷记“应付职工薪酬——职工福利”科目。

（六）应付工会经费和职工教育经费

1. 工会经费和职工教育经费的计提

工会经费是按照国家规定由企业负担的用于工会活动方面的经费。职工教育经费是按国家规定由企业负担的用于职工教育方面的经费。为了反映工会经费和职工教育经费的提取和使用情况，应在“应付职工薪酬”科目下设置“工会经费”和“职工教育经费”明细科目。

企业计提工会经费和职工教育经费时，应根据职工工资的一定比例计算，并按职工工资的用途进行分配，借记“生产成本”、“制造费用”、“管理费用”、“销售费用”、“在建工程”和“研发支出”等科目，贷记“应付职工薪酬——工会经费（或职工教育经费）”科目。

2. 工会经费和职工教育经费的使用

企业的工会作为独立法人，一般可以在银行独立开户，实行独立核算。企业划拨工会经费时，应借记“应付职工薪酬——工会经费”科目，贷记“银行存款”科目。如果企业的工会经费由企业代管，则在发生工会经费支出时，借记“应付职工薪酬——工会经费”科目，贷记有关科目。

企业计提的职工教育经费，一般由企业代管，发生各项支出时，借记“应付职工薪酬——职工教育经费”科目，贷记有关科目。

（七）应付非货币性福利

1. 非货币性福利的支付

非货币性福利是指企业以非货币性资产支付给职工的薪酬，主要包括企业以自己的产品或其他有形资产发放给职工作为福利，向职工无偿提供自己拥有的资产供其使用，以及为职工无偿提供医疗保健服务等。为了反映非货币性福利的支付与分配情况，应在“应付职工薪酬”科目下设置“非货币性福利”明细科目。

企业以其生产的产品或外购商品作为非货币性福利提供给职工的，应当作为正常产品（商品）销售处理，按照该产品（商品）的公允价值确定非货币性福利金额，借记“应付职工薪酬——非货币性福利”科目，贷记“主营业务收入”、“应交税费——应交增值税（销项税额）”科目。

企业无偿向职工提供住房等资产使用的，应当根据该住房每期应计提的折旧确定非货币性福利金额，借记“应付职工薪酬——非货币性福利”科目，贷记“累计折旧”等科目。企业提供租赁住房等资产供职工无偿使用的，应当根据每期应付的租金确定非货币性福利金额，借记“应付职工薪酬——非货币性福利”科目，贷记“银行存款”等科目。

2. 非货币性福利的分配

企业应按照用途对实际发生的非货币性福利进行分配。企业分配非货币性福利时，应借记“生产成本”、“制造费用”、“管理费用”、“销售费用”、“在建工程”和“研发支出”等科目，贷记“应付职工薪酬——非货币性福利”科目。

（八）解除劳动关系补偿（亦称辞退福利）

1. 辞退福利的含义

职工薪酬准则规定的辞退福利包括两方面的内容：一是在职工劳动合同尚未到期前，不论职工本人是否愿意，企业决定解除与职工的劳动关系而给予的补偿；二是在职工劳动合同尚未到期前，为鼓励职工自愿接受裁减而给予的补偿，职工有权利选择继续在职或接受补偿离职。辞退福利包括当公司控制权发生变动时，对辞退的管理层人员进行补偿的情况。

辞退福利通常采取解除劳动关系时一次性支付补偿的方式，也有通过提高退休后养老金或其他离职后福利的标准，或者在职工不再为企业带来经济利益后，将职工工资支付到辞退后未来某一期间的方式。

2. 辞退福利的确认

职工薪酬准则规定，企业在职工劳动合同到期之前解除与职工的劳动关系，或者为鼓励职工自愿接受裁减而提出给予补偿的建议，同时满足下列条件的，应当确认因解除与职工的劳动关系给予补偿而产生的预计负债，同时计入当期管理费用：

（1）企业已经制定正式的解除劳动关系计划或提出自愿裁减建议，并即将实施。该计划或建议应当包括拟解除劳动关系或裁减的职工所在部门、职位及数量；根据有关规定按工作类别或职位确定的解除劳动关系或裁减补偿金额；拟解除劳动关系或裁减的时间。

这里所称“正式的辞退计划或建议”应当经过董事会或类似权力机构的批准；“即将实施”是指辞退工作一般应当在一年内实施完毕，但因付款程序等原因使部分付款推迟到一年后支付的，视为符合辞退福利预计负债确认条件。

（2）企业不能单方面撤回解除劳动关系计划或裁减建议。如果企业能够单方面撤回解除劳动关系计划或裁减建议，则表明未来经济利益流出不是很可能，因而不符合负债的确认条件。

3. 辞退福利的计量

企业应当根据职工薪酬准则和《企业会计准则第 13 号——或有事项》，严格按照辞退计划条款的规定，合理预计并确认辞退福利产生的负债。辞退福利的计量因辞退计划中职工有无选择权而有所不同：

（1）对于职工没有选择权的辞退计划，应当根据计划条款规定拟解除劳动关系的职工数量、每一职位的辞退补偿等计提应付职工薪酬（预计负债）。

（2）对于自愿接受裁减的建议，因接受裁减的职工数量不确定，企业应当根据《企业会计准则第 13 号——或有事项》规定，预计将会接受裁减建议的职工数量，根据预计的职工数量和每一职位的辞退补偿等计提应付职工薪酬（预计负债）。

（3）实质性辞退工作在一年内实施完毕但补偿款项超过一年支付的辞退计划，企业应当选择恰当的折现率，以折现后的金额计量应计入当期管理费用的辞退福利金额，该项金额与实际应支付的辞退福利款项之间的差额，作为未确认融资费用，在以后各期实际支付辞退福利款项时，计入财务费用。账务处理上，确认因辞退福利产生的预计负债时，借记“管理费用”、“未确认融资费用”科目，贷记“应付职工薪酬——辞退福利”科目；各期支付辞退福利款项时，借记“应付职工薪酬——辞退福利”科目，贷记“银行存款”科目；同时，借记“财务费用”科目，贷记“未确认融资费用”科目。

（九）其他形式的职工薪酬

除上述工资、五险一金、非货币性福利等常规薪酬外，实务中，企业还存在如下形式的职工薪酬：

1. 带薪缺勤

企业可能对各种原因产生的缺勤进行补偿，比如年休假、生病、短期伤残、婚假、产假、丧假、探亲假等。根据带薪权利能否结转下期使用，带薪缺勤可以分为两类：

（1）累积带薪缺勤，是指权利可以结转下期的带薪缺勤，如果本期的权利没有用完，可以在未来期间使用。有些累积带薪缺勤在职工离开企业时，对未行使的权利有权获得现金支付。

当职工提供了服务从而增加了其享有的未来带薪缺勤的权利时，企业就产生了一项义务，应当予以确认；职工累积未使用的权利在其离开企业时是否有权获得现金支付，不影响义务的确认，但影响计量的义务金额：如果职工在离开企业时不能获得现金支付，则企业应当根据资产负债表日因累积未使用权利而导致的预期支付的追加金额，作为累积带薪缺勤的预期费用计量，因为职工可能在使用累积非既定权利之前离开企业。如果职工在离开企业时能够获得现金支付，企业就应当确认企业必须支付的、职工全部累积未使用权利的金额。

（2）非累积带薪缺勤，是指权利不能结转下期的带薪缺勤，即如果当期权利没有行使完，就予以取消，并且职工在离开企业时对未使用的权利无权获得现金支付。根据我国《劳动法》规定，国家实行带薪年休假制度，劳动者在法定休假日和婚丧假期间以及依法参加社会活动期间，用人单位应当依法支付工资。因此，我国企业职工休婚假、产假、丧假、探亲假、病假期间的工资通常属于非累积带薪缺勤。由于职工提供服务本身不能增加其能够享受的福利金额，企业应当在职工缺勤时确认负债和相关资产成本或当期损益。实务中，我国企业一般是在缺勤期间计提应付工资时一并处理。

2. 利润分享和奖金计划

为了鼓励职工长期留在企业提供服务，有的企业可能制订利润分享和奖金计划，规定当职工在企业工作了特定年限后，能够享有按照企业净利润的一定比例计算的奖金，如果职工在企业工作到特定期末，其提供的服务就会增加企业应付职工薪酬金额，尽管企业没有支付这类奖金的法定义务，但是如果有支付此类奖金的惯例，或者说企业除了支付奖金外没有其他现实的选择，这样的计划就使企业产生了一项推定义务。当且仅当符合下列两个条件时，企业才应确认由利润分享和奖金计划所产生的应付职工薪酬义务：

（1）企业因过去事项现在负有做出支付的法定义务或推定义务；

（2）利润分享和奖金计划义务的金额能够可靠估计。属于以下三种情形之一的，视为义务金额能够可靠估计：

①在财务报表批准报出之前企业已确定应支付的奖金金额。

②该奖金计划的正式条款中包括确定奖金金额的公式。

③过去的惯例为企业确定推定义务金额提供了明显证据。

实务中，实行工效挂钩的企业根据企业经济效益增长的实际情况提取的工资，类似于利润分享和奖金计划。但是，这类计划是按照企业实现净利润的一定比例确定享受的福利，与企业经营业绩挂钩，仍然是由于职工提供服务而产生的，不是由企业与其所有者之间的交易而产生，因此，企业应当将利润分享和奖金计划作为费用处理（或根据相关准则，作为资产成本的一部分），不能作为净利润的分配。

第四节　或有事项和或有负债

一、或有事项的概念及特征

市场经济条件下，企业在经营活动中有时会面临诉讼、仲裁、重组等具有较大不确定性的经济事项，还有企业为其他单位提供债务担保，对消费者提供产品质量保证等，也是如此。这些不确定事项对企业的财务状况和经营成果可能会产生较大的影响，在会计上被称为或有事项。根据《企业会计准则第 13 号——或有事项》的规定，或有事项是指过去的交易或者事项形成的，其结果须由某些未来事项的发生或不发生才能决定的不确定事项。常见的或有事项主要包括：未决诉讼或未决仲裁、债务担保、产品质量保证（含产品安全保证）、亏损合同、重组义务、环境污染整治、承诺等。或有事项具有以下特征：

（一）或有事项是由过去的交易或者事项形成的

或有事项作为一种不确定事项，是由企业过去的交易或者事项形成的。由过去的交易或者事项形成，是指或有事项的现存状况是过去交易或者事项引起的客观存在。例如，未决诉讼虽然是正在进行中的诉讼，但该诉讼是企业因过去的经济行为导致起诉其他单位或被其他单位起诉，这是现存的一种状况，而不是未来将要发生的事项。由于或有事项具有因过去的交易或者事项而形成这一特征，未来可能发生的自然灾害、交通事故、经营亏损等事项，不属于或有事项准则规范的或有事项。

（二）或有事项的结果具有不确定性

或有事项的结果具有不确定性，是指或有事项的结果是否发生具有不确定性或者或有事项的结果预计将会发生，但发生的具体时间或金额具有不确定性。例如有些未决诉讼，被告是否会败诉，在案件审理过程中有时是难以确定的，需要根据法院判决情况加以确定。再如，某企业因生产排污治理不力并对周围环境造成污染而被起诉，如无特殊情况，该企业很可能败诉。但是，在诉讼成立时，该企业因败诉将支出多少金额，或者何时将发生这些支出，可能是难以确定的。

（三）或有事项的结果须由未来事项决定

由未来事项决定是指或有事项的结果只能由未来不确定事项的发生或不发生才能决定。或有事项对企业是有利影响还是不利影响，或已知是有利影响或不利影响但影响多大，在或有事项发生时是难以确定的，只能由未来不确定事项的发生或不发生才能证实。例如，企业为其他单位提供债务担保，该担保事项最终是否会要求企业履行偿还债务的连带责任，一般只能看被担保方的未来经营情况和偿债能力。如果被担保方经营情况和财务状况良好且有较好的信用，那么企业将不需要履行该连带责任。只有在被担保方到期无力还款时，企业（担保方）才承担偿还债务的连带责任。

二、或有负债与其义务的确认

或有负债是指过去的交易或者事项形成的潜在义务，其存在须通过未来不确定事项的发生或不发生予以证实；或过去的交易或者事项形成的现时义务，履行该义务不是很可能导致经济利益流出企业或该义务的金额不能可靠计量。

按照我国现行会计准则的规定，结果的可能性分为四个档次：（1）基本确定，是指发生的概率区间为大于95%至小于100%；（2）很可能，是指发生的概率区间为大于50%至小于或等于95%；（3）可能，是指发生的概率区间为大于5%至小于或等于50%；（4）极小可能，是指发生的概率区间为大于0%至小于或等于5%。

或有负债涉及两类义务：一类是潜在义务；另一类是现时义务。

1. 潜在义务。潜在义务是指结果取决于不确定未来事项的可能义务。也就是说，潜在义务最终是否转变为现时义务，由某些未来不确定事项的发生或不发生才能决定。或有负债作为一项潜在义务，其结果如何只能由未来不确定事项的发生或不发生来证实。

2. 现时义务。现时义务是指企业在现行条件下已承担的义务。或有负债作为现时义务，其特征在于：该现时义务的履行不是很可能导致经济利益流出企业，或者该现时义务的金额不能可靠地计量。其中，“不是很可能导致经济利益流出企业”，是指该现时义务导致经济利益流出企业的可能性不超过50%（含50%）。“金额不能可靠计量”是指，该现时义务导致经济利益流出企业的“金额”难以合理预计，现时义务履行的结果具有较大的不确定性。

【例9—22】20×5年1月，B公司从银行贷款人民币2 000万元，期限2年，由A公司全额担保；20×7年4月，C公司从银行贷款美元100万元，期限1年，由A公司担保50%；20×7年6月，D公司通过银行从G公司贷款人民币1 000万元，期限2年，由A公司全额担保。截至20×7年12月31日的情况如下：B公司贷款逾期未还，银行已起诉B公司和A公司；C公司由于受政策影响和内部管理不善等原因，经营效益不如以往，可能不能偿还到期美元债务；D公司经营情况良好，预期不存在还款困难。

本例中，对B公司而言，A公司很可能需履行连带责任，但损失金额是多少，目前还难以预计；就C公司而言，A公司可能需履行连带责任；就D公司而言，A公司履行连带责任的可能性极小。根据或有事项准则的规定，这三项债务担保形成A公司的或有负债，不符合预计负债的确认条件，A公司应当在20×7年12月31日的财务报表附注中披露相关债务担保的被担保单位、担保金额及财务影响等。

或有负债不符合负债要素的定义和确认条件，企业不应当确认或有负债，而应当按照或有事项准则的规定进行相应的披露。但是，影响或有负债的多种因素处于不断变化之中，企业应当持续地对这些因素予以关注。随着时间的推移和事态的进展，或有负债对应的潜在义务可能转化为现时义务，原本不是很可能导致经济利益流出的现时义务也可能被证实将很可能导致企业流出经济利益，并且现时义务的金额也能够可靠计量。这时或有负债就转化为企业的负债或预计负债，符合负债（预计负债）的确认条件，应当予以确认，但企业不应当就未来经营亏损确认为预计负债。

三、预计负债的确认和计量

或有事项的确认和计量通常是指预计负债的确认和计量。或有事项形成的或有资产只有在企业基本确定能够收到的情况下，才转变为真正的资产，从而应当予以确认。

（一）预计负债的确认条件

与或有事项相关的义务同时满足下列条件的，应当确认为预计负债：该义务是企业承担的现时义务；履行该义务很可能导致经济利益流出企业；该义务的金额能够可靠地计量。

企业因或有事项承担了现时义务，并不说明该现时义务很可能导致经济利益流出企业。例如，20×7年5月1日，甲企业与乙企业签订协议，承诺为乙企业的2年期银行借款提供全额担保。对于甲企业而言，由于担保事项而承担了一项现时义务，但这项义务的履行是否很可能导致经济利益流出企业，需依据乙企业的经营情况和财务状况等因素加以确定。假定20×7年末，乙企业的财务状况恶化，且没有迹象表明可能发生好转。此种情况出现表明乙企业很可能违约，从而甲企业履行承担的现时义务将很可能导致经济利益流出企业。

（二）预计负债的计量

或有事项按照前述标准确认为预计负债，其金额应是清偿该负债所需支出的最佳估计数。如果所需支出存在一个金额范围，则最佳估计数应按该范围的上、下限的平均数确定。如果所需支出不存在一个金额范围，则在或有事项涉及单个项目时，按最可能发生的金额确定；在或有事项涉及多个项目时，按各种可能发生额及其发生的概率计算确定。

如果确认的预计负债所需支出预计可以全部或部分由第三方补偿，则补偿金额只能在基本确定能收到时，作为资产单独确认，且确认的金额不应超过所确认负债的账面价值。

四、或有事项的内容及会计处理

（一）财产担保债务

企业以自有的财产作为抵押品为其他单位担保向银行或其他金融机构借款，如果在到期日其他单位偿还了借款，企业不承担任何责任；如果其他单位不能偿还借款，则企业应以作为抵押品的财产承担为其他单位偿还借款的债务。一般来说，被担保的债务到期时，被担保的其他单位能够偿还债务，即该项义务不是很可能导致经济利益流出企业，因而不应确认为预计负债。也就是说，企业在以财产为其他单位做担保时，形成了一项或有负债。

（二）未决诉讼和未决仲裁

当企业涉及一项尚未判决的诉讼案件或仲裁案件时，对于原告提出的赔偿要求，如果企业胜诉，将不承担赔偿责任；如果败诉，将会承担债务责任。如果企业预计案件判决的结果很可能是企业败诉，则应确认为一项负债，借记“营业外支出”科目，贷记“预计负债”科目；同时，如果企业基本确定赔偿的金额能够全部或部分由第三方补偿，则应将获得补偿的金额确认为一项资产，冲减赔偿支出，借记“其他应收款”科目，贷记“营业外支出”科目，但是，确认资产的数额不应超过很可能赔偿的金额。反之，如果企业预计案件判决的结果很可能是企业胜诉，则不应确认为一项负债，也就是说，在企业被提起赔偿诉讼后，形成了一项或有负债。

（三）产品质量担保债务

企业售出附有保修期的产品后，在保修期内如不发生质量问题，企业将不发生售后费用支出；如果发生质量问题，则应负责修理或退换。期末，企业应根据很可能发生的保修费用，确认为一项负债，借记“销售费用”科目，贷记“预计负债”科目。

【例9—23】甲公司销售一批产品50 000台，保修期为1年。根据以往经验判断，约2%的产品可能返修，每台的保修费用为20元。根据以上资料，编制会计分录如下：

预计保修费用 = 50 000 × 2% × 20 = 20 000（元）

借：销售费用　　20 000

　贷：预计负债　　20 000

（四）亏损合同

亏损合同是指在履行合同义务过程中，发生的成本预期将超过与合同相关的未来流入经济利益的合同。这里所称“发生的成本”，是指履行合同义务不可避免发生的成本，反映了退出该合同的最低净成本，即履行该合同的成本与未能履行该合同而发生的补偿或处罚两者之中的较低者。当发生亏损合同时，如果合同存在标的资产，应当对标的资产进行减值测试并按规定确认减值损失，通常不确认预计负债；如果合同不存在标的资产，亏损合同相关义务满足规定条件时，应当确认预计负债。

五、或有事项的披露

企业应当在附注中披露与或有事项有关的下列信息：

（一）预计负债

1. 预计负债的种类、形成原因以及经济利益流出不确定性的说明。

2. 各类预计负债的期初、期末余额和本期变动情况。

3. 与预计负债有关的预期补偿金额和本期已确认的预期补偿金额。

（二）或有负债（不包括极小可能导致经济利益流出企业的或有负债）

1. 或有负债的种类及形成原因，包括已贴现商业承兑汇票、未决诉讼、未决仲裁、对外提供担保等形成的或有负债。

2. 经济利益流出不确定性的说明。

3. 或有负债预计产生的财务影响，以及获得补偿的可能性；无法预计的，应当说明原因。

在涉及未决诉讼、未决仲裁的情况下，披露全部或部分信息预期对企业造成重大不利影响的，企业无须披露这些信息，但应当披露该未决诉讼、未决仲裁的性质，以及没有披露这些信息的事实和原因。

复习思考题

1. 简述流动负债的含义及特征。
2. 一般纳税人支付的哪些增值税进项税额不能抵扣？
3. 一般纳税人的哪些业务应视同销售？
4. 企业收回哪些应税消费品支付的消费税应计入应税消费品成本？
5. 职工薪酬包括哪些内容？
6. 或有事项作为一项义务，在什么情况下应确认为预计负债？

练习题

1. 甲公司为增值税一般纳税企业，适用的增值税税率为17%，存货收发采用实际成本核算。该企业2008年2月发生下列经济业务。

（1）购入一批原材料，增值税专用发票上注明的原材料价款为200 000元、增值税为34 000元，货款已经支付，另购入材料过程中支付运费1 000元（进项税额按7%的扣除率计算），材料已经到达并验收入库。

（2）收购农业产品，实际支付的价款为10 000元，收购的农业产品已验收入库，增值税抵扣税率为13%。

（3）将一批原材料用于工程项目，材料成本是20 000元。

（4）用原材料对外投资，该批原材料的成本是500 000元，双方协议价格为600 000元。

（5）销售产品一批，销售价格为468 000元（含增值税），实际成本为360 000元，提货单和增值税专用发票已交购货方，货款尚未收到。该销售符合收入确认条件。

（6）在建工程领用库存商品一批，实际成本为40 000元，计税价格为50 000元。

（7）月末盘亏原材料一批，该批原材料的实际成本为30 000元，经查属于计量误差所致，经批准可以处理。

（8）用银行存款缴纳本月增值税80 000元。

（9）月末将本月应交未交增值税转入未交增值税明细科目。

要求：根据上述业务编制有关会计分录。

2. 甲公司是增值税一般纳税企业，增值税税率为17%，消费税税率为10%。材料按照实际成本进行核算，2008年3月发生了下列经济业务：

（1）委托加工原材料一批（属于应税消费品），发出原材料成本为 17 0000 元，支付加工费 10 000 元，增值税为 1 700 元；委托方代扣代缴了消费税。委托加工的原材料已全部收回，将直接出售，加工费和税金已用银行存款支付。

（2）收回的委托加工原材料全部出售，收取价款 220 000 元，增值税 37 400 元，存入银行。

要求：根据上述业务编制有关会计分录。

3. 甲股份有限公司（简称甲公司）2007 年 12 月发生如下事项：

（1）5 日，因甲公司产品发生质量问题，致使一名消费者死亡。12 月 3 日，消费者家属上诉至法院，要求赔偿 800 000 元，至年末本诉讼尚未判决。甲公司研究认为，质量问题已被权威部门认定，本诉讼胜诉的可能性几乎为零。但因为有关法律没有相关的赔偿规定，律师认为最可能的赔偿金额是 500 000 元。

（2）10 日，甲公司接到法院的通知，通知中说由于某联营企业在两年前的一笔借款到期，本息合计为 120 000 元。因联营企业无力偿还，债权单位（贷款单位）已将本笔贷款的担保企业甲公司告上法庭，要求甲公司履行担保责任，代为清偿。甲公司经研究认为，目前联营企业的财务状况极差，甲公司有 80% 的可能性承担全部本息的偿还责任。但随着联营企业项目到位，基本确定能由联营企业补偿 80 000 元。

（3）12 日，甲公司司机驾驶大货车在高速公路上追尾，致使被追尾车辆连同贵重原材料遭受重大损失，受害单位要求赔偿 200 000 元。交警已明确责任，这次事故应由甲公司负完全责任。甲公司认为，情况属实，当时因急需材料，强令本公司司机日夜兼程，过度疲劳驾驶，以致发生重大事故。甲公司已同意赔偿 200 000 元，除 50 000 元可获得保险公司理赔外，其余 150 000 元全部由公司承担。此笔赔偿款在 12 月 31 日尚未支付。

要求：根据上述业务编制有关会计分录。

第十章　非流动负债

第一节　非流动负债概述

一、非流动负债的特点

非流动负债是指偿付期超过一年或一个营业周期的负债。

与流动负债相比，非流动负债主要有以下特点：第一，非流动负债往往是为了满足企业长期、大额资金需要所举借，因此数额相对较大，而且偿还期限较长，一般长于一年或一个营业周期；第二，非流动负债的还款付息方式较为灵活多样，可采取分期付息、到期一次还本方式，也可采用到期一次还本付息方式，或者分期偿还负债本息等方式；第三，非流动负债的资金负担相对较大，风险相对较高，因而其资金成本也往往高于流动负债；第四，非流动负债的债权人更容易也更可能干预企业的经营。

与发行股票筹资相比，非流动负债的有利之处主要在于：第一，举借非流动负债不影响企业原有的股权结构，一般也不会影响股票价格。增发股票将会稀释每股收益额，从而导致股票价格的下跌；第二，长期债权人在企业的经营决策中通常没有表决权，不论企业经营状况如何，他们都将按设定的利率获取利息，不参与剩余利益的分配。所以，举债经营所获得的投资报酬率如果高于非流动负债的利率，剩余利益将全部归股东所有；第三，在缴纳所得税时，非流动负债的利息支出可以作为正常的经营费用从应税收益中扣减，而股利只能从税后利润中支付，不能作为纳税扣减项目。

当然，举债经营也有其不足之处，主要表现在：

1. 非流动负债利息是企业必须定期支付的固定费用，如果举债经营的投资报酬率低于非流动负债的资金成本率，将会带来减少股东利益的风险。

2. 债权人对企业资产有优先求偿权，如果企业资金周转困难，债权人的求偿权可能使企业面临破产清算。因此，举债经营通常给企业带来较大的财务风险，要求企业在逼近债务的偿还期时应具有较大的财务弹性。

由于举借非流动负债同时具有上述有利和不足之处，企业在进行财务决策时应充分考虑到各方面情况，选择适当的筹资方法，适度举债。

二、非流动负债的分类

（一）按资金筹措方式的不同

非流动负债按资金筹措方式的不同可以分为长期借款、应付债券、长期应付款、长期应付票据和专项应付款等。

（二）按偿还方式不同

非流动负债按偿还方式不同可分为定期偿还和分期偿还两种。定期偿还是指在约定的负债到期日一次还清债务本金；分期偿还则是指在规定的举债期限内分若干次偿还债务本金。另外，非流动负债的利息也有多种偿还方式，比如到期一次支付、分期等额支付等。

（三）按担保条件划分

非流动负债按有无担保可划分为担保非流动负债和无担保非流动负债（也称信用负债）。担保非流动负债是以企业提供的担保为基础举借的非流动负债；无担保非流动负债则是以企业的信誉为基础举借，而无担保措施的非流动负债。

三、非流动负债利息的计算

由于非流动负债的期限长，而且一般金额大，因而利息是一项很重要的因素。利息的计算方法有单利和复利两种。

（一）单利

单利是指在涉及两个或两个以上的计息期的情况下，各期的利益均只按最初的本金计算，所生利息不加入本金重复计算以后期间的利息。计算公式如下：

单利利息＝本金×利率×计息期数

本利和＝本金×（1＋利率×计息期数）

（二）复利

复利是一种将前期利息加入后期本金计算利息的方法，俗称利滚利。计算公式如下：

本利和＝本金×（1＋利率）^{n}

现值和终值是两个重要的概念。现值是现在付款或收款的金额。终值则是未来某个时点付款或收款的金额，也就是本利和。这两个概念是建立在货币时间价值基础之上的。所谓货币时间价值，是指一定数额的货币在不同时点的价值差额，也就是说今天的一元钱和一年后的一元钱价值不一样了。在现实生活中，通常以利率或折现率表示货币时间价值。在计算复利的情况下，现值和终值的关系如下：

终值＝现值×$(1+i)^n$

现值＝终值×$(1+i)^{-n}$

式中，i 为利率，n 为期数；$(1+i)^n$ 称为复利终值系数，可记为 $CF_{i,n}$；$(1+i)^{-n}$称为复利现值系数，可记为 $DF_{i,n}$。为了简化计算，复利终值系数和复利现值系数均可查表得到。

（三）年金

在若干期内每期等额付款或收款的款项，称为年金。每期等额付款或收款的终值，称为年金终值；每期等额付款或收款的现值，称为年金现值。如果在每期期末付款或收款，则称为普通年金。在计算复利的情况下，若用 R 表示每期付款或收款额，则普通年金终值与现值可计算如下：

$$年金终值 = R(1+i)^{n-1} + R(1+i)^{n-2} + \cdots + R(1+i)^2 + R(1+i)^1 + R(1+i)^0$$

$$= R \cdot \sum_{t=1}^{n}(1+i)^{n-1} = R \cdot \frac{(1+i)^n - 1}{i}$$

$$年金现值 = \frac{R}{(1+i)^n} + \frac{R}{(1+i)^{n-1}} + \cdots + \frac{R}{(1+i)^2} + \frac{R}{(1+i)}$$

$$= R \cdot \sum_{t=1}^{n}\frac{1}{(1+i)^t} = R \cdot \frac{1-(1+i)^{-n}}{i}$$

式中，$\frac{(1+i)^n-1}{i}$称为年金终值系数，可记作 $ACF_{i,n}$；$\frac{1-(1+i)^{-n}}{i}$称为年金现值系数，可记作 $ADF_{i,n}$。为了简化计算，年金终值系数和年金现值系数均可查表求得。

第二节　长期借款

一、长期借款的性质与核算内容

长期借款是企业从银行或其他金融机构借入的期限在一年以上的款项。

企业的长期借款可以按不同的标准进行分类，其中较主要的是按借款条件、币种和还款方式等进行的分类，还可按借款的偿还方式划分为定期偿还借款和分期偿还借款。

为了反映长期借款的增减变动等情况，企业应设置“长期借款”科目。取得长期借款时记入该科目贷方，偿还长期借款则记入该科目借方。企业应分期确认长期借款的利息，通常是到期一次支付的，因而应付未付的借款利息和本金一样，属于非流动负债，应贷记“长期借款”科目。确认的利息费用则应根据借款的用途等情况，确定应予费用化还是资本化，分别借记“财务费用”或“在建工程”等科目。

二、长期借款的账务处理

长期借款利息是非流动负债费用的主要组成部分，其计算方式有单利和复利两种，这里就不再赘述。

【例 10—1】某企业从银行取得长期借款 200 000 元，用于企业正常的经营周转，期限为 3 年，年利率为 10%，按复利计息，每年计息一次，到期一次归还本息。借入款项已存入开户银行。

由于该项长期借款用于企业的经营周转，因而按期确认的借款利息应当费用化，计入财务费用。账务处理如下：

取得借款时：

借：银行存款　　200 000

　贷：长期借款　　200 000

第一年末计息时：

第一年的利息 = 200 000 × 10% = 20 000（元）

借：财务费用　　20 000

　贷：长期借款　　20 000

第二年末计息时：

第二年的利息 =（200 000 + 20 000）× 10% = 22 000（元）

借：财务费用　　22 000

　贷：长期借款　　22 000

第三年末计息时：

第三年的利息 =（220 000 + 22 000）× 10% = 24 200（元）

借：财务费用　　24 200

　贷：长期借款　　24 200

到期偿还本息时：

3 年累计利息 = 20 000 + 22 000 + 24 200 = 66 200（元）

应归还本利和 = 200 000 + 66 200 = 266 200（元）

借：长期借款　　266 200

　贷：银行存款　　266 200

第三节　应付债券

一、应付债券概述

应付债券又称公司债券或企业债券，是企业为筹集长期资金按照法定程序经核准，向社会公开发售的，按约定方式在一定日期或分期支付本金和利息的一种借款凭证。它是一种债权债务契约，有明确的期限、利率、付息以及归还本金的条件，是企业筹措长期资金的重要方式，也是有价证券的主要种类之一。

（一）应付债券的票面内容

债券的发行必须以有关的合同等债券契约为依据。债券契约是明确债券的发行人与持有人相互关系的书面文件，其中规定了对债券发行的各种限制条款。主要有核准发行的金额、利率、到期日、利息支付方式、收回债券的条件、作为抵押的财产、对偿债基金的要求、对营运资本和股利分配的限制等。单个的债券购买者将会得到书面的债券凭证，其中有关的重要内容有：

1. 债券面值，也称债券到期值，即债券到期时，公司应偿还给债券持有人的本金额。债券面值大小不等，如分为50元、100元、1 000元、10 000元等几种。

2. 债券利率，也称名义利率或票面利率，是相对于债券发行时的市场利率而言的。债券利率一般是用年利率或半年利率表示，它可以高于、等于或低于市场利率。

3. 付息日，即支付债券利息的时间，债券利息通常是每半年支付一次。

4. 债券到期日，即偿付债券本金的日期。对于分期偿还的债券，应载明每次偿还本金的日期和金额。

（二）应付债券的种类

企业发行的债券可以按不同的方式进行分类。

1. 按偿还本金的方式分类

（1）一次还本债券，全部在一个固定的到期日偿还本金的债券。

（2）分期还本债券，按不同的到期日分期偿还本金的债券。

2. 按支付利息的方式分类

（1）到期一次付息债券，在到期日支付全部利息的债券。

（2）分期分息债券，每隔一段时期支付一次利息的债券。

3. 按可否转换为发行企业股票分类

（1）可转换债券，可按一定条件转换为发行企业普通股股票的债券。

（2）不可转换债券，不能转换为发行企业普通股股票的债券。

4. 按有无担保品分类

（1）抵押债券，发行企业以特定资产作为抵押担保而发行的债券。

（2）信用债券，没有特定资产作为抵押担保，单凭发行企业的信用而发行的债券。

5. 按是否记名分类

（1）记名债券，将持有人的姓名登记于发行公司的债券。

（2）不记名债券，不将持有人的姓名登记于发行公司的债券。

二、公司债券的发行

（一）债券的发行程序

公司经董事会决议，决定通过发行债券来筹集长期资金时，必须报请有关部门审核批准。发行公司在发行债券时，必须订立必要的债券契约。债券契约中注明有关债券发行的主要事项，如债券发行条款及用作担保的抵押资产、债券面值、发行价格、票面利率、付息时间、偿还方式、发行期限等。

公司债券可以由发行公司直接发行。这种情况有时发生在新的、小型的或股权为少数人严密控制的公司，这些公司的筹资地区往往比较狭小，又受到许多限制，直接发行很可能是最容易的发行方式；有时也发生在某些大型公司，这些大公司的资信程度很高，而且拥有大批投资专家，为了降低发行成本，它们可能用直接发行的方式。但是大多数公司发行债券一般采用间接的方式，即主要通过银行、投资信托公司或其他金融机构来完成。间接发行方式通常又可分为包销和代销两种，包销是由经纪人按照一定的价格承包全部债券，然后再转售给其他投资人，盈亏归经纪人。代销是由经纪人代为销售，从中抽取佣金，未售出部分退还给发行公司。相对而言，采用包销方式，发行公司尽管必须支付较高费用，但可以将发行风险全部转嫁给银行或经纪人，因此，大多数公司常采用这种发行方式。

（二）债券的溢价与折价

债券本身具有票面价值，其发行价格应按照面值确定，但实际上债券的发行价格与债券的面值往往是不同的。这是由于债券发行价格是根据票面的本金和利息的现值计算的，而计算现值时使用的市场利率常常与票面利率不同。具体而言，债券的票面利率高于发行时的市场利率时，债券的现值高于其面值，可按超过债券票面价值的价格发行，称为溢价发行。其中，发行价格高于面值的差额称为债券溢价。溢价发行表明企业以后期多付利息而事先得到了补偿，而债券持有人以后各期会多得利息收入，因此现在应预先以多付出溢价的形式付给发行人额外的代价。如果债券的票面利率低于发行时的市场利率时，债券的现值低于其面值，可按低于债券票面价值的价格发行，称为折价发行。其中，发行价格低于面值的差额称为债券折价。折价发行表明企业以后期少付利息预先给投资者的补偿，债券持有人以后各期会因票面利率低于市场利率少得利息收入，因此现在应预先以少付出这部分折价的形式得到补偿。如果债券的票面利率恰好等于发行时的市场利率时，债券的现值等于其面值，可按债券票面价值发行，称为平价发行。可见溢价或折价是发行债券的企业在债券存续期内对债券利息费用的一种调整。

企业发行债券时，还会发生发行费用。如果发行费用大于发行期间冻结资金所产生的利息收入，按发行费用减去发行期间冻结资金所产生的利息收入后的差额，根据发行债券所筹集资金的用途，分别计入财务费用或相关资产成本。如果发行费用小于发行期间冻结资金所产生的利息收入，按发行期间冻结资金所产生的利息收入减去发行费用后的差额，视同发行债券的溢价收入，在债券存续期间于计提利息时摊销，分别计入财务费用或相关资产成本。

（三）债券发行价格的确定

公司债券的发行一般都有较长的偿还期，发行公司应按规定于到期时按面值偿还本金，而由于货币时间价值或者利息因素的关系，到期后债券价值（即终值）必然不等于债券面值。公司发行债券后，需要在未来支付利息和偿付本金，所以债券发行时的价值应为未来债券利息和本金的现值，也就是说，债券的价值包括如下两个部分：（1）债券到期的本金（即面值）所折算的现值；（2）债券按票面利率计算的各期应支付利息折算的现值。二者之和即为债券的发行价格。为了使债券的现值公平合理，保护发行和债券持有人双方的利益，折算时应以市场利率为准。计算公式为：

$$\begin{matrix}\text{债券}\\\text{发行价格}\end{matrix}=\begin{matrix}\text{债券面值}\\\text{折现值}\end{matrix}+\begin{matrix}\text{债券利息}\\\text{折现值}\end{matrix}=\begin{matrix}\text{债券}\\\text{面值}\end{matrix}\times\begin{matrix}\text{复利现值}\\\text{系数}\end{matrix}+\begin{matrix}\text{债券}\\\text{面值}\end{matrix}\times\begin{matrix}\text{票面}\\\text{利率}\end{matrix}\times\begin{matrix}\text{年金现值}\\\text{系数}\end{matrix}$$

上式中的复利现值系数与年金现值系数均可通过查表求得。

作为一种有价证券，公司债券可以在二级市场中转让，其发行价格除受到现值的影响外，还受到其他多种因素的影响，如债券的相对风险程度、市场供求关系和宏观经济环境等。因此，债券价格并非总是等于其现值，而且当债券经由发行市场进入流通市场后，债券的市场价格常常脱离其价值，随市场的变动而不断变化。但是，从根本上说，现值仍然是决定债券价格的最主要的影响因素。现举例说明债券发行价格的确定。

【例10—2】甲公司于2003年1月1日发行面值为50 000 000元的公司债券，期限为5年，票面利率为10%，每年付息一次，到期一次还本。假若发行时的市场利率分别为10%、12%、8%，查表得期限为5年、市场利率为10%的复利现值系数和年金现值系数分别为0.62092和3.79079；期限为5年、市场利率为12%的复利现值系数和年金现值系数分别为0.56743和3.60478；期限为5年、市场利率为8%的复利现值系数和年金现值系数分别为0.68058和3.99271。

（1）当市场利率为10%时（票面利率等于市场利率）

债券发行价格 = 50 000 000 × 0.62092 + 50 000 000 × 10% × 3.79079 ≈ 50 000 000（元）

债券发行价格等于债券面值，即平价发行。

（2）当市场利率为12%时（票面利率低于市场利率）

债券发行价格 = 50 000 000 × 0.56743 + 50 000 000 × 10% × 3.60478 = 46 395 400（元）

债券发行价格低于债券面值，即折价发行。

（3）当市场利率为8%时（票面利率高于市场利率）

债券发行价格 = 50 000 000 × 0.68058 + 50 000 000 × 10% × 3.99271 = 53 992 550（元）

债券发行价格高于债券面值，即溢价发行。

三、应付债券的账务处理

为了核算企业因筹集长期资金而实际发行的债券资金收入、归还和应付利息情况，应设置“应付债券”账户。无论是按面值发行，还是溢价发行或折价发行，均按债券面值记入“应付债券”科目的“面值”明细科目。该账户贷方登记应付债券的本息，借方登记归还债券的本息，贷方余额表示尚未归还的债券本息。实际收到的款项与面值的差额记入“利息调整”明细科目。

（一）利息调整的摊销

利息调整应在债券存续期间内采用直线法或实际利率法进行摊销。下面分别对这两种方法进行阐述。

1. 直线法摊销

按直线法摊销，就是将债券折价总额平均摊入各期转为利息费用，或将债券溢价总额平均摊入各期以冲减各期的利息费用。

2. 实际利率法摊销

实际利率法是指按照应付债券的实际利率计算其摊余成本及各期利息费用的方法。实际利率是指将应付债券在债券存续期间的未来现金流量折现为该债券当前账面价值所使用的利率。对于分期付息、一次还本的债券，企业应按应付债券的摊余成本和实际利率计算确定的债券利息费用，借记“在建工程”、“制造费用”、“财务费用”等科目，按票面利率计算确定的应付未付利息，贷记“应付利息”科目，按其差额，借记或贷记“应付债券——利息调整”科目。

【例10—3】承例10—2，假设甲公司按折价46 395 400元发行债券，折价总额为3 604 600元。利息调整的摊销如下：

（1）直线法摊销

每年应付利息 = 50 000 000 × 10% = 5 000 000（元）

每年折价摊销额 = 3 604 600 ÷ 5 = 720 920（元）

每年利息费用 = 5 000 000 + 720 920 = 5 720 920（元）

借：财务费用　　5 720 920

　贷：应付利息　　5 000 000

　　　应付债券——利息调整　　720 920

实际支付利息时：

借：应付利息　　5 000 000

　贷：银行存款　　5 000 000

（2）实际利率法摊销（见表 10—1）

表 10—1　**利息费用一览表**　单位：元

付息日期	应付利息	利息费用	摊销的利息调整	应付债券摊余成本
	（1）＝面值 × 10%	（2）＝上期（4）× 12%	（3）＝（2）－（1）	（4）＝上期（4）＋（3）
2003 年 1 月 1 日				46 395 400
2003 年 12 月 31 日	5 000 000	5 567 448	567 448	46 962 848
2004 年 12 月 31 日	5 000 000	5 635 541. 70	635 541. 70	47 598 389. 70
2005 年 12 月 31 日	5 000 000	5 711 806. 60	711 806. 60	48 310 196. 30
2006 年 12 月 31 日	5 000 000	5 797 223. 40	797 223. 40	49 107 419. 70
2007 年 12 月 31 日	5 000 000	5 892 580①	892 580②	50 000 000
合　计	20 000 000	23 604 600	3 604 600	

注：①、②为尾差调整。

2003 年 1 月 1 日发行公司债券时：

借：银行存款　　46 395 400

　　应付债券——利息调整　　3 604 600

　贷：应付债券——面值　　50 000 000

2003 年 12 月 31 日计算利息费用时：

借：财务费用（或在建工程等）　　5 567 448

　贷：应付利息　　5 000 000

　　　应付债券——利息调整　　567 448

其他年份确认利息费用的会计处理同 2003 年。

2007 年 12 月 31 日归还债券本金及最后一期利息费用时：

借：财务费用（或在建工程等）　　5 892 580

　　应付债券——面值　　50 000 000

　贷：应付债券——利息调整　　892 580

　　　银行存款　　55 000 000

【例 10—4】承例 10—2，假设甲公司按溢价 53 992 550 元发行债券，溢价总额为

3 992 550元。利息调整的摊销如下：

（1）直线法摊销

每年应付利息＝50 000 000×10%＝5 000 000（元）

每年溢价摊销额＝3 992 550÷5＝798 510（元）

每年利息费用＝5 000 000－798 510＝4 201 490（元）

借：财务费用　　4 201 490

　　应付债券——利息调整　　798 510

　贷：应付利息　　5 000 000

实际支付利息时：

借：应付利息　　5 000 000

　贷：银行存款　　5 000 000

（2）实际利率法摊销（见表10—2）

表10—2　　**利息费用一览表**　　单位：元

付息日期	应付利息	利息费用	摊销的利息调整	应付债券摊余成本
	（1）＝面值×10%	（2）＝上期（4）×8%	（3）＝（1）－（2）	（4）＝上期（4）－（3）
2003年1月1日				53 992 550
2003年12月31日	5 000 000	4 319 404	680 596	53 311 954
2004年12月31日	5 000 000	4 264 956.30	735 043.70	52 576 910.30
2005年12月31日	5 000 000	4 206 152.80	793 847.20	51 783 063.10
2006年12月31日	5 000 000	4 142 644.80	857 355.20	50 925 707.90
2007年12月31日	5 000 000	4 074 292.10①	925 707.90②	50 000 000
合计	20 000 000	23 992 550	3 992 550	

注：①、②为尾差调整。

2003年1月1日发行公司债券时：

借：银行存款　　53 992 550

　贷：应付债券——面值　　50 000 000

　　　　　　——利息调整　　3 992 550

2003年12月31日计算利息费用时：

借：财务费用（或在建工程等）　　4 319 404

　　应付债券——利息调整　　680 596

　贷：应付利息　　5 000 000

其他年份确认利息费用的会计处理同2003年。

2007年12月31日归还债券本金及最后一期利息费用时：

借：财务费用（或在建工程等）　　4 074 292.10

　　应付债券——面值　　50 000 000

　　　　　——利息调整　　925 707.90

　贷：银行存款　　55 000 000

上述债券计息和利息调整的摊销的账务处理中，债券的付息日都与会计的结账日一致，如果债券的付息日与会计的结账日不一致，发行公司应根据权责发生制，在每个会计期末确定本会计期的利息费用及利息调整摊销额，在付息日实际支付利息。以下简要说明当债券的付息日与会计的结账日不一致时，债券利息费用和利息调整摊销额的计算与会计处理。

【例 10—5】承例 10—2，假设债券按折价发行，发行日为 2003 年 7 月 1 日，付息日为每年的 7 月 1 日，则每年 12 月 31 日应计提当年 7 月 1 日至 12 月 31 日应付未付的债券利息 2 500 000 元，且 2003 年下半年利息调整的摊销额为 283 724 元（567 448 ÷ 2）。

借：财务费用（或在建工程等）　　2 783 724

　贷：应付债券——利息调整　　283 724

　　　应付利息　　2 500 000

每年 7 月 1 日，计算当年 1 月 1 日至 6 月 30 日的利息 2 500 000 元，且 2004 年上半年利息调整的摊销额为 283 724 元：

借：财务费用（或在建工程等）　　2 783 724

　贷：应付债券——利息调整　　283 724

　　　应付利息　　2 500 000

每年 7 月 1 日支付利息时：

借：应付利息　　5 000 000

　贷：银行存款　　5 000 000

其他年份的处埋同 2003 年。

如果债券溢价发行，账务处理与债券折价发行的会计处理类似，在此就不赘述。

（二）应付债券的偿还

债券的偿还可以是到期偿还，也可以提前偿还，还可以是分期偿还。无论采用何种方式偿还，都应按发行时的规定执行，保证投资者的利益。这里主要讲述债券到期一次偿还与提前偿还两种方式。

1. 债券到期一次偿还

债券到期一次偿还是指债券的本金在债券到期时一次全部清偿。无论债券是按平价、溢价还是折价发行，到期时其账面价值均等于面值。因此，债券到期时一次偿还的账务处理比较简单。

【例 10—6】承例 10—2，债券于 2007 年 12 月 31 日到期时，其会计分录为：

借：应付债券——面值　　50 000 000

　贷：银行存款　　50 000 000

2. 债券提前偿还

债券提前偿还是指在债券没有到期之前按发行契约的规定进行偿还。提前偿还一般有两种情况：一种是公司发行可赎回债券，在发行时规定了发行公司有提前赎回权，根据市场利率的变动情况，在市场利率下降并处于很低的状况时，按一定的价格提前偿还利率相对较高的债券，从而减轻企业的利息负担；另一种是公开上市的债券，发行公司可以从证券市场上提前赎回债券。提前偿还债券可以采用现金偿还和实质性偿还两种方式。

通常情况下，提前赎回债券，其赎回的价格一般超过债券的账面价值。债券偿还价格与其账面价值之间的差额形成债券偿还损益。

债券偿还损益 = 债券账面价值 - 债券偿还价格

其中，债券账面价值等于债券面值加上未摊销的债券溢价或减去未摊销的债券折价。所以，其会计处理的关键在于确定未摊销的溢价或折价。

【例10—7】承例10—3，假设甲公司于2007年1月1日以51 000 000元的价格购回面值50 000 000元、应于2007年12月31日到期的折价发行的债券。

如表10—1中按实际利率法摊销折价，在这种情况下，尚未摊销的折价从表10—1中可以得出，为892 580元，所以：

提前偿付债券的账面价值 = 50 000 000 - 892 580 = 49 107 420（元）

提前偿付债券损失 = 51 000 000 - 49 107 420 = 1 892 580（元）

四、可转换公司债券

（一）可转换公司债券的性质和特点

可转换公司债券是指发行公司依照法定程序发行，在债券发行契约中，预先约定在一定期间后，依据约定的条件，按规定的转换比率或转换价格，转换为发行公司的普通股股票的债券。

可转换公司债券具有债权性证券与权益性证券的双重性质，因而可以称为混合性证券。对于可转换债券的持有者来说，一方面，他可以定期获取利息收入，到期收取本金，因而可转换债券投资具有一般债券投资的性质；另一方面，当债券发行企业的股票价格上涨时，可以将债券按规定比率转换为债券发行企业的股票，从而享有股票增值的利益。

对于债券发行企业来说，一方面，要定期支付债券的利息，到期偿还债券的本金，因而可转换债券具有一般债券的债务性质；另一方面，由于赋予了债券持有者按规定条件将债券转换为本企业股票的权利，即转换权，这种转换权与认股权相似，因而从这个意义上说，可转换债券又具有所有者权益的性质。正是可转换债券的这种特殊性，导致其会计处理的复杂性。

可转换债券的发行价格应从两方面考虑：一是债券面值及票面利息按市场利率折算的现值；二是转换权的价值。

（二）可转换债券的账务处理

会计实务中对可转换债券的售价有两种处理方法：一种是不确认转换权价值，只按债券面值及利息按市场利率折算的现值发行；另一种是确认转换权价值，将债券价值和期权价值分别单独入账。我国现行会计准则要求采用第二种方法，即确认转换权价值。

债券持有者行使转换权利，将可转换债券转换为股份时，按债券的账面价值结转，不确认转换损益。如债券面额不足转换1股股份的部分，企业应当以现金偿还。

企业发行的可转换债券，应当在初始确认时将其包含的负债成分和权益成分进行分拆，将负债成分确认为应付债券，将权益成分确认为资本公积。在进行分拆时，应当先对负债成分的未来现金流量进行折现，以确定负债成本的初始确认金额，再按发行价格总额扣除负债成分初始确认金额后的金额确定权益成分的初始确认金额。发行可转换债券发生的交易费用，应当在负债成分和权益成分之间按照各自的相对公允价值进行分摊。企业应按实际收到的款项，借记“银行存款”等科目，按可转换债券包含的负债成分面值，贷记“应付债券——可转换公司债券（面值）”科目，按权益成分的公允价值，贷记“资本公积——其他资本公积”科目，按借贷双方之间的差额，借记或贷记“应付债券——可转换公司债券（利息调整）”科目。

【例 10—8】X 公司经批准于 2006 年 1 月 1 日按面值发行 5 年期一次还本付息的可转换公司债券 200 000 000 元，款项已收存银行，债券票面年利率为 6%，利息按年支付。债券发行 1 年后可转换为普通股股票，初始转股价为每股 10 元，股票面值为每股 1 元。假定 2007 年 1 月 1 日债券持有人将持有的可转换公司债券全部转换为普通股股票，甲公司发行可转换公司债券时二级市场上与之类似的没有附带转换权的债券市场利率为 9%。已知利率为 9% 的复利现值系数和年金现值系数分别为 0. 6499、3. 8897。X 公司的账务处理如下：

（1）2006 年 1 月 1 日发行可转换公司债券时：

可转换公司债券负债成分的公允价值 = 200 000 000 × 0. 6499 + 200 000 000 × 6% × 3. 8897 = 176 656 400（元）

可转换公司债券权益成分的公允价值 = 200 000 000 − 176 656 400 = 23 343 600（元）

借：银行存款　　200 000 000
　　应付债券——可转换公司债券（利息调整）　　23 343 600
　贷：应付债券——可转换公司债券（面值）　　200 000 000
　　　资本公积——其他资本公积　　23 343 600

（2）2006 年 12 月 31 日确认利息费用时：

借：财务费用等　　15 899 076
　贷：应付债券——可转换公司债券（应计利息）　　12 000 000
　　　　　　　——可转换公司债券（利息调整）　　3 899 076

（3）2007 年 1 月 1 日债券持有人行使转换权时：

转换的股份数 =（176 656 400 + 12 000 000 + 3 899 076）÷ 10 = 19 255 547. 60（股）

不足 1 股的部分支付现金 0. 60 元。

借：应付债券——可转换公司债券（面值）　　200 000 000
　　　　　　——可转换公司债券（应计利息）　　12 000 000
　　资本公积——其他资本公积　　23 343 600
　贷：股本　　19 255 547
　　　应付债券——可转换公司债券（利息调整）　　19 444 524
　　　资本公积——股本溢价　　196 643 528. 40
　　　库存现金　　0. 60

企业发行附有赎回选择权的可转换公司债券，其在赎回日可能支付的利息补偿金，即债券约定赎回期届满日应当支付的利息减去应付债券票面利息的差额，应当在债券发行日至债券约定赎回届满日期间计提应付利息，计提的应付利息按负债费用的处理原则处理。

第四节　长期应付款

长期应付款是指企业除长期借款和应付债券以外的其他各种长期应付款项，主要包括采用补偿贸易方式引进国外设备价款、融资租入固定资产的租赁费等。为了反映和监督各种长期应付款项，应设置“长期应付款”科目，并按长期应付款的种类设置明细科目。

一、应付补偿贸易引进设备款

补偿贸易是指从国外进口设备，再以该设备生产的产品所实现的销售收入归还设备价款的贸易方式。开展补偿贸易的企业，在引进设备的当时不发生现金的支付，而且在补偿期可以按有关规定免交引进设备所生产产品的流转税。应付补偿贸易引进设备款是企业依据与外商签订的补偿贸易合同而引进国外设备所发生的长期应付款项。它包括从国外引进的设备、随同设备一起进口的工具和零配件等的价款及国外的运杂费等外币金额按规定折合率折合为人民币的金额，以及相应的利息支出和外币折算差额。

【例10—9】一公司以补偿贸易方式从国外引进一专用设备，价款及国外运杂费共计400 000美元，已通过银行支付。当日美元外汇中间汇率为1美元折合人民币7.60元，另外以人民币支付进口关税和增值税合计860 000元、国内运费2 000元及安装费18 000元。安装完毕交付使用。设备投产后，第一批产品10 00件，每件售价150美元，单位成本为1 000元/件，全部用于还款，销售当日美元外汇中间汇率为1美元折合人民币7.50元。会计分录如下：

（1）设备运到，验收入库：

借：工程物资（400 000×7.60）　3 040 000

　贷：长期应付款——应付补偿贸易引进设备款　3 040 000

（2）支付关税和增值税：

借：工程物资　860 000

　贷：银行存款　860 000

（3）支付国内运费：

借：工程物资　2 000

　贷：银行存款　2 000

（4）设备投入安装：

借：在建工程　3 902 000

　贷：工程物资　3 902 000

（5）支付安装费：

借：在建工程　18 000

　贷：银行存款　18 000

（6）安装完毕，交付使用：

借：固定资产　3 920 000

　贷：在建工程　3 920 000

（7）产品销售，同时结转已销产品成本：

借：应收账款（150×1 000×7.50）　1 125 000

　贷：主营业务收入　1 125 000

借：主营业务成本　1 000 000

　贷：库存商品　1 000 000

（8）以产品价款偿还设备款：

借：长期应付款——应付补偿贸易引进设备款　1 125 000

　贷：应收账款　1 125 000

二、应付融资租赁款

应付融资租赁款是指企业采用融资租赁方式租入固定资产而形成的非流动负债。

企业融资租入的固定资产在租赁期间没有所有权，但由于其风险和报酬已经实质转移，企业具有实质的控制权，因而视同自有的固定资产进行核算。在租赁期内，企业一般分期等额支付租金，全部租金一般应能补偿出租方垫付的资本并使其获得相应的报酬。

融资租入的固定资产，按租赁开始日租赁资产的公允价值与最低租赁付款额现值两者中的较低者作为入账价值，按最低租赁付款额确认长期应付款，并将两者的差额作为未确认融资费用。在租赁谈判和签订租赁合同过程中承租人发生的可直接归属于租赁项目的初始直接费用，如印花税、佣金、律师费、差旅费等，应当计入租入资产价值。

最低租赁付款额是指在租赁期内，承租人应支付或可能被要求支付的各种款项（不包括或有租金和履约成本），加上由承租人或与其有关的第三方担保的资产余值。但是，如果承租人有购买租赁资产的选择权，并且所订立的购价预计将远低于行使选择权时租赁资产的公允价值，因而在租赁开始日就可以合理确定承租人将会行使这种选择权，则购买价格也应包括在内。资产余值是指租赁开始日估计的租赁期届满时租赁资产的公允价值。

承租人在计算最低租赁付款额现值时，如果能够取得出租人的租赁内含利率，应采用出租人的租赁内含利率作为折现率；否则，应采用租赁合同规定的利率作为折现率。如果无法取得出租人的租赁内含利率且租赁合同没有规定利率的，应当采用同期银行贷款利率作为折现率。

【例10—10】某企业以融资租赁方式租入一台设备，租赁开始日出租方设备的公允价值为103 000元，租赁合同规定的利率为10%，分5年付款，每年末支付26 380元，该设备不需要安装。租赁期满后，该设备的所有权转归承租方。根据以上资料，编制会计分录如下：

（1）租入设备。

设备的公允价值 = 103 000元

最低租赁付款额 = 26 380 × 5 = 131 900（元）

最低租赁付款额现值 = 26 380 × 3. 79079 = 100 000（元）

由于租赁开始日最低租赁付款额现值低于设备的公允价值，故应以最低租赁付款额现值作为租入设备的入账价值。

借：固定资产——融资租入固定资产　　100 000
　　未确认融资费用　　31 900
　贷：长期应付款——应付融资租赁款　　131 900

（2）每年末支付租金26 380元。采用实际利率法分摊未确认融资费用，且以租赁合同规定的利率作为分摊率，详见表10—3。

表10—3　**未确认融资费用分摊表（实际利率法）**　单位：元

期次	租金	确认的融资费用	应付本金减少额	应付本金期末余额
	（1）	（2）＝期初（4）×10%	（3）＝（1）－（2）	（4）＝期初（4）－（3）
0				100 000
1	26 380	10 000	16 380	83 620
2	26 380	8 362	18 018	65 602
3	26 380	6 560	19 820	45 782
4	26 380	4 578	21 802	23 980
5	26 380	2 400	23 980*	0

注：*含尾差调整。

第一年：

借：长期应付款——应付融资租赁款　26 380

　贷：银行存款　26 380

借：财务费用　10 000

　贷：未确认融资费用　10 000

第二年：

借：长期应付款——应付融资租赁款　26 380

　贷：银行存款　26 380

借：财务费用　8 362

　贷：未确认融资费用　8 362

第三年：

借：长期应付款——应付融资租赁款　26 380

　贷：银行存款　26 380

借：财务费用　6 560

　贷：未确认融资费用　6 560

第四年：

借：长期应付款——应付融资租赁款　26 380

　贷：银行存款　26 380

借：财务费用　4 578

　贷：未确认融资费用　4 578

第五年：

借：长期应付款——应付融资租赁款　26 380

　贷：银行存款　26 380

借：财务费用　2 400

　贷：未确认融资费用　2 400

如果未确认的融资费用采用直线法分摊，则：

各年确认的融资费用 = （131 900 - 100 000） ÷5 =6 380（元）

各年编制会计分录如下：

借：长期应付款——应付融资租赁款　26 380

　贷：银行存款　26 380

借：财务费用　6 380

　贷：未确认融资费用　6 380

（3）租赁期满，将设备转为自有资产。

借：固定资产——机器设备　100 000

　贷：固定资产——融资租入固定资产　100 000

编制资产负债表时，“长期应付款”项目应根据“长期应付款”科目的期末余额，减去“未确认融资费用”科目期末余额后的金额填列。

第五节　其他非流动负债

其他非流动负债是指企业除长期借款、应付债券和长期应付款以外的其他各种长期应付款，主要包括长期应付票据、专项应付款和递延税款等。

一、长期应付票据

（一）长期应付票据的特点

长期应付票据是指将在超过一年或一个经营周期的期间后才偿付的商业票据。偿付期超过一年或一个经营周期是长期应付票据区别于短期应付票据的主要特点。

作为一项非流动负债，长期应付票据与应付公司债券有许多共同点。比如，两者都是按未来现金流量（本金和利息）和现值计价；折价或溢价都需要在债务存续期内摊销等。因此，如何确定长期应付票据所采用的利率就成为是否能对长期应付票据进行合理会计处理的关键。根据是否带息，长期应付票据分为带息和不带息两种。带息应付票据的会计处理，在售价的确定、利息的支付与折价或溢价的摊销以及到期偿还或提前收兑等方面，与带息应付公司债券的会计处理基本相同。对于不带息的应付票据或票面利率明显背离其实际利率的应付票据，应区分下列三种情况做不同的会计处理：

1. 为换取现金而发行的票据；
2. 为换取现金而发行并附带提供其他权利的票据；
3. 为换取除现金以外的财产、商品或劳务而发行的票据。

（二）为换取现金而发行的票据

如果只是为了取得现金而发行不带息的长期票据，其发行价格通常低于票据面值。在这种情况下，票据的未来现金流量就是到期偿付的本金（面值），使未来现金流量的贴现值等于票据发行价格所采用的利率，即为票据的隐含利率。

【例 10—11】光华公司 2007 年 1 月 1 日发行 5 年期不带息的票据 1 000 000 元，发行价格为 680 580 元。根据计算，期限为 5 年，现值系数为 0.68058 的利率为 8%。光华公司在票据发行日的会计分录如下：

借：银行存款	680 580	
应付票据折价	319 420	
贷：长期应付票据		1 000 000

应付票据折价可以采用直线法或实际利率法进行摊销，计入各期间的利息费用。如果采用实际利率法，光华公司 2000 年 12 月 31 日应作摊销应付票据折价的会计分录如下：

借：利息费用	68 058	
贷：应付票据折价		68 058

（三）为换取现金而发行并附带提供其他权利的票据

有时，企业在发行不带息票据的同时，给予票据持有人某种优先权，如可以按低于市场价格的优惠价格购买商品或劳务。在这种情况下，票据一般是按面值发行的，实际收到的现金额与票据面值贴现值差额应记录为一项未实现收入，同时相应地形成等额的应付票据折价。

【例 10—12】一燃料公司 2007 年 1 月 1 日发行 5 年期、面值为 1 000 000 元的不带息票据，发行价格为 1 000 000 元，同时给予票据持有人按低于市价 6% 的优惠价格购买 10 000吨煤炭的权利。设市场利率为 8%，该公司在票据发行日的会计处理如下：

借：银行存款	1 000 000	
应付票据折价	319 420	
贷：未实现收入		319 420

贷：长期应付票据 1 000 000

现值 = 1 000 000 × 0.68058 = 680 580（元）

折价 = 1 000 000 − 680580 = 319 420（元）

（四）为换取除现金以外的财产、商品或劳务而发行的票据

发行长期票据的目的有时是为了换取非现金资产（如财产、商品或劳务）。这时，应根据所换取资产的公允价值作为票据的现值，它与票据面值的差额则视为票据的折价或溢价。

【例 10—13】希望公司 2007 年 1 月 1 日发行面值 1 000 000 元的 5 年期不带息票据，购买一套生产设备。这套设备的市场价格为 800 000 元，则该公司应于票据发行日作如下会计处理：

借：固定资产——生产设备 800 000

应付票据折价 200 000

贷：长期应付票据 1 000 000

上述应付票据折价应在票据存续期 5 年内进行摊销，通常要求采用实际利率法。

二、专项应付款

专项应付款是指企业接受国家拨入的具有专门用途的拨款，如专项用于技术改造、技术研究的拨款等。

1. 企业应于实际收到专项拨款时，借记“银行存款”科目，贷记“专项应付款”科目。

2. 拨款项目完成后，形成各项资产的部分，应按实际成本，借记“固定资产”等科目，贷记有关科目；同时，借记“专项应付款”科目，贷记“资本公积——拨款转入”科目。未形成资产需核销的部分，报经批准后，借记“专项应付款”科目，贷记有关科目；拨款项目完成后，如有拨款结余需上交的，借记“专项应付款”科目，贷记“银行存款”科目。

【例 10—14】某一企业 2006 年 1 月 1 日收到国家拨入的技术改造专项款 300 000 元，用于对企业设备的技术改造。到 2006 年 12 月 31 日，该技术改造已经完成，其中发生原材料费用 180 000 元，人工费用 90 000 元，应摊销的管理费用 6 000 元。会计处理如下：

2006 年 1 月 1 日，企业收到拨款时：

借：银行存款 300 000

贷：专项应付款 300 000

2006 年 12 月 31 日，技术改造完成：

借：固定资产 276 000

贷：原材料 180 000

应付职工薪酬 90 000

管理费用 6 000

借：专项应付款 276 000

贷：资本公积——拨款转入 276 000

三、递延税款

递延税款是指纳税影响会计法进行所得税会计处理的企业，由于时间性差异产生的税前会计利润与应纳税所得额之间的差异影响所得税的金额，以及以后各期转回的金额，会

计处理方法将在第十三章所得税中详细讲述。

第六节 借款费用

一、借款费用概述

在市场经济条件下，资金是企业生存和发展的生命源泉，其需求大量增加，来源日益多元化，无论是固定资产的购建、对外投资，还是材料或者商品的采购等，都需要资金。企业除了利用权益性资金解决部分资金来源外，通常会采取借款方式筹措生产经营所需资金，这就必定要发生一定的借款费用。借款费用是企业因借入资金所付出的代价，它包括借款利息、折价或者溢价的摊销、辅助费用以及因外币借款而发生的汇兑差额等。

因借款而发生的利息包括企业向银行或者其他金融机构等借入资金发生的利息、发行公司债券发生的利息，以及为购建或者生产符合资本化条件的资产而发生的带息债务所承担的利息等。

因借款而发生的折价或者溢价主要是指发行债券等所发生的折价或者溢价，发行债券中的折价或者溢价，其实质是对债券票面利息的调整（即将债券票面利率调整为实际利率），属于借款费用的范畴。

因外币借款而发生的汇兑差额是指由于汇率变动对外币借款本金及其利息的记账本位币金额所产生的影响金额。由于汇率的变化往往和利率的变化相联动，它是企业外币借款所需承担的风险，因此，因外币借款相关汇率变化所导致的汇兑差额属于借款费用的有机组成部分。

因借款而发生的辅助费用是指企业在借款过程中发生的诸如手续费、佣金等费用，由于这些费用是因安排借款而发生的，也属于借入资金所付出的代价，是借款费用的构成部分。

这一节我们主要解决借款费用的确认和计量，尤其是借款费用资本化的条件以及借款费用资本化金额的计量问题。

二、借款费用的确认

（一）借款费用资本化的资产范围

根据借款费用准则的规定，借款费用确认的基本原则是：企业发生的借款费用，可直接归属于符合资本化条件的资产的购建或者生产的，应当予以资本化，计入相关资产成本；其他借款费用，应当在发生时根据其发生额确认为费用，计入当期损益。

符合资本化条件的资产是指需要经过相当长时间（指为资产的购建或者生产所必需的时间，通常为一年以上（含一年））的购建或者生产活动才能达到预定可使用或者可销售状态的固定资产、投资性房地产和存货等资产，如船舶、大型成套设备等。建造合同成本、确认为无形资产的开发支出等在符合条件的情况下，也可以认定为符合资本化条件的资产。

特别要注意的是，在实务中，有些由于人为或者故意等非正常因素导致资产的购建或者生产时间相当长的，就不属于符合资本化条件的资产。

（二）可予资本化的借款范围

所谓可予资本化的借款范围，就是指能够将其所产生的利息费用及其他相关成本纳入某项资产成本的借款。可予资本化的借款既包括专门借款，也包括一般借款。专门借款是指为购建或者生产符合资本化条件的资产而专门借入的款项。专门借款通常应当有明确的用途，即为购建或者生产某项符合资本化条件的资产而专门借入的，并通常应当具有标明该用途的借款合同。例如，某制造企业为了建造厂房向某银行专门贷款1亿元、某房地产开发企业为了开发某住宅小区向某银行专门贷款2亿元等，均属于专门借款，其使用目的明确，而且其使用受与银行相关合同的限制。一般借款是指除专门借款之外的借款，相对于专门借款而言，一般借款在借入时，其用途通常没有特指用于符合资本化条件的资产的购建或者生产。

（三）借款费用的资本化期间

企业只有对发生在资本化期间内的有关借款费用，才允许资本化，资本化期间的确定是借款费用确认和计量的重要前提。根据借款费用准则的规定，借款费用资本化期间是指从借款费用开始资本化时点到停止资本化时点的期间，但不包括借款费用暂停资本化的期间。

1. 借款费用开始资本化的时点

借款费用允许开始资本化必须同时满足三个条件：

（1）资产支出已经发生。资产支出包括为购建或者生产符合资本化条件的资产而以支付现金、转移非现金资产或者承担带息债务形式发生的支出。

（2）借款费用已经发生。

（3）为使资产达到预定可使用或者可销售状态所必要的购建或者生产活动已经开始。这是指符合资本化条件的资产的实体建造或者生产工作已经开始，例如主体设备的安装、厂房的实际开工建造等。

这三个条件中，若有一个条件不满足，相关借款费用就不能资本化。

2. 借款费用暂停资本化的时间

符合资本化条件的资产在购建或者生产过程中发生非正常中断且中断时间连续超过3个月的，应当暂停借款费用的资本化。中断的原因必须是非正常中断，属于正常中断的，相关借款费用仍可资本化。

在这里，明确区分“非正常中断”和“正常中断”就显得非常重要。非正常中断通常是由于企业管理决策上的原因或者其他不可预见的原因等所导致的中断。比如，企业因与施工方发生了质量纠纷，或者工程、生产用料没有及时供应，或者资金周转发生了困难，或者施工、生产发生了安全事故，或者发生了与资产购建、生产有关的劳动纠纷等原因，导致资产购建或者生产活动发生中断，均属于非正常中断。正常中断通常仅限于因购建或者生产符合资本化条件的资产达到预定可使用或者可销售状态所必要的程序，或者事先可预见的不可抗力因素导致的中断。比如，某些工程建造到一定阶段必须暂停下来进行质量或者安全检查，检查通过后才可继续下一阶段的建造工作，这类中断是在施工前可以预见的，而且是工程建造必须经过的程序，属于正常中断。某些地区的工程在建造过程中，由于可预见的不可抗力因素（如雨季或冰冻季节等原因）导致施工出现停顿，也属于正常中断。

3. 借款费用停止资本化的时点

购建或者生产符合资本化条件的资产达到预定可使用或者可销售状态时，借款费用应当停止资本化。确定停止资本化的时点非常重要，因为在符合资本化条件的资产达到预定可使用或者可销售状态之后所发生的借款费用，应当在发生时根据其发生额确认为费用，计入当期损益。时点的偏移将直接影响到借款费用资本化或费用化的金额。

购建或者生产符合资本化条件的资产达到预定可使用或者可销售状态，可从下列几个方面进行判断：

(1) 符合资本化条件的资产的实体建造（包括安装）或者生产工作已经全部完成或者实质上已经完成。

(2) 所购建或者生产的符合资本化条件的资产与设计要求、合同规定或者生产要求相符或者基本相符，即使有极个别与设计、合同或者生产要求不相符的地方，也不影响其正常使用或销售。

(3) 继续发生在所购建或生产的符合资本化条件的资产上的支出金额很少或者几乎不再发生。

符合上述条件之一，即应认为购建或者生产符合资本化条件的资产达到了预定可使用或者可销售状态。

购建或者生产符合资本化条件的资产需要试生产或者试运行的，在试生产结果表明资产能够正常生产出合格产品，或者试运行结果表明资产能够正常运转或者营业时，应当认为该资产已经达到预定可使用或者可销售状态，并应停止借款费用的资本化。

如果所购建或者生产的资产分别建造、分别完工的，企业应当区别情况界定借款费用停止资本化的时点。

(1) 购建或者生产的符合资本化条件的资产的各部分分别完工，且每部分在其他部分继续建造或者生产过程中可供使用或者可对外销售，且为使该部分资产达到预定可使用或可销售状态所必要的购建或者生产活动实质上已经完成的，应当停止与该部分资产相关的借款费用的资本化。

(2) 购建或者生产的资产的各部分分别完工，但必须等到整体完工后才可使用或者对外销售的，应当在该资产整体完工时停止借款费用的资本化。在这种情况下，即使各部分资产已经完工，也不能够认为该部分资产已经达到了预定可使用或者可销售状态，企业只能在所购建固定资产整体完工时，才能认为资产已经达到了预定可使用或者可销售状态，借款费用方可停止资本化。

三、借款费用的计量

（一）借款费用资本化金额的确定

1. 为购建或者生产符合资本化条件的资产而借入专门借款的，应当以专门借款当期实际发生的利息费用，减去将尚未动用的借款资金存入银行取得的利息收入或进行暂时性投资取得的投资收益后的金额确定。

2. 为购建或者生产符合资本化条件的资产而占用了一般借款的，企业应当根据累计资产支出超过专门借款部分的资产支出加权平均数乘以所占用一般借款的资本化率，计算确定一般借款应予资本化的利息金额。计算公式如下：

一般借款应予资本化的利息金额 = 累计资产支出加权平均数 × 资本化率

上式中，累计资产支出加权平均数的计算方法是：

$$\text{累计支出加权平均数} = \sum\left(\text{每笔资产支出金额} \times \frac{\text{每笔资产支出实际占用的天数}}{\text{会计期间涵盖的天数}}\right)$$

为简化计算，也可以月数作为计算累计支出加权平均数的权数。

上式中，资本化率的确定原则为：如果企业为购建某项资产只使用了一笔一般借款，资本化率即为该项借款的利率；如果企业为购建某项资产使用了一笔以上的借款，资本化率为这些借款的加权平均利率，其计算公式为：

$$加权平均利率=\frac{当期实际发生的借款利息之和}{借款本金加权平均数}\times 100\%$$

其中，借款本金加权平均数的计算方法为：

$$借款本金加权平均数=\sum\left(每笔借款本金\times\frac{每笔借款实际占用的天数}{会计期间涵盖的天数}\right)$$

为简化计算，也可以月数作为计算借款本金加权平均数的权数。

在计算资本化率时，如果企业发行债券发生债券折价或溢价的，应当将每期应摊销的折价或溢价金额作为利息的调整额，对资本化率进行相应的调整，其加权平均利率的计算公式为：

$$加权平均利率=\frac{借款当期实际发生的借款利息之和+（或-）折价（或溢价）摊销额}{借款本金加权平均数}\times 100\%$$

3. 每一会计期间的利息资本化金额不应当超过当期相关借款实际发生的利息金额。

由此可见，企业在确定每期利息（包括折价或溢价的摊销）资本化金额时，应当首先判断符合资本化条件的资产在购建或者生产过程中所占用资金的来源，因为资金来源的不同，会计处理方法也不同。

【例10—15】南方公司于2006年1月1日正式动工建造一厂房，工期预计为1年零6个月，工程采用出包方式，分别于2006年1月1日、2006年7月1日、2007年1月1日支付工程进度款。

公司为建造厂房共使用了两笔借款。2006年1月1日专门借款3 000万元，借款期限为3年，年利率为5%。另外，在2006年7月1日又专门借款6 000万元，借款期限为5年，年利率为6%，借款利息按年支付。

闲置资金均用于固定收益债券短期投资，该短期投资月收益率为0.50%。

厂房于2007年6月30日完工，达到预定可使用状态。

公司为建造该厂房的支出金额如表10—4所示。

表10—4　**支出金额表**　单位：万元

日期	每期资产支出金额	累计资产支出金额	闲置借款资金用于短期投资金额
2006年1月1日	2 500	2 500	500
2006年7月1日	4 500	7 000	2 000
2007年1月1日	1 500	8 500	500
合计	8 500	—	3 000

分析：由于南方公司使用了专门借款建造厂房，而且厂房建造支出没有超过专门借款金额，因此公司2006年、2007年为建造厂房应予资本化的利息金额计算如下：

（1）确定借款费用资本化期间为2006年1月1日至2007年6月30日。

（2）计算在资本化期间内专门借款实际发生的利息金额：

2006年专门借款发生的利息金额 $=3\ 000\times 5\%+6\ 000\times 6\%\times 6\div 12=330$（万元）

2007年1月1日—6月30日专门借款发生的利息金额 $=3\ 000\times 5\%\times 6\div 12+6\ 000\times 6\%\times 6\div 12=255$（万元）

（3）计算在资本化期间内利用闲置的专门借款资金进行短期投资的收益：

2006年短期投资收益 $=500\times 0.50\%\times 6+2\ 000\times 0.50\%\times 6=75$（万元）

2007 年 1 月 1 日—6 月 30 日短期投资收益 = 500 × 0.50% × 6 = 15（万元）

（4）由于在资本化期间内，专门借款利息费用的资本化金额应当以其实际发生的利息费用减去将闲置的借款资金进行短期投资取得的投资收益后的金额确定，因此：

公司 2006 年的利息资本化金额 = 330 − 75 = 255（万元）

公司 2007 年的利息资本化金额 = 255 − 15 = 240（万元）

有关账务处理如下：

2006 年 12 月 31 日：

借：在建工程	2 550 000	
应收利息（或银行存款）	750 000	
贷：应付利息		3 300 000

2007 年 6 月 30 日：

借：在建工程	2 400 000	
应收利息（或银行存款）	150 000	
贷：应付利息		2 550 000

企业在购建或者生产符合资本化条件的资产时，如果专门借款资金不足，占用了一般借款资金的，或者企业为购建或者生产符合资本化条件的资产并没有借入专门借款，而占用的都是一般借款资金，则计算情况就比较复杂了。

【例 10—16】沿用例 10—15，假定南方公司为建造厂房于 2006 年 1 月 1 日专门借款 3 000万元，借款期限为 3 年，年利率为 5%。除此之外，没有其他专门借款。

在厂房建造过程中占用了两笔一般借款，具体资料如下：

（1）向某银行长期贷款 3 000 万元，期限为 2005 年 12 月 1 日—2008 年 12 月 1 日，年利率为 5%，按年支付利息。

（2）发行公司债券 1 亿元，2005 年 1 月 1 日发行，期限为 5 年，年利率为 8%，按年支付利息。

假设全年按 360 天计算，其他相关资料均同例 10—14。

分析：公司应当首先计算专门借款利息的资本化金额，然后计算所占用一般借款利息的资本化金额，具体如下：

（1）计算专门借款利息的资本化金额：

2006 年专门借款利息资本化金额 = 3 000 × 5% − 500 × 0.50% × 6 = 135（万元）

2007 年专门借款利息资本化金额 = 3 000 × 5% × 180 ÷ 360 = 75（万元）

（2）计算一般借款资本化金额：

在建造厂房过程中，自 2006 年 7 月 1 日起已经有 4 000 万元占用了一般借款，另外，2007 年 1 月 1 日支出的 1 500 万元也占用了一般借款。计算这两笔资产支出的加权平均数如下：

2006 年占用了一般借款的资产支出加权平均数 = 4 000 × 180 ÷ 360 = 2 000（万元）

一般借款利息资本化率（年） = （3 000 × 5% + 10 000 × 8%）÷（3 000 + 10 000）× 100% = 7.31%

2006 年应予资本化的一般借款利息金额 = 2 000 × 7.31% = 146.20（万元）

2007 年占用了一般借款的资产支出加权平均数 = （4 000 + 1 500）× 180 ÷ 360 = 2 750（万元）

2007 年应予资本化的一般借款利息金额 = 2 750 × 7.31% = 201.025（万元）

（3）根据上述计算结果，公司建造厂房应予资本化的利息金额如下：

2006 年利息资本化金额 = 135 + 146.20 = 281.20（万元）

2007 年利息资本化金额 = 75 + 201.025 = 276.025（万元）

（4）有关账务处理如下：

2006 年 12 月 31 日：

借：在建工程	2 812 000	
财务费用	8 038 000	
应收利息（或银行存款）	150 000	
贷：应付利息		11 000 000

注：2006 年实际借款利息 = 3 000 × 5% + 3 000 × 5% + 10 000 × 8% = 1 100（万元）

2007 年 6 月 30 日：

借：在建工程	2 760 250	
财务费用	2 739 750	
贷：应付利息		5 500 000

注：2007 年 1 月 1 日—6 月 30 日的实际借款利息 = 1 100 ÷ 2 = 550（万元）

（二）借款辅助费用资本化金额的确定

辅助费用是企业为了安排借款而发生的必要费用，包括借款手续费（如发行债券手续费）、佣金等。如果企业不发生这些费用，就无法取得借款，因此辅助费用是企业借入款项所付出的一种代价，是借款费用的有机组成部分。

对于企业发生的专门借款辅助费用，在所购建或者生产的符合资本化条件的资产达到预定可使用或者可销售状态之前发生的，应当在发生时根据其发生额予以资本化；在所购建或者生产的符合资本化条件的资产达到预定可使用或者可销售状态之后所发生的，应当在发生时根据其发生额确认为费用，计入当期损益。

（三）外币专门借款汇兑差额资本化金额的确定

当企业为购建或者生产符合资本化条件的资产所借入的专门借款为外币借款时，由于企业取得外币借款日、使用外币借款日和会计结算日往往并不一致，而外汇汇率又在随时发生变化，因此，外币借款会产生汇兑差额。借款费用准则规定，在资本化期间内，外币专门借款本金及其利息的汇兑差额，应当予以资本化，计入符合资本化条件的资产的成本。而除外币专门借款之外的其他外币借款本金及其利息所产生的汇兑差额应当作为财务费用，计入当期损益。

【例 10—17】A 公司于 2006 年 1 月 1 日为建造某工程项目专门以面值发行美元公司债券 2 000 万元，年利率为 9%，期限为 3 年，假定不考虑与发行债券有关的辅助费用、未支出专门借款的利息收入或投资收益。合同约定，每年 1 月 1 日支付利息，到期还本。

工程于 2006 年 1 月 1 日开始实体建造，2007 年 6 月 30 日完工，达到预定可使用状态，期间发生的资产支出如下：

2006 年 1 月 1 日，支出 300 万美元；

2006 年 7 月 1 日，支出 600 万美元；

2007 年 1 月 1 日，支出 600 万美元。

公司的记账本位币为人民币，外币业务采用外币业务发生时当日的市场汇率折算。相关汇率如下：

2006 年 1 月 1 日，市场汇率为 1 美元 = 7.70 元人民币；
2006 年 12 月 31 日，市场汇率为 1 美元 = 7.75 元人民币；
2007 年 1 月 1 日，市场汇率为 1 美元 = 7.77 元人民币；
2007 年 6 月 30 日，市场汇率为 1 美元 = 7.80 元人民币。

本例中，公司计算外币借款汇兑差额资本化金额如下：

（1）计算 2006 年汇兑差额资本化金额：

①债券应付利息 = 2 000 × 9% × 7.75 = 180 × 7.75 = 1 395（万元）

账务处理为：

借：在建工程　　13 950 000
　贷：应付利息　　13 950 000

② 外币债券本金及利息汇兑差额 = 2 000 ×（7.75 − 7.70）+ 180 ×（7.75 − 7.75）= 100（万元）

账务处理为：

借：在建工程　　1 000 000
　贷：应付债券　　1 000 000

（2）2007 年 1 月 1 日实际支付利息时，应当支付 180 万美元，折算成人民币为 1 398.60万元。该金额与原账面金额之间的差额为 3.60 万元，应当继续予以资本化，计入在建工程成本。账务处理为：

借：应付利息　　13 950 000
　　在建工程　　36 000
　贷：银行存款　　13 986 000

（3）计算 2007 年 6 月 30 日的汇兑差额资本化金额：

①债券应付利息 = 2 000 × 9% × 1 ÷ 2 × 7.80 = 90 × 7.80 = 702（万元）

账务处理为：

借：在建工程　　7 020 000
　贷：应付利息　　7 020 000

② 外币债券本金及利息汇兑差额 = 2 000 ×（7.80 − 7.75）+ 180 ×（7.80 − 7.80）= 100（万元）

账务处理为：

借：在建工程　　1 000 000
　贷：应付债券　　1 000 000

复习思考题

1. 非流动负债与流动负债相比有何特殊性，主要有哪几种？
2. 什么是应付债券的折价和溢价？怎么确定应付债券的发行价格？
3. 长期应付款主要包括哪两种形式？
4. 如何确定借款费用的费用化和资本化？这两种处理方法各有何优缺点？

练习题

1. 红星股份有限公司 2006 年 1 月 1 日经批准，发行面值为 5 000 万元公司债券，债券期限为5年，票面利率为4%，当时的市场利率为5%。债券利息按年计算，每年年底支付，本金到期一次偿还。付给承销商的债券发行佣金和手续费为200万元。

要求：计算红星股份有限公司发行的该种债券每年的折价及交易费用的摊销金额，并编制相关会计分录。

2. 北方公司委托光晨建筑公司于2006年1月1日开始建造一座厂房，厂房的实体建造于2007年6月30日完成并投入使用。每半年向施工方光晨建筑公司支付进度款，全部支出如表10—5所示。

表10—5 **资产支出时间及金额一览表** 单位：万元

资产支出时间	资产支出金额	累计资产支出金额
2006年1月1日	1 200	1 200
2006年7月1日	800	2 000
2007年6月30日	2 500	4 500

该公司为建造该厂房专门借入了两笔借款：

（1）2005年7月1日与银行签订贷款协议，借入一笔4年期借款1 000万元，年利率为6%，贷款已经到账。

（2）2006年1月1日发行5年期公司债券，债券总面值2 000万元，票面年利率为8%。债券利息按年支付，到期还本。因资金周转问题，在资金不足时，工程使用了一般借款，一般借款年利率为3%。

要求：根据上述资料，计算北方公司建造该厂房应予资本化的利息费用金额，并编制与该借款有关的所有会计分录。

第十一章　所有者权益

第一节　所有者权益概述

一、所有者权益的概念

所有者权益是指企业资产扣除负债后由所有者享有的剩余权益。公司的所有者权益又称为股东权益。所有者权益的来源包括所有者投入的资产、直接计入所有者权益的利得和损失、留存收益等。按形成的来源不同，所有者权益可分为实收资本（或股本）、资本公积、盈余公积和未分配利润等部分。其中，盈余公积和未分配利润统称为留存收益。

二、所有者权益与债权的区别

负债和所有者权益都是对企业资产的要求权，但它们之间存在着以下几个明显的区别：

1. 对象不同。负债是对债权人承担的经济责任；所有者权益是对股东承担的经济责任，并且这两种经济责任的内容也是不同的。

2. 性质不同。虽然在企业的生产经营活动中不能分辨出企业的负债和所有者权益各自分别对哪些资产有要求权，但可以明确，负债是会计主体在经营活动或其他事项中发生的债务，是债务人对债权人应尽的义务；所有者权益是投资者对投入的资本及投入资本的运用所产生的盈余（或亏损）的权利。

3. 偿还期限不同。负债必须在一定时期偿还；所有者权益一般只有在企业解散清算时，其破产资产在偿付了破产费用、债权人的债务以后，如有剩余财产，才可能还给投资者，在企业持续经营的情况下，一般不能随意抽回投资。

4. 享受的权利不用。债权人只享受收回债务本金和利息的权利，而无权参与企业利润分配；所有者权益在某些情况或条件下，除了可以获得投资收益外，还可参与企业的决策或经营管理。

第二节　实收资本

一、实收资本概述

按照我国有关法律规定，投资者设立企业首先必须投入资本。实收资本是投资者投入资本形成法定资本的价值，所有者向企业投入的资本，在一般情况下无需偿还，可以长期周转使用。实收资本的构成比例，即投资者的出资比例或股东的股份比例，通常是确定所有者在企业所有者权益中所占的份额和参与企业财务经营决策的基础，也是企业进行利润分配或股利分配的依据，同时还是企业清算时确定所有者对净资产的要求权的依据。

二、投入资本的会计处理

股东投入资本，通过“实收资本”科目进行核算。投入资本从形态上看，可以分为货币投资、实物投资和无形资产投资。

（一）接受货币投资

【例 11—1】甲公司收到乙公司投入的银行存款 120 000 元，甲公司应编制会计分录如下：

借：银行存款　　120 000

　贷：实收资本——乙公司　　120 000

（二）接受实物投资

企业接受股东以原材料、固定资产等实物进行投资时，应对接受的实物进行评估，以评估确认的价值作为实收资本入账。按投资合同或协议约定价值确定实物价值（但投资合同或协议约定价值不公允的除外）和在注册资本中应享有的份额。

1. 接受原材料投资

【例 11—2】甲公司于收到丁公司作为资本投入的原材料一批，该批原材料投资合同或协议约定价值（不含可抵扣的增值税进项税额部分）为 1 000 000 元，增值税进项税额为 170 000 元。丁公司已开具了增值税专用发票。假设合同约定的价值与公允价值相符，该进项税额允许抵扣，不考虑其他因素，甲公司应编制会计分录如下：

借：原材料　　1 000 000

　　应交税费——应交增值税（进项税额）　　170 000

　贷：实收资本——丁公司　　1 170 000

2. 接受固定资产投资

【例 11—3】甲公司于设立时收到丙公司作为资本投入的不需要安装的机器设备一台，合同约定该机器设备的价值为 800 000 元，增值税进项税额为 136 000 元（假设不允许抵扣）。合同约定的固定资产价值与公允价值相符，不考虑其他因素，则甲公司应编制会计分录如下：

借：固定资产　　936 000

　贷：实收资本——丙公司　　936 000

（三）接受无形资产投资

当企业收到股东以无形资产进行投资时，其投资额为无形资产的评估价值。企业接受无形资产投资时，应借记“无形资产”科目，贷记“实收资本”科目。

三、实收资本（或股本）的增减变动

（一）实收资本（或股本）增加的会计处理

1. 企业增加资本的一般途径

企业增加资本的途径一般有三条：将资本公积转增资本、将盈余公积转增资本、接受投资者追加投资。

（1）将资本公积转增资本。将资本公积转为实收资本或者股本，会计上应借记“资本公积——资本溢价”或“资本公积——股本溢价”科目，贷记“实收资本”或“股本”科目。

【例 11—4】甲有限责任公司由 A、B 二人共同投资设立，原注册资本为 3 000 000 元。A、B 出资分别为 2 000 000 元和 1 000 000 元。为了扩大经营规模，经批准，甲公司按照原出资比例将资本公积 30 000 元转增资本。根据上述资料，甲公司应作以下账务处理：

借：资本公积　　30 000

　贷：实收资本——A　　20 000

　　　　　　　——B　　10 000

（2）将盈余公积转增资本。会计上应借记“盈余公积”科目，贷记“实收资本”或“股本”科目。资本公积和盈余公积均属所有者权益，转为实收资本或者股本时，企业如为独资企业的，直接结转即可；如为股份有限公司或有限责任公司的，应按原投资者所持股份同比例增加各股东的股权。

（3）接受投资者追加投资。企业接受投资者追加投入的资本，借记“银行存款”、“固定资产”、“无形资产”、“长期股权投资”等科目，贷记“实收资本”或“股本”等科目。

【例 11—5】甲、乙、丙三人共同投资设立 A 有限责任公司，原注册资本为 100 000 万元，甲、乙、丙分别出资 50 000 元、30 000 元和 20 000 元。为扩大经营规模，经批准，A 公司注册资本扩大为 300 000 元，甲、乙、丙按照原出资比例分别追加投资 100 000 元、60 000 元和 40 000 元。A 公司如期收到甲、乙、丙追加的现金投资。A 公司会计分录如下：

借：银行存款	200 000	
贷：实收资本——甲		100 000
——乙		60 000
——丙		40 000

2. 股份有限公司以发放股票股利方式增资

股份有限公司采用发放股票股利实现增资的，在发放股票股利时，按照股东原来持有的股数分配，如股东所持股份按比例分配的股利不足一股时，应采用恰当的方法处理。例如，股东会决议按股票面额的 10% 发放股票股利时（假定新股发行价格及面额与原股相同），对于所持股票不足 10 股的股东，将会发生不能领取一股的情况。在这种情况下，有两种方法可供选择：一是将不足一股的股票股利改为现金股利，用现金支付；二是由股东相互转让，凑为整股。股东大会批准的利润分配方案中分配的股票股利，应在办理增资手续后，借记“利润分配”科目，贷记“股本”科目。

3. 可转换公司债券持有人行使转换权利

可转换公司债券持有人行使转换权利，将其持有的债券转换为股票，按可转换公司债券的余额，借记“应付债券——可转换公司债券（面值、利息调整）”科目，按其权益成分的金额，借记“资本公积——其他资本公积 ”科目，按股票面值和转换的股数面值总额，贷记“股本”科目，按其差额，贷记“资本公积——股本溢价”科目。

4. 企业将重组债务转为资本

企业将重组债务转为资本的，应按重组债务的账面余额，借记“应付账款”等科目，按债权人放弃债权而享有本企业股份的面值总额，贷记“实收资本”或“股本”科目，按股份的公允价值与股份面值之间的差额，贷记“资本公积——资本溢价（股本溢价）”科目，按其差额，贷记“营业外收入——债务重组利得”科目。

5. 以权益结算的股份支付的行权

以权益结算的股份支付换取职工或其他方提供服务的，应在行权日，按根据实际行权情况确定的金额，借记“资本公积——其他资本公积”科目，按应计入实收资本或股本的金额，贷记“实收资本”或“股本”科目。

（二）实收资本（或股本）减少的会计处理

企业减少实收资本应按法定程序报经批准，一般发生在企业资本过剩或发生重大亏损而需要减资等情况下。上市公司可以回购流通股实现减资。

1. 有限责任公司和一般企业减资

有限责任公司和一般企业减资发还投资的会计处理比较简单，按法定程序批准减少注册资本的，借记“实收资本”科目，贷记“库存现金”、“银行存款”等科目。

2. 股份有限公司减资

股份有限公司由于采用的是发行股票的方式筹集股本，发还股款时，则要回购发行的股票，发行股票的价格与股票面值可能不同。回购股票的价格也可能与发行价格不同，会计处理较为复杂。股份有限公司因减少注册资本而回购本公司股份的，应按实际支付的金额，借记“库存股”科目，贷记“银行存款”等科目。注销库存股时，应按股票面值和注销股数计算的股票面值总额，借记“股本”科目，按注销库存股的账面余额，贷记“库存股”科目，按其差额，冲减股票发行时原计入资本公积的溢价部分，借记“资本公积——股本溢价”科目。回购价格超过上述冲减“股本”及“资本公积——股本溢价”科目的部分，应依次借记“盈余公积”、“利润分配——未分配利润”等科目；如回购价格低于回购股份所对应的股本，所注销库存股的账面余额与所冲减股本的差额作为增加股本溢价处理，按回购股份所对应的股本面值，借记“股本”科目，按注销库存股的账面余额，贷记“库存股”科目。按其差额，贷记“资本公积——股本溢价”科目。

【例 11—6】乙公司经股东大会批准，以现金回购本公司股票 120 000 股并注销。股票面值为 1 元，假定乙公司按每股 5 元回购股票，不考虑其他因素，乙公司的会计处理如下：

①回购本公司股票时：

	借方	贷方
借：库存股	600 000	
贷：银行存款		600 000

②注销本公司股票时：

	借方	贷方
借：股本	120 000	
资本公积——股本溢价	480 000	
贷：库存股		600 000

第三节　资本公积

一、资本公积概述

资本公积是企业收到投资者出资额超出其在企业注册资本（或股本）中所占份额的部分以及直接计入所有者权益的利得和损失等。资本公积包括资本溢价（或股本溢价）和直接计入所有者权益的利得和损失等。

二、资本公积的确认和计量

（一）资本溢价或股本溢价的核算

1. 资本溢价

资本溢价是指股东的出资额大于其在企业注册资本中所占份额的差额。一般来说，在企业创立时，股东按照其在企业注册资本中所占的份额出资，不会出现资本溢价。但在有新的投资者加入时，新股东的出资额往往会大于其在企业注册资本中所占的份额，这是因为，在企业正常经营过程中投入的资金虽然与企业创立时投入的资金在数量上一致，但其获利能力却不一致。企业创立时，资本利润率一般较低，而在企业经营一段时间以后，资本利润率会有所提高，而这高于创立阶段的资本利润率是创立时必要的垫支资本带来的，这表明企业的原有资本已经增值。因而，新股东加入时，应以高于原股东的出资额占有与原股东等量的股份。另外，原股东的出资额与其实际占有的资本不同。企业在经营一段时间以后，可能会形成一部分资本公积和留存收益。这部分资本公积和留存收益虽未转入实收资本，但归原股东所共有。因而，新股东加入时，如与原股东共享这部分资本公积和留存收益，也应付出高于原股东的出资额而占有与原股东等量的股份。投资者投入的资本中按其投资比例计算的出资额部分，应记入“实收资本”科目，大于部分应记入“资本公积”科目。

【例11—7】A有限责任公司由两位投资者各投资600 000元设立。一年后，为扩大经营规模，经批准，A有限责任公司注册资本增加到1 800 000元，并引入第三位投资者。按照投资协议，新投资者需缴入现金750 000元，同时享有该公司1/3的股份。A有限责任公司已收到该现金投资。假定不考虑其他因素，A有限责任公司的会计分录如下：

借：银行存款	750 000	
贷：实收资本	600 000	
资本公积——资本溢价		150 000

2. 股本溢价

股份有限公司在按面值发行股票的情况下，企业发行股票取得的收入，应全部作为股本处理；在溢价发行股票的情况下，企业发行股票取得的收入，等于股票面值部分作为股本处理，超出股票面值的溢价收入应作为股本溢价处理。

发行股票相关的手续费、佣金等交易费用，如果是溢价发行股票的，应从溢价中抵扣，冲减资本公积（股本溢价）；无溢价发行股票或溢价金额不足以抵扣的，应将不足抵扣的部分冲减盈余公积和未分配利润。

【例11—8】B股份有限公司首次公开发行了普通股4 000 000股，每股面值1元，每股发行价格为3元。B公司以银行存款支付发行手续费等费用共计120 000元。假定发行收入已全部收到，发行费用已全部支付，不考虑其他因素，该公司的会计处理如下：

①收到发行收入时

借：银行存款	12 000 000	
贷：股本		4 000 000
资本公积——股本溢价		8 000 000

②支付发行费用时

借：资本公积——股本溢价	120 000	
贷：银行存款		120 000

（二）其他资本公积的核算

其他资本公积是指除资本溢价（或股本溢价）项目以外所形成的资本公积，其中主要是直接计入所有者权益的利得和损失。

直接计入所有者权益的利得和损失主要由以下交易或事项引起：

1. 采用权益法核算的长期股权投资

长期股权投资采用权益法核算的，在持股比例不变的情况下，被投资单位除净损益以外所有者权益的其他变动，企业按持股比例计算应享有的份额，如果是利得，应当增加长期股权投资的账面价值，同时增加资本公积（其他资本公积）；如果是损失应当作相反的会计分录。当处置采用权益法核算的长期股权投资时，应当将原计入资本公积的相关金额转入投资收益。

2. 以权益结算的股份支付

以权益结算的股份支付换取职工或其他方提供服务的，应按照确定的金额，记入“管理费用”等科目，同时增加资本公积（其他资本公积）。在行权日，应按实际行权的权益工具数量计算确定的金额，借记“资本公积——其他资本公积”科目，按计入实收资本或股本的金额，贷记“实收资本”或“股本”科目，并将其差额记入“资本公积——资本溢价”或“资本公积——股本溢价”科目。

3. 存货或自用房地产转换为投资性房地产

企业将作为存货的房地产转换为采用公允价值模式计量的投资性房地产时，应当按该项房地产在转换日的公允价值，借记“投资性房地产——成本”科目，原已计提减值准备的，借记“存货跌价准备”科目，按其账面余额，贷记“开发产品”等科目。同时，转换日的公允价值小于账面价值的，按其差额，借记“公允价值变动损益”科目；转换日的公允价值大于账面价值的，按其差额，贷记“资本公积——其他资本公积”科目。

企业将自用的建筑物等转换为采用公允价值模式计量的投资性房地产时，应当按该项房地产在转换日的公允价值，借记“投资性房地产——成本”科目，原已计提减值准备的，借记“固定资产减值准备”科目，按已计提的累计折旧等，借记“累计折旧”等科目，按其账面余额，贷记“固定资产”等科目。同时，转换日的公允价值小于账面价值的，按其差额，借记“公允价值变动损益”科目；转换日的公允价值大于账面价值的，按其差额，贷记“资本公积——其他资本公积”科目。

待该项投资性房地产处置时，因转换计入资本公积的部分应转入当期的其他业务收入，借记“资本公积——其他资本公积”科目，贷记“其他业务收入”科目。

4. 可供出售金融资产公允价值的变动

可供出售金融资产公允价值的变动形成的利得，除减值损失和外币货币性金融资产形成的汇兑差额外，借记“公允价值变动损益”科目，贷记“资本公积——其他资本公积”科目，公允价值变动形成的损失，作相反的会计分录。

5. 金融资产的重分类

将可供出售金融资产重分类为采用成本或摊余成本计量的金融资产，重分类日该金融资产的公允价值或账面价值作为成本或摊余成本，该金融资产没有固定到期日的，与该金融资产相关、原直接计入所有者权益的利得和损失，应当仍然记入“资本公积——其他资本公积”科目，在该金融资产被处置时转出，计入当期损益。

将持有至到期投资重分类为可供出售金融资产，并以公允价值进行后续计量的，重分类日该投资的账面价值与其公允价值之间的差额记入“资本公积——其他资本公积”科目，在该可供出售金融资产发生减值或终止确认时转出，计入当期损益。

按照金融工具确认和计量的规定应当以公允价值计量，但以前公允价值不能可靠计量的可供出售金融资产，企业应当在其公允价值能够可靠计量时改按公允价值计量，将相关账面价值与公允价值之间的差额记入“资本公积——其他资本公积”科目，在其发生减值或终止确认时将上述差额转出，计入当期损益。

（三）资本公积转增资本的会计处理

按照《公司法》的规定，法定公积金（资本公积和盈余公积）转为资本时，所留存的该项公积金不得少于转增前公司注册资本的25%。经股东大会或类似机构决议，用资本公积转增资本时，应冲减资本公积，同时按照转增前的实收资本（或股本）的结构或比例，将转增的金额记入“实收资本”（或“股本”）科目下各所有者的明细分类账。

第四节　留存收益

一、留存收益概述

留存收益是指企业从历年取得的净收益中提取留存于企业内部的积累。与资本公积不同，它实质上是企业通过生产经营活动而形成的资本增值。

企业将生产经营取得的净收益部分留存在企业，不完全分配给投资者，其目的是：一方面可以满足企业维持或扩大再生产经营活动的资金需要，保持或提高企业的获利能力；另一方面可以保证企业有足够的资金弥补以后年度可能出现的亏损，也保证企业有足够的资金用于偿还债务，保护债权人的权益。基于此，对于留存收益的提取和使用，除了企业的自主行为外，往往也有法律上的诸多规定和限制。按照我国会计核算的习惯，留存收益包括盈余公积和未分配利润两类，前者一般又包括法定盈余公积和任意盈余公积两部分。

（一）盈余公积

盈余公积是指企业按规定从净利润中提取的企业积累资金，以利于企业持续经营，维持债权人权益及改善职工生活条件。盈余公积根据其提取方法不同分为法定盈余公积和任意盈余公积。两者的区别就在于其各自计提的依据不同。公司制企业的法定公积金按照税后利润的10%的比例提取（非公司制企业也可按照超过10%的比例提取），在计算提取法定盈余公积的基数时，不应包括企业年初未分配利润。公司法定公积金累计额为公司注册资本的50%以上时，可以不再提取法定公积金。公司的法定公积金不足以弥补以前年度亏损的，在提取法定公积金之前，应当先用当年利润弥补亏损。公司从税后利润中提取法定公积金后，经股东会或者股东大会决议，还可以从税后利润中提取任意公积金，提取比例由股东大会确定。提取的盈余公积主要有以下用途：

1. 弥补亏损

企业发生亏损时，应由企业自行弥补。弥补亏损的渠道主要有三条：一是用以后年度税前利润弥补。按照现行制度规定，企业发生亏损时，可以用以后五年内实现的税前利润弥补，即税前利润弥补亏损的期间为五年。二是用以后年度税后利润弥补。企业发生的亏损经过五年期间未弥补足额的，尚未弥补的亏损应用所得税后的利润弥补。三是以盈余公积弥补亏损。企业以提取的盈余公积弥补亏损时，应当由公司董事会提议，并经股东大会批准。

2. 转增资本

企业将盈余公积转增资本时，必须经股东大会决议批准。在实际将盈余公积转增资本时，要按股东原有持股比例结转。按照《公司法》的规定，法定公积金（资本公积和盈余公积）转为资本时，所留存的该项公积金不得少于转增前公司注册资本的25%。

3. 扩大企业生产经营

盈余公积的用途并不是指其实际占用形态，提取盈余公积也并不是单独将这部分资金从企业资金周转过程中抽出。企业盈余公积的结存数，实际只表现为企业所有者权益的组成部分，表明企业生产经营资金的一个来源而已。其形成的资金可能表现为一定的货币资金，也可能表现为一定的实物资产，如存货和固定资产等，随同企业的其他来源所形成的资金进行循环周转，用于企业的生产经营。

4. 用盈余公积分派现金股利或分配利润

在一些特殊的情况下，企业经股东大会或类似机构决议，也可用盈余公积分派现金股利或分配利润。

由于我国有关外商投资企业法律的特别规定，其盈余公积包括的内容与一般企业和股份有限公司不同，它包括以下几个方面的内容：

（1）储备基金，是指法律、法规规定从净利润中提取的，经批准用于弥补亏损和转增资本的储备基金。

（2）企业发展基金，是指按照法律、行政法规规定从净利润中提取的，用于企业生产发展和经批准用于增加资本的企业发展基金。

（3）利润归还投资，是指中外合作经营企业按照规定在合作期内以利润归还投资者的投资。

（二）未分配利润

未分配利润是企业实现的净利润经过弥补亏损、提取盈余公积、向投资者分配利润后留存在企业的、历年结存的利润。未分配利润有两层含义：一是留待以后年度处理的利润；二是未指定特定用途的利润。可以说，相对于盈余公积而言，未分配利润属于未确定用途的留存收益，所以企业在使用未分配利润上有较大的自主权，受国家法律法规的限制比较少。从数量上来讲，未分配利润是期初未分配利润，加上本期实现的净利润，减去提取的各种盈余公积和分出利润后的余额。

二、留存收益的账务处理

（一）盈余公积

为了反映盈余公积的形成及使用情况，企业应设置“盈余公积”科目。企业应当分别“法定盈余公积”、“任意盈余公积”进行明细核算。外商投资企业还应分别“储备基金”、“企业发展基金”进行明细核算。

1. 盈余公积的形成

企业提取盈余公积时，借记“利润分配——提取法定盈余公积”、“利润分配——提取任意盈余公积”科目，贷记“盈余公积——法定盈余公积”、“盈余公积——任意盈余公积”科目。

外商投资企业按规定提取的储备基金、企业发展基金、职工奖励及福利基金，借记“利润分配——提取储备基金”、“利润分配——提取企业发展基金”、“利润分配——提取职工奖励及福利基金”科目，贷记“盈余公积——储备基金”、“盈余公积——企业发展基金”、“应付职工薪酬”科目。

【例11—9】甲公司2007年度实现税后利润1 200 000元，经股东大会批准，按10%提取法定盈余公积，再按5%提取任意盈余公积。

借：利润分配——提取法定盈余公积	120 000	
——提取任意盈余公积	60 000	
贷：盈余公积——法定盈余公积		120 000
——任意盈余公积		60 000

2. 盈余公积的使用

企业用盈余公积弥补亏损或转增资本时，借记“盈余公积”，贷记“利润分配——盈余公积补亏”、“实收资本”或“股本”科目。经股东大会决议，用盈余公积派送新股时，按派送新股计算的金额，借记“盈余公积”科目，按股票面值和派送新股总数计算的股票面值总额，贷记“股本”科目。

（1）盈余公积弥补亏损

企业发生年度亏损时，若由公司董事会提议，并经股东大会批准，可以用盈余公积弥补亏损，借记“盈余公积”科目，贷记“利润分配——盈余公积补亏”科目。

【例 11—10】A 公司 2007 年召开股东大会，经大会批准，决定用 300 000 元的盈余公积弥补 2006 年的亏损。

借：盈余公积 300 000

贷：利润分配——盈余公积补亏 300 000

（2）盈余公积转增资本或分配股票股利

企业在经过股东大会或董事会决议，应于实际分配股票股利或转增资本时，按各股东的持股比例派送新股或增加每股面值，借记“盈余公积”科目，贷记“股本（或实收资本）”、“资本公积”等科目。

【例 11—11】A 公司 2007 年召开股东大会，经大会批准，将法定盈余公积中的 1 000 000元用于派送新股，按派送的股票面值计算为 900 000 元。

借：盈余公积 1 000 000

贷：股本——普通股 900 000

资本公积——股本溢价 100 000

（3）用盈余公积发放现金股利或利润

用盈余公积发放现金股利时，借记“盈余公积”科目，贷记“应付股利”科日。

（二）未分配利润

在会计核算上，未分配利润是通过“利润分配——未分配利润”账户进行核算的。“利润分配”科目应当分别“提取法定盈余公积”、“提取任意盈余公积”、“应付现金股利或利润”、“转作股本的股利”、“盈余公积补亏”和“未分配利润”等进行明细核算。

1. 期末结转的会计处理

企业在生产经营过程中取得的收入和发生的成本费用，最终通过“本年利润”账户进行归集，计算当年盈利或亏损，然后转入“利润分配——未分配利润”账户进行分配，其结存于“利润分配——未分配利润”账户的贷方余额，为未分配利润；否则，为未弥补亏损。年度终了，再将“利润分配”账户下的其他明细账户的余额转入“未分配利润”明细科目。结转后，“未分配利润”明细账的期末余额如在贷方，表示企业累计未分配的利润；如果在借方，则表示历年累计未弥补亏损。

（1）年度终了，企业实现净利润（若为亏损，则作相反分录）：

借：本年利润

贷：利润分配——未分配利润

（2）将“利润分配”其他明细账户下的余额转入“未分配利润”账户，以结清旧账：

借：利润分配——未分配利润

贷：利润分配——提取法定盈余公积

——应付优先股股利等

2. 弥补亏损

企业在生产经营过程中既有可能发生盈利，也有可能出现亏损。企业在当年发生亏损的情况下，与实现利润的情况相同，应当将本年发生的亏损自“本年利润”科目转入“利润分配——未分配利润”科日，借记“利润分配——未分配利润”科目，贷记“本年利润”科目，结转后“利润分配”科目的借方余额即为未弥补亏损的数额。然后通过“利润分配”科目核算有关亏损的弥补情况。

采用盈余公积弥补亏损的会计核算前已述及，不再赘述。以当年实现的利润弥补以前年度结转的未弥补亏损，不需要进行专门的账务处理。企业应将当年实现的利润自“本年利润”科目转入“利润分配——未分配利润”科目的贷方，其贷方发生额与“利润分配——未分配利润”的借方余额自然抵补。无论是以税前利润还是以税后利润弥补亏损，其会计处理方法均相同。但是，两者在计算缴纳所得税时的处理是不同的。在以税前利润弥补亏损的情况下，其弥补的数额可以抵减当期企业应纳税所得额，而以税后利润弥补的数额，则不能作为纳税所得扣除处理。

【例11—12】假设某企业2001年发生亏损3 500 000元，2002—2006年，每年均实现利润600 000元，2007年实现税前利润900 000元。假设该企业适用的所得税税率为25%。则该企业2001—2007年各年会计分录如下：

（1）2001年底，结转本年发生的亏损：

借：利润分配——未分配利润　　3 500 000

　贷：本年利润　　3 500 000

（2）2002—2006年均可用税前利润弥补亏损：

借：本年利润　　600 000

　贷：利润分配——未分配利润　　600 000

（3）2007年只能用税后利润弥补以前年度亏损，故2007年度终了，该企业首先应当按照当年的税前利润计算缴纳当年应负担的所得税，然后再将当期税后利润转入利润分配账户。

2007年应交所得税 = 900 000 × 25% = 225 000（元）

借：所得税费用　　225 000

　贷：应交税费——应交所得税　　225 000

借：本年利润　　225 000

　贷：所得税费用　　225 000

借：本年利润　　675 000

　贷：利润分配——未分配利润　　675 000

该企业2007年底“利润分配——未分配利润”账户的期末贷方余额为175 000元（-3 500 000 + 600 000 × 5 + 675 000）。

以当年实现的利润弥补以前年度结转的未弥补亏损，不需要进行专门的账务处理。企业应将当年实现的利润自“本年利润”科目转入“利润分配——未分配利润”科目的贷方，其贷方发生额与“利润分配——未分配利润”的借方余额自然抵补。无论是以税前利润还是以税后利润弥补亏损，其会计处理方法均相同。但是，两者在计算缴纳所得税时的处理是不同的。在以税前利润弥补亏损的情况下，其弥补的数额可以抵减当期企业应纳税所得额，而以税后利润弥补的数额，则不能作为纳税所得扣除处理。

第五节　股利的会计处理

股利是股东凭借其股份所分得的利润的一部分。在通常情况下，股利只能依据公司本期和前期的净收益来分派，发放形式可以为现金股利、财产股利、负债股利，也可以是股票股利。分派现金股利、财产股利和负债股利，都会使股东权益减少；而分派股票股利则不影响股东权益总额，因为它一方面减少了留存收益，另一方面增加了实缴股本。股利的发放日期和股利所采取的形式与公司财务政策紧密相关。在决定是否发放股利、以什么形式发放股利时，公司要考虑财务问题，要权衡发放与不发放的利益，要分析公司财务状况的影响，绝不能因发放股利而使公司财务状况恶化，同时也不能使公司的股票失去吸引力。

一、现金股利

现金股利是以现金方式向股东派发的股利，也是最常见的一种股利派发方式。投资者之所以投资于股票，主要是希望得到较一般投资者多的现金股利。发放现金股利，必须具备三个条件：（1）有足够的留存收益；（2）有足够的现金；（3）有董事会的决定。在宣布股利日，公司借记“利润分配——支付股利”科目，贷记“应付股利”科目。在除息日和股权登记日，公司不作任何会计分录。在股利发放日，公司借记“应付股利”科目，贷记“库存现金”科目。

【例 11—13】A 公司董事会于某年 12 月 1 日宣布发放股利，优先股 1 000 股，每股 2 元，普通股 10 000 股，每股 1 元。过户截止日为该年度 12 月 20 日，股利开始发放日期为次年 1 月 5 日。会计处理如下：

（1）宣布股利日

	借方	贷方
借：利润分配	12 000	
贷：应付股利——应付优先股股利		2 000
——应付普通股股利		10 000

（2）股利发放日

	借方	贷方
借：应付股利——应付优先股股利	2 000	
——应付普通股股利	10 000	
贷：银行存款		12 000

二、财产股利

财产股利是以非现金形式分派公司的收益，如存货、不动产、有价证券等，最常见的财产股利形式是公司所持有的外公司的有价证券，如股票、债券。财产股利和现金股利相比，只是派发的资产类型不同而已。支付其他公司证券时，如果是按成本记账的，对付出的证券，不能以原账面价值作为计价基础，而应以股利宣告日的公允价值计算支付的应付股利。

【例 11—14】B 公司董事会决定以持有的某项交易性金融资产作为股利发放，该股票的账面价值为 270 000 元，现行市场价值为 300 000 元。B 公司应作如下会计分录：

（1）宣布股利日

	借方	贷方
借：交易性金融资产	30 000	
贷：投资收益		30 000
借：利润分配——支付股利	300 000	

贷：应付股利 300 000

（2）股利发放日

借：应付股利 300 000

贷：交易性金融资产 300 000

三、负债股利

负债股利是公司通过建立一项负债来发放股利。通常负债股利都是以应付票据的形式来支付。票据股利的票据，有的带息，有的不带息；有时有规定的到期日，有时无到期日。签发期票支付股利，都是在已经宣布发放股利，但又面临现金不足、难以支付的窘境时，出于无奈，为了顾全如期发放股利的信誉，而采用的一种权宜之计。由于以负债形式发放股利同股东的实际利益密切相关，因而事先必须征得股东大会的同意。派发负债股利，一方面会相应地减少留存收益，另一方面会相应地增加负债，其实质是权益间的一种转换，即将股东权益转换为债权人权益。因此，股利派发后，股东权益总额将会减少，而负债总额将会增加。

【例 11—15】C 公司 2006 年 5 月 15 日以 5 000 000 元、一年期、票面利率 6% 的应付票据偿付股利。股权登记日为 5 月 21 日，6 月 30 日为股利发放日。会计处理如下：

（1）2006 年 5 月 15 日，宣布股利时：

借：利润分配 5 000 000

贷：应付股利 5 000 000

（2）2006 年 6 月 30 日，股利发放日：

借：应付股利 5 000 000

贷：应付票据 5 000 000

（3）2006 年 12 月 31 日，会计期末：

借：财务费用——利息支出 300 000

贷：应付利息 300 000

（4）2007 年 6 月 30 日，票据到期日：

借：财务费用——利息支出 300 000

应付利息 300 000

应付票据 5 000 000

贷：银行存款 5 600 000

四、股票股利

股票股利是公司用增发的股票分给股东当作股利，通常都是按现有股东持有股份的比例来分派，并且采用增发普通股的形式，发给普通股股东。宣布和分发股票，既不影响公司的资产和负债，也不影响股东权益总额。它只是在股东权益账户内部，把一个项目转为另一个项目，即减少了留存收益，增加了股本。获得股票股利的股东，虽然所持有的股票数量有所增加，但在公司中所占权益的份额并未发生变化。

【例 11—16】甲公司拥有外发普通股 9 000 000 股，每股面值 1 元，甲公司于 2007 年 5 月 15 日宣布发放 10% 的股票股利，股权登记日为 5 月 21 日，每股市价为 8 元，股利发放日为 6 月 30 日。甲公司应作如下分录：

（1）宣布股利日

借：利润分配——支付股利 7 200 000

贷：应付股利　900 000

资本公积——股本溢价　6 300 000

（2）股利支付日

借：应付股利　900 000

贷：股本——普通股　900 000

复习思考题

1. 所有者权益与负债的主要区别是什么?
2. 资本公积包括哪些内容?
3. 留存收益包括哪些内容?
4. 股利由哪些发放形式?

练习题

甲公司1999—2007年度有关业务资料如下：

（1）1999年1月1日，甲公司股东权益总额为46 500 000元（其中，股本总额为10 000 000股，每股面值为1元；资本公积为30 000 000元；盈余公积为6 000 000元；未分配利润为500 000元）。1999年度实现净利润400 000元，股本与资本公积未发生变化。

2000年3月1日，甲公司董事会提出如下预案：

① 按1999年度实现净利润的10%提取法定盈余公积，按1999年度实现净利润的5%提取任意盈余公积。

② 以1999年12月31日的股本总额为基数，以资本公积（股本溢价）转增股本，每10股转增4股，计4 000 000股。

（2）2000年度，甲公司发生净亏损3 142 000元。

（3）2001—2006年度，甲公司分别实现利润总额200 000元、300 000元、400 000元、500 000元、600 000元和600 000元。假设甲公司适用的所得税税率为25%；无其他纳税调整事项。

（4）2007年5月9日，甲公司股东大会决定以法定盈余公积弥补2006年12月31日账面累计未弥补亏损。

假定：①2000年发生的亏损可用5年内实现的税前利润弥补；

②除前述事项外，其他因素不予考虑。

要求：（1）编制甲公司2000年3月提取1999年度法定盈余公积和任意盈余公积金的会计分录。

（2）编制甲公司资本公积转增股本的会计分录。

（3）编制甲公司2006年度结转当年净亏损的会计分录。

（4）计算甲公司2006年度应交所得税并编制结转当年净利润的会计分录。

（5）计算甲公司2006年12月31日账面累计未弥补亏损。

（6）编制甲公司2007年5月以法定盈余公积弥补亏损的会计分录。

第十二章　收入、费用和利润

第一节　收入的定义及分类

一、收入的定义

收入是指企业在销售商品、提供劳务及让渡资产使用权等日常活动中所形成的经济利益的总流入，包括主营业务收入和其他业务收入，不包括为第三方或者客户代收的款项。

收入具有以下四个特征：

（一）收入是从企业的日常活动中产生的，而不是从偶发的交易或事项中产生的

收入定义中的日常活动，指的是企业为完成其经营目标而从事的所有活动，以及与之相关的其他活动。例如，商业企业从事商品销售活动，金融企业从事贷款业务、证券投资，工业企业制造和销售产品等，都属于日常活动。企业所进行的有些活动并不是经常发生的，比如工业企业卖出作为原材料的存货，这种情况下，虽然不是经常发生的，但因与日常活动直接相关，因此也属于收入。有些交易或事项虽然也能为企业带来经济利益，但由于不是从企业的日常活动中产生的，就不属于企业的收入，而作为营业外收入。例如，出售固定资产，由于固定资产是为使用而不是为出售而购入的，出售固定资产并不是企业的经营目标，不属于企业的日常活动，因此，出售固定资产而取得的收益不作为企业的收入。

（二）收入可能表现为企业资产的增加，也可能表现为企业负债的减少，或者二者兼而有之

收入为企业带来经济利益的形式多种多样，既可能表现为企业资产的增加，如增加银行存款、形成应收款项，也可能表现为企业负债的减少，如以商品或劳务抵偿债务，还可能是二者的组合，如以商品抵偿债务，同时收取部分现金。

（三）收入将引起企业所有者权益的增加

企业取得收入一定能导致所有者权益的增加，但是，收入扣除相关成本费用后的净额则可能增加所有者权益，也可能减少所有者权益。由于收入是经济利益的总流入，所以收入一定能引起企业所有者权益的增加。

（四）收入只包括本企业经济利益的流入，不包括为第三方或者客户代收的款项

企业为第三方或者客户代收的款项，如增值税、代收利息等，一方面增加企业的资产，另一方面增加企业的负债，因此，不增加企业的所有者权益，也不属于本企业的经济利益，不能作为本企业的收入。

二、收入的分类

收入按不同的标准有不同的分类。按照企业日常活动的性质，可将收入分为销售商品收入、提供劳务收入、让渡资产使用权收入。其中，销售商品收入是指企业通过销售商品实现的收入，如工业企业制造并销售商品、商业企业销售商品等实现的收入。提供劳务收入是指企业通过提供劳务实现的收入，如咨询公司提供咨询服务、软件开发企业为客户开发软件、安装公司提供安装服务等实现的收入。让渡资产使用权收入是指企业通过让渡资产使用权实现的收入，如商业银行对外贷款、租赁公司出租资产等实现的收入。按照企业从事日常活动在企业的重要性，可将收入分为主营业务收入、其他业务收入等。其中，主

营业务收入是指企业为完成其经营目标从事的经常性活动实现的收入。例如，工业企业制造并销售产品、商业企业销售商品、保险公司签发保单、咨询公司提供咨询服务、软件开发企业为客户开发软件、安装公司提供安装服务、商业银行提供贷款、租赁公司出租资产等实现的收入，根据其性质的不同，分别通过“主营业务收入”、“利息收入”、“保费收入”等科目进行核算。其他业务收入是指与企业为完成其经营目标所从事的经常性活动相关的活动实现的收入。例如，工业企业对外销售不需用的原材料、对外转让无形资产使用权等。这些活动形成的经济利益的总流入也构成收入，属于企业的其他业务收入，通过“其他业务收入”科目进行核算。

第二节　收入的确认与计量

一、销售商品收入

（一）销售商品收入的确认和计量

商品包括企业为销售而生产的产品和为转售而购进的商品，如工业企业生产的产品、商业企业购进的商品等，企业销售的其他存货，如原材料、包装物等，也视同企业的商品。收入准则规定，销售商品收入同时满足下列条件的，才能予以确认：

1. 企业已将商品所有权上的主要风险和报酬转移给购货方

企业已将商品所有权上的主要风险和报酬转移给购货方是指与商品所有权有关的主要风险和报酬同时转移给了购货方。其中，与商品所有权有关的风险是指商品可能发生减值或毁损等形成的损失；与商品所有权有关的报酬是指商品价值增值或通过使用商品等形成的经济利益。

判断企业是否已将商品所有权上的主要风险和报酬转移给购货方，应当关注交易的实质而不是形式，同时考虑所有权凭证的转移或实物的交付。如果与商品所有权有关的任何损失均不需要销货方承担，与商品所有权有关的任何经济利益也不归销货方所有，就意味着商品所有权上的主要风险和报酬转移给了购货方。

（1）通常情况下，转移商品所有权凭证或交付实物后，商品所有权上的所有风险和报酬随之转移，如大多数商品零售、预收款销售商品、订货销售商品、托收承付方式销售商品等。

（2）某些情况下，转移商品所有权凭证或交付实物后，商品所有权上的主要风险和报酬随之转移，企业只保留商品所有权上的次要风险和报酬，如交款提货方式销售商品、视同买断方式委托代销商品等。在这种情形下，应当视同商品所有权上的所有风险和报酬已经转移给购货方。

【例12—1】甲公司销售一批商品给丙公司。丙公司已根据甲公司开出的发票账单支付了货款，取得了提货单，但甲公司尚未将商品移交丙公司。

根据本例的资料，甲公司采用交款提货的销售方式，即购买方已根据销售方开出的发票账单支付货款，并取得卖方开出的提货单。在这种情况下，购买方支付货款并取得提货单，说明商品所有权上的主要风险和报酬已转移给购买方，虽然商品未实际交付，甲公司仍可以认为商品所有权上的主要风险和报酬已经转移，应当确认收入。

（3）某些情况下，转移商品所有权凭证或交付实物后，商品所有权上的主要风险和报酬并未随之转移。

①企业销售的商品在质量、品种、规格等方面不符合合同或协议要求，又未根据正常

的保证条款予以弥补，因而仍负有责任。

【例 12—2】甲公司向乙公司销售一批商品，商品已经发出，乙公司已经预付部分货款，剩余货款由乙公司开出一张商业承兑汇票，销售发票账单已交付乙公司。乙公司收到商品后，发现商品质量没有达到合同约定的要求，立即根据合同有关条款与甲公司交涉，要求在价格上给予一定折让，否则要求退货。双方没有就此达成一致意见，甲公司也未采取任何补救措施。

根据本例的资料，尽管商品已经发出，并将发票账单交付买方，同时收到部分货款，但是由于双方在商品质量的弥补方面未达成一致意见，说明购买方尚未正式接受商品，商品可能被退回。因此，商品所有权上的主要风险和报酬仍保留在甲公司，没有随商品所有权凭证的转移或实物的交付而转移，不能确认收入。

②企业销售商品的收入是否能够取得，取决于购买方是否已将商品销售出去，如采用支付手续费方式委托代销商品等。

支付手续费方式委托代销商品是指委托方和受托方签订合同或协议，委托方根据代销商品数量向受托方支付手续费的销售方式。在这种方式下，委托方发出商品时，商品所有权上的主要风险和报酬并未转移给受托方，委托方在发出商品时通常不应确认销售商品收入，而应在收到受托方开出的代销清单时确认销售商品收入；受托方应在商品销售后，按合同或协议约定的方法计算确定的手续费确认收入。

③企业尚未完成售出商品的安装或检验工作，且安装或检验工作是销售合同或协议的重要组成部分。

【例 12—3】甲公司向乙公司销售一部电梯，电梯已经运抵乙公司，发票账单已经交付，同时收到部分货款。合同约定，甲公司应负责该电梯的安装工作，在安装工作结束并经乙公司验收合格后，乙公司应立即支付剩余货款。

根据本例的资料，电梯安装调试工作通常是电梯销售合同的重要组成部分，在安装过程中可能会发生一些不确定因素，影响电梯销售收入的实现。因此，电梯实物的交付并不表明商品所有权上的主要风险和报酬随之转移，不能确认收入。

④销售合同或协议中规定了买方由于特定原因有权退货的条款，且企业又不能确定退货的可能性。

【例 12—4】甲公司为推销一种新产品，承诺凡购买新产品的客户均有一个月的试用期，在试用期内如果对产品使用效果不满意，甲公司无条件给予退货。该种新产品已交付买方，货款已收讫。

根据本例的资料，甲公司虽然已将产品售出，并已收到货款。但是由于是新产品，甲公司无法估计退货的可能性，这表明产品所有权上的主要风险和报酬并未随实物的交付而发生转移，不能确认收入。

2. 企业既没有保留通常与所有权相联系的继续管理权，也没有对已售出的商品实施有效控制

通常情况下，企业售出商品后不再保留与商品所有权相联系的继续管理权，也不再对售出商品实施有效控制，商品所有权上的主要风险和报酬已经转移给购货方，应在发出商品时确认收入。

【例 12—5】甲公司属于房地产开发商。甲公司将住宅小区销售给客户后，接受客户委托代售住宅小区商品房并管理住宅小区物业。

根据本例的资料，甲公司接受客户委托代售住宅小区商品房并管理住宅小区物业，是与住宅小区销售无关的另一项提供劳务的交易。甲公司虽然仍对住宅小区进行管理，但这种管理与住宅小区的所有权无关，因为住宅小区的所有权属于客户。

【例 12—6】乙公司属于软件开发公司。乙公司销售某成套软件给客户后，接受客户委托对该成套软件进行日常管理。

根据本例的资料，乙公司接受客户委托对成套软件进行日常管理，是与成套软件销售无关的另一项提供劳务的交易。乙公司虽然仍对该成套软件进行管理，但这种管理与成套软件所有权无关，因为成套软件所有权属于客户。

对售出商品实施继续管理，既可能源于仍拥有商品的所有权，也可能与商品的所有权没有关系。如果商品售出后，企业仍保留与商品所有权相联系的继续管理权，则说明此项销售交易没有完成，销售不能成立，不应确认销售商品收入。同样的道理，如果商品售出后，企业仍可以对商品实施有效控制，也说明销售不能成立，不应确认销售商品收入。

3. 收入的金额能够可靠地计量

收入的金额能够可靠地计量是指收入的金额能够合理地估计。如果收入的金额不能够合理估计，就无法确认收入。企业在销售商品时，商品销售价格通常已经确定。但是，由于销售商品过程中某些不确定因素的影响，也有可能存在商品销售价格发生变动的情况。在这种情况下，新的商品销售价格未确定前通常不应确认销售商品收入。企业通常应按从购货方已收或应收的合同或协议价款确定收入金额；合同或协议价款延期收取具有融资性质时，企业应按应收的合同或协议价款的公允价值确定收入金额；已收或应收的价款不公允的，企业应按公允的交易价格确定收入金额。

4. 相关的经济利益很可能流入企业

相关的经济利益很可能流入企业是指销售商品价款收回的可能性大于不能收回的可能性，即销售商品价款收回的可能性超过 50%。企业在确定销售商品价款收回的可能性时，应当结合以前和买方交往的直接经验、政府有关政策、其他方面取得信息等因素进行分析。企业销售的商品符合合同或协议要求，已将发票账单交付买方，买方承诺付款，通常表明满足本确认条件（相关的经济利益很可能流入企业）。如果企业判断销售商品收入满足确认条件确认了一笔应收债权，以后由于购货方资金周转困难无法收回该债权时，不应调整原确认的收入，而应对该债权计提坏账准备、确认坏账损失。如果企业根据以前与买方交往的直接经验判断买方信誉较差，或销售时得知买方在另一项交易中发生了巨额亏损，资金周转十分困难，或在出口商品时不能肯定进口企业所在国政府是否允许将款项汇出等，就可能会出现与销售商品相关的经济利益不能流入企业的情况，不应确认收入。

5. 相关的已发生或将发生的成本能够可靠地计量

通常情况下，销售商品相关的已发生或将发生的成本能够合理地估计，如库存商品的成本、商品运输费用等。如果库存商品是本企业生产的，其生产成本能够可靠计量；如果是外购的，购买成本能够可靠计量。有时，与销售商品相关的已发生或将发生的成本不能够合理地估计，此时企业不应确认收入，已收到的价款应确认为负债。

【例 12—7】甲公司与乙公司签订协议，约定甲公司生产并向乙公司销售一台大型设备。限于自身生产能力不足，甲公司委托丙公司生产该大型设备的一个主要部件。甲公司与丙公司签订的协议约定，丙公司生产该主要部件发生的成本经甲公司认定后，其金额的 108% 即为甲公司应支付给丙公司的款项。假定甲公司本身负责的部件生产任务和丙公司负责的部件生产任务均已完成，并由甲公司组装后运抵乙公司，乙公司验收合格后及时支付了货款。但是，丙公司尚未将由其负责的部件相关的成本资料交付甲公司认定。

本例中，虽然甲公司已将大型设备交付乙公司，且已收到货款。但是，甲公司为该大型设备发生的相关成本因丙公司相关资料未送达而不能可靠地计量，也不能合理估计。因此，甲公司收到货款时不应确认为收入。

如果甲公司为该大型设备发生的相关成本因丙公司相关资料未送达而不能可靠地计量，但是甲公司基于以往经验能够合理估计出该大型设备的成本，仍应认为满足本确认条件。

（二）销售商品收入的会计处理

1. 通常情况下销售商品收入的账务处理

确认销售商品收入时，企业应按已收或应收的合同或协议价款，加上应收取的增值税税额，借记“银行存款”、“应收账款”，“应收票据”等科目，按确定的收入金额，贷记“主营业务收入”、“其他业务收入”等科目，按应收取的增值税税额，贷记“应交税费——应交增值税（销项税额）”科目；同时或在资产负债表日，按应缴纳的消费税、资源税、城市维护建设税、教育费附加等税费金额，借记“营业税金及附加”科目，贷记“应交税费——应交消费税（应交资源税、应交城市维护建设税等）”科目。

如果售出商品不符合收入确认条件，则不应确认收入，已经发出的商品，应当通过“发出商品”科目进行核算。

2. 销售商品涉及现金折扣、商业折扣、销售折让的处理

企业销售商品有时也会遇到现金折扣、商业折扣、销售折让等问题，应当分别不同情况进行处理：

（1）现金折扣是指债权人为鼓励债务人在规定的期限内付款而向债务人提供的债务扣除。企业销售商品涉及现金折扣的，应当按照扣除现金折扣前的金额确定销售商品收入金额。现金折扣在实际发生时计入财务费用。

（2）商业折扣是指企业为促进商品销售而在商品标价上给予的价格扣除。企业销售商品涉及商业折扣的，应当按照扣除商业折扣后的金额确定销售商品收入金额。

（3）销售折让是指企业因售出商品的质量不合格等原因而在售价上给予的减让。对于销售折让，企业应分别不同情况进行处理：①已确认收入的售出商品发生销售折让的，通常应当在发生时冲减当期销售商品收入；②已确认收入的销售折让属于资产负债表日后事项的，应当按照有关资产负债表日后事项的相关规定进行处理。

【例12—8】甲公司在20×7年5月1日向乙公司销售一批商品，开出的增值税专用发票上注明的销售价格为10 000元、增值税税额为1 700元。为及早收回货款，甲公司和乙公司约定的现金折扣条件为：2/10，1/20，N/30。假定计算现金折扣时不考虑增值税税额。甲公司的账务处理如下：

（1）5月1日销售实现时，按销售总价确认收入。

借：应收账款　　11 700

　贷：主营业务收入　　10 000

　　　应交税费——应交增值税（销项税额）　　1 700

（2）如果乙公司在5月9日付清货款，则按销售总价10 000元的2%享受现金折扣200元（10 000×2%），实际付款11 500元（11 700－200）。

借：银行存款　　11 500
　　财务费用　　200
　贷：应收账款　　11 700

（3）如果乙公司在5月18日付清货款，则按销售总价10 000元的1%享受现金折扣100元（10 000×1%），实际付款11 600元（11 700－100）。

借：银行存款　　11 600
　　财务费用　　100
　贷：应收账款　　11 700

（4）如果乙公司在5月底才付清货款，则按全额付款。

借：银行存款　　11 700
　贷：应收账款　　11 700

【例12—9】甲公司向乙公司销售一批商品，开出的增值税专用发票上注明的销售价款为800 000元、增值税税额为136 000元。乙公司在验收过程中发现商品质量不合格，要求在价格上给予5%的折让。假定甲公司已确认销售收入，款项尚未收到，发生的销售折让允许扣减当期增值税税额。甲公司的账务处理如下：

（1）销售实现时：

借：应收账款　　936 000
　贷：主营业务收入　　800 000
　　　应交税费——应交增值税（销项税额）　　136 000

（2）发生销售折让时：

借：主营业务收入　　40 000
　　应交税费——应交增值税（销项税额）　　6 800
　贷：应收账款　　46 800

（3）实际收到款项时：

借：银行存款　　889 200
　贷：应收账款　　889 200

3. 销售退回的处理

销售退回是指企业售出的商品由于质量、品种不符合要求等原因而发生的退货。对于销售退回，企业应分别不同情况进行会计处理：

（1）对于未确认收入的售出商品发生销售退回的，企业应按已记入“发出商品”科目的商品成本金额，借记“库存商品”科目，贷记“发出商品”科目。采用计划成本或售价核算的，应按成本或售价记入“库存商品”科目，同时计算产品成本差异或商品进销差价。

（2）对于已确认收入的售出商品发生退回的，企业一般应在发生时冲减当期销售商品收入，同时冲减当期销售商品成本。如该项销售退回已发生现金折扣的，应同时调整相关财务费用的金额；如该项销售退回允许扣减增值税税额的，应同时调整“应交税费——应交增值税（销项税额）”科目的相应金额。

（3）已确认收入的售出商品发生的销售退回属于资产负债表日后事项的，应当按照有关资产负债表日后事项的相关规定进行会计处理。

【例12—10】甲公司在20×7年12月18向乙公司销售一批商品，开出的增值税专用发票上注明的销售价格为50 000元、增值税税额为8 500元，该批商品成本为26 000元。为尽早收回货款，甲公司和乙公司约定的现金折扣条件为：2/10，1/20，N/30。乙公司在20×7年12月27支付货款，20×8年4月5日，该批商品因质量问题被乙公司退回，甲公司当日支付有关款项。假定计算现金折扣时不考虑增值税，销售退回不属于资产负债表日后事项。甲公司的账务处理如下：

（1）20×7年12月18日销售实现时，按销售总价确认收入：

借：应收账款	58 500	
贷：主营业务收入		50 000
应交税费——应交增值税（销项税额）		8 500
借：主营业务成本	26 000	
贷：库存商品		26 000

（2）在20×7年12月27日收到货款时，按销售总价50 000元的2%享受现金折扣1 000元（50 000×2%），实际收款57 500元（58 500－1 000）：

借：银行存款	57 500	
财务费用	1 000	
贷：应收账款		58 500

（3）20×8年4月5日发生销售退回时：

借：主营业务收入	50 000	
应交税费——应交增值税（销项税额）	8 500	
贷：银行存款		57 500
财务费用		1 000
借：库存商品	26 000	
贷：主营业务成本		26 000

4. 特殊销售商品业务的处理

企业会计实务中，可能遇到一些特殊的销售商品业务。在将销售商品收入和计量原则运用于特殊销售商品收入的会计处理时，应结合这些特殊销售商品交易的形式，并注重交易的实质。

（1）代销商品

代销商品分别以下情况处理：

①视同买断方式。视同买断方式代销商品是指委托方和受托方签订合同或协议，委托方按合同或协议价收取所代销的货款，实际售价由受托方自定，实际售价与合同或协议价之间的差额归受托方所有。如果委托方和受托方之间的协议明确表明，受托方在取得代销商品后，无论是否能够卖出、是否获利，均与委托方无关，那么，委托方和受托方之间的代销商品交易，与委托方直接销售商品给受托方没有实质区别，在符合销售商品收入确认条件时，受托方应确认相关销售商品收入。如果委托方和受托方之间的协议明确表明，将来受托方没有将商品售出时可以将商品退回给委托方，或受托方因代销商品出现亏损时可以要求委托方补偿，那么，委托方在交付商品时不确认收入，受托方也不做购进商品处理，受托方将商品销售后，将实际售价确认销售收入，并向委托方开具代销清单，委托方收到代销清单时，再确认本企业的销售收入。

②收取手续费方式。收取手续费，即受托方根据所代销的商品数量向委托方收取手续

费，这对受托方来说实际上是一种劳务收入。这种代销方式与视同买断方式相比，主要特点在于，受托方通常应按照委托方规定的价格销售，不得自行改变售价。在这种代销方式下，委托方应在受托方将商品销售后，并向委托方开具代销清单后确认收入；受托方在商品销售后，按应收取的手续费确认收入。

（2）分期收款销售商品

在这种销售方式下，商品交付后，货款分期收回。分期收款销售的特点：一是销售商品的价值较大，如房地产、船舶、大型设备等；二是收款期较长，有的是几年，有的长达几十年；三是收取货款的风险较大。因此，分期收款销售方式下，延期收取的货款具有融资性质，其实质是企业向购货方提供免息的信贷，企业应当按照应收的合同或协议价款的公允价值确定收入金额。

（3）附有销售退回条件的商品销售

附有销售退回条件的商品销售是指购买方依照有关协议退货的销售方式。在这种销售方式下，企业根据以往经验能够合理估计退货可能性且确认与退货相关负债的，通常应在发出商品时确认收入；企业不能合理估计退货可能性的，通常应在售出商品退货期满时确认收入。

（4）售后回购

售后回购是指销售商品的同时，销售方同意日后再将同样或类似的商品购回的销售方式。在这种方式下，销售方应根据合同或协议条款判断销售商品是否满足收入确认条件。通常情况下，售后回购交易属于融资交易，商品所有权上的主营风险和报酬没有转移，收到的款项应确认为负债；回购价格大于原售价的差额，企业应在回购期按期计提利息，计入财务费用。有确凿证据表明售后回购交易满足销售商品收入确认条件的，销售的商品按售价确认收入，回购的商品作为购买商品处理。

（5）售后租回

售后租回是指销售商品的同时，销售方同意在日后再将同样的商品租回的销售方式。在这种方式下，销售方应根据合同或协议条款判断销售商品是否满足收入确认条件。通常情况下，售后租回属于融资交易，企业保留了与所有权相联系的继续管理权，或能够对其实施有效控制，企业不应确认收入，收到的款项应确认为负债；售价与资产账面价值之间的差额应当采用合理的方法进行分摊，作为折旧费用或租金费用的调整。有确凿证据表明认定为经营租赁的售后租回交易是按照公允价值达成的，销售的商品按照售价确认收入，并按账面价值结转成本。

（6）以旧换新销售

以旧换新销售是指销售方在销售商品的同时回收与所售商品相同的旧商品。在这种销售方式下，销售的商品应当按照销售商品收入确认条件确认收入，回收的商品作为购进商品处理。

二、提供劳务收入

（一）提供劳务交易结果能够可靠估计

企业在资产负债表日提供劳务交易的结果能够可靠估计的，应当采用完工百分比法确认提供劳务收入。

1. 提供劳务交易结果能够可靠估计的条件

提供劳务交易的结果能够可靠估计是指同时满足下列条件：

（1）收入的金额能够可靠地计量，是指提供劳务收入的总额能够合理地估计。通常情况下，企业应当按照从接受劳务方已收或应收的合同或协议价款确定提供劳务收入总额。随着劳务的不断提供，可能会根据实际情况增加或减少已收或应收的合同或协议价款，此时，企业应及时调整提供劳务收入总额。

（2）相关的经济利益很可能流入企业，是指提供劳务收入总额收回的可能性大于不能收回的可能性。企业在确定提供劳务收入总额能否收回时，应当结合接受劳务方的信誉、以前的经验以及双方就结算方式和期限达成的合同或协议条款等因素，综合进行判断。

企业在确定提供劳务收入总额收回的可能性时，应当进行定性分析。如果确定提供劳务收入总额收回的可能性大于不能收回的可能性，即可认为提供劳务收入总额很可能流入企业。通常情况下，企业提供的劳务符合合同或协议要求，接受劳务方承诺付款，就表明提供劳务收入总额收回的可能性大于不能收回的可能性。如果企业判断提供劳务收入总额不是很可能流入企业，应当提供确凿证据。

（3）交易的完工进度能够可靠地确定，是指交易的完工进度能够合理地估计。企业确定提供劳务交易的完工进度，可以选用下列方法：

①已完工作的测量。这是一种比较专业的测量方法，由专业测量师对已经提供的劳务进行测量，并按一定方法计算确定提供劳务交易的完工程度。

②已经提供的劳务占应提供劳务总量的比例。这种方法主要以劳务量为标准确定提供劳务交易的完工程度。

③已经发生的成本占估计总成本的比例。这种方法主要以成本为标准确定提供劳务交易的完工程度。只有已提供劳务的成本才能包括在已经发生的成本中，只有已提供或将提供劳务的成本才能包括在估计总成本中。

（4）交易中已发生和将发生的成本能够可靠地计量，是指交易中已经发生和将要发生的成本能够合理地估计。企业应当建立完善的内部成本核算制度和有效的内部财务预算及报告制度，准确地提供每期发生的成本，并对完成剩余劳务将要发生的成本做出科学、合理地估计。同时应随着劳务的不断提供或外部情况的不断变化，随时对将要发生的成本进行修订。

2. 完工百分比法的具体应用

完工百分比法是指按照提供劳务交易的完工进度确认收入和费用的方法。在这种方法下，确认的提供劳务收入金额能够提供各个会计期间关于提供劳务交易及其业绩的有用信息。

企业应当在资产负债表日按照提供劳务收入总额乘以完工进度扣除以前会计期间累计已确认提供劳务收入后的金额，确认当期提供劳务收入；同时，按照提供劳务估计总成本乘以完工进度扣除以前会计期间累计已确认劳务成本后的金额，结转当期劳务成本。用公式表示如下：

本期确认的收入 = 劳务总收入 × 本期末止劳务的完工进度 − 以前期间已确认的收入

本期确认的费用 = 劳务总成本 × 本期末止劳务的完工进度 − 以前期间已确认的费用

在采用完工百分比法确认提供劳务收入的情况下，企业应按计算确定的提供劳务收入金额，借记“应收账款”、“银行存款”等科目，贷记“主营业务收入”科目。结转提供劳务成本时，借记“主营业务成本”科目，贷记“劳务成本”科目。

【例 12—11】A 公司于 20×7 年 12 月 1 日接受一项设备安装任务，安装期为 3 个月，合同总收入 600 000 元，至年底已预收安装费 440 000 元，实际发生安装费用为 280 000 元（假定均为安装人员薪酬），估计还会发生安装费用 120 000 元。假定甲公司按实际发生的成本占估计总成本的比例确定劳务的完工进度。甲公司的会计处理如下：

（1）计算

实际发生的成本占估计总成本的比例 = 280 000 ÷（280 000 + 120 000）×100% = 70%

20×7 年 12 月 31 日确认的劳务收入 = 600 000 ×70% －0 = 420 000（元）

20×7 年 12 月 31 日结转的劳务成本 =（280 000 + 120 000）×70% －0 = 280 000（元）

（2）账务处理

①实际发生劳务成本时

借：劳务成本　　280 000

　贷：应付职工薪酬　　280 000

②预收劳务款时

借：银行存款　　440 000

　贷：预收账款　　440 000

③20×7 年 12 月 31 日确认劳务收入并结转劳务成本时

借：预收账款　　420 000

　贷：主营业务收入　　420 000

借：主营业务成本　　280 000

　贷：劳务成本　　280 000

（二）提供劳务交易结果不能可靠估计

企业在资产负债表日提供劳务交易结果不能够可靠估计的，即不能满足上述四个条件中的任何一条时，企业不能采用完工百分比法确认提供劳务收入。此时，企业应正确预计已经发生的劳务成本能够得到补偿和不能得到补偿，分别进行会计处理：（1）已经发生的劳务成本预计全部能够得到补偿的，应按已收或预计能够收回的金额确认提供劳务收入，并结转已经发生的劳务成本。（2）已经发生的劳务成本预计部分能够得到补偿的，应按能够得到补偿的劳务成本金额确认提供劳务收入，并结转已经发生的劳务成本。（3）已经发生的劳务成本预计全部不能得到补偿的，应将已经发生的劳务成本计入当期损益，不确认提供劳务收入。

【例 12—12】甲公司于 20×7 年 12 月 25 日接受乙公司委托，为其培训一批学员，培训期为 6 个月，20×8 年 1 月 1 日开学。协议约定，乙公司应向甲公司支付的培训费总额为 60 000 元，分三次等额支付，第一次在开学时预付，第二次在 20×8 年 3 月 1 日支付，第三次在培训结束时支付。

20×8 年 1 月 1 日，乙公司预付第一次培训费。至 20×8 年 2 月 29 日，甲公司发生培训成本 30 000 元（假定均为培训人员薪酬）。20×8 年 3 月 1 日，甲公司得知乙公司经营发生困难，后两次培训费能否收回难以确定。甲公司的账务处理如下：

（1）20×8 年 1 月 1 日收到乙公司预付的培训费

借：银行存款　　20 000

　贷：预收账款　　20 000

（2）实际发生培训支出 30 000 元

借：劳务成本　　30 000

　贷：应付职工薪酬　　30 000

（3）20×8 年 2 月 29 日确认劳务收入并结转劳务成本

借：预收账款　　20 000

　贷：主营业务收入　　20 000

借：主营业务成本　　30 000

　贷：劳务成本　　30 000

（三）同时销售商品和提供劳务交易

企业与其他企业签订的合同或协议，有时既包括销售商品又包括提供劳务，如销售电梯的同时负责安装工作、销售软件后继续提供技术支持、设计产品同时负责生产等。此时，如果销售商品部分和提供劳务部分能够区分且能够单独计量的，企业应当分别核算销售商品部分和提供劳务部分，将销售商品的部分作为销售商品处理，将提供劳务的部分作为提供劳务处理；如果销售商品部分和提供劳务部分不能够区分，或虽能区分但不能够单独计量的，企业应当将销售商品部分和提供劳务部分全部作为销售商品部分进行会计处理。

【例 12—13】甲公司与乙公司签订合同，向乙公司销售一部电梯并负责安装。甲公司开出的增值税专用发票上注明的价款合计为 1 000 000 元，其中电梯销售价格为 980 000 元，安装费为 20 000 元，增值税税额为 166 600 元。电梯的成本为 560 000 元；电梯安装过程中发生安装费 12 000 元，均为安装人员薪酬。假定电梯已经安装完成并经验收合格，款项尚未收到；安装工作是销售合同的重要组成部分。甲公司的账务处理如下：

（1）电梯发出结转成本 560 000 元

借：发出商品　　560 000

　贷：库存商品　　560 000

（2）实际发生安装费用 12 000 元

借：劳务成本　　12 000

　贷：应付职工薪酬　　12 000

（3）电梯销售实现，确认收入 980 000 元

借：应收账款　　1 146 600

　贷：主营业务收入　　980 000

　　应交税费——应交增值税（销项税额）　　166 600

借：主营业务成本　　560 000

　贷：发出商品　　560 000

（4）确认安装费收入 20 000 元并结转安装成本 12 000 元

借：应收账款　　20 000

　贷：主营业务收入　　20 000

借：主营业务成本　　12 000

　贷：劳务成本　　12 000

【例 12—14】沿用例 12—13，同时假定电梯销售价格和安装费用无法区分。甲公司的会计处理如下：

（1）电梯发出结转成本 560 000 元

借：发出商品　　560 000

　贷：库存商品　　560 000

（2）发生安装费用 12 000 元

借：劳务成本　　12 000

　贷：应付职工薪酬　　12 000

（3）销售实现，确认收入 1 000 000 元，并结转成本 572 000 元

借：应收账款　　1 166 600

　贷：主营业务收入　　1 000 000

　　　应交税费——应交增值税（销项税额）　　166 600

借：主营业务成本　　572 000

　贷：发出商品　　560 000

　　　劳务成本　　12 000

三、让渡资产使用权收入

让渡资产使用权收入主要包括：（1）利息收入，主要是指金融企业对外贷款形成的利息收入，以及同业之间发生往来形成的利息收入等。（2）使用费收入，主要是指企业转让无形资产（如商标权、专利权、专营权、软件、版权）等资产的使用权形成的使用费收入。

企业对外出租资产收取的租金、进行债权投资收取的利息、进行股权投资取得的现金股利，也构成让渡资产使用权收入，有关的会计处理参照有关租赁、金融工具确认和计量、长期股权投资等内容。

让渡资产使用权收入同时满足下列条件的，才能予以确认：（1）相关的经济利益很可能流入企业；（2）收入的金额能够可靠地计量。

（一）利息收入

企业应在资产负债表日，按照他人使用本企业货币资金的时间和实际利率计算确定利息收入金额。按计算确定的利息收入金额，借记“应收利息”、“银行存款”等科目，贷记“利息收入”、“其他业务收入”等科目。

【例 12—15】甲商业银行于 20×7 年 10 月 1 日向乙公司发放一笔贷款 100 万元，期限为 1 年，年利率为 5%，甲银行发放贷款时没有发生交易费用，该贷款合同利率与其实际利率相同。假定甲商业银行按季度编制财务报表，不考虑其他因素。甲商业银行的账务处理如下：

（1）20×7 年 10 月 1 日对外贷款时：

借：贷款　　1 000 000

　贷：吸收存款　　1 000 000

（2）20×7 年 12 月 31 日确认利息收入时：

借：应收利息（1 000 000×5%÷4）　　12 500

　贷：利息收入　　12 500

（二）使用费收入

使用费收入应当按照有关合同或协议约定的收费时间和方法计算确定。不同的使用费收入，收费时间和方法各不相同。有一次性收取一笔固定金额的，如一次收取 10 年的场

地使用费；有在合同或协议规定的有效期内分期等额收取的，如合同或协议规定在使用期内每期收取一笔固定的金额；也有分期不等额收取的，如合同或协议规定按资产使用方每期销售额的百分比收取使用费等。

如果合同或协议规定一次性收取使用费，且不提供后续服务的，应当视同销售该项资产一次性确认收入；提供后续服务的，应在合同或协议规定的有效期内分期确认收入。如果合同或协议规定分期收取使用费的，应按合同或协议规定的收款时间和金额或规定的收费方法计算确定的金额分期确认收入。

【例 12—16】甲公司向丁公司转让其商品的商标使用权，约定丁公司每年年末按年销售收入的 10% 支付使用费，使用期 10 年。第一年，丁公司实现销售收入 1 000 000 元；第二年，丁公司实现销售收入 1 500 000 元。假定甲公司均于每年年末收到使用费，不考虑其他因素。甲公司的账务处理如下：

（1）第一年年末确认使用费收入时：

	借方	贷方
借：银行存款（1 000 000 × 10%）	100 000	
贷：主营业务收入		100 000

（2）第二年年末确认使用费收入时：

	借方	贷方
借：银行存款（1 500 000 × 10%）	150 000	
贷：主营业务收入		150 000

第三节　费用的定义及分类

一、费用的定义

费用是指企业在日常活动中发生的、会导致所有者权益减少的、与向所有者分配利润无关的经济利益的总流出。费用有狭义和广义之分。广义的费用泛指企业各种日常活动发生的所有耗费，狭义的费用仅指与本期营业收入相配比的那部分耗费。

从费用的定义可以看出，费用具有以下三个特征：

1. 费用是企业在日常活动中发生的经济利益的流出，而不是从偶然发生交易或事项中发生的经济利益的流出，如企业采购原材料等所发生的经济利益的流出属于费用。但是，有些交易或事项虽然也能使企业发生经济利益流出，但由于不属于企业的日常经营活动，所以，其经济利益的流出不属于费用而是属于损失，如企业出售固定资产净损失。

2. 费用可能表现为资产减少，或负债的增加，或二者兼而有之。费用发生形式多种多样，既可能表现为资产的减少，如支付管理人员工资、支付咨询费等，也可能表现为负债的增加，如负担长期借款利息，还可能是二者的组合，如为发生的费用支付部分现金，同时承担部分债务。

3. 费用会导致企业所有者权益的减少。根据“资产 - 负债 = 所有者权益”的等式，企业的费用最终会减少企业的所有者权益。企业生产经营过程中的有些支出并不减少企业的所有者权益，也就不应归入费用。例如，企业以银行存款偿还一项负债，只是一项资产和一项负债等额减少，对所有者权益没有影响，因此，不构成企业的费用。

二、费用的分类

费用按不同的标准有不同的分类。费用按经济用途分类，可以分为生产成本和期间费用。生产成本是构成产品实体、计入产品成本的费用，包括直接材料费用、直接人工费用和制造费用等。期间费用是指本期发生的、不能直接或间接归入某种产品成本的、直接计入损益的各项费用，包括管理费用、销售费用和财务费用。费用还可以根据经济内容分类，从费用的经济内容看，计入产品成本的费用分为活劳动和物化劳动消耗，物化劳动消耗又分为劳动资料和劳动对象消耗，这种按经济内容进行分类后发生的费用称作费用要素。费用要素具体可划分为外购材料、外购燃料、外购动力、工资、职工福利费、折旧费、修理费、利息支出、税金以及其他支出。按费用与产量的关系，可以将生产费用分为变动费用和固定费用。变动费用是指费用总额随产品产量的增减而相应增减变动的费用，如直接材料、直接工资；固定费用是指在一定范围内，其费用总额不随产品产量的增减而相应增减变动的费用，如折旧费、办公费等。费用按其与责任部门的关系可以分为可控制费用和不可控制费用两类。可控制费用是指该项费用的发生受其责任部门或单位和管理人员的行为影响的费用。否则，就是不可控制费用。某项费用的可控制性必须与一个具体责任单位相联系，并视这项费用的发生是否受该单位和管理人员的重大影响而定。这种分类对于评价各责任单位或有关人员的工作非常重要，它有利于责任会计制度的建立和完善。

第四节　费用的确认和计量

一、费用的确认

费用应按照权责发生制和配比原则确认，凡应属于本期发生的费用，不论其款项是否支出，均确认为本期费用；反之，不属于本期发生的费用，即使其款项已在本期支付，也不可能确认为本期费用。

在确认费用时，首先，应当划分生产费用与非生产费用的界限。生产费用是指与企业日常经营活动有关的费用，如生产产品所发生的原材料费用、人工费用等；非生产费用是指不应由生产费用负担的费用，如用于购建固定资产所发生的费用，不属于生产费用。其次，应当分清生产费用与产品成本的界限。生产费用与一定的时期相联系，而与生产的产品无关；产品成本与一定品种和数量的产品相联系，而不论发生在哪一期。最后，应当分清生产费用与期间费用的界限。生产费用应当计入产品成本，而期间费用直接计入当期损益。

在确认费用时，对于确认为期间费用的费用，必须进一步划分为管理费用、销售费用和财务费用。对于确认为生产费用的费用，必须根据该费用发生的实际情况分别不同的费用性质将其确认为不同产品生产所负担的费用；对于几种产品共同发生的费用，必须按受益原则，采用一定方法和程序将其分配计入相关产品的生产成本。

二、费用的计量

（一）生产费用的计量

为了核算企业进行工业性生产发生的各项生产费用的归集及分配结转情况，企业应设置“生产成本”、“制造费用”、“劳务成本”等科目。

企业发生的各项生产费用，应按成本核算对象分别归集。对于发生的能直接归属于指定成本核算对象的直接材料、直接人工等费用，直接计入生产成本，借记“生产成本”科目，贷记“银行存款”、“原材料”、“应付职工薪酬”等科目；对于发生无法直接归属于产品成本核算对象的间接费用，先在制造费用中归集，借记“制造费用”科目，贷记“银行存款”、“原材料”、“应付职工薪酬”、“累计折旧”等科目，月度终了再采用一定的方法在各成本核算的对象之间进行分配，计入各产品成本核算对象中，借记“生产成本”科目，贷记“制造费用”科目。

企业已经生产完成并验收入库的产成品等，月度终了应按实际成本，借记“库存商品”等科目，贷记“生产成本”科目。

（二）期间费用的计量

期间费用是企业当期发生的费用的重要组成部分，是指本期发生的、不能直接或间接归入某种产品成本的、直接计入损益的各项费用，包括管理费用、销售费用和财务费用。

1. 管理费用

管理费用是指企业为组织和管理企业生产经营所发生的管理费用，包括企业在筹建期间内发生的开办费、董事会和行政管理部门在企业的经营管理中发生的或者应由企业统一负担的公司经费（包括行政管理部门职工工资及福利费、物料消耗、低值易耗品摊销、办公费和差旅费等）、工会经费、董事会费（包括董事会成员津贴、会议费和差旅费等）、聘请中介机构费、咨询费（含顾问费）、诉讼费、业务招待费、房产税、车船使用税、土地使用税、印花税、技术转让费、矿产资源补偿费、研究费用、排污费以及企业生产车间（部门）和行政管理部门等发生的固定资产修理费用等。

企业发生的管理费用在“管理费用”科目核算，并在“管理费用”科目中按费用项目设置明细账，进行明细核算。期末，“管理费用”科目的余额结转“本年利润”科目后无余额。

【例 12—17】企业本月某报销日发生如下报销事项：退休职工报销医药费 1 200 元，业务招待费 2 300 元，支付审计费用 4 000 元，董事张某的差旅费 1 500 元。所有费用均以现金付讫。根据有关原始凭证，编制如下会计分录：

借：管理费用——劳动保险费	1 200	
——业务招待费	2 300	
——审计费	4 000	
——董事会费	1 500	
贷：库存现金		9 000

【例 12—18】计算并结转本月应交车船税 500 元，房产税 700 元。根据有关原始凭证，编制如下会计分录：

借：管理费用——车船税	500	
——房产税	700	
贷：应交税费——应交车船税		500
——应交房产税		700

2. 销售费用

销售费用是指企业在销售商品和材料、提供劳务的过程中发生的各种费用，包括企业在销售商品过程中发生的包装费、保险费、展览费、广告费、商品维修费、预计产品质量保证损失、运输费、装卸费等以及为销售本企业商品而专设的销售机构（含销售网点、售后服务网点）的职工薪酬、业务费、折旧费、固定资产修理费等费用。

企业发生的销售费用在“销售费用”科目核算，并在“销售费用”科目中按费用项目设置明细账，进行明细核算。期末，“销售费用”科目的余额结转“本年利润”科目后无余额。

【例 12—19】企业本月发生如下有关销售费用事项：

（1）以银行存款支付运输费用 1 500 元。根据有关原始凭证，编制如下会计分录：

借：销售费用——运输费　　1 500

　贷：银行存款　　1 500

（2）以银行存款支付产品广告费 80 000 元。根据有关原始凭证，编制如下会计分录：

借：销售费用——广告　　80 000

　贷：银行存款　　80 000

（3）应付销售部门人员工资 7 200 元。根据有关原始凭证，编制如下会计分录：

借：销售费用——工资　　7 200

　贷：应付职工薪酬　　7 200

3. 财务费用

财务费用是指企业为筹集生产经营所需资金等而发生的费用，包括利息净支出（减利息收入）、汇兑净损失（减汇兑收益）、现金折扣损失以及金融机构的手续费等。

企业发生的财务费用在“财务费用”科目核算，并在“财务费用”科目中按费用项目设置明细账，进行明细核算。期末，“财务费用”科目的余额结转“本年利润”科目后无余额。

【例 12—20】企业本月发生以下与财务费用有关的业务。

（1）支付发行债券的手续费与印刷费 50 000 元。根据有关原始凭证，编制如下会计分录：

借：财务费用——手续费　　50 000

　贷：银行存款　　50 000

（2）收到银行通知，存款利息 600 元已入账。根据有关原始凭证，编制如下会计分录：

借：银行存款　　600

　贷：财务费用——利息收入　　600

第五节　利润

一、利润的构成

企业作为独立的经济实体，应当以自己的经济收入抵补其成本费用，并且实现盈利。企业盈利的大小在很大程度上反映企业生产经营的经济效益，表明企业在每一会计期间的最终经营成果。

利润是指企业在一定期间的经营成果。利润包括收入减去费用后的净额、直接计入当期利润的利得和损失等。

直接计入当期利润的利得和损失是指应当计入当期损益、会导致所有者权益发生增减变动的、与所有者投入资本或者向所有者分配利润无关的利得或者损失。

利润相关计算公式如下：

（一）营业利润

$$\text{营业利润}=\text{营业收入}-\text{营业成本}-\text{营业税金及附加}-\text{销售费用}-\text{管理费用}-\text{财务费用}-\text{资产减值损失}+\text{公允价值变动收益（}-\text{公允价值变动损失）}+\text{（}-\text{投资收益投资损失）}$$

其中，营业收入是指企业经营业务所确定的收入总额，包括主营业务收入和其他业务收入。营业成本是指企业经营业务所发生的实际成本总额，包括主营业务成本和其他业务成本。资产减值损失是指企业计提各项资产减值准备所形成的损失。公允价值变动收益（或损失）是指企业交易性金融资产等公允价值变动形成的应计入当期损益的利得（或损失）。投资收益（或损失）是指企业以各种方式对外投资所取得的收益（或发生的损失）。

（二）利润总额

利润总额 = 营业利润 + 营业外收入 – 营业外支出

其中，营业外收入（或支出）是指企业发生的与日常活动无直接关系的各项利得（或损失）。

（三）净利润

净利润 = 利润总额 – 所得税费用

其中，所得税费用是指企业确认的应从当期利润总额中扣除的所得税费用。

二、营业外收支的会计处理

营业外收支是指企业发生的与日常活动无直接关系的各项收支。营业外收支虽然与企业生产经营活动没有多大的关系，但从企业主体来考虑，同样会带来收入或形成企业的支出，也是增加或减少利润的因素，对企业的利润总额及净利润产生较大的影响。

（一）营业外收入

营业外收入是指企业发生的与日常活动无直接关系的各项利得。营业外收入并不是由企业经营资金耗费所产生的，不需要企业付出代价，实际上是一种纯收入，不可能也不需要与有关费用进行配比。因此，在会计核算上，应当严格区分营业外收入与营业收入的界限。营业外收入主要包括非流动资产处置利得、非货币性资产交换利得 、债务重组利得、盘盈利得、政府补助、捐赠利得等。

非流动资产处置利得包括固定资产处置利得和无形资产出售利得。固定资产处置利得是指企业出售固定资产所取得价款或报废固定资产的材料价值和变价收入等，扣除固定资产的账面价值、清理费用、处置相关税费后的净收益；无形资产出售利得是指企业出售无形资产所取得价款扣除出售无形资产的账面价值、出售相关税费的净收益。

非货币性资产交换利得是指在非货币性资产交换中换出资产为固定资产、无形资产的，换入资产公允价值大于换出资产账面价值的差额，扣除相关费用后计入营业外收入的金额。

债务重组利得是指重组债务的账面价值超过清偿债务的现金、非现金资产的公允价值、所转股份的公允价值或者重组后债务账面价值之间的差额。

盘盈利得是指企业对于现金等清查盘点中盘盈的现金等，报经批准后计入营业外收入的金额。

政府补助是指企业从政府无偿取得货币性资产或非货币性资产形成的利得。

捐赠利得是指企业接受捐赠产生的利得。

企业应当通过“营业外收入”科目核算营业外收入的取得和结转情况。该科目可按营业外收入项目进行明细核算。期末，应将该科目余额转入“本年利润”科目，结转后该科目无余额。

（二）营业外支出

营业外支出是指企业发生的与日常活动无直接关系的各项损失。营业外支出主要包括非流动资产处置损失、非货币性资产交换损失 、债务重组损失、非常损失、盘亏损失、公益性捐赠支出等。

非流动资产处置损失包括固定资产处置损失和无形资产出售损失。固定资产处置损失是指企业出售固定资产所取得价款或报废固定资产的材料价值和变价收入等，不足抵补处置固定资产的账面价值、清理费用、处置相关税费后的净损失；无形资产出售损失是指企业出售无形资产所取得价款，不足抵补出售无形资产的账面价值、出售相关税费的净损失。

非货币性资产交换损失是指在非货币资产交换中换出资产为固定资产、无形资产的，换入资产公允价值小于换出资产账面价值的差额，扣除相关费用后计入营业外支出的金额。

债务重组损失是指重组债权的账面余额与受让资产的公允价值、所转股份的公允价值或者重组后债权的账面价值之间的差额。

非常损失是指企业对于因客观因素（如自然灾害等）造成的损失，在扣除保险公司赔偿后计入营业外支出的净损失。

盘亏损失是指企业对于现金等清查盘点中盘亏的现金等，报经批准后计入营业外支出的金额。

公益性捐赠支出是指企业对外进行公益性捐赠发生的支出。

企业应当通过“营业外支出”科目核算营业外支出的发生和结转情况。该科目可按营业外支出项目进行明细核算。期末，应将该科目余额转入“本年利润”科目，结转后该科目无余额。

需要注意的是，营业外收入和营业外支出应当分别核算。在具体核算时，不得以营业外支出直接冲减营业外收入，也不得以营业外收入冲减营业外支出，即企业在会计核算时，应当区别营业外收入和营业外支出进行核算。

三、本年利润的会计处理

企业应设置“本年利润”科目，核算企业当期实现的净利润（或发生的净亏损）。

企业期（月）末结转利润时，应将各损益类科目的金额转入本科目，结平各损益类科目。结转后本科目的贷方余额为当期实现的净利润，借方余额为当期发生的净亏损。

年度终了，应将本年收入和支出相抵后结出的实现的净利润，转入“利润分配”科目，借记本科目，贷记“利润分配——未分配利润”科目；如为净亏损，作相反的会计分录。结转后本科目应无余额。

【例12—21】甲公司2008年度各损益类科目年末结账前的累计余额为：属贷方余额的是主营业务收入800万元、其他业务收入90万元、补贴收入20万元、营业外收入70万元；属借方余额的是主营业务成本500万元、营业税金及附加10万元、其他业务成本40万元、营业外支出25万元、管理费用82万元、销售费用60万元、财务费用30万元、投资收益18万元、所得税费用25万元。要求作甲公司当年末本年利润的形成与结转分录。

（1）结清属贷方结账前余额的损益类科目：

借：主营业务收入	8 000 000	
其他业务收入	900 000	
补贴收入	200 000	
营业外收入	700 000	
贷：本年利润		9 800 000

（2）结清属借方结账前余额的损益类科目：

借：本年利润　　7 900 000

　贷：主营业务成本　　5 000 000

　　营业税金及附加　　100 000

　　其他业务成本　　400 000

　　管理费用　　820 000

　　销售费用　　600 000

　　财务费用　　300 000

　　投资收益　　180 000

　　营业外支出　　250 000

　　所得税费用　　250 000

（3）结清“本年利润”科目年末累计结账前余额：

借：本年利润　　1 900 000

　贷：利润分配——未分配利润　　1 900 000

复习思考题

1. 什么是收入？收入具有哪些特征？
2. 收入有哪几种类别？请分别阐述。
3. 请分别阐述销售商品收入、提供劳务收入和让渡资产使用权收入的确认原则。
4. 阐述现金折扣、商业折扣和销售折让的区别及各自不同的会计处理。
5. 什么是费用？费用具有哪些特征？
6. 费用有哪几种类别？请分别阐述。
7. 费用的确认原则是什么？请详细阐述。
8. 生产费用和期间费用的区别和联系各是什么？
9. 什么是利润？如何计算净利润？
10. 营业外收支各包括哪些方面？如何进行账务处理？

练习题

1. 甲公司为增值税一般纳税企业 。2008 年 3 月份发生下列销售业务：

（1）3 日，向 A 公司销售商品 1 000 件，每件商品的标价为 80 元。为了鼓励多购商品甲公司同意给予 A 公司 10% 的商业折扣。开出的增值税专用发票上注明的售价总额为 72 000 元、增值税税额为 12 240 元。商品已发出，货款已收存银行。

（2）5 日，向 B 公司销售商品一批，开出的增值税专用发票上注明的售价总额为 60 000元、增值税税额为 10 200 元。甲公司为了及早收回货款，在合同中规定的现金折扣件为 2/10，1/20，N/30。

（3）13 日，收到 B 公司的扣除享受现金折扣后的全部款项，并存入银行。假定计算现金折扣时不考虑增值税。

（4）15 日，向 C 公司销售商品一批，开出的增值税专用发票上注明的售价总额为 90 000元、增值税税额为 15 300 元。货款尚未收到。

（5）20 日，C 公司发现所购商品不符合合同规定的质量标准，要求甲公司在价格上给予 6% 的销售折让。甲公司经查明后，同意给予折让并取得索取折让证明单，开具了增值税专用发票（红字）。

要求：编制甲公司上述销售业务的会计分录（“应交税费”科目要求写出明细科目；本题不要求编制结转销售成本的会计分录）。

2. 乙公司在 2008 年 3 月份发生如下经济业务：

（1）销售产品一批，货款 24 470 元，收到转账支票一张已送存银行。

（2）购入材料一批，货款 18 000 元，另有外地运费 700 元，均已通过银行付清，材料已验收入库。

（3）用转账支票购买办公用品一批，共计 450 元。

（4）收到 B 公司偿还前欠货款 35 000 元，已存入银行存款户。

（5）以转账支票支付前欠 A 公司材料采购款 16 000 元。

（6）职工张华出差借款 2 000 元，以现金付讫。

（7）以转账支票支付所属技工学校经费 50 000 元。

（8）张华报销差旅费 1 500 元，余款退回现金。

（9）以转账支票预付明年上半年财产保险费 8 000 元。

（10）职工李军报销医药费 600 元，以现金付讫。

（11）预提本月银行借款利息 3200 元。

（12）以银行存款偿还银行借款 100 000 元。

（13）计算分配本月应付职工工资 40 000 元，其中生产工人工资 30 000 元、车间管理人员工资 3 000 元，厂部管理人员工资 7 000 元。

（14）以银行存款 50 000 元购入生产设备一台，另以现金 200 元支付装卸搬运费。

要求：编制乙公司上述业务的会计分录。

3. 丙公司 2007 年度，各损益类科目的年末结账前的累计余额为：属贷方余额的是主营业务收入 1 500 万元、其他业务收入 160 万元、补贴收入 30 万元、营业外收入 150 万元；属借方余额的是主营业务成本 1 100 万元、营业税金及附加 30 万元、其他业务成本 80 万元、营业外支出 30 万元、管理费用 152 万元、销售费用 110 万元、财务费用 40 万元、投资收益 36 万元、所得税费用 66 万元。

要求：作甲公司当年末本年利润的形成与结转分录。

第十三章 所得税会计

第一节 所得税会计概述

企业所得税是就企业经营所得征税。从费用的角度看，企业所得税是企业为了获得经营所得而发生的一项特殊费用，应当与企业会计所得相配比。从税收的角度看，企业所得税是国家财政收入的来源之一，也是企业的一项特殊义务，企业应当按照税法规定缴纳企业所得税。由于会计核算和税收处理的目的不同，企业的会计利润和应纳税所得额通常存在差异。所得税会计是会计与税收规定之间的差异在所得税会计核算中的具体体现。在所得税会计处理上，企业既要依法计算缴纳企业所得税，又要按照所得税会计准则核算企业所得税费用，披露与企业会计利润相配比的所得税费用。目前，我国企业适用的所得税法律、法规主要有《中华人民共和国企业所得税法》（中华人民共和国第十届全国人民代表大会第五次会议于 2007 年 3 月 16 日通过）和《中华人民共和国企业所得税法实施条例》（国务院第 197 次常务会议于 2007 年 11 月 28 日通过发布）。对于会计核算与税收处理之间的差异，依据《企业会计准则第 18 号——所得税》进行处理，采用资产负债表债务法核算所得税。采用资产负债表债务法核算所得税，关键在于确定资产、负债的计税基础，主要目的是确定当期应交所得税以及利润表中应确认的所得税费用。

会计和税收是经济领域中两个不同的分支，分别遵循不同的原则、规范不同的对象。企业的会计核算和税收处理分别遵循不同的原则、服务于不同的目的。在我国，会计的确认、计量、报告应当遵从企业会计准则的规定，目的在于真实、完整地反映企业的财务状况、经营成果和现金流量等，为投资者、债权人以及其他会计信息使用者提供对其决策有用的信息。税法则是以课税为目的，根据国家有关税收法律、法规的规定，确定一定时期内纳税人应缴纳的税额，从所得税的角度，主要是确定企业的应纳税所得额，以对企业的经营所得征税。

所得税会计的形成和发展是所得税法规和会计准则规定相互分离的必然结果，两者分离的程度和差异的种类、数量直接影响和决定了所得税会计处理方法的改进。在 1994 年以前，为了体现国家、集体和个人的利益关系，我国对所得税的会计处理一向把所得税归为利润分配，对国有企业要求会计利润额与应纳税所得额完全一致。自从 1994 年我国财政部发布《企业所得税会计处理的暂行规定》开始，我国关于所得税的会计处理开始与国际接轨，所得税在性质上改为费用范畴，允许会计利润与应纳税所得额在金额上适当背离。2006 年发布的《企业会计准则第 18 号——所得税》对所得税会计进行了详细规定。

《企业会计准则第 18 号——所得税》（以下简称所得税准则）是从资产负债表出发，通过比较资产负债表上列示的资产、负债按照会计准则规定确定的账面价值与按照税法规定确定的计税基础，对于两者之间的差异分别应纳税暂时性差异与可抵扣暂时性差异，确认相关的递延所得税负债与递延所得税资产，并在此基础上确定每一会计期间利润表中的所得税费用。

一、资产负债表债务法

所得税会计是会计与税收规定之间的差异在所得税会计核算中的具体体现。目前我国所得税准则采用资产负债表债务法核算所得税。

资产负债表债务法较为完全地体现了资产负债观，在所得税的会计核算方面贯彻了资产、负债的界定。从资产负债表角度考虑，资产的账面价值代表的是企业在持续持有及最终处置某项资产的一定期间内，该项资产为企业带来的未来经济利益，而其计税基础代表的是在这一期间内，就该项资产按照税法规定可以税前扣除的金额。一项资产的账面价值小于其计税基础的，表明该项资产于未来期间产生的经济利益流入低于按照税法规定允许税前扣除的金额，产生可抵减未来期间应纳税所得额的因素，减少未来期间以应交所得税的方式流出企业的经济利益，从其产生时点来看，应确认为资产。反之，一项资产的账面价值大于其计税基础的，两者之间的差额将会于未来期间产生应税金额，增加未来期间的应纳税所得额及应交所得税，对企业形成经济利益流出的义务，应确认为负债。

二、所得税会计核算的一般程序

采用资产负债表债务法核算所得税的情况下，企业一般应于每一资产负债表日进行所得税的核算。发生特殊交易或事项时，如企业合并，在确认因交易或事项取得的资产、负债时即应确认相关的所得税影响。企业进行所得税核算一般应遵循以下程序：

1. 按照相关会计准则规定确定资产负债表中除递延所得税资产和递延所得税负债以外的其他资产和负债项目的账面价值。其中，资产、负债的账面价值是指企业按照相关会计准则的规定进行核算后在资产负债表中列示的金额。例如，企业持有的应收账款账面余额为 1 000 万元，企业对该应收账款计提了 200 万元的坏账准备，其账面价值为 800 万元，为该应收账款在资产负债表中的列示金额。

2. 按照准则中对于资产和负债计税基础的确定方法，以适用的税收法规为基础，确定资产负债表中有关资产、负债项目的计税基础。

3. 比较资产、负债的账面价值与计税基础，对于两者之间存在差异的，分析其性质，除准则中规定的特殊情况外，分别应纳税暂时性差异与可抵扣暂时性差异并乘以所得税税率，确定资产负债表日递延所得税负债和递延所得税资产的应有金额，并与期初递延所得税负债和递延所得税资产的余额相比，确定当期应予进一步确认的递延所得税资产和递延所得税负债金额或应予转销的金额，作为构成利润表中所得税费用的其中一个组成部分——递延所得税。

4. 按照适用的税法规定计算确定当期应纳税所得额，将应纳税所得额与适用的所得税税率计算的结果确认为当期应交所得税，作为利润表中应予确认的所得税费用的另外一个组成部分——当期应交所得税。

5. 确定利润表中的所得税费用。利润表中的所得税费用包括当期应交所得税和递延所得税两个组成部分，企业在计算确定了当期所得税和递延所得税后，两者之和（或之差）是利润表中的所得税费用。

第二节　资产、负债的计税基础及暂时性差异

所得税会计的关键在于确定资产、负债的计税基础。在确定资产、负债的计税基础时，应严格遵循税收法规中对于资产的税务处理以及可税前扣除的费用等的规定进行。

一、资产的计税基础

资产的计税基础是指企业收回资产账面价值过程中，计算应纳税所得额时按照税法规定可以自应税经济利益中抵扣的金额，即某一项资产在未来期间计税时按照税法规定可以税前扣除的金额。

资产在初始确认时，其计税基础一般为取得成本，即企业为取得某项资产支付的成本在未来期间准予税前扣除。在资产持续持有的过程中，其计税基础是指资产的取得成本减去以前期间按照税法规定已经税前扣除的金额后的余额，该余额代表的是按照税法规定，就涉及的资产在未来期间计税时仍然可以税前扣除的金额。如固定资产、无形资产等长期资产在某一资产负债表日的计税基础是指其成本扣除按照税法规定已在以前期间税前扣除的累计折旧额或累计摊销额后的金额。

现对资产负债表中部分资产项目计税基础的确定介绍如下（应予说明的是，本章有关资产、负债计税基础的确定均以中华人民共和国第十届全国人民代表大会第五次会议于2007年3月16日通过的《中华人民共和国企业所得税法》和国务院第197次常务会议于2007年11月28日通过发布的《中华人民共和国企业所得税法实施条例》等税收法规为基础，因国家税收法规规定变化，导致对有关资产、费用等的税务处理做出变更的，应以新的税收法规规定为基础计算确定计税基础）：

（一）固定资产

以各种方式取得的固定资产，初始确认时按照会计准则规定确定的入账价值基本上是被税法认可的，即取得时其账面价值一般等于计税基础。

固定资产在持有期间进行后续计量时，会计准则规定按照“成本－累计折旧－固定资产减值准备”进行计量，税收是按照“成本－按照税法规定已在以前期间税前扣除的折旧额”进行计量。由于会计与税收处理规定的不同，固定资产的账面价值与计税基础的差异主要产生于折旧方法、折旧年限的不同以及固定资产减值准备的提取。

1. 折旧方法、折旧年限的差异。

会计准则规定，企业应当根据与固定资产有关的经济利益的预期实现方式合理选择折旧方法，如可以按直线法计提折旧，也可以按照双倍余额递减法、年数总和法等计提折旧，前提是有关的方法能够反映固定资产为企业带来经济利益的消耗情况。税法一般会规定固定资产的折旧方法，除某些按照规定可以加速折旧的情况外，基本上可以税前扣除的是按照直线法计提的折旧。

另外税法还就每一类固定资产的折旧年限做出了规定，而会计处理时按照准则规定折旧年限是由企业根据固定资产的性质和使用情况合理确定的。会计处理时确定的折旧年限与税法规定不同，也会产生固定资产持有期间账面价值与计税基础的差异。

2. 因计提固定资产减值准备产生的差异。

持有固定资产的期间内，在对固定资产计提了减值准备以后，因税法规定按照会计准则规定计提的资产减值准备在资产发生实质性损失前不允许税前扣除，也会造成固定资产的账面价值与计税基础的差异。

【例13—1】A企业于20×6年年末以800万元购入一项生产用固定资产，按照该项固定资产的预计使用情况，A企业估计其使用寿命为20年，按照直线法计提折旧，预计净残值为0。假定税法规定的折旧年限、折旧方法及净残值与会计规定相同。20×8年12月31日，A企业估计该项固定资产的可收回金额为700万元。

该项固定资产在20×8年12月31日的账面价值＝800－800÷20×2－20＝700（万元）

该项固定资产在20×8年12月31日的计税基础＝800－800÷20×2＝720（万元）

该项固定资产的账面价值700万元与其计税基础720万元之间产生的20万元差额，在未来期间会减少企业的应纳税所得额和应交所得税。

（二）无形资产

除内部研究开发形成的无形资产以外，以其他方式取得的无形资产，初始确认时按照会计准则规定确定的入账价值与按照税法规定确定的成本之间一般不存在差异。无形资产的账面价值与计税基础之间的差异主要产生于内部研究开发形成的无形资产以及使用寿命不确定的无形资产。

1. 对于内部研究开发形成的无形资产，会计准则规定有关内部研究开发活动区分两个阶段，研究阶段的支出应当费用化计入当期损益，开发阶段符合资本化条件以后至达到预定用途前发生的支出应当资本化作为无形资产的成本；税法规定，企业发生的研究开发支出可税前扣除。

内部研究开发形成的无形资产初始确认时，按照会计准则规定，其成本为符合资本化条件以后至达到预定用途前发生的支出总额，因该部分研究开发支出按照税法规定在发生当期已税前扣除，所形成的无形资产在以后期间可税前扣除的金额为0，其计税基础一般为0。

2. 无形资产在后续计量时，会计与税收的差异主要产生于对无形资产是否需要摊销及无形资产减值准备的提取。

会计准则规定，无形资产在取得以后，应根据其使用寿命情况，区分为使用寿命有限的无形资产与使用寿命不确定的无形资产。对于使用寿命不确定的无形资产，不要求摊销，但持有期间每年应进行减值测试。税法规定，企业取得的无形资产成本应在一定期限内摊销，即税法中没有界定使用寿命不确定的无形资产，所有的无形资产成本均应在一定期间内摊销。

对于使用寿命不确定的无形资产，会计处理时不予摊销，但计税时其按照税法规定确定的摊销额允许税前扣除，造成该类无形资产的账面价值与计税基础的差异。

在对无形资产计提减值准备的情况下，因税法对按照会计准则规定计提的无形资产减值准备在形成实质性损失前不允许税前扣除，即无形资产的计税基础不会随减值准备的提取发生变化，但其账面价值会因资产减值准备的提取而下降，从而造成无形资产的账面价值与计税基础的差异。

【例13—2】A企业20×7年发生研究开发支出计1 800万元，其中研究阶段支出400万元，开发阶段符合资本化条件前发生的支出为200万元，符合资本化条件后至达到预定用途前发生的支出为1 200万元。税法规定企业的研究开发支出可按150%加计扣除。假定开发形成的无形资产在当期期末已达到预定用途（尚未开始摊销）。

A企业20×7年发生的研究开发支出中，按照会计规定应予费用化的金额为600万元，形成无形资产的成本为1 200万元，即期末所形成无形资产的账面价值为1 200万元。

A企业20×7年发生的1 800万元研究开发支出，按照税法规定可在税前扣除的金额为2 700万元。按照税法规定有关支出全部在发生当期税前扣除后，于未来期间就所形成的无形资产可税前扣除的金额为0，即该项无形资产的计税基础为0。

该项无形资产的账面价值1 200万元与其计税基础0之间的差额1 200万元将于未来期间计入企业的应纳税所得额，产生未来期间应交所得税的义务。

（三）以公允价值计量且其变动计入当期损益的金融资产

按照《企业会计准则第22号——金融工具确认和计量》的规定，对于以公允价值计量且其变动计入当期损益的金融资产，其于某一会计期末的账面价值为该时点的公允价值，如果税法规定资产在持有期间市价变动损益在计税时不予考虑，即有关金融资产在某一会计期末的计税基础为其取得成本，会造成在公允价值变动的情况下，该类金融资产的账面价值与计税基础之间的差异。

企业持有的可供出售金融资产计税基础的确定，与以公允价值计量且其变动计入当期损益的金融资产类似，可比照处理。

【例13—3】20×7年10月20日，A公司自公开市场取得一项权益性投资，支付价款800万元，作为交易性金融资产核算。20×7年12月31日，该项权益性投资的市价为960万元。

假定税法规定对于交易性金融资产，持有期间公允价值的变动不计入应纳税所得额，待出售时一并计算应计入应纳税所得额的金额。

该项交易性金融资产的期末市价为960万元，其按照会计准则规定进行核算在20×7年资产负债表日的账面价值为960万元。因税法规定交易性金融资产在持有期间的公允价值变动不计入应纳税所得额，其在20×7年资产负债表日的计税基础应维持原取得成本不变，即为800万元。

该交易性金融资产的账面价值960万元与其计税基础800万元之间产生了160万元的暂时性差异，该暂时性差异在未来期间转回时会增加未来期间的应纳税所得额，导致企业应交所得税的增加。

（四）其他资产

因会计准则规定与税收法规规定不同，企业持有的其他资产可能造成其账面价值与计税基础之间存在差异，如采用公允价值模式计量的投资性房地产以及其他计提了资产减值准备的各项资产，如应收账款、存货等。

【例13—4】A公司20×7年购入原材料成本为6 000万元，因部分生产线停工，当年未领用任何该原材料，20×7年资产负债表日考虑到该原材料的市价及用其生产产成品的市价情况，估计其可变现净值为5 200万元。假定该原材料在20×7年的期初余额为0。

该项原材料因期末可变现净值低于其成本，应计提存货跌价准备，其金额=6 000－5 200=800（万元），计提该存货跌价准备后，该项原材料的账面价值为5 200万元。

因计算缴纳所得税时，按照会计准则规定计提的资产减值准备不允许税前扣除，该项原材料的计税基础不会因存货跌价准备的提取而发生变化，其计税基础应维持原取得成本6 000万元不变。

该存货的账面价值5 200万元与其计税基础6 000万元之间产生了800万元的暂时性差异，该差异会减少企业在未来期间的应纳税所得额和应交所得税。

二、负债的计税基础

负债的计税基础是指负债的账面价值减去未来期间计算应纳税所得额时按照税法规定可予抵扣的金额，用公式表示如下：

负债的计税基础=账面价值－未来期间按照税法规定可予税前扣除的金额

负债的确认与偿还一般不会影响企业的损益，也不会影响其应纳税所得额，未来期间计算应纳税所得额时按照税法规定可予抵扣的金额为0，计税基础即为账面价值，如企业的短期借款、应付账款等。但是，某些情况下，负债的确认可能会影响企业的损益，进而影响不同期间的应纳税所得额，使得其计税基础与账面价值之间产生差额，如按照会计规定确认的某些预计负债。

（一）企业因销售商品提供售后服务等原因确认的预计负债

按照或有事项准则规定，企业对于预计提供售后服务将发生的支出在满足有关确认条件时，销售当期即应确认为费用，同时确认预计负债。税法规定，与销售产品相关的支出应于发生时税前扣除。因该类事项产生的预计负债在期末的计税基础为其账面价值与未来期间可税前扣除的金额之间的差额，有关的支出实际发生时可全部税前扣除，其计税基础为0。

因其他事项确认的预计负债，应按照税法规定的计税原则确定其计税基础。某些情况下，因有些事项确认的预计负债，税法规定其支出无论是否实际发生均不允许税前扣除，即未来期间按照税法规定可予抵扣的金额为0，计税基础等于账面价值。

【例13—5】A企业20×7年因销售产品承诺提供3年的保修服务，在当年度利润表中确认了600万元的销售费用，同时确认为预计负债，当年度未发生任何保修支出。假定按照税法规定，与产品售后服务相关的费用在实际发生时允许税前扣除。

该项预计负债在甲企业20×7年12月31日资产负债表中的账面价值为600万元。

因税法规定与产品保修相关的支出在未来期间实际发生时允许税前扣除，则该项负债的计税基础=账面价值－未来期间计算应纳税所得额时按照税法规定可予抵扣的金额，未来期间计算应纳税所得额时按照税法规定可予抵扣的金额为600万元，该项负债的计税基础=600－600=0。

（二）预收账款

企业在收到客户预付的款项时，因不符合收入确认条件，会计上将其确认为负债。税法中对于收入的确认原则一般与会计规定相同，即会计上未确认收入时，计税时一般亦不计入应纳税所得额，该部分经济利益在未来期间计税时可予税前扣除的金额为0，计税基础等于账面价值。某些情况下，因不符合会计准则规定的收入确认条件，未确认为收入的预收款项，按照税法规定应计入当期应纳税所得额时，有关预收账款的计税基础为0，即因其产生时已经计算缴纳所得税，未来期间可全额税前扣除。

【例13—6】A公司于20×7年12月20日自客户收到一笔合同预付款，金额为720万元，因不符合收入确认条件，将其作为预收账款核算。假定按照适用税法规定，该款项应计入取得当期应纳税所得额计算缴纳所得税。

该预收账款在A公司20×7年12月31日资产负债表中的账面价值为720万元。

因假定按照税法规定，该项预收账款应计入取得当期的应纳税所得额计算缴纳所得税，与该项负债相关的经济利益已在取得当期计算缴纳所得税，未来期间按照会计准则规定应确认收入时，不再计入应纳税所得额，即其于未来期间计算应纳税所得额时可予税前扣除的金额为720万元，计税基础=账面价值（720）－未来期间计算应纳税所得额时按照税法规定可予抵扣的金额（720）=0。

该项负债的账面价值720万元与其计税基础0之间产生的720万元暂时性差异，会减少企业于未来期间的应纳税所得额，使企业未来期间以应交所得税的方式流出经济利益减少。

（三）其他负债

企业的其他负债项目，如应交的罚款和滞纳金等，在尚未支付之前按照会计规定确认为费用，同时作为负债反映。税法规定，罚款和滞纳金不能税前扣除，即该部分费用无论是在发生当期还是在以后期间均不允许税前扣除，其计税基础为账面价值减去未来期间计税时可予税前扣除的金额0之间的差额，即计税基础等于账面价值。

其他交易或事项产生的负债，其计税基础应当按照适用税法的相关规定确定。

【例13—7】B公司20×7年12月因违反当地有关环保法规的规定，接到环保部门的处罚通知，要求其支付罚款800万元。税法规定，企业因违反国家有关法律法规规定支付的罚款和滞纳金，计算应纳税所得额时不允许税前扣除。至20×7年12月31日，该项罚款尚未支付。

对于该项罚款，B公司应记入20×7年利润表，同时确认为资产负债表中的负债。

因按照税法规定，企业违反国家有关法律法规规定支付的罚款和滞纳金不允许税前扣除，与该项负债相关的支出在未来期间计税时按照税法规定准予税前扣除的金额为0，其计税基础=账面价值（800）未来期间计算应纳税所得额时按照税法规定可予抵扣的金额（0）=800（万元）。

该项负债的账面价值800万元与其计税基础800万元相同，不形成暂时性差异。

三、特殊交易或事项中产生资产、负债计税基础的确定

除企业在正常生产经营活动过程中取得的资产和负债以外，对于某些特殊交易中产生的资产、负债，其计税基础的确定应遵从税法规定，如企业合并过程中取得资产、负债计税基础的确定。

《企业会计准则第20号——企业合并》中，视参与合并各方在合并前及合并后是否为同一方或相同的多方最终控制，分为同一控制下的企业合并与非同一控制下的企业合并两种类型。对于同一控制下的企业合并，合并中取得的有关资产、负债基本上维持其原账面价值不变，合并中不产生新的资产和负债；对于非同一控制下的企业合并，合并中取得的有关资产、负债应按其在购买日的公允价值计量，企业合并成本大于合并中取得可辨认净资产公允价值的份额部分确认为商誉，企业合并成本小于合并中取得可辨认净资产公允价值的份额部分计入合并当期损益。

对于企业合并的税收处理，通常情况下，被合并企业应视为按公允价值转让、处置全部资产，计算资产的转让所得，依法缴纳所得税。合并企业接受被合并企业的有关资产，计税时可以按经评估确认的价值确定计税成本。但合并企业支付给被合并企业或其股东的收购价款中，除合并企业股权以外的现金、有价证券和其他资产（非股权支付额），不高于所支付的股权票面价值20%的，经税务机关审核确认，当事各方可选择进行免税处理，即被合并企业不确认全部资产的转让所得或损失，不计算缴纳所得税；被合并企业的股东以其持有的原被合并企业的股权交换合并企业的股权，不视为出售旧股、购买新股处理；免税合并中合并企业接受被合并企业全部资产的计税成本，须以被合并企业原账面价值为基础确定。

由于会计准则与税收法规对企业合并的划分标准不同、处理原则不同，某些情况下，会造成企业合并中取得的有关资产、负债的入账价值与其计税基础的差异。

四、暂时性差异

暂时性差异是指资产、负债的账面价值与其计税基础不同产生的差额。由于资产、负债的账面价值与其计税基础不同，产生了在未来收回资产或清偿负债的期间内，应纳税所得额增加或减少并导致未来期间应交所得税增加或减少的情况，形成企业的递延所得税资产和递延所得税负债。

应予说明的是，在资产负债表债务法下，仅确认暂时性差异的所得税影响，原按照利

润表下纳税影响会计法核算的永久性差异，因从资产负债表角度考虑，不会产生资产、负债的账面价值与其计税基础的差异，即不形成暂时性差异，对企业在未来期间计税没有影响，不产生递延所得税。

根据暂时性差异对未来期间应纳税所得额的影响，分为应纳税暂时性差异和可抵扣暂时性差异。

除因资产、负债的账面价值与其计税基础不同产生的暂时性差异以外，按照税法规定可以结转以后年度的未弥补亏损和税款抵减，也视同可抵扣暂时性差异处理。

（一）应纳税暂时性差异

应纳税暂时性差异是指在确定未来收回资产或清偿负债期间的应纳税所得额时，将导致产生应税金额的暂时性差异，该差异在未来期间转回时，会增加转回期间的应纳税所得额，即在未来期间不考虑该事项影响的应纳税所得额的基础上，由于该暂时性差异的转回，会进一步增加转回期间的应纳税所得额和应交所得税金额。在应纳税暂时性差异产生当期，应当确认相关的递延所得税负债。

应纳税暂时性差异通常产生于以下情况：

1. 资产的账面价值大于其计税基础。一项资产的账面价值代表的是企业在持续使用或最终出售该项资产时将取得的经济利益的总额，而计税基础代表的是一项资产在未来期间可予税前扣除的金额。资产的账面价值大于其计税基础，该项资产未来期间产生的经济利益不能全部税前抵扣，两者之间的差额需要缴税，产生应纳税暂时性差异。例如，一项无形资产账面价值为800万元，计税基础如果为600万元，两者之间的差额会造成未来期间应纳税所得额和应交所得税的增加。在其产生当期，符合确认条件的情况下，应确认相关的递延所得税负债。

2. 负债的账面价值小于其计税基础。一项负债的账面价值为企业预计在未来期间清偿该项负债时的经济利益流出，而其计税基础代表的是账面价值在扣除税法规定未来期间允许税前扣除的金额之后的差额。因负债的账面价值与其计税基础不同产生的暂时性差异，本质上是税法规定就该项负债在未来期间可以税前扣除的金额（即与该项负债相关的费用支出在未来期间可予税前扣除的金额）。负债的账面价值小于其计税基础，则意味着就该项负债在未来期间可以税前抵扣的金额为负数，即应在未来期间应纳税所得额的基础上调增，增加应纳税所得额和应交所得税金额，产生应纳税暂时性差异，应确认相关的递延所得税负债。

（二）可抵扣暂时性差异

可抵扣暂时性差异是指在确定未来收回资产或清偿负债期间的应纳税所得额时，将导致产生可抵扣金额的暂时性差异。该差异在未来期间转回时会减少转回期间的应纳税所得额，减少未来期间的应交所得税。在可抵扣暂时性差异产生当期，应当确认相关的递延所得税资产。

可抵扣暂时性差异一般产生于以下情况：

1. 资产的账面价值小于其计税基础，从经济含义来看，资产在未来期间产生的经济利益少，按照税法规定允许税前扣除的金额多，则就账面价值与计税基础之间的差额，企业在未来期间可以减少应纳税所得额并减少应交所得税，符合有关条件时，应当确认相关的递延所得税资产。例如，一项资产的账面价值为300万元，计税基础为350万元，则企业在未来期间就该项资产可以在其自身取得经济利益的基础上多扣除50万元。从整体上来看，未来期间应纳税所得额会减少，应交所得税也会减少，形成可抵扣暂时性差异，符合确认条件时，应确认相关的递延所得税资产。

2. 负债的账面价值大于其计税基础，负债产生的暂时性差异实质上是税法规定就该项负债可以在未来期间税前扣除的金额，即：

负债产生的暂时性差异 = 账面价值 - 计税基础

= 账面价值 -（账面价值 - 未来期间计税时按照税法规定可予税前扣除的金额）

= 未来期间计税时按照税法规定可予税前扣除的金额

一项负债的账面价值大于其计税基础，意味着未来期间按照税法规定与该项负债相关的全部或部分支出可以自未来应税经济利益中扣除，减少未来期间的应纳税所得额和应交所得税。例如，企业对将发生的产品保修费用在销售当期确认预计负债600万元，但税法规定有关费用支出只有在实际发生时才能够税前扣除，其计税基础为0；企业确认预计负债的当期相关费用不允许税前扣除，但在以后期间有关费用实际发生时允许税前扣除，使得未来期间的应纳税所得额和应交所得税减少，产生可抵扣暂时性差异，符合有关确认条件时，应确认相关的递延所得税资产。

（三）特殊项目产生的暂时性差异

1. 未作为资产、负债确认的项目产生的暂时性差异。某些交易或事项发生以后，因为不符合资产、负债的确认条件而未体现为资产负债表中的资产或负债，但按照税法规定能够确定其计税基础的，其账面价值与计税基础之间的差异也构成暂时性差异。如企业在开始正常的生产经营活动以前发生的开办等费用，会计准则规定应于发生时计入当期损益，不体现为资产负债表中的资产。按照原税法规定，企业发生的该类费用可以在开始正常生产经营活动后分期摊销（摊销年限不低于5年），自税前扣除。该类事项不形成资产负债表中的资产，但按照税法规定可以确定其计税基础，两者之间的差异也形成暂时性差异。

【例13—8】A公司在开始正常生产经营活动之前发生了800万元的开办费用，在发生时已计入当期损益，按照税法规定，企业在筹建期间发生的费用，允许在开始正常生产经营活动之后5年内分期税前扣除。

该项费用支出因按照会计准则规定在发生时已计入当期损益，不体现为资产负债表中的资产，即如果将其视为资产，其账面价值为0。

按照原所得税法规（《中华人民共和国企业所得税暂行条例实施细则》）规定，该费用可以在开始正常的生产经营活动后5年内分期税前扣除，假定企业在20×7年开始正常的生产经营活动，当期税前扣除了160万元，其于未来期间可税前扣除的金额为640万元，即其在20×7年12月31日的计税基础为640万元。

该项资产的账面价值0与其计税基础640万元之间产生了640万元的暂时性差异，该暂时性差异在未来期间可减少企业的应纳税所得额，为可抵扣暂时性差异，符合确认条件时，应确认相关的递延所得税资产。

开办费属于旧法和会计制度的差异，旧条例细则第三十四条规定，应当在不短于5年内分期扣除；在新所得税法下长期待摊费用中没有提到开办费，开办费应当可以根据会计准则在税前一次性列支。

2. 可抵扣亏损及税款抵减产生的暂时性差异。对于按照税法规定可以结转以后年度的未弥补亏损及税款抵减，虽不是因资产、负债的账面价值与计税基础不同产生的，但本质上可抵扣亏损和税款抵减与可抵扣暂时性差异具有同样的作用，均能够减少未来期间的应纳税所得额和应交所得税，视同可抵扣暂时性差异，在符合确认条件的情况下，应确认与其相关的递延所得税资产。

【例 13—9】甲公司于 20 ×7 年因政策性原因发生经营亏损 2 800 万元，按照税法规定，该亏损可用于抵减以后 5 个年度的应纳税所得额。该公司预计其于未来 5 年期间能够产生足够的应纳税所得额利用该经营亏损。

该经营亏损虽不是因比较资产、负债的账面价值与其计税基础产生的，但从其性质上来看可以减少未来期间的应纳税所得额和应交所得税，视同可抵扣暂时性差异。在企业预计未来期间能够产生足够的应纳税所得额利用该可抵扣亏损时，应确认相关的递延所得税资产。

第三节　递延所得税负债及递延所得税资产

企业在计算确定了应纳税暂时性差异与可抵扣暂时性差异后，应当按照所得税准则规定的原则确认与应纳税暂时性差异相关的递延所得税负债以及与可抵扣暂时性差异相关的递延所得税资产。

一、递延所得税负债的确认和计量

递延所得税负债产生于应纳税暂时性差异。因应纳税暂时性差异在转回期间将增加企业的应纳税所得额和应交所得税，导致企业经济利益的流出，在其发生当期，构成企业应支付税金的义务，应作为负债确认。

确认应纳税暂时性差异产生的递延所得税负债时，交易或事项发生时影响到会计利润或应纳税所得额的，相关的所得税影响应作为利润表中所得税费用的组成部分；与直接计入所有者权益的交易或事项相关的，其所得税影响应减少所有者权益；与企业合并中取得资产、负债相关的，递延所得税影响应调整购买日应确认的商誉或是计入合并当期损益的金额。

（一）递延所得税负债的确认

企业在确认因应纳税暂时性差异产生的递延所得税负债时，应遵循以下原则：

1. 除所得税准则中明确规定可不确认递延所得税负债的情况以外，企业对于所有的应纳税暂时性差异均应确认相关的递延所得税负债。

基于谨慎性原则，为了充分反映交易或事项发生后，对未来期间的计税影响，除特殊情况可不确认相关的递延所得税负债外，企业应尽可能地确认与应纳税暂时性差异相关的递延所得税负债。

【例 13—10】沿用例 13—3 中有关资料，假定 A 公司 20 ×7 年除该交易性金融资产外，当期发生的交易和事项不存在其他会计与税收的差异。

20 ×7 年资产负债表日，该项交易性金融资产的账面价值 960 万元与其计税基础 800 万元之间产生 160 万元的应纳税暂时性差异，A 公司应确认相关的递延所得税负债。

2. 不确认递延所得税负债的特殊情况。

有些情况下，虽然资产、负债的账面价值与其计税基础不同，产生了应纳税暂时性差异，但出于各方面考虑，所得税准则中规定不确认相应的递延所得税负债，主要包括：

（1）商誉的初始确认。非同一控制下的企业合并中，企业合并成本大于合并中取得的被购买方可辨认净资产公允价值份额的差额，按照会计准则规定应确认为商誉。因会计与税收的划分标准不同，按照税收法规规定作为免税合并的情况下，计税时不认可商誉的价值，即从税法角度，商誉的计税基础为0，两者之间的差额形成应纳税暂时性差异。对于商誉的账面价值与其计税基础不同产生的该应纳税暂时性差异，准则中规定不确认与其相关的递延所得税负债，原因在于：

一是确认该部分暂时性差异产生的递延所得税负债，则意味着购买方在企业合并中获得的可辨认净资产的价值量下降，企业应增加商誉的价值，商誉的账面价值增加以后，可能很快就要计提减值准备，同时其账面价值的增加还会进一步产生应纳税暂时性差异，使得递延所得税负债和商誉价值量的变化不断循环。

二是商誉本身即是企业合并成本在取得的被购买方可辨认资产、负债之间进行分配后的剩余价值，确认递延所得税负债进一步增加其账面价值会影响到会计信息的可靠性。

【例13—11】A企业以增发市场价值为3 832万元的自身普通股为对价购入B企业100%的净资产，对B企业进行非同一控制下的吸收合并。假定该项合并符合税法规定的免税合并条件，购买日B企业各项可辨认资产、负债的公允价值及计税基础如表13—1所示。

表13—1　**购买日B企业各项可辨认资产、负债的公允价值及计税基础表**　单位：万元

	公允价值	计税基础	暂时性差异
固定资产	2 160	1 120	1 040
应收账款	1 920	1 920	—
存货	1 560	1 080	480
其他应付款	（600）	0	（600）
应付账款	（1 280）	（1 280）	0
合　计	3 760	2 840	920

本例中企业适用的所得税税率为25%，该项交易中应确认递延所得税负债及商誉的金额（单位：万元）计算如下：

可辨认净资产公允价值	3 760
递延所得税资产（600×25%）	150
递延所得税负债（1 520×25%）	380
考虑递延所得税后	
可辨认资产、负债的公允价值	3 530
商誉	302
企业合并成本	3 832

因该项合并符合税法规定的免税合并条件，如果当事各方选择进行免税处理，则作为购买方其在免税合并中取得的被购买方有关资产、负债应维持其原计税基础不变。被购买方原账面上未确认商誉，即商誉的计税基础为0。

该项合并中所确认的商誉金额302万元与其计税基础0之间产生的应纳税暂时性差异，按照准则中规定，不再进一步确认相关的所得税影响。

（2）除企业合并以外的其他交易或事项中，如果该项交易或事项发生时既不影响会计利润，也不影响应纳税所得额，则所产生的资产、负债的初始确认金额与其计税基础不

同，形成应纳税暂时性差异的，交易或事项发生时不确认相应的递延所得税负债。

该规定主要是考虑到由于交易发生时既不影响会计利润，也不影响应纳税所得额，确认递延所得税负债的直接结果是增加有关资产的账面价值或是降低所确认负债的账面价值，使得资产、负债在初始确认时，违背历史成本原则，影响会计信息的可靠性。

该类交易或事项在我国企业实务中并不多见，一般情况下有关资产、负债的初始确认金额均会为税法所认可，不会产生两者之间的差异。

（3）与子公司、联营企业、合营企业投资等相关的应纳税暂时性差异，一般应确认相关的递延所得税负债，但同时满足以下两个条件的除外：一是投资企业能够控制暂时性差异转回的时间；二是该暂时性差异在可预见的未来很可能不会转回。满足上述条件时，投资企业可以运用自身的影响力决定暂时性差异的转回，如果不希望其转回，则在可预见的未来该项暂时性差异即不会转回，从而对未来期间不会产生所得税影响，无须确认相应的递延所得税负债。企业在运用上述条件不确认与联营企业、合营企业等投资相关的递延所得税负债时，应有明确的证据表明其能够控制有关暂时性差异转回的时间。一般情况下，企业对联营企业的生产经营决策仅能够实施重大影响，并不能够主导被投资单位包括利润分配政策在内的主要生产经营决策的制定，满足所得税准则规定的能够控制暂时性差异转回时间的条件一般是通过与其他投资者签订协议等，达到能够控制被投资单位利润分配政策等情况下。

【例 13—12】甲公司持有乙公司 30% 的股权，因能够参与乙公司的生产经营决策，对该项投资采用权益法核算。购入投资时，实际支付价款 2 000 万元，取得投资当年年末，乙公司实现净利润 1 088 万元，假定不考虑相关的调整因素，甲公司按其持股比例计算应享有 326. 4 万元。甲公司适用的所得税税率为 25%，乙公司适用的所得税税率为 15%。乙公司在会计期末未制订任何利润分配方案，除该事项外，不存在其他会计与税收的差异。递延所得税资产及负债均不存在期初余额。

①按照权益法的核算原则，取得投资当年年末，甲公司长期股权投资账面价值增加 326. 4 万元，确认投资收益 326. 4 万元。税法规定长期股权投资的计税基础在持有期间不变，产生应纳税暂时性差异 326. 4 万元。甲公司应按适用税率的差额确认相应的递延所得税负债 38. 4 万元（1 088 ÷ 85% × 30% × 10%）。

借：所得税费用　　384 000

　贷：递延所得税负债　　384 000

②如果甲公司取得乙公司股权的目的并非为从乙公司分得利润，而是希望从乙公司持续得到原材料供应，同时与其他投资者签订协议，在被投资单位制订利润分配方案时做相同的意思表示，控制被投资单位利润分配的时间，从各方的协议情况看，不希望被投资单位在可预见的未来进行利润分配。因符合不确认递延所得税负债的条件，对该部分 326. 4 万元的应纳税暂时性差异不确认相关的递延所得税负债。

（二）递延所得税负债的计量

1. 所得税准则规定，资产负债表日，对于递延所得税负债，应当根据适用税法规定，按照预期清偿该负债期间的适用税率计量，即递延所得税负债应以相关应纳税暂时性差异转回期间按照税法规定适用的所得税税率计量。

在我国，除享受优惠政策的情况以外，企业适用的所得税税率在不同年度之间一般不会发生变化，企业在确认递延所得税负债时，可以现行适用税率为基础计算确定。对于享受优惠政策的企业，如经国家批准的经济技术开发区内的企业，享受一定期间的税率优惠，则所产生的暂时性差异应以预计其转回期间的适用所得税税率为基础计量。

2. 无论应纳税暂时性差异的转回期间如何，准则中规定递延所得税负债不要求折现。对递延所得税负债进行折现，企业需要对相关的应纳税暂时性差异进行详细的分析，确定其具体的转回时间表，并在此基础上，按照一定的利率折现后确定递延所得税负债的金额。实务中，要求企业进行类似的分析工作量较大、包含的主观判断因素较多，且很多情况下无法合理确定暂时性差异的具体转回时间，现行准则中规定递延所得税负债不予折现。

二、递延所得税资产的确认和计量

（一）递延所得税资产的确认

1. 确认的一般原则

递延所得税资产产生于可抵扣暂时性差异。资产、负债的账面价值与其计税基础不同产生可抵扣暂时性差异的，在估计未来期间能够取得足够的应纳税所得额用以利用该可抵扣暂时性差异时，应当以很可能取得用来抵扣可抵扣暂时性差异的应纳税所得额为限，确认相关的递延所得税资产。同递延所得税负债的确认相同，有关交易或事项发生时，对税前会计利润或是应纳税所得额产生影响的，所确认的递延所得税资产应作为利润表中所得税费用的调整；有关的可抵扣暂时性差异产生于直接计入所有者权益的交易或事项的，确认的递延所得税资产也应计入所有者权益；企业合并中取得的有关资产、负债产生的可抵扣暂时性差异，其所得税影响应相应调整合并中确认的商誉或是应计入合并当期损益的金额。

确认递延所得税资产时，应关注以下问题：

（1）递延所得税资产的确认应以未来期间很可能取得的用来抵扣可抵扣暂时性差异的应纳税所得额为限。在可抵扣暂时性差异转回的未来期间内，企业无法产生足够的应纳税所得额用以利用可抵扣暂时性差异的影响，使得与可抵扣暂时性差异相关的经济利益无法实现的，则不应确认递延所得税资产；企业有明确的证据表明其于可抵扣暂时性差异转回的未来期间能够产生足够的应纳税所得额，进而利用可抵扣暂时性差异的，则应以很可能取得的应纳税所得额为限，确认相关的递延所得税资产。

在判断企业于可抵扣暂时性差异转回的未来期间是否能够产生足够的应纳税所得额时，应考虑以下两个方面的影响：

一是通过正常的生产经营活动能够实现的应纳税所得额，如企业通过销售商品、提供劳务等所实现的收入，扣除有关的成本费用等支出后的金额。该部分情况的预测应当以经企业管理层批准的最近财务预算或预测数据以及该预算或者预测期之后年份稳定的或者递减的增长率为基础。

二是以前期间产生的应纳税暂时性差异在未来期间转回时将增加的应纳税所得额。

考虑到可抵扣暂时性差异转回的期间内可能取得应纳税所得额的限制，因无法取得足够的应纳税所得额而未确认相关的递延所得税资产的，应在会计报表附注中进行披露。

（2）对与子公司、联营企业、合营企业的投资相关的可抵扣暂时性差异，同时满足下列条件的，应当确认相关的递延所得税资产：一是暂时性差异在可预见的未来很可能转回；二是未来很可能获得用来抵扣可抵扣暂时性差异的应纳税所得额。

对联营企业和合营企业等的投资产生的可抵扣暂时性差异，主要产生于权益法下被投资单位发生亏损时，投资企业按照持股比例确认应予承担的部分相应减少长期股权投资的账面价值，但税法规定长期股权投资的成本在持有期间不发生变化，造成长期股权投资的账面价值小于其计税基础，产生可抵扣暂时性差异。可抵扣暂时性差异还产生于对长期股权投资计提减值准备的情况下。

（3）对于按照税法规定可以结转以后年度的未弥补亏损（可抵扣亏损）和税款抵减，应视同可抵扣暂时性差异处理。在预计可利用可弥补亏损或税款抵减的未来期间内很可能取得足够的应纳税所得额时，应当以很可能取得的应纳税所得额为限，确认相应的递延所得税资产，同时减少确认当期的所得税费用。

应予说明的是，可抵扣亏损是指企业按照税法规定计算确定准予用以后年度的应纳税所得弥补的亏损。在确定可抵扣亏损时，一般应以适当方式与税务部门沟通，取得税务部门的认可。与可抵扣亏损和税款抵减相关的递延所得税资产，其确认条件与其他可抵扣暂时性差异产生的递延所得税资产相同，在估计未来期间是否能够产生足够的应纳税所得额用以利用该部分可抵扣亏损或税款抵减时，应考虑以下相关因素的影响：

①在可抵扣亏损到期前，企业是否会因以前期间产生的应纳税暂时性差异转回而产生足够的应纳税所得额；

②在可抵扣亏损到期前，企业是否可能通过正常的生产经营活动产生足够的应纳税所得额；

③可抵扣亏损是否产生于一些在未来期间不可能重复发生的特殊原因；

④是否存在其他的证据表明在可抵扣亏损到期前能够取得足够的应纳税所得额。

企业在确认与可抵扣亏损和税款抵减相关的递延所得税资产时，应当在会计报表附注中说明在可抵扣亏损和税款抵减到期前，企业能够产生足够的应纳税所得额的估计基础。

2. 不确认递延所得税资产的特殊情况

某些情况下，如果企业发生的某项交易或事项不属于企业合并，并且交易发生时既不影响会计利润也不影响应纳税所得额，且该项交易中产生的资产、负债的初始确认金额与其计税基础不同，产生可抵扣暂时性差异的，所得税准则中规定在交易或事项发生时不确认相关的递延所得税资产。其原因同该种情况下不确认递延所得税负债相同，如果确认递延所得税资产，则需调整资产、负债的入账价值，对实际成本进行调整将有违会计核算中的历史成本原则，影响会计信息的可靠性。

【例 13—13】甲企业当期以融资租赁方式租入一项固定资产，该项固定资产在租赁日的公允价值为 800 万元，最低租赁付款额的现值为 796 万元。租赁合同中约定，租赁期内总的付款额为 820 万元。假定不考虑在租入资产过程中发生的相关费用。

租赁准则中规定承租人应当将租赁开始日租赁资产的公允价值与最低租赁付款额现值两者中较低者作为租入资产的入账价值，即甲企业该融资租入固定资产的入账价值应为 796 万元。税法规定融资租入资产应当按照租赁合同或协议约定的付款额以及在取得租赁资产过程中支付的有关费用作为其计税成本，即其计税成本应为 820 万元。

租入资产的入账价值 796 万元与其计税基础 820 万元之间的差额，在取得资产时既不影响会计利润，也不影响应纳税所得额，如果确认相应的所得税影响，直接结果是减计资产的初始计量金额，所得税准则中规定该种情况下不确认相应的递延所得税资产。

（二）递延所得税资产的计量

1. 适用税率的确定。同递延所得税负债的计量原则相一致，确认递延所得税资产时，应当以预期收回该资产期间的适用所得税税率为基础计算确定。另外，无论相关的可抵扣暂时性差异转回期间如何，递延所得税资产均不要求折现。

2. 递延所得税资产的减值。所得税准则规定，资产负债表日，企业应当对递延所得税资产的账面价值进行复核。如果未来期间很可能无法取得足够的应纳税所得额用以利用可抵扣暂时性差异带来的经济利益，应当减计递延所得税资产的账面价值。

同其他资产的确认和计量原则相一致，递延所得税资产的账面价值应当代表其为企业带来未来经济利益的能力。企业在确认了递延所得税资产以后，因各方面情况变化，导致按照新的情况估计，在有关可抵扣暂时性差异转回的期间内，无法产生足够的应纳税所得额用以利用可抵扣暂时性差异，使得与递延所得税资产相关的经济利益无法全部实现的，对于预期无法实现的部分，应当减计递延所得税资产的账面价值。除原确认时计入所有者权益的递延所得税资产，其减计金额亦应计入所有者权益外，其他的情况应增加减计当期的所得税费用。

因无法取得足够的应纳税所得额利用可抵扣暂时性差异而减计递延所得税资产账面价值的，继后期间根据新的环境和情况判断能够产生足够的应纳税所得额利用可抵扣暂时性差异，使得递延所得税资产包含的经济利益能够实现的，应相应恢复递延所得税资产的账面价值。

另外，应当说明的是，无论是递延所得税资产还是递延所得税负债的计量，均应考虑资产负债表日企业预期收回资产或清偿负债方式的所得税影响，在计量递延所得税资产和递延所得税负债时，应当采用与收回资产或清偿债务的预期方式相一致的税率和计税基础。

三、适用税率变化对已确认递延所得税资产和递延所得税负债的影响

因适用税收法规的变化，导致企业在某一会计期间适用的所得税税率发生变化的，企业应对已确认的递延所得税资产和递延所得税负债按照新的税率进行重新计量。递延所得税资产或递延所得税负债的金额代表的是有关可抵扣暂时性差异或应纳税暂时性差异于未来期间转回时，导致应交所得税金额的减少或增加的情况。因国家税收法律法规等的变化导致适用税率变化的，必然导致应纳税暂时性差异或可抵扣暂时性差异在未来期间转回时产生应交所得税金额的变化，在适用税率变动的情况下，应对原已确认的递延所得税资产及递延所得税负债的金额进行调整，反映税率变化带来的影响。

除直接计入所有者权益的交易或事项产生的递延所得税资产及递延所得税负债，相关的调整金额应计入所有者权益以外，其他情况下产生的递延所得税资产及递延所得税负债的调整金额应确认为变化当期的所得税费用（或收益）。

第四节　所得税费用的确认和计量

企业核算所得税，主要是为确定当期应交所得税以及利润表中应确认的所得税费用。按照资产负债表债务法核算所得税的情况下，利润表中的所得税费用由两个部分组成：当期所得税和递延所得税。

一、当期所得税

当期所得税是指企业按照税法规定计算确定的针对当期发生的交易和事项，应缴纳给税务部门的所得税金额，即应交所得税，当期所得税应以适用的税收法规为基础计算确定。

企业在确定当期所得税时，对于当期发生的交易或事项，会计处理与税收处理不同的，应在会计利润的基础上，按照适用税收法规的规定进行调整，计算出当期应纳税所得额，按照应纳税所得额与适用所得税税率计算确定当期应交所得税。一般情况下，应纳税所得额可在会计利润的基础上，考虑会计与税收之间的差异，按照以下公式计算确定：

应纳税所得额 = 会计利润 + 按照会计准则规定记入利润表但计税时不允许税前扣除的费用 +（/－）记入利润表的费用与按照税法规定可予税前抵扣的费用金额之间的差额 +（/－）记入利润表的收入与按照税法规定应计入应纳税所得额的收入之间的差额 － 税法规定的不征税收入 +（/－）其他需要调整的因素

当期所得税 = 当期应交所得税 = 应纳税所得额 × 适用的所得税税率

二、递延所得税

递延所得税是指按照所得税准则规定应予确认的递延所得税资产和递延所得税负债在期末应有的金额相对于原已确认金额之间的差额，即递延所得税资产及递延所得税负债当期发生额的综合结果，用公式表示即为：

递延所得税 =（期末递延所得税负债 － 期初递延所得税负债）－（期末递延所得税资产 － 期初递延所得税资产）

应予说明的是，企业因确认递延所得税资产和递延所得税负债产生的递延所得税，一般应当计入所得税费用，但以下两种情况除外：

一是某项交易或事项按照会计准则规定应计入所有者权益的，由该交易或事项产生的递延所得税资产或递延所得税负债及其变化亦应计入所有者权益，不构成利润表中的递延所得税费用（或收益）。

【例 13—14】企业持有的某项可供出售金融资产，成本为 720 万元，会计期末，其公允价值为 800 万元，该企业适用的所得税税率为 25%。除该事项外，该企业不存在其他会计与税收之间的差异，且递延所得税资产和递延所得税负债不存在期初余额。

会计期末在确认 80 万元的公允价值变动时：

借：可供出售金融资产　　800 000

　贷：资本公积——其他资本公积　　800 000

确认应纳税暂时性差异的所得税影响时：

借：资本公积——其他资本公积　　200 000

　贷：递延所得税负债　　200 000

二是企业合并中取得的资产、负债，其账面价值与计税基础不同，应确认相关递延所得税的，该递延所得税的确认影响合并中产生的商誉或是计入合并当期损益的金额，不影响所得税费用。

三、所得税费用

计算确定了当期所得税及递延所得税以后，利润表中应予确认的所得税费用为两者之和，即：

所得税费用 = 当期所得税 + 递延所得税

【例 13—15】A 公司 20×8 年度利润表中利润总额为 3 600 万元，该公司适用的所得税税率为 25%。递延所得税资产及递延所得税负债不存在期初余额。与所得税核算有关的情况如下：

20×8 年发生的有关交易和事项中，会计处理与税收处理存在差别的有：

（1）20×8 年 1 月开始计提折旧的一项固定资产，成本为 1 920 万元，使用年限为 10 年，净残值为 0，会计处理按双倍余额递减法计提折旧，税收处理按直线法计提折旧。假定税法规定的使用年限及净残值与会计规定相同。

（2）公益性捐赠现金超过年度利润总额 12% 的部分 782 万元，按照税法规定，该部分公益性捐赠不允许税前扣除。

（3）当年度发生研究开发支出 1 600 万元，其中 960 万元资本化计入无形资产成本。税法规定企业发生的研究开发支出可按实际发生额的 150% 加计扣除。假定所开发无形资产于期末达到预定使用状态。由于该项研究开发支出可加计扣除 2 400 万元，除已计入费用的 640 万元外，另可加计扣除 1 760 万元。

（4）违反环保规定应支付罚款 338 万元。

（5）期末对持有的存货计提了 136 万元的存货跌价准备。

1. 20×8 年度应交所得税

应纳税所得额 = 36 000 000 + 1 920 000 + 7 820 000 - 17 600 000 + 3 380 000 + 1 360 000
= 32 880 000（元）

应交所得税 = 32 880 000 × 25% = 8 220 000（元）

2. 20×8 年度递延所得税

该公司 20×8 年资产负债表相关项目金额及计税基础如表 13—2 所示。

表 13—2 **该公司 20×8 年资产负债表相关项目金额及计税基础表** 单位：元

项　目	账面价值	计税基础	差　异	
			应纳税暂时性差异	可抵扣暂时性差异
存货	16 360 000	17 720 000		1 360 000
固定资产				
固定资产原价	19 200 000	19 200 000		
减：累计折旧	3 840 000	1 920 000		
固定资产减值准备	0	0		
固定资产账面价值	15 360 000	17 280 000		1 920 000
无形资产	8 640 000	0	9 600 000	
预计负债	2 000 000	1 680 000		320 000
总计			9 600 000	3 600 000

递延所得税资产 = 3 600 000 × 25% = 900 000（元）

递延所得税负债 = 9 600 000 × 25% = 2 400 000（元）

递延所得税 = 2 400 000 - 900 000 = 1 500 000（元）

3. 利润表中应确认的所得税费用

所得税费用 = 1 500 000 + 8 220 000 = 9 720 000（元）

借：所得税费用　　9 720 000
　　递延所得税资产　　900 000
　贷：应交税费——应交所得税　　8 220 000

递延所得税负债　　2 400 000

【例 13—16】沿用上例有关资料，假定 A 公司 20×9 年当期应交所得税为 1 238.80 万元。资产负债表中有关资产、负债的账面价值与其计税基础相关资料如表 13—3 所示，除所列项目外，其他资产、负债项目不存在会计和税收的差异。

表 13—3　　**资料表**　　单位：元

项　目	账面价值	计税基础	差　异	
			应纳税暂时性差异	可抵扣暂时性差异
存货	31 080 000	32 120 000		1 040 000
固定资产				
固定资产原价	19 200 000	19 200 000		
减：累计折旧	6 912 000	3 840 000		
固定资产减值准备	600 000	0		
固定资产账面价值	11 688 000	15 360 000		3 672 000
无形资产	8 640 000	0	8 640 000	
预计负债	2 200 000	0		2 200 000
总计			8 640 000	6 912 000

分析：

1. 当期所得税 = 当期应交所得税 = 12 388 000 元

2. 递延所得税

（1）期末递延所得税负债（8 640 000×25%）　　2 160 000

期初递延所得税负债　　2 400 000

递延所得税负债减少　　240 000

（2）期末递延所得税资产（6 912 000×25%）　　1 728 000

期初递延所得税资产　　900 000

递延所得税资产增加　　828 000

递延所得税 = −240 000 − 828 000 = −1 068 000（元）（收益）

3. 所得税费用 = 12 388 000 − 1 068 000 = 11 320 000（元）

借：所得税费用　　11 320 000

　　递延所得税资产　　828 000

　　递延所得税负债　　240 000

　贷：应交税费——应交所得税　　12 388 000

复习思考题

1. 试解释以下名词：

所得税会计　资产负债表债务法　计税基础　暂时性差异　递延所得税资产
递延所得税负债　应交所得税　所得税费用

2. 什么是资产负债表债务法下核算所得税的一般程序？

3. 什么是所得税会计的关键，如何理解资产和负债的计税基础？
4. 什么情况下会产生可抵扣暂时性差异和应纳税暂时性差异？
5. 什么是递延所得税负债确认的一般原则？
6. 什么是递延所得税资产确认的一般原则？
7. 什么情况下可不确认递延所得税资产或递延所得税负债？
8. 什么是所得税会计核算的主要目的，利润表中的所得税费用如何构成？

练习题

A 公司 20×7 年度利润表中利润总额为 1 120 万元，该公司适用的所得税税率为 25%。递延所得税资产期初余额为 72 万元，递延所得税负债期初余额为 28 万元。与所得税核算有关的情况如下：

（1）20×7 年 1 月开始计提折旧的一项固定资产，成本为 800 万元，使用年限为 10 年，净残值为 0，会计处理按双倍余额递减法计提折旧，税收处理按直线法计提折旧。假定税法规定的使用年限及净残值与会计规定相同。

（2）公益性捐赠现金超过年度利润总额 12% 的部分 372 万元，按照税法规定，该部分公益性捐赠不允许税前扣除。

（3）当年度发生研究开发支出 1 220 万元，其中 600 万元资本化计入无形资产成本。税法规定企业发生的研究开发支出可按实际发生额的 150% 加计扣除。假定所开发无形资产于期末达到预定使用状态。

（4）20×7 年 12 月 20 日自客户收到一笔合同预付款，金额为 328 万元，因不符合收入确认条件，将其作为预收账款核算。假定按照适用税法规定，该款项应计入取得当期应纳税所得额计算缴纳所得税。

（5）违反环保规定应支付罚款 312 万元。

（6）期末对持有的存货计提了 280 万元的存货跌价准备。

试分析计算以下项目：

（1）20×7 年年末上述固定资产的账面价值和计税基础。

（2）20×7 年年末上述无形资产的账面价值和计税基础。

（3）20×7 年年末上述预收账款的账面价值和计税基础。

（4）20×7 年度应交所得税。

（5）上述资产和负债的暂时性差异及相关的递延所得税资产和递延所得税负债。

（6）20×7 年利润表中应确认的所得税费用。

第十四章　会计政策、会计估计变更和差错更正与资产负债表日后事项

第一节　会计政策及其变更

我国现行的《企业会计准则第28号—会计政策、会计估计变更和差错更正》规范了企业会计政策的应用，会计政策、会计估计变更和前期差错更正的确认、计量和相关信息的披露要求，以提高企业财务报表的相关性和可靠性，以及同一企业不同期间和同一期间不同企业的财务报表可比性。

一、会计政策

会计政策是指企业在会计确认、计量和报告中所采用的原则、基础和会计处理方法。会计政策包括的会计原则、基础和处理方法是指导企业进行会计确认和计量的具体要求。

原则是指按照企业会计准则规定的、适合于企业会计核算所采用的具体会计原则。基础是指为了将会计原则应用于交易或者事项而采用的基础，主要是计量基础（即计量属性），包括历史成本、重置成本、可变现净值、现值和公允价值等。会计处理方法是指企业在会计核算中按照法律、行政法规或者国家统一的会计制度等规定采用或者选择的、适合于本企业的具体会计处理方法。

在我国，会计准则属于法规，会计政策所包括的具体会计原则、基础和具体会计处理方法由会计准则规定。企业基本上是在法规所允许的范围内选择适合本企业实际情况的会计政策。所以，会计政策具有强制性和多层次的特点。

二、会计政策变更的概念与条件

（一）会计政策变更的概念

会计政策变更是指企业对相同的交易或事项由原来采用的会计政策改用另一会计政策的行为。企业应当按照会计准则和会计制度规定的原则和方法进行会计确认、计量和报告。依据可比性的会计信息质量要求，各期采用的会计原则和方法应当保持一致，不得任意变更。如果确实需要改变会计政策，则应当将变更的情况、变更的原因及对企业财务状况和经营成果的影响，在财务会计报告中说明。

（二）会计政策变更的条件

一般情况下，企业采用的会计政策在每一会计期间和前后各期应当保持一致，不得随意变更；否则，势必削弱会计信息的可比性。但是，满足下列1、2条件之一的，可以变更会计政策：

1. 法律、行政法规或者国家统一的会计制度等要求变更。这种情况是指按照法律、行政法规以及国家统一的会计制度的规定，要求企业采用新的会计政策，则企业应当按照法律、行政法规以及国家统一的会计制度的规定改变原会计政策，按照新的会计政策执行。

【例14—1】《企业会计准则第1号——存货》规定，不允许企业采用后进先出法核算发出存货成本，这就要求执行企业会计准则体系的企业按照新规定，将原来以后进先出法核算发出存货成本改为准则规定可以采用的会计政策。

2. 会计政策变更能够提供更可靠、更相关的会计信息。由于经济环境、客观情况的改变，使企业原采用的会计政策所提供的会计信息已不能恰当地反映企业的财务状况、经营成果和现金流量等情况。在这种情况下，应改变原有会计政策，按变更后新的会计政策进行会计处理，以便对外提供更可靠、更相关的会计信息。例如，企业原来采用直线法计提固定资产折旧，由于技术进步，采用加速折旧法更能反映企业的财务状况和经营成果。这种情况下，企业就应当将原来的直线折旧法改为加速折旧法，以便能对外提供更可靠、更相关的会计信息。

另外，值得注意的是，除法律、行政法规以及国家统一的会计制度要求变更会计政策的，应当按照国家的相关规定执行外，企业因满足上述第 2 个条件变更会计政策时，必须有充分、合理的证据表明其变更的合理性，并说明变更会计政策后，能够提供关于企业财务状况、经营成果和现金流量等更可靠、更相关的会计信息的理由。对会计政策的变更，企业仍应经股东大会或董事会、经理（厂长）会议或类似机构批准，并按照法律、行政法规等的规定报送有关各方备案。如无充分、合理的证据表明会计政策变更的合理性，或者未重新经股东大会或董事会、经理（厂长）会议或类似机构批准擅自变更会计政策的，或者连续、反复地自行变更会计政策的，视为滥用会计政策，按照前期差错更正的方法进行处理。

（三）不属于会计政策变更的情况

企业必须明确确认哪些情况属于会计政策变更，哪些情况不属于会计政策变更，以便正确选择会计处理方法。以下两种情况不属于会计准则所定义的会计政策变更：

1. 本期发生的交易或者事项与以前相比具有本质差别而采用新的会计政策。

【例 14—2】某企业以往租入的设备均为临时需要而租入的，因此按经营租赁会计处理方法核算，但自本年度起租入的设备均采用融资租赁方式，则该企业自本年度起对新租赁的设备采用融资租赁会计处理方法核算。由于该企业原租入的设备均为经营性租赁，本年度起租赁的设备均改为融资租赁，经营租赁和融资租赁有着本质差别，因而改变会计政策不属于会计政策变更。

2. 对初次发生的或不重要的交易或者事项采用新的会计政策。对于初次发生的或不重要的交易或事项应采用适当的会计政策，并没有改变原有的会计政策，因此并不属于会计政策变更。

【例 14—3】某企业以前没有对外长期股权投资业务，当前对外进行长期股权投资，属于初次发生交易，企业采用成本法或权益法进行核算，并不属于会计政策变更。对于不重要的交易或事项变更会计政策，虽然符合会计政策变更的定义，但根据重要性原则，如果不按照会计政策变更的会计处理方法进行核算，不会影响会计信息的可比性，也不会引起会计信息使用者的误解，因此不作为会计政策变更处理。

三、会计政策变更的会计处理

对于会计政策变更的会计处理，就是要决定：（1）是否计算和确定会计政策变更的累积影响数；（2）如果确认会计政策变更的累积影响数，是将其计入当期（变更期）损益还是调整当期期初留存收益。据此，可以将会计政策变更的会计处理方法分为追溯调整法、当期法与未来适用法三种方法。在我国，企业会计政策变更的会计处理，除了在法律或会计准则等行政法规、规章要求企业变更会计政策，且国家发布了相关的会计处理办法的情况下，要按照国家发布的相关会计处理规定进行之外，企业只能根据具体情况确定应采用追溯调整法还是未来适用法，而不允许采用当期法。

（一）追溯调整法

追溯调整法是指对某项交易或事项变更会计政策，视同该项交易或事项初次发生时，即采用变更后的会计政策，并以此对财务报表相关项目进行调整的方法。追溯调整法的运用通常由以下四步构成：

第一步，计算会计政策变更的累积影响数；

第二步，编制相关项目的调整分录；

第三步，调整列报前期最早期初财务报表相关项目及其金额；

第四步，附注说明。

采用追溯调整法时，对于比较财务报表期间的会计政策变更，应调整各期间净损益各项目和财务报表其他相关项目，视同该政策在比较财务报表期间一直采用。对于比较财务报表可比期间以前的会计政策变更的累积影响数，应调整比较财务报表最早期间的期初留存收益，财务报表其他相关项目的数字也应一并调整。因此，追溯调整法是将会计政策变更的累积影响数调整列报前期最早期初留存收益，而不计入当期损益。

【例 14—4】光明公司 2005 年 1 月开始计提折旧的一项全新的管理用固定资产原价为 300 000 元，预计可使用 10 年，无残值。2005—2007 年采用直线法提取折旧，与税法规定一致。2006 年底时公司认为采用双倍余额递减法来提取折旧可以提供更可靠、更相关的会计信息，所以决定从 2008 年起改用双倍余额递减法计提折旧，但税法规定未变，仍采用直线法。2008 年 1 月 1 日，光明公司开始执行新企业所得税法，新企业所得税统一了内资外资企业使用的企业所得税，假设所得税税率为 25%，而 2005—2007 年采用的所得税税率为 33%。根据上述资料。试运用追溯调整法进行会计处理。

（1）计算并确定会计政策变更的累积影响数。

本例中，鉴于光明公司在 2008 年改变了固定资产计提折旧的计算方法，改变了固定资产以后每年的折旧额，进而影响到了税前利润、所得税及净利润。会计政策的具体累积影响数如表 14—1 所示。

表 14—1　**累积影响数计算表**　单位：元

年度	按原会计政策计算的折旧	按变更后的会计政策计算的折旧	所得税前差异	所得税影响	累积影响数
2005	30 000	60 000	30 000	9 900	20 100
2006	30 000	48 000	18 000	5 940	12 060
2007	30 000	38 400	8 400	2 772	5 628
合计	90 000	146 400	56 400	18 612	37 788

（2）进行相关的账务处理。

① 调整会计政策变更的累积影响数。

借：利润分配——未分配利润　37 788

　　递延所得税资产　18 612

　　贷：累计折旧　56 400

② 调整利润分配 5 668. 2 元（37 788 ×15%）。

借：盈余公积　　5 668. 20

　贷：利润分配——未分配利润　　5 668. 20

③ 调整财务报表相关项目。

光明公司在编制2008年度财务报表时，应当调减资产负债表年初数栏的留存收益和递延所得税资产，调减年初数栏的固定资产，即调减盈余公积5 668. 20元，调减未分配利润32 119. 80元，调增递延所得税资产18 612元，调增固定资产56 400元。同时在利润表中上表年数调增管理费用8 400元，调减利润总额8 400元，调减所得税费用2 772元，调减净利润5 628元，调减年初未分配利润32 160元。

报表列示如表14—2和表14—3所示。

表14—2　**资产负债表（部分）**

编制单位：光明公司　　2008年12月31日　　单位：元

资产	年初数			负债和所有者权益	年初数		
	调整前	调增（减）	调整后		调整前	调增（减）	调整后
固定资产	500 000	56 400	556 400	盈余公积	390 000	−5 668. 20	384 331. 80
递延所得税资产	0	18 612	18 612	未分配利润	108 000	−32 119. 80	75 880. 20

表14—3　**利润表**

编制单位：光明公司　　2008年度　　单位：元

项　目	上年数			本年数
	调整前	调增（减）	调整后	
一、营业收入	5 000 000	—	5 000 000	5 300 000
减：营业成本	3 754 000	—	3 754 000	3 905 000
营业税金及附加	300 000	—	300 000	320 000
销售费用	160 000	—	160 000	180 000
管理费用	190 000	8 400	198 400	210 000
财务费用	120 000	—	120 000	130 000
资产减值损失	6 000	—	6 000	5 000
加：投资收益	90 000	—	90 000	95 000
二、营业利润	560 000	−8 400	551 600	645 000
加：营业外收入	30 000	—	30 000	36 000
减：营业外支出	20 000	—	20 000	28 000
三、利润总额	570 000	−8 400	561 600	653 000
减：所得税费用	188 100	−2 772	185 328	163 250
四、净利润	381 900	−5 628	376 272	489 750

（二）未来适用法

未来适用法是指将变更后的会计政策应用于变更日及以后发生的交易或者事项，或者在会计估计变更当期和未来期间确认会计估计变更影响数的方法。如果会计政策变更的累积影响数不能合理确定，则无论因何种原因变更会计政策，均采用未来适用法进行会计处理。

在未来适用法下，不需要计算会计政策变更产生的累积影响数，也无须重编以前年度的财务报表。企业会计账簿记录及财务报表上反映的金额，变更之日仍保留原有的金额，不因会计政策变更而改变以前年度的既定结果，并在现有金额的基础上再按新的会计政策进行核算。

【例 14—5】光明公司原来采用先进先出法对存货进行计价，由于物价持续上涨，光明公司决定从 2005 年 1 月 1 日起改用后进先出法（假设企业会计准则允许企业采用后进先出法）。2005 年 1 月 1 日存货按先进先出法计价的成本为 800 000 元，2005 年光明公司购入存货的实际成本为 1 500 000 元，2005 年 12 月 31 日按后进先出法计算确定的期末存货成本为 900 000 元，当年的销售收入为 2 000 000 元。假设当年没有营业税金及附加，期间费用共 180 000 元，所得税税率为 33%，并假设税法也认可企业采用后进先出法对存货进行计价，当年应税所得与税前利润相等。2005 年 12 月 31 日按先进先出法计算的期末存货成本为 1 100 000 元。

光明公司由于经济环境发生变化而改变会计政策，属于会计政策变更。由于采用后进先出法难以进行追溯调整，因此采用未来适用法进行会计处理，即不需要计算 2005 年 1 月 1 日及以前各期期末存货按后进先出法计价的应有余额，以及对留存收益的影响余额，只需从 2005 年开始采用后进先出法计价。但需要计算确定由此项会计政策变更对 2005 年净利润的影响数，以便在报表附注中披露此信息。

（1）存货按后进先出法计价条件下 2005 年的销售成本 = 期初存货成本 + 本期购入存货成本 − 期末存货成本

= 800 000 + 1 500 000 − 900 000

= 1 400 000（元）

（2）存货按先进先出法计价条件下 2005 年的销售成本 = 期初存货成本 + 本期购入存货成本 − 期末存货成本

= 800 000 + 1 500 000 − 1 100 000

= 1 200 000（元）

（3）会计政策变更对 2005 年净利润的影响数如表 14—4 所示。

表 14—4　**对当年净利润的影响数计算表**　单位：元

项　目	后进先出法	先进先出法
营业收入	2 000 000	2 000 000
减：营业成本和营业税金及附加	1 400 000	1 200 000
期间费用	180 000	180 000
利润总额	420 000	620 000
减：所得税费用	138 600	204 600
净利润	281 400	415 400
差额	−134 000	

可见，光明公司2005年存货计价由先进先出法改为后进先出法，这项会计政策变更使当年净利润减少了134 000元。

第二节 会计估计及其变更

一、会计估计

会计估计是指企业对结果不确定的交易或者事项以最近可利用的信息为基础所做的判断。由于商业活动中内在的不确定因素影响，许多财务报表中的项目不能精确地计量，而只能加以估计，估计涉及以最近可利用的、可靠的信息为基础所做的判断。例如，以下项目可能要求估计：（1）坏账；（2）陈旧过时的存货；（3）应折旧资产的使用寿命或者体现在应折旧资产中的未来经济利益的预期消耗方式；（4）担保债务等。

会计估计的存在是由于经济活动中内在的不确定性因素的影响。在会计核算中，企业总是力求保持会计核算的准确性，但有些经济业务本身具有不确定性，因而需要根据经验做出估计。可以说，在进行会计核算和相关信息披露的过程中，会计估计是不可避免的，并不削弱其可靠性。进行会计估计时，往往以最近可利用的信息或资料为基础。企业在会计核算中，由于经营活动中内在的不确定性，不得不经常进行估计。但是，随着时间的推移、环境的变化，进行会计估计的基础可能会发生变化，因此，进行会计估计所依据的信息或者资料不得不经常发生变化。由于最新的信息是最接近目标的信息，以其为基础所做的估计最接近实际，所以进行会计估计时，应以最近可利用的信息或资料为基础。

二、会计估计变更

会计估计变更是指由于资产和负债的当前状况及预期经济利益和义务发生了变化，从而对资产或负债的账面价值或者资产的定期消耗金额进行调整。

由于企业经营活动中内在的不确定因素，许多财务报表项目不能准确地计量，只能加以估计，估计过程涉及以最近可以得到的信息为基础所做的判断。但是，估计毕竟是就现有资料对未来所做的判断，随着时间的推移，如果赖以进行估计的基础发生变化，或者由于取得了新的信息、积累了更多的经验或后来的发展可能不得不对估计进行修订，但会计估计变更的依据应当真实、可靠。会计估计变更的情形包括：

1. 赖以进行估计的基础发生了变化。企业进行会计估计，总是依赖于一定的基础。如果其所依赖的基础发生了变化，则会计估计也应相应发生变化。

2. 取得了新的信息、积累了更多的经验。企业进行会计估计是就现有资料对未来所做的判断，随着时间的推移，企业有可能取得新的信息、积累更多的经验，在这种情况下，企业可能不得不对会计估计进行修订，即发生会计估计变更。

会计估计变更，并不意味着以前期间会计估计是错误的，只是由于情况发生变化，或者掌握了新的信息，积累了更多的经验，使得变更会计估计能够更好地反映企业的财务状况和经营成果。如果以前期间的会计估计是错误的，则属于会计差错，按会计差错更正的会计处理办法进行处理。

三、会计估计变更的会计处理

企业发生会计估计变更会带来两个问题：一是如何在账面上记录会计估计变更的影响；二是如何在比较财务报表上报告会计估计变更。

企业对会计估计变更应当采用未来适用法处理，也就是说，在会计估计变更当期及以后期间，采用新的会计估计，不改变以前期间的会计估计，也不调整以前期间的报告结果。为了使不同期间的财务报表能够可比，如果会计估计变更的影响数在以前期间计入日常经营活动损益，则以后期间也应计入日常经营活动损益；如果会计估计变更的影响数在以前期间计入特殊项目，则以后期间也应计入特殊项目。其具体的处理方法为：

1. 会计估计变更仅仅影响变更当期的，其影响数应当在变更当期予以确认。

2. 既影响变更当期又影响未来期间的，其影响数应当在变更当期和未来期间予以确认。

3. 企业应当正确划分会计政策变更和会计估计变更，并按不同的方法进行相关会计处理。企业通过判断会计政策变更和会计估计变更划分基础仍然难以对某项变更进行区分的，应当将其作为会计估计变更处理。

【例 14—6】光明公司于 2006 年 1 月开始计提折旧的一台管理用新设备原价为150 000 元，估计使用 10 年，净残值为 10 000 元，采用直线法计提折旧。2008 年年初，由于技术进步等原因，需要对原来估计的使用年限和净残值做出修改，估计该设备的使用年限为 8 年，净残值为 5 000 元。2008 年 1 月 1 日，光明公司执行新企业所得税法，假设光明公司适用所得税税率为 25%。假定税法允许按变更后的折旧额在税前扣除。

2008 年光明公司采用未来适用法对该项会计估计变更的处理如下：

（1）从 2008 年起按变更后的会计估计确定各年的应提折旧额，不必调整以前各年的折旧，也不计算会计估计变更的累积影响数，只需按变更后的会计估计确定以后各年的应提折旧额。按原来的会计估计，每年折旧额为 14 000 元，至 2008 年已经计提折旧 2 年，累计计提折旧 28 000 元，设备净值为 122 000 元。2008 年初有关该设备的各项目余额为：

固定资产	150 000 元
减：累计折旧	28 000 元
固定资产净值	122 000 元

在未来适用法下，改变估计使用年限与净残值后，2008 年起每年应计提折旧为19 500 元（（122 000 - 5 000）÷（8 - 2））。2008 年不必对以前年度已计提折旧进行调整，只需按重新预计的剩余使用年限和净残值计算确定年折旧额，编制会计分录如下：

借：管理费用　　19 500

　贷：累计折旧　　19 500

（2）光明公司应该在 2008 年度的报表附注中做如下说明：

本公司一台管理用设备的原始价值为 150 000 元，原估计使用年限为 10 年，预计净残值为 10 000 元，按直线法计提折旧。由于技术进步等原因，该设备已经不能按原估计使用年限计提折旧，本公司于 2008 年初变更该设备的使用年限为 8 年，预计净残值为 5 000元，以反映该设备的真实使用年限和净残值。此项会计估计变更影响本年度净利润减少数为 4 125 元（（19 500 - 14 000）×（1 - 25%））。

第三节　前期差错更正

一、前期差错

前期差错是指由于没有运用或错误运用下列两种信息，而对前期财务报表造成省略或错报：（1）编报前期财务报表时预期能够取得并加以考虑的可靠信息；（2）前期财务报告批准报出时能够取得的可靠信息。前期差错通常包括计算错误、应用会计政策错误、疏忽或曲解事实以及舞弊产生的影响以及存货、固定资产盘盈等。

没有运用或错误运用上述两种信息而形成前期差错的情形主要有：

1. 计算以及账户分类错误。例如，企业购入的五年期国债，意欲长期持有，但在记账时计入了交易性金融资产，导致账户分类上的错误，从而导致在资产负债表中流动资产和非流动资产的分类也有误。

2. 采用法律、行政法规或者国家统一的会计制度等不允许的会计政策。例如，按照《企业会计准则第17号——借款费用》的规定，为购建固定资产的专门借款而发生的借款费用，满足一定条件的，在固定资产达到预定可使用状态前发生的，应予资本化，计入所购建固定资产的成本；在固定资产达到预定可使用状态后发生的，计入当期损益。如果企业固定资产已达到预定可使用状态后发生的借款费用，也计入该项固定资产的价值，予以资本化，则属于采用法律或会计准则等行政法规、规章所不允许的会计政策。

3. 对事实的疏忽或曲解，以及舞弊。例如，企业对某项建造合同应按建造合同规定的方法确认营业收入，但该企业却按确认商品销售收入的原则确认收入。

4. 在期末对应计项目与递延项目未予调整。例如，企业应在本期摊销的费用在期末未予摊销。

5. 漏记已完成的交易。例如，企业销售一批商品，商品已经发出，开出增值税专用发票，商品销售收入确认条件均已满足，但企业在期末未将已实现的销售收入入账。

6. 提前确认尚未实现的收入或不确认已实现的收入。例如，在采用委托代销商品的销售方式下，应以收到代销单位的代销清单时确认商品销售收入的实现，如企业在发出委托代销商品时即确认为收入，则为提前确认尚未实现的收入。

7. 资本性支出与收益性支出划分差错等。例如，企业发生的管理人员的工资一般作为收益性支出，而发生的在建工程人员工资一般作为资本性支出。如果企业将发生的在建工程人员工资计入了当期损益，则属于资本性支出与收益性支出的划分差错。

二、前期差错的会计处理

前期差错可以分为两类：一类是重要的或者虽然不重要但故意造成的前期差错；另一类是不重要且非故意造成的前期差错。前期差错的重要程度应根据差错的性质和金额加以判断。企业应当采用追溯重述法更正重要的前期差错，但确定前期差错累积影响数不切实可行的除外。追溯重述法是指在发现前期差错时视同该项前期差错从未发生过，从而对财务报表相关项目进行更正的方法。追溯重述法的会计处理与追溯调整法相同。对于不重要且非故意造成的前期差错应采用未来适用法。

另外，值得注意的是，为了保证经营活动的正常进行，企业应当建立健全内部稽核制度，保证会计资料的真实、完整。但是，在日常会计核算中也可能由于各种原因造成会计差错，如抄写差错、可能对事实的疏忽和误解以及对会计政策的误用。企业发现会计差错时，应当根据差错的性质及时纠正。对于当期发现的、属于当期的会计差错，应调整本期相关项目。例如，企业将本年度在建工程人员的工资计入了财务费用，则应将计入财务费用的在建工程人员工资调整计入工程成本。对于年度资产负债表日至财务报告批准报出日之间发现的报告年度的会计差错及报告年度前不重要的前期差错，应按照《企业会计准则第29号——资产负债表日后事项》的规定进行处理。

【例 14—7】重要的前期差错的会计处理。

光明公司在 2008 年 6 月发现，该公司 2007 年初赊购的一项全新的管理用固定资产没有入账，当年也未计提折旧。该项固定资产的市价为 300 000 元，估计使用年限为 10 年，估计无残值。光明公司固定资产采用直线法计提折旧。光明公司 2007 年所得税税率为 33%。

光明公司按净利润的 15% 提取盈余公积。光明公司 2008 年 12 月 31 日资产负债表调整前的“年初数”见表 14—5，2008 年度利润表调整前的“上年数”见表 14—6。

表 14—5　　**资产负债表**

编制单位：光明公司　　2008 年 12 月 31 日　　单位：元

资　产	年初数		负债和所有者权益	年初数	
	调整前	调整后		调整前	调整后
流动资产：			流动负债：		
货币资金	400 000	400 000	短期借款	900 000	900 000
交易性金融资产	60 000	60 000	应付票据	500 000	500 000
应收票据	350 000	350 000	应付账款	600 000	900 000
应收账款	1 140 000	1 140 000	应交税费	100 000	90 100
存货	960 000	960 000	流动负债合计	2 100 000	2 390 100
流动资产合计	2 910 000	2 910 000	非流动负债：		
非流动资产：			长期借款	1 800 000	1 800 000
长期股权投资	1 500 000	1 500 000	非流动负债合计	1 800 000	1 800 000
固定资产	2 400 000	2 670 000	负债合计	3 900 000	4 190 000
无形资产	0	0	所有者权益：		
非流动资产合计	3 900 000	4 170 000	实收资本	2 000 000	2 000 000
			资本公积	600 000	600 000
			盈余公积	200 000	196 985
			未分配利润	110 000	92 915
			所有者权益合计	2 910 000	2 889 900
资产总计	6 810 000	7 080 000	负债和所有者权益总计	6 810 000	7 080 000

（1）分析差错的后果

固定资产原值少计	300 000 元
应付账款少计	300 000 元
2007 年折旧费用（管理费用）少计	30 000 元
累计折旧少计	30 000 元
所得税费用多计	9 900 元
净利润多计	20 100 元

应交所得税多计 9 900 元

盈余公积多计 3 015 元

表 14—6 **利润表**

编制单位：光明公司 2008 年度 单位：元

项　目	上年数	
	调整前	调整后
一、营业收入	3 500 000	3 500 000
减：营业成本	1 540 000	1 540 000
营业税金及附加	360 000	360 000
管理费用	160 000	190 000
财务费用	100 000	100 000
资产减值损失		
加：投资收益	100 000	100 000
二、营业利润	1 440 000	1 410 000
加：营业外收入	90 000	90 000
减：营业外支出	30 000	30 000
三、利润总额	1 500 000	1 470 000
减：所得税费用	495 000	485 100
四、净利润	1 005 000	984 900

（2）更正差错的账务处理

①固定资产入账。

借：固定资产 300 000

　贷：应付账款 300 000

②补提折旧。

借：以前年度损益调整 30 000

　贷：累计折旧 30 000

③调整所得税。

借：应交税费——应交所得税 9 900

　贷：以前年度损益调整 9 900

④将“以前年度损益调整”科目的余额转入利润分配。

借：利润分配——未分配利润 20 100

　贷：以前年度损益调整 20 100

⑤调整利润分配有关数字。

借：盈余公积 3 015

　贷：利润分配——未分配利润 3 015

（3）报表调整

光明公司2008年12月31日资产负债表调整后的年初数和2008年度利润表的调整后“上年数”分别见表14—5和表14—6。

（4）附注说明

本年度发现2007年漏记一项赊购的管理用固定资产，在编制2007年与2008年可比的财务报表时，已对该项差错进行了更正，由于此项错误的影响，2007年少计固定资产原价与应付账款各300 000元，少计累计折旧30 000元，2007年虚增净利润及留存收益20 100元。

【例14—8】非重要的前期差错的会计处理。

光明公司在2006年12月31日发现一台价值为4 800元的设备，应计入固定资产，并于2005年2月份开始计提折旧的管理用设备，在2005年计入了当期费用。光明公司固定资产采用直线法计提折旧，该设备估计使用年限为4年，假设不考虑净残值，则在2006年12月31日更正此差错的会计分录为：

借：固定资产　　4 800

　贷：管理费用　　2 500

　　累计折旧　　2 300

第四节　资产负债表日后事项概述

由于财务报告的编制需要一定的时间，因此，资产负债表日与财务报告的批准报出日（有时也包括实际报出日）之间往往存在时间差，这段时间发生的一些事项可能对财务报告使用者有重要影响。《企业会计准则第29号——资产负债表日后事项》规范了资产负债表日后事项的确认、计量和相关信息等的披露要求。

一、资产负债表日后事项概念

资产负债表日后事项是指资产负债表日至财务报告批准报出日之间发生的有利或不利事项。

资产负债表日包括年度末和中期（中期是指短于一个完整的会计年度的报告期间）期末。年度资产负债表日是指每年的12月31日，但资产负债表日后事项不含12月31日发生的事项。中期资产负债表日是指年度中间各期期末。如果母公司或者子公司在国外，无论该母公司或子公司如何确定会计年度和会计中期，其向国内提供的财务报告都应根据我国《会计法》和会计准则的要求确定资产负债表日。

财务报告批准报出日是指董事会或类似机构批准财务报告报出的日期，通常是指对财务报告的内容负有法律责任的单位或个人批准财务报告对外公布的批准日期。财务报告的批准者包括所有者、所有者中的多数、董事会或类似的管理单位、部门和个人。公司制企业的董事会有权批准对外公布财务报告，因此，公司制企业财务报告批准报出日是指董事会批准财务报告报出的日期。对于非公司制企业，财务报告批准报出日是指经理（厂长）会议或类似机构批准财务报告报出的日期。

资产负债表日后事项准则所称“有利或不利事项”的含义是，资产负债表日后事项肯定对企业财务状况和经营成果具有一定影响（既包括有利影响也包括不利影响）。如果某些事项的发生对企业并无任何影响，那么，那些事项既不是有利事项也不是不利事项，也就是不属于准则所称资产负债表日后事项。

二、资产负债表日后事项涵盖的期间

资产负债表日后事项涵盖的期间是自资产负债表日次日起至财务报告批准报出日止的一段时间，具体是指：报告年度次年的1月1日或报告期下一期间的第一天至董事会或类似机构批准财务报告对外公布的日期。财务报告批准报出以后、实际报出之前又发生与资产负债表日后事项有关的事项，并由此影响财务报告对外公布日期的，应以董事会或类似机构再次批准财务报告对外公布的日期为截止日期。

【例14—9】某上市公司20×7年的年度财务报告于20×8年3月15日编制完成，注册会计师完成年度审计工作并签署审计报告的日期为20×8年4月12日，20×8年4月20日董事会批准财务报告对外公布，财务报告实际对外公布的日期为20×8年4月25日，股东大会召开日期为20×8年5月6日。

在本例中，该公司20×7年年报的资产负债表日后事项涵盖的期间为20×8年1月1日至20×8年4月20日。如果在4月20日至25日之间发生了重大事项，需要调整财务报表相关项目的数字或需要在财务报表附注中披露；经调整或说明后的财务报告再经董事会批准报出的日期为20×8年4月28日，实际报出的日期为20×8年4月30日，则资产负债表日后事项涵盖的期间为20×8年1月1日至20×8年4月28日。

三、资产负债表日后事项的内容

资产负债表日后事项并非涵盖上述特定期间内发生的所有事项，而是指该期间内发生的两类事项：（1）与资产负债表日存在状况有关的事项；（2）虽然与资产负债表日存在状况无关，但对企业财务状况具有重大影响的事项。也就是说，在上述特定期间内发生的事项中，那些既与资产负债表日存在状况无关又对企业财务状况无重大影响的事项，不属于资产负债表日后事项。根据以上这些分析，我们可以将资产负债表日后事项分为调整事项与非调整事项两类。

资产负债表日后调整事项是指对资产负债表日已经存在的情况提供了新的或进一步证据的事项。调整事项是在资产负债表日后发生的、表明依据资产负债表日存在状况所确定的某些会计报表数据已不恰当，应该据以调整这些会计报表项目，从而为资产负债表日已经存在的情况提供新的或进一步证据的事项。调整事项能对资产负债表日的存在情况提供追加的证据，并会影响编制财务报表过程中的内在估计。

企业在生产经营中可能存在一些不确定的因素，会计人员只能根据专业知识做出估计和判断，如果资产负债表日后事项对资产负债表日的情况提供了进一步的证据，证据表明的情况与原来的估计和判断不完全一致，则需要对原来的会计处理进行调整。

资产负债表日后非调整事项是指表明资产负债表日后发生的情况的事项。非调整事项的发生不影响资产负债表日企业的财务报表数字，只说明资产负债表日后发生了某些情况。对于财务报告使用者来说，非调整事项说明的情况有的重要，有的不重要；其中重要的非调整事项虽然与资产负债表日的财务报表数字无关，但可能影响资产负债表日以后的财务状况和经营成果，故准则要求适当披露。

如何确定资产负债表日后发生的某一事项是调整事项还是非调整事项，是运用资产负债表日后事项准则的关键。某一事项究竟是调整事项还是非调整事项，取决于该事项表明的情况在资产负债表日或资产负债表日以前是否已经存在。若该情况在资产负债表日或之前已经存在，则属于调整事项；反之，则属于非调整事项。

另外，如果资产负债表日后事项表明持续经营假设不再适用的，企业不应当在持续经营基础上编制财务报表，即企业不得在原有基础上调整会计报表金额，也不得仅仅在会计报表附注中做出说明。

第五节　资产负债表日后调整事项的会计处理

一、资产负债表日后调整事项的处理原则

企业发生资产负债表日后调整事项，应当调整资产负债表日已编制的财务报表。对于年度财务报告而言，由于资产负债表日后事项发生在报告年度的次年，报告年度的有关账目已经结转，特别是损益类科目在结账后已无余额。因此，年度资产负债表日后发生的调整事项应分别按以下情况进行处理：

1. 涉及损益的事项，通过“以前年度损益调整”科目核算。调整增加以前年度利润或调整减少以前年度亏损的事项，记入“以前年度损益调整”科目的贷方；反之，记入“以前年度损益调整”科目的借方。

需要注意的是，涉及损益的调整事项如果发生在资产负债表日所属年度（即报告年度）所得税汇算清缴前的，应按准则要求调整报告年度应纳税所得额、应纳所得税税额；发生在报告年度所得税汇算清缴后的，应按准则要求调整本年度（即报告年度的次年）应纳所得税税额。

2. 涉及利润分配调整的事项，直接在“利润分配——未分配利润”科目核算。

3. 不涉及损益及利润分配的事项，调整相关科目。

4. 通过上述账务处理后，还应同时调整财务报表相关项目的数字，包括：（1）资产负债表日编制的财务报表相关项目的期末数或本年发生数；（2）当期编制的财务报表相关项目的期初数或上年数；（3）经过上述调整后，如果涉及报表附注内容的，还应当调整报表附注相关项目的数字。

二、资产负债表日后调整事项的会计处理

【例 14—10】光明公司于 2007 年 8 月销售给东华公司一批产品，价款为 100 000 元（含应向东华公司收取的增值税），东华公司已于 9 月份收到所购物资并验收入库。按合同规定，东华公司应于收到所购物资后 1 个月内付款。但由于东华公司财务状况不佳，直到 2007 年 12 月 31 日仍未付款。光明公司于 12 月 31 日编制 2007 年年度会计报表时，已为该项应收账款提取坏账准备 5 000 元（假定坏账准备提取比例为 5%），12 月 31 日光明公司资产负债表上“应收账款”项目的余额为 120 000 元，“坏账准备”项目的余额为 6 000元。光明公司于 2008 年 2 月 15 日收到东华公司已经进行破产清算的通知，无力偿还所欠部分货款，预计光明公司可收回应收东华公司账款的 30%。此时光明公司的年度财务会计报告尚未批准报出。假定光明公司 2007 年适用的所得税税率为 33%。

光明公司在接到东华公司的通知后，判断出该事项属于资产负债表日后事项中的调整事项，需要根据调整事项的会计处理原则进行处理。

（1）补提坏账准备。

应补提的坏账准备 = 100 000 × 70% − 6 000 = 64 000（元）

借：以前年度损益调整　　　　64 000

　贷：坏账准备　　　　　　　　64 000

（2）调整递延所得税资产。

应调整的金额 = 64 000 × 33% = 21 120（元）

借：递延所得税资产　　21 120

　贷：以前年度损益调整　　21 120

（3）将“以前年度损益调整”科目的余额转入“利润分配”科目。

借：利润分配——未分配利润　　42 880

　贷：以前年度损益调整　　42 880

（4）调整利润分配的有关数字。

假定光明公司按净利润的15%提取盈余公积，除此之外不做其他分配。

应调整减少提取的盈余公积 = 42 880 × 15% = 6 432（元）

借：盈余公积　　6 432

　贷：利润分配——未分配利润　　6 432

（5）调整2007年度财务报表相关项目的数字，见表14—7、表14—8。

表14—7　　**资产负债表**

编制单位：光明公司　　2007年12月31日　　单位：元

资　产	调整前	调整后	负债和所有者权益	调整前	调整后
流动资产：			流动负债：		
货币资金	12 000	12 000	短期借款	16 000	16 000
交易性金融资产	8 000	8 000	应付票据	7 000	7 000
应收票据	6 000	6 000	应付账款	8 000	8 000
应收股利	0	0	应交税费	26 000	26 000
应收账款	95 000	31 000	流动负债合计	57 000	57 000
存货	30 000	30 000	非流动负债：		
流动资产合计	151 000	87 000	长期借款	10 000	10 000
非流动资产：			非流动负债合计	10 000	10 000
长期股权投资	65 000	65 000	负债合计	67 000	67 000
固定资产	60 000	60 000	所有者权益：		
无形资产	7 000	7 000	实收资本	120 000	120 000
递延所得税资产	0	21 120	资本公积	10 000	10 000
非流动资产合计	132 000	153 120	盈余公积	15 000	8 568
			未分配利润	71 000	34 552
			所有者权益合计	216 000	173 120
资产总计	283 000	240 120	负债和所有者权益总计	283 000	240 120

表 14—8　**利润表**

编制单位：光明公司　2007 年度　单位：元

项　目	调整前	调整后
一、营业收入	408 000	408 000
减：营业成本	260 000	260 000
营业税金及附加	20 000	20 000
销售费用	1 000	1 000
管理费用	2 400	2 400
财务费用	1 600	1 600
资产减值损失	5 000	69 000
加：投资收益	2 500	2 500
二、营业利润	120 500	56 500
加：营业外收入	1 800	1 800
减：营业外支出	300	300
三、利润总额	122 000	58 000
减：所得税费用	40 260	19 140
四、净利润	81 740	38 860

（6）调整 2008 年 2 月份资产负债表相关项目的年初数。

光明公司在编制 2008 年 1 月份的财务报表时，是按照 2007 年 12 月 31 日的资产负债表调整前的数字作为该月资产负债表的年初数的。由于发生了资产负债表日后调整事项，光明公司除了要调整 2007 年度财务报表的相关项目的数字外，还应调整 2008 年 2 月份资产负债表相关项目的年初数，也就是说应该按照 2007 年 12 月 31 日的资产负债表调整后的数字填列。

第六节　资产负债表日后非调整事项的会计处理

一、资产负债表日后非调整事项的处理原则

资产负债表日后发生的非调整事项是表明资产负债表日后发生的情况的事项，与资产负债表日存在状况无关，不应当调整资产负债表日的财务报表。但有的非调整事项对财务报告使用者具有重大影响，如不加以说明，将不利于财务报告使用者做出正确的估计和决策，因此，资产负债表日后事项准则要求在附注中披露“重要的资产负债表日后非调整事项的性质、内容及其对财务状况和经营成果的影响”。

二、资产负债表日后非调整事项的具体会计处理

资产负债表日后发生的非调整事项应当在报表附注中披露每项重要的资产负债表日后非调整事项的性质、内容及其对财务状况和经营成果的影响。无法做出估计的，应当说明原因。

资产负债表日后非调整事项的主要例子有：

（一）资产负债表日后发生重大诉讼、仲裁、承诺

资产负债表日后发生的重大诉讼等事项，对企业影响较大，为防止误导投资者及其他财务报告使用者，应当在报表附注中进行相关披露。

（二）资产负债表日后资产价格、税收政策、外汇汇率发生重大变化

（三）资产负债表日后因自然灾害导致资产发生重大损失

（四）资产负债表日后发行股票和债券以及其他巨额举债

企业发行股票、债券以及向银行或非银行金融机构举借巨额债务都是比较重大的事项，虽然这一事项与企业资产负债表日的存在状况无关，但这一事项的披露能使财务报告使用者了解与此有关的情况及可能带来的影响，故应披露。

（五）资产负债表日后资本公积转增资本

企业以资本公积转增资本将会改变企业的资本（或股本）结构，影响较大，需要在报表附注中进行披露。

（六）资产负债表日后发生巨额亏损

企业资产负债表日后发生巨额亏损将会对企业报告期以后的财务状况和经营成果产生重大影响，应当在报表附注中及时披露该事项，以便为投资者或其他财务报告使用者做出正确决策提供信息。

（七）资产负债表日后发生企业合并或处置子公司

企业合并或者处置子公司的行为可以影响股权结构、经营范围等方面，对企业未来生产经营活动能产生重大影响，因此，企业应在附注中披露处置子公司的信息。

（八）资产负债表日后，企业利润分配方案中拟分配的以及经审议批准宣告发放的股利或利润

资产负债表日后，企业制订利润分配方案，拟分配或经审议批准宣告发放股利或利润的行为，并不会致使企业在资产负债表日形成现时义务，因此虽然发生该事项可导致企业负有支付股利或利润的义务，但支付义务在资产负债表日尚不存在，不应该调整资产负债表日的财务报告，因此，该事项为非调整事项。

但由于该事项对企业资产负债表日后的财务状况有较大影响，可能导致现金较大规模流出、企业股权结构变动等，为便于财务报告使用者更充分了解相关信息，企业需要在财务报告中适当披露该信息。

复习思考题

1. 什么是会计政策变更？什么是会计估计变更？二者的主要区别是什么？
2. 会计政策变更的会计处理方法有哪些？各自在什么样的条件下适用？不同的会计处理方法对财务报表有什么不同的影响？
3. 什么是前期差错？前期差错在会计上应当如何处理？
4. 什么是资产负债表日后事项？为什么要考虑资产负债表日后事项？
5. 资产负债表日后事项应当如何分类？为什么要这样对资产负债表进行分类？
6. 对于资产负债表日后事项的不同类型在会计处理上有何不同？不同的会计处理方法对财务报表有什么不同的影响？

练习题

1. 为了贯彻执行财政部2006年颁布的企业会计准则，某公司自2007年1月1日起进行了一系列的会计变更：将坏账准备的计提方法从应收账款年末余额百分比法变更为账龄分析法。2007年以前该公司一直采用备抵法核算坏账损失，并按期末应收账款余额的0.5%计提坏账准备。2007年1月1日变更的坏账准备账面余额为8万元。该公司2006年12月31日应收账款余额、账龄，以及2007年起的坏账准备的计提比例如表14—9所示。

表14—9　**资料表**　单位：万元

项　目	1年以内	1—2年	2—3年	3年以上
2006年12月31日应收账款余额	1 200	200	120	80
2007年坏账准备计提比例	10%	20%	40%	100%

要求：请运用追溯调整法对该公司上述的会计变更进行会计处理。

2. 已知光明公司适用的增值税税率为17%，2008年前适用的所得税税率为33%，对所得税的会计处理采用资产负债表债务法。按净利润的10%计提法定盈余公积，按净利润的5%计提任意盈余公积。

光明公司于2007年对以前的会计资料进行复核，发现以下一些问题：

①以600万元的价格于2005年6月1日购入的一种生产技术在购入当日将其作为管理费用处理。按照光明公司的会计政策，该生产技术应作为无形资产确认入账，预计使用年限为3年，采用直线法摊销。

②误将2005年12月发生的一笔销售包装物收入600万元计入2006年1月的其他业务收入，误将2006年12月发生的一笔销售原材料收入500万元计入了2007年1月的其他业务收入。其他业务收入2005年的毛利率为20%，2006年的毛利率为30%。

要求：请采用合适的方法为光明公司更正以上会计差错。

3. A公司与B公司签订了某合同，合同规定A公司在2008年6月供应一批货物给B公司。结果A公司严重违约，被B公司于2008年11月起诉，B公司要求A公司赔偿经济损失300万元，该诉讼案在12月31日尚未判决，A公司已于2008年12月31日确认与该诉讼案有关的预计负债80万元。2009年2月25日，经法院一审判决，A公司需要赔偿B公司经济损失200万元，A公司决定不再上诉，赔偿款尚未支付。按照税法规定，如有证据表明资产已发生永久或实质性损害时，才允许从应纳税所得额中扣除相关的损失，企业预计的负债所产生的损失不能在应纳税所得额中扣除。本年度除上述预计的负债外，无其他纳税调整事项。A公司财务报表批准报出日为2009年3月20日。A公司所得税的会计处理采用资产负债表债务法。该公司适用的所得税税率为25%，并于2009年2月20日完成了2008年度所得税汇算清缴。该公司按净利润的10%计提法定盈余公积。

要求：（1）判断上述资产负债表日后事项的性质；

（2）具体说明对上述资产负债表日后事项应当如何进行会计处理。

第十五章　企业财务报告

第一节　企业财务报告概述

一、编制企业财务报告的意义

企业在日常的会计核算中按照会计一般原则的要求，对发生的经济业务进行了确认和计量，并将确认和计量的结果进行记录。这些记录首先反映在会计凭证上，但每张会计凭证所反映的经济业务只是个别的、零星的、互不联系的。为了全面、系统地反映企业的经济活动所形成的财务状况、经营成果以及现金流量，还必须设置会计账簿，对各项经济业务进行分类核算或序时核算，形成完整的会计账簿资料。但是，分散在众多会计账簿上的资料无法扼要地概括反映企业经济活动全貌，不便于企业的内外部会计信息使用者了解企业的财务状况、经营成果及现金流量情况。因此，还必须在做好会计日常工作的基础上，定期编制财务报告。财务报告是指企业对外提供的反映企业某一特定日期的财务状况和某一会计期间的经营成果、现金流量等会计信息的文件。财务报告包括财务报表和其他应当在财务报告中披露的相关信息及资料。

按照企业会计准则的规定，企业提供的会计信息应当与财务会计报告使用者的经济决策密切相关。从微观上看，它可以影响股东、债权人或潜在投资者以及公司管理层等信息使用者对公司的现在或未来做出的理性判断；从宏观上讲，它可以影响国家对经济做出的宏观调控。其重要意义在于：（1）财务报告可以为国家宏观经济管理和调控提供会计信息。国家有关经济管理部门可以利用企业定期编制的财务报表，及时掌握各企业的经营成果和财务状况，并通过对各企业的会计信息进行分析，了解和掌握国民经济的整体运行情况，从而制定正确、合理、有效的调控和管理措施，促进国民经济协调、有序的发展。（2）财务会计报告可以为企业外部有关各方了解其财务状况和经营成果提供会计信息。在现代经济社会中，企业与投资者、债权人、职工及社会公众等各方面存在着越来越密切的经济关系，企业的财务报表是投资者、债权人等企业外部各方进行决策的依据。比如，通过阅读和分析财务报表，投资者可以了解投资报酬、企业资本结构的变化以及获利能力和利润分配政策等；债权人可以了解企业的偿债能力等。（3）财务报告可以为企业内部经营管理提供会计信息。企业内部经营管理部门可以通过财务会计报告全面、系统地了解企业的经营成果和财务状况，了解其资金、成本、利润等经济指标的计划完成情况，及时发现经营活动中存在的问题，改善企业的生产经营管理水平。企业的财务报告也可以为企业未来的经营计划和经营方针提供可靠的依据。

二、财务报表的分类

财务报告是对企业财务状况、经营成果和现金流量的结构性表述。为了达到财务报告对有关决策有用和评价企业管理层受托责任的目标，一套完整的财务报告至少应当包括“四表一注”，即资产负债表、利润表、现金流量表、所有者权益变动表以及附注。

财务报表可以按照不同的标准进行分类：（1）按财务报表编报期间的不同，可以分为中期财务报表和年度财务报表。中期财务报表是以短于一个完整会计年度的报告期间为基础编制的财务报表，包括月报、季报和半年报等。（2）按财务报表编报主体的不同，可以分为个别财务报表和合并财务报表。个别财务报表是由企业在自身会计核算基础上对账簿记录进行加工而编制的财务报表，它主要用以反映企业自身的财务状况、经营成果和现金流量情况。合并财务报表是以母公司和子公司组成的企业集团为会计主体，根据母公司和所属子公司的财务报表，由母公司编制的综合反映企业集团财务状况、经营成果及现金流量的财务报表。(3) 按照反映资金运动状态的不同，还可以分为静态报表和动态报表。静态报表反映的是截至某一特定时点的指标数值，如资产负债表。动态报表是反映的是一定时期内的指标数值，如利润表和现金流量表等。

各财务报表、附注以及应当披露的相关文件共同构成了一个相互联系的整体，其中资产负债表、利润表和现金流量表分别从不同角度说明了企业的财务状况、经营成果和现金流量情况，附注等也从不同的角度加以补充。它们的内容既相互区别，又相互补充，从而能更有效地满足不同信息使用者对会计信息的需要。

三、财务报告编制前的准备工作

1. 企业在编制年度财务报告前，应当按下列规定全面清查资产、核实债务：

(1) 债务结算款项，包括应收款项、应付款项、应交税费等是否存在，与债务、债权单位的相应债务、债权金额是否一致；

(2) 原材料、在产品、自制半成品、库存商品等各项存货的实存数量与账面数量是否一致，是否有报废损失和积压物资等；

(3) 各项投资是否存在，投资收益是否按照企业会计准则的规定进行了确认和计量；

(4) 房屋建筑物、机器设备、运输工具等各项固定资产的实存数量与账面数量是否一致；

(5) 在建工程的实际发生额与账面记录是否一致；

(6) 需要清查、核实的其他内容。

企业通过上述规定的清查、核实，查明财产物资的实存数量与账面数量是否一致、各项结算款项的拖欠情况及原因、材料物资的实际储备情况、各项投资是否达到预期目的、固定资产的使用情况及完好程度等。企业清查、核实后，应当将清查、核实结果及处理办法向企业的董事会或者相应机构报告，并根据企业会计准则的规定进行相应的会计处理。企业可以在年度中间根据具体情况，对各项财产物资和结算款项进行重点抽查、轮流清查或者定期清查。

2. 企业在编制财务会计报告前，除应当全面清查财产、核实债务外，还应当完成下列工作：

(1) 核对各会计账簿记录与会计凭证的内容、金额等是否一致，记账方向是否相符；

(2) 依照规定的结账日进行结账，结出有关账簿的余额和发生额，并核对各会计账簿之间的余额；

(3) 检查相关的会计核算是否按照企业会计准则的规定进行；

(4) 对于企业会计准则没有规定统一核算方法的交易、事项，检查其是否按照会计核算的一般原则进行确认和计量，以及相关账务处理是否合理；

(5) 检查是否存在因会计差错、会计政策变更等原因需要调整前期或者本期相关项目。

在上述工作中发现问题的，以及经查实后资产、负债有变动的，应当按照企业会计准则的规定进行相应会计处理。

第二节 资产负债表

一、资产负债表的性质和作用

资产负债表主要提供有关企业财务状况方面的信息，即某一特定日期关于企业资产、负债、所有者权益及相互关系的信息。

资产负债表根据“资产 = 负债 + 所有者权益”这一会计等式编制，它的作用包括：第一，可以提供某一特定日期资产的总额及结构，表明企业拥有或控制的资源及其分布情况，使用者可以一目了然地从资产负债表上了解企业在某一特定日期所拥有的资产总量及结构；第二，可以提供某一特定日期的负债总额及结构，表明企业未来需要用多少资产或劳务清偿债务以及清偿时间；第三，可以反映所有者所拥有的权益，能据以判断资本保值、增值的情况以及对负债的保障程度。此外，资产负债表还可以提供进行财务分析的基本资料，如将流动资产与流动负债进行比较，计算出流动比率；将速动资产与流动负债进行比较，计算出速动比率等，以表明企业的变现能力、偿债能力和资金周转能力，从而有助于报表使用者做出经济决策。

二、资产负债表的格式和内容

资产负债表的结构有报告式和账户式两种，我国资产负债表主要采用账户式。

（一）报告式资产负债表

报告式资产负债表分为上、下两部分。上半部分列示企业拥有的全部资产项目，下半部分列示企业的负债和所有者权益项目，根据会计等式的基本原理，上半部分的资产总额等于下半部分的负债和所有者权益总额。资产负债表中的资产项目按流动性大小上下排列，负债项目按偿还期长短上下排列，所有者权益项目按永久性长短上下排列，具体结构如表 15—1 所示。

表 15—1　　**资产负债表（报告式）**

编制单位：东方公司　　20×7 年 12 月 31 日　　单位：元

项　目	年初数	年末数
资产		
流动资产		
⋮		
长期资产		
⋮		
资产总计		
负债与所有者权益		
⋮		
负债与所有者权益总计		

（二）账户式资产负债表

在我国，资产负债表主要采用账户式结构。账户式资产负债表分为左、右两部分。左方列示企业所拥有的全部资产项目，右方列示企业的负债和所有者权益项目，根据会计等式的基本原理，左方的资产总额等于右方的负债和所有者权益总额。资产负债表中左方的资产项目按流动性大小上下排列，右方的负债项目按偿还期长短上下排列，所有者权益项目按永久性长短上下排列，具体结构如表 15—2 所示。

表 15—2　　　　　　　　　　　**资产负债表（账户式）**

编制单位：东方公司　　　　　　20×7 年 12 月 31 日　　　　　　　　单位：元

资　产	年初数	年末数	负债和所有者权益	年初数	年末数
资产			负债		
流动资产			流动负债		
⋮			⋮		
非流动资产			非流动负债		
⋮			⋮		
			所有者权益		
			⋮		
资产总计			负债和所有者权益总计		

三、资产负债表的编制

（一）编制方式

资产负债表“期末余额”栏内各项数字一般应根据资产、负债和所有者权益类科目的期末余额填列，主要包括以下方式：

1. 根据总账科目的余额填列。资产负债表中的有些项目可直接根据有关总账科目的余额填列，如“交易性金融资产”、“短期借款”、“应付票据”、“应付职工薪酬”等项目；有些项目则需根据几个总账科目的余额计算填列。如“货币资金”项目需根据“库存现金”、“银行存款”、“其他货币资金”三个总账科目余额的合计数填列。

2. 根据有关明细账科目的余额计算填列。如“应付账款”项目需要根据“应付账款”和“预付账款”两个科目所属的相关明细科目的期末贷方余额计算填列；“应收账款”项目需要根据“应收账款”和“预收账款”两个科目所属的相关明细科目的期末借方余额计算填列。

3. 根据总账科目和明细账科目的余额分析计算填列。如“长期借款”项目需根据“长期借款”总账科目余额扣除“长期借款”科目所属的明细科目中将在资产负债表日起一年内到期且企业不能自主地将清偿义务展期的长期借款后的金额计算填列。

4. 根据有关科目余额减去其备抵科目余额后的净额填列。如资产负债表中的“应收账款”、“长期股权投资”等项目应根据“应收账款”、“长期股权投资”等科目的期末余额减去“坏账准备”、“长期股权投资减值准备”等科目余额后的净额填列；“固定资产”项目应根据“固定资产”科目的期末余额减去“累计折旧”、“固定资产减值准备”科目余额后的净额填列；“无形资产”项目应根据“无形资产”科目的期末余额减去“累计摊销”、“无形资产减值准备”科目余额后的净额填列。

5. 综合运用上述填列方法分析填列。如资产负债表中的“存货”项目需根据“原材料”、“库存商品”、“委托加工物资”、“周转材料”、“材料采购”、“在途物资”、“发出商品”、“材料成本差异”等总账科目期末余额的分析汇总数再减去“存货跌价准备”科目余额后的金额填列。

（二）具体编制方法

各项目的具体填列方式如下：

1. 资产项目：

（1）“货币资金”项目，反映企业库存现金、银行结算户存款、外埠存款、银行汇票存款、银行本票存款、信用卡存款、信用证保证金存款等的合计数。本项目应根据“库存现金”、“银行存款”、“其他货币资金”科目期末余额的合计数填列。

（2）“交易性金融资产”项目，反映企业持有的以公允价值计量且其变动计入当期损益的为交易目的所持有的债券投资、股票投资、基金投资、权证投资等金融资产。本项目应根据“交易性金融资产”科目的期末余额填列。

（3）“应收票据”项目，反映企业因销售商品、提供劳务等而收到的商业汇票，包括银行承兑汇票和商业承兑汇票。本项目应根据“应收票据”科目的期末余额，减去“坏账准备”科目中有关应收票据计提的坏账准备期末余额后的金额填列。

（4）“应收账款”项目，反映企业因销售商品、提供劳务等经营活动应收取的款项。本项目应根据“应收账款”和“预收账款”科目所属各明细科目的期末借方余额合计数，减去“坏账准备”科目中有关应收账款计提的坏账准备期末余额后的金额填列。如“应收账款”科目所属明细科目期末有贷方余额的，应在资产负债表“预收款项”项目内填列。

（5）“预付款项”项目，反映企业按照购货合同规定预付给供应单位的款项等。本项目应根据“预付账款”和“应付账款”科目所属各明细科目的期末借方余额合计数，减去“坏账准备”科目中有关预付款项计提的坏账准备期末余额后的金额填列。如“预付账款”科目所属各明细科目期末有贷方余额的，应在资产负债表“应付账款”项目内填列。

（6）“应收利息”项目，反映企业应收取的债券投资等的利息。本项目应根据“应收利息”科目的期末余额，减去“坏账准备”科目中有关应收利息计提的坏账准备期末余额后的金额填列。

（7）“应收股利”项目，反映企业应收取的现金股利和应收取其他单位分配的利润。本项目应根据“应收股利”科目的期末余额，减去“坏账准备”科目中有关应收股利计提的坏账准备期末余额后的金额填列。

（8）“其他应收款”项目，反映企业除应收票据、应收账款、预付账款、应收股利、应收利息等经营活动以外的其他各种应收、暂付的款项。本项目应根据“其他应收款”科目的期末余额，减去“坏账准备”科目中有关其他应收款计提的坏账准备期末余额后的金额填列。

（9）“存货”项目，反映企业期末在库、在途和在加工中的各种存货的可变现净值。本项目应根据“材料采购”、“原材料”、“低值易耗品”、“库存商品”、“周转材料”、“委托加工物资”、“委托代销商品”、“生产成本”等科目的期末余额合计，减去“受托代销商品款”、“存货跌价准备”科目期末余额后的金额填列。材料采用计划成本核算，以及库存商品采用计划成本核算或售价核算的企业，还应按加或减材料成本差异、商品进销差价后的金额填列。

（10）“一年内到期的非流动资产”项目，反映企业将于一年内到期的非流动资产项目金额。本项目应根据有关科目的期末余额填列。

（11）“其他流动资产”项目，反映企业除货币资金、交易性金融资产、应收票据、应收账款、存货等流动资产以外的其他流动资产。本项目应根据有关科目的期末余额填列。

（12）“可供出售金融资产”项目，反映企业持有的以公允价值计量的可供出售的股票投资、债券投资等金融资产。本项目应根据“可供出售金融资产”科目的期末余额，减去“可供出售金融资产减值准备”科目期末余额后的金额填列。

（13）“持有至到期投资”项目，反映企业持有的以摊余成本计量的持有至到期投资。本项目应根据“持有至到期投资”科目的期末余额，减去“持有至到期投资减值准备”科目期末余额后的金额填列。

（14）“长期应收款”项目，反映企业融资租赁产生的应收款项、采用递延方式具有融资性质的销售商品和提供劳务等产生的长期应收款项等。本项目应根据“长期应收款”科目的期末余额，减去相应的“未实现融资收益”科目和“坏账准备”科目所属相关明细科目期末余额后的金额填列。

（15）“长期股权投资”项目，反映企业持有的对子公司、联营企业和合营企业的长期股权投资。本项目应根据“长期股权投资”科目的期末余额，减去“长期股权投资减值准备”科目期末余额后的金额填列。

（16）“投资性房地产”项目，反映企业持有的投资性房地产。企业采用成本模式计量投资性房地产的，本项目应根据“投资性房地产”科目的期末余额，减去“投资性房地产累计折旧（摊销）”和“投资性房地产减值准备”科目期末余额后的金额填列；企业采用公允价值模式计量投资性房地产的，本项目应根据“投资性房地产”科目的期末余额填列。

（17）“固定资产”项目，反映企业各种固定资产原价减去累计折旧和累计减值准备后的净额。本项目应根据“固定资产”科目的期末余额，减去“累计折旧”和“固定资产减值准备”科目期末余额后的金额填列。

（18）“在建工程”项目，反映企业期末各项未完工程的实际支出，包括交付安装的设备价值、未完建筑安装工程已经耗用的材料、工资和费用支出、预付出包工程的价款等的可收回金额。本项目应根据“在建工程”科目的期末余额，减去“在建工程减值准备”科目期末余额后的金额填列。

（19）“工程物资”项目，反映企业尚未使用的各项工程物资的实际成本。本项目应根据“工程物资”科目的期末余额填列。

（20）“固定资产清理”项目，反映企业因出售、毁损、报废等原因转入清理但尚未清理完毕的固定资产的净值，以及固定资产清理过程中所发生的清理费用和变价收入等各项金额的差额。本项目应根据“固定资产清理”科目的期末借方余额填列，如“固定资产清理”科目期末为贷方余额，以“-”号填列。

（21）“生产性生物资产”项目，反映企业持有的生产性生物资产。本项目应根据“生产性生物资产”科目的期末余额，减去“生产性生物资产累计折旧”和“生产性生物资产减值准备”科目期末余额后的金额填列。

（22）“油气资产”项目，反映企业持有的矿区权益和油气井及相关设施的原价减去累计折耗和累计减值准备后的净额。本项目应根据“油气资产”科目的期末余额，减去“累计折耗”科目期末余额和相应减值准备后的金额填列。

（23）“无形资产”项目，反映企业持有的无形资产，包括专利权、非专利技术、商标权、著作权、土地使用权等。本项目应根据“无形资产”科目的期末余额，减去“累计摊销”和“无形资产减值准备”科目期末余额后的金额填列。

（24）“开发支出”项目，反映企业开发无形资产过程中能够资本化形成无形资产成本的支出部分。本项目应根据“研发支出”科目中所属的“资本化支出”明细科目期末余额填列。

(25)“商誉”项目，反映企业合并中形成的商誉的价值。本项目应根据“商誉”科目的期末余额，减去相应减值准备后的金额填列。

(26)“长期待摊费用”项目，反映企业已经发生但应由本期和以后各期负担的分摊期限在一年以上的各项费用。长期待摊费用中在一年内（含一年）摊销的部分，在资产负债表“一年内到期的非流动资产”项目填列。本项目应根据“长期待摊费用”科目的期末余额减去将于一年内（含一年）摊销的数额后的金额填列。

(27)“递延所得税资产”项目，反映企业确认的可抵扣暂时性差异产生的递延所得税资产。本项目应根据“递延所得税资产”科目的期末余额填列。

(28)“其他非流动资产”项目，反映企业除长期股权投资、固定资产、在建工程、工程物资、无形资产等资产以外的其他非流动资产。本项目应根据有关科目的期末余额填列。

2. 负债项目：

(1)“短期借款”项目，反映企业向银行或其他金融机构等借入的期限在一年以下（含一年）的各种借款。本项目应根据“短期借款”科目的期末余额填列。

(2)“交易性金融负债”项目，反映企业承担的以公允价值计量且其变动计入当期损益的为交易目的所持有的金融负债。本项目应根据“交易性金融负债”科目的期末余额填列。

(3)“应付票据”项目，反映企业购买材料、商品和接受劳务供应等而开出、承兑的商业汇票，包括银行承兑汇票和商业承兑汇票。本项目应根据“应付票据”科目的期末余额填列。

(4)“应付账款”项目，反映企业因购买材料、商品和接受劳务供应等经营活动应支付的款项。本项目应根据“应付账款”和“预付账款”科目所属各明细科目的期末贷方余额合计数填列。如“应付账款”科目所属明细科目期末有借方余额的，应在资产负债表“预付款项”项目内填列。

(5)“预收款项”项目，反映企业按照购货合同规定预付给供应单位的款项。本项目应根据“预收账款”和“应收账款”科目所属各明细科目的期末贷方余额合计数填列。如“预收账款”科目所属各明细科目期末有借方余额，应在资产负债表“应收账款”项目内填列。

(6)“应付职工薪酬”项目，反映企业根据有关规定应付给职工的工资、职工福利、社会保险费、住房公积金、工会经费、职工教育经费、非货币性福利、辞退福利等各种薪酬。外商投资企业按规定从净利润中提取的职工奖励及福利基金，也在本项目列示。

(7)“应交税费”项目，反映企业按照税法规定计算应缴纳的各种税费，包括增值税、消费税、营业税、所得税、资源税、土地增值税、城市维护建设税、房产税、土地使用税、车船使用税、教育费附加、矿产资源补偿费等。企业代扣代缴的个人所得税，也通过本项目列示。企业所缴纳的税金不需要预计应交数的，如印花税、耕地占用税等，不在本项目列示。本项目应根据“应交税费”科目的期末贷方余额填列；如“应交税费”科目期末为借方余额，应以“-”号填列。

(8)“应付利息”项目，反映企业按照规定应当支付的利息，包括分期付息到期还本的长期借款应支付的利息、企业发行的企业债券应支付的利息等。本项目应当根据“应付利息”科目的期末余额填列。

(9)“应付股利”项目，反映企业分配的现金股利或利润。企业分配的股票股利不通过本项目列示。本项目应根据“应付股利”科目的期末余额填列。

(10)“其他应付款”项目，反映企业除应付票据、应付账款、预收款项、应付职工薪酬、应付股利、应付利息、应交税费等经营活动以外的其他各项应付、暂收的款项。本项目应根据“其他应付款”科目的期末余额填列。

(11)“一年内到期的非流动负债”项目，反映企业非流动负债中将于资产负债表日后一年内到期部分的金额，如将于一年内偿还的长期借款。本项目应根据有关科目的期末余额填列。

(12)“其他流动负债”项目，反映企业除短期借款、交易性金融负债、应付票据、应付账款、应付职工薪酬、应交税费等流动负债以外的其他流动负债。本项目应根据有关科目的期末余额填列。

(13)“长期借款”项目，反映企业向银行或其他金融机构借入的期限在一年以上（不含一年）的各项借款。本项目应根据“长期借款”科目的期末余额填列。

(14)“应付债券”项目，反映企业为筹集长期资金而发行的债券本金和利息。本项目应根据“应付债券”科目的期末余额填列。

(15)“长期应付款”项目，反映企业除长期借款和应付债券以外的其他各种长期应付款项。本项目应根据“长期应付款”科目的期末余额，减去相应的“未确认融资费用”科目期末余额后的金额填列。

(16)“专项应付款”项目，反映企业取得政府作为企业所有者投入的具有专项或特定用途的款项。本项目应根据“专项应付款”科目的期末余额填列。

(17)“预计负债”项目，反映企业确认的对外提供担保、未决诉讼、产品质量保证、重组义务、亏损性合同等预计负债。本项目应根据“预计负债”科目的期末余额填列。

(18)“递延所得税负债”项目，反映企业确认的应纳税暂时性差异产生的所得税负债。本项目应根据“递延所得税负债”科目的期末余额填列。

(19)“其他非流动负债”项目，反映企业除长期借款、应付债券等负债以外的其他非流动负债。本项目应根据有关科目的期末余额减去将于一年内（含一年）到期偿还数后的余额填列。非流动负债各项目中将于一年内（含一年）到期的非流动负债，应在“一年内到期的非流动负债”项目内单独反映。

3. 所有者权益项目：

(1)“实收资本（或股本）”项目，反映企业各投资者实际投入的资本（或股本）总额。本项目应根据“实收资本”（或“股本”）科目的期末余额填列。

(2)“资本公积”项目，反映企业资本公积的期末余额。本项目应根据“资本公积”科目的期末余额填列。

(3)“库存股”项目，反映企业持有尚未转让或注销的本公司股份金额。本项目应根据“库存股”科目的期末余额填列。

(4)“盈余公积”项目，反映企业盈余公积的期末余额。本项目应根据“盈余公积”科目的期末余额填列。

(5)“未分配利润”项目，反映企业尚未分配的利润。本项目应根据“本年利润”

科目和“利润分配”科目的余额计算填列。未弥补的亏损在本项目内以“－”号填列。

第三节 利润表

一、利润表的性质和作用

利润表是反映企业一定会计期间内经营成果的会计报表。利润表是根据“收入－费用＝利润”这一公式编制的。它可以反映企业一定时期的经营成果及其各项构成情况。通过利润表可以评价企业的资本在经营过程中是否得到了保全；考核企业管理当局的经营管理水平和经营业绩；预测企业的获利能力；帮助管理当局进行经营决策；帮助所有者和债权人（包括现存的和潜在的）进行投资决策。当然，仅靠利润表自身发挥上述作用是困难的，它往往需要通过整个财务会计报告和大量非财务信息及信息使用者的职业判断来进行。

二、利润表的项目编制方法

利润表有单步式和多步式两种结构。单步式利润表是将当期所有的收入列在一起，然后将所有的费用列在一起，两者相减得出当期净损益。多步式利润表是通过对当期的收入、费用、支出项目按性质加以归类，按利润形成的主要环节列示一些中间性利润指标，分步计算当期净损益。

为了能够分层次提供经营成果指标，以方便信息使用者了解各项利润构成因素对经营成果的影响，财务报表列报准则规定，企业应当采用多步式列报利润表，按利润构成因素将收入与有关的成本、费用或支出在表上分别对应列示，形成相关利润指标。企业可以分如下三个步骤编制利润表：

第一步，以营业收入为基础，减去营业成本、营业税金及附加、销售费用、管理费用、财务费用、资产减值损失，加上公允价值变动收益（减去公允价值变动损失）和投资收益（减去投资损失），计算出营业利润；

第二步，以营业利润为基础，加上营业外收入，减去营业外支出，计算出利润总额；

第三步，以利润总额为基础，减去所得税费用，计算出净利润（或净亏损）。

普通股或潜在普通股已公开交易的企业，以及正处于公开发行普通股或潜在普通股过程中的企业，还应当在利润表中列示每股收益信息。

按以上步骤列示的利润表如表 15—3 所示。

表 15—3 利润表

编制单位：东方公司　　20×7 年　　单位：元

项 目	本期金额	上期金额
一、营业收入 ⋮		
二、营业利润 ⋮		
三、利润总额 ⋮		
四、净利润		
五、每股收益		

第四节　现金流量表

一、现金流量表概述

现金流量表反映企业一定会计期间内经营活动、投资活动和筹资活动等对现金产生的影响，其目的是为报表使用者提供一定会计期间内现金和现金等价物流入和流出的信息，以便于财务报表使用者了解和评价企业获取现金和现金等价物的能力，并据以预测企业未来现金流量。现金流量表的作用主要体现在以下几个方面：一是有助于评价企业支付能力、偿债能力和周转能力；二是有助于预测企业未来现金流量；三是有助于分析企业收益质量及影响现金净流量的因素，掌握企业经营活动、投资活动和筹资活动的现金流量，可以从现金流量的角度了解净利润的质量，为分析和判断企业的财务前景提供信息。

二、现金流量表的编制基础

现金流量表以现金及现金等价物为基础编制，划分为经营活动、投资活动和筹资活动，按照收付实现制原则编制，将权责发生制下的盈利信息调整为收付实现制下的现金流量信息。

（一）现金

现金是指企业库存现金以及可以随时用于支付的存款。不能随时用于支付的存款不属于现金。现金主要包括：

1. 库存现金。库存现金是指企业持有可随时用于支付的现金，与“库存现金”科目的核算内容一致。

2. 银行存款。银行存款是指企业存入金融机构、可以随时用于支取的存款，与“银行存款”科目核算内容基本一致，但不包括不能随时用于支付的存款。例如，不能随时支取的定期存款等不应作为现金；提前通知金融机构便可支取的定期存款则应包括在现金范围内。

3. 其他货币资金。其他货币资金是指存放在金融机构的外埠存款、银行汇票存款、银行本票存款、信用卡存款、信用证保证金存款和存出投资款等，与“其他货币资金”科目核算内容一致。

（二）现金等价物

现金等价物是指企业持有的期限短、流动性强、易于转换为已知金额现金、价值变动风险很小的投资。其中，“期限短”一般是指从购买日起 3 个月内到期，如可在证券市场上流通的 3 个月内到期的短期债券等。

现金等价物虽然不是现金，但其支付能力与现金的差别不大，可视为现金。例如，企业为保证支付能力，手持必要的现金，为了不使现金闲置，可以购买短期债券，在需要现金时，随时可以变现。权益性投资变现的金额通常不确定，因而不属于现金等价物。

不同企业现金及现金等价物的范围可能不同。企业应当根据经营特点等具体情况，确定现金及现金等价物的范围。

三、现金流量的分类

现金流量指企业现金和现金等价物的流入和流出。根据企业业务活动的性质和现金流量的来源，可将企业一定期间产生的现金流量分为三类：经营活动现金流量、投资活动现金流量和筹资活动现金流量。

（一）经营活动

经营活动是指企业投资活动和筹资活动以外的所有交易和事项。各类企业由于行业特点不同，对经营活动的认定存在一定差异。对于工商业企业而言，经营活动主要包括销售商品、提供劳务、购买商品、接受劳务、支付税费等。对于商业银行而言，经营活动主要包括吸收存款、发放贷款、同业存放、同业拆借等。对于保险公司而言，经营活动主要包括原保险业务和再保险业务等。对于证券公司而言，经营活动主要包括自营证券、代理承销证券、代理兑付证券、代理买卖证券等。

（二）投资活动

投资活动是指企业长期资产的购建和不包括在现金等价物范围内的投资及其处置活动。长期资产是指固定资产、无形资产、在建工程、其他资产等持有期限在一年或一个营业周期以上的资产。这里所讲的投资活动，既包括实物资产投资，也包括金融资产投资。这里之所以将“包括在现金等价物范围内的投资”排除在外，是因为已经将包括在现金等价物范围内的投资视同现金。不同企业由于行业特点不同，对投资活动的认定也存在差异。例如，交易性金融资产所产生的现金流量，对于工商业企业而言，属于投资活动现金流量，而对于证券公司而言，属于经营活动现金流量。

（三）筹资活动

筹资活动是指导致企业资本及债务规模和构成发生变化的活动。这里所说的资本，既包括实收资本（股本），也包括资本溢价（股本溢价）；这里所说的债务，指对外举债，包括向银行借款、发行债券以及偿还债务等。通常情况下，应付账款、应付票据等属于经营活动，不属于筹资活动。

对于企业日常活动之外特殊的、不经常发生的特殊项目，如自然灾害损失、保险赔款、捐赠等，应当归并到相关类别中，并单独反映。比如，对于自然灾害损失和保险赔款，如果能够确指，属于流动资产损失，应当列入经营活动产生的现金流量；属于固定资产损失，应当列入投资活动产生的现金流量。如果不能确指，则可以列入经营活动产生的现金流量。捐赠收入和支出可以列入经营活动。如果特殊项目的现金流量金额不大，则可以列入现金流量类别下的“其他”项目，不单列项目。

四、现金流量表的编制方法和程序

（一）直接法和间接法

编制现金流量表时，列报经营活动现金流量的方法有两种：一是直接法；二是间接法。这两种方法通常也称为编制现金流量表的方法。

所谓直接法，是指按现金收入和现金支出的主要类别直接反映企业经营活动产生的现金流量，如销售商品、提供劳务收到的现金；购买商品、接受劳务支付的现金等就是按现金收入和支出的类别直接反映的。在直接法下，一般是以利润表中的营业收入为起算点，调节与经营活动有关的项目的增减变动，然后计算出经营活动产生的现金流量。

所谓间接法，是指以净利润为起算点，调整不涉及现金的收入、费用、营业外收支等有关项目，剔除投资活动、筹资活动对现金流量的影响，据此计算出经营活动产生的现金流量。由于净利润是按照权责发生制原则确定的，且包括了与投资活动和筹资活动相关的收益和费用，将净利润调节为经营活动现金流量，实际上就是将按权责发生制原则确定的净利润调整为现金净流入，并剔除投资活动和筹资活动对现金流量的影响。

采用直接法编报的现金流量表，便于分析企业经营活动产生的现金流量的来源和用途，预测企业现金流量的未来前景；采用间接法编报现金流量表，便于将净利润与经营活动产生的现金流量净额进行比较，了解净利润与经营活动产生的现金流量差异的原因，从现金流量的角度分析净利润的质量。所以，现金流量表准则规定企业应当采用直接法编报现金流量表，同时要求在附注中提供以净利润为基础调节到经营活动现金流量的信息。

（二）工作底稿法或T形账户法

在具体编制现金流量表时，可以采用工作底稿法或T形账户法，也可以根据有关科目记录分析填列。

1. 工作底稿法

采用工作底稿法编制现金流量表，是以工作底稿为手段，以资产负债表和利润表数据为基础，对每一项目进行分析并编制调整分录，从而编制现金流量表。工作底稿法的程序是：

第一步，将资产负债表的期初数和期末数过入工作底稿的期初数栏和期末数栏。

第二步，对当期业务进行分析并编制调整分录。编制调整分录时，要以利润表项目为基础，从“营业收入”开始，结合资产负债表项目逐一进行分析。在调整分录中，有关现金和现金等价物的事项，并不直接借记或贷记现金，而是分别计入“经营活动产生的现金流量”、“投资活动产生的现金流量”、“筹资活动产生的现金流量”有关项目。借记表示现金流入，贷记表示现金流出。

第三步，将调整分录过入工作底稿中的相应部分。

第四步，核对调整分录，借方、贷方合计数均已经相等，资产负债表项目期初数加减调整分录中的借贷金额以后，也等于期末数。

第五步，根据工作底稿中的现金流量表项目部分编制正式的现金流量表。

2. T形账户法

采用T形账户法编制现金流量表，是以T形账户为手段，以资产负债表和利润表数据为基础，对每一项目进行分析并编制调整分录，从而编制现金流量表。T形账户法的程序是：

第一步，为所有的非现金项目（包括资产负债表项目和利润表项目）分别开设T形账户，并将各自的期末期初变动数过入各相关账户。如果项目的期末数大于期初数，则将差额过入和项目余额相同的方向；反之，过入相反的方向。

第二步，开设一个大的“现金及现金等价物”T形账户，每边分为经营活动、投资活动和筹资活动三个部分，左边记现金流入，右边记现金流出。与其他账户一样，过入期末期初变动数。

第三步，以利润表项目为基础，结合资产负债表分析每一个非现金项目的增减变动，并据此编制调整分录。

第四步，将调整分录过入各T形账户，并进行核对，该账户借贷相抵后的余额与原先过入的期末期初变动数应当一致。

第五步，根据大的“现金及现金等价物”T形账户编制正式的现金流量表。

第五节　所有者权益变动表

一、所有者权益变动表概述

所有者权益变动表是反映构成所有者权益的各组成部分当期的增减变动情况的报表，所有者权益变动表应当全面反映一定时期所有者权益变动的情况，不仅包括所有者权益总量的增减变动，还包括所有者权益增减变动的重要结构性信息，特别是要反映直接计入所有者权益的利得和损失，让报表使用者准确理解所有者权益增减变动的根源。所有者权益变动表在一定程度上体现了企业综合收益（综合收益是指企业在某一期间与所有者之外的其他方面进行交易或发生其他事项所引起的净资产变动）。

二、所有者权益变动表的格式和编制方法

为了清楚地表明构成所有者权益的各组成部分当期的增减变动情况，所有者权益变动表应当以矩阵的形式列示，如表 15—4 所示。一方面，列示导致所有者权益变动的交易或事项，改变了以往仅仅按照所有者权益的各组成部分反映所有者权益变动情况，而是按所有者权益变动的来源对一定时期所有者权益变动情况进行全面反映；另一方面，按照所有者权益各组成部分（包括实收资本、资本公积、盈余公积、未分配利润和库存股）及其总额列示交易或事项对所有者权益的影响。

表 15—4 **所有者权益变动表**

编制单位：东方公司　　20×7 年　　单位：元

项　目	本年金额						上年金额					
	实收资本（或股本）	资本公积	减：库存股	盈余公积	未分配利润	所有者权益合计	实收资本（或股本）	资本公积	减：库存股	盈余公积	未分配利润	所有者权益合计
一、上年年末余额												
加：会计政策变更												
前期差错更正												
二、本年年初余额												
三、本年增减变动金额												
（一）净利润												
（二）直接计入所有者权益的利得和损失												
1. 可供出售金融资产公允价值变动净额												
2. 权益法下被投资单位其他所有者权益变动的影响												
3. 与计入所有者权益项目相关的所得税影响												
4. 其他												
上述（一）和（二）小计												
（三）所有者投入和减少资本												
1. 所有者投入资本												
2. 股份支付计入所有者权益的金额												
3. 其他												
（四）利润分配												
1. 提取盈余公积												
2. 对所有者（或股东）的分配												
（五）所有者权益内部结转												
1. 资本公积转增资本（或股本）												
2. 盈余公积转增资本（或股本）												
3. 盈余公积弥补亏损												
4. 其他												
四、本年年末余额												

（一）所有者权益变动表各项目的列报说明

1. “上年年末余额”项目，反映企业上年资产负债表中实收资本（或股本）、资本公

积、盈余公积、未分配利润的年末余额。

2. “会计政策变更”和“前期差错更正”项目，分别反映企业采用追溯调整法处理的会计政策变更的累积影响金额和采用追溯重述法处理的会计差错更正的累积影响金额。

为了体现会计政策变更和前期差错更正的影响，企业应当在上期期末所有者权益余额的基础上进行调整得出本期期初所有者权益，根据“盈余公积”、“利润分配”、“以前年度损益调整”等科目的发生额分析填列。

3. “本年增减变动金额”项目分别反映如下内容：

(1)“净利润”项目，反映企业当年实现的净利润（或净亏损）金额，并对应列在“未分配利润”栏。

(2)“直接计入所有者权益的利得和损失”项目，反映企业当年直接计入所有者权益的利得和损失金额。其中：

“可供出售金融资产公允价值变动净额”项目，反映企业持有的可供出售金融资产当年公允价值变动的金额，并对应列在“资本公积”栏。

“权益法下被投资单位其他所有者权益变动的影响”项目，反映企业对按照权益法核算的长期股权投资，在被投资单位除当年实现的净损益以外其他所有者权益当年变动中应享有的份额，并对应列在“资本公积”栏。

“与计入所有者权益项目相关的所得税影响”项目，反映企业根据《企业会计准则第18号——所得税》规定应计入所有者权益项目的当年所得税影响金额，并对应列在“资本公积”栏。

(3)“净利润”和“直接计入所有者权益的利得和损失”小计项目，反映企业当年实现的净利润（或净亏损）金额和当年直接计入所有者权益的利得和损失金额的合计额。

(4)“所有者投入和减少资本”项目，反映企业当年所有者投入的资本和减少的资本。其中：

“所有者投入资本”项目，反映企业接受投资者投入形成的实收资本（或股本）和资本溢价或股本溢价，并对应列在“实收资本”和“资本公积”栏。

“股份支付计入所有者权益的金额”项目，反映企业处于等待期中的权益结算的股份支付当年计入资本公积的金额，并对应列在“资本公积”栏。

(5)“利润分配”下各项目，反映当年对所有者（或股东）分配的利润（或股利）金额和按照规定提取的盈余公积金额，并对应列在“未分配利润”和“盈余公积”栏。其中：

“提取盈余公积”项目，反映企业按照规定提取的盈余公积。

“对所有者（或股东）的分配”项目，反映对所有者（或股东）分配的利润（或股利）金额。

(6)“所有者权益内部结转”下各项目，反映不影响当年所有者权益总额的所有者权益各组成部分之间当年的增减变动，包括资本公积转增资本（或股本）、盈余公积转增资本（或股本）、盈余公积弥补亏损等项金额。为了全面反映所有者权益各组成部分的增减变动情况，所有者权益内部结转也是所有者权益变动表的重要组成部分，主要指不影响所有者权益总额、所有者权益的各组成部分当期的增减变动。其中：

“资本公积转增资本（或股本）”项目，反映企业以资本公积转增资本或股本的金额。

“盈余公积转增资本（或股本）”项目，反映企业以盈余公积转增资本或股本的金额。

“盈余公积弥补亏损”项目，反映企业以盈余公积弥补亏损的金额。

(二)“上年金额”栏的列报方法

所有者权益变动表“上年金额”栏内各项数字应根据上年度所有者权益变动表“本年金额”栏内所列数字填列。如果上年度所有者权益变动表规定的各个项目的名称和内容同本年度不相一致，应对上年度所有者权益变动表各项目的名称和数字按本年度的规定进行调整，填入所有者权益变动表“上年金额”栏内。

(三)“本年金额”栏的列报方法

所有者权益变动表“本年金额”栏内各项数字一般应根据“实收资本（或股本)”、“资本公积”、“盈余公积”、“利润分配”、“库存股”、“以前年度损益调整”等科目的发生额分析填列。

企业的净利润及其分配情况作为所有者权益变动的组成部分，不需要单独设置利润分配表列示。

第六节　财务会计报表编制综合举例

一、资料

某企业为增值税一般纳税人，所得税税率为25%，所得税会计处理采用资产负债表债务法。2007年1月1日有关科目的余额表如表15—5所示。

表15—5　**科目余额表**

编制单位：东方公司　　2007年1月1日　　单位：元

科目名称	借方余额	科目名称	贷方余额
库存现金	6 200	短期借款	1 000 000
银行存款	3 516 000	应付票据	500 000
其他货币资金	336 000	应付账款	1 520 000
交易性金融资产	53 600	其他应付款	130 000
应收票据	160 000	应付职工薪酬	102 000
应收账款	800 000	应交税费	81 600
坏账准备	-16 000	应付利息	24 000
预付账款	130 000	长期借款	3 600 000
其他应收款	9 000	其中：一年内到期的非流动负债	1 700 000
材料采购	240 000	递延所得税负债	16 000
原材料	182 400	股本	8 400 000
包装物	20 000	资本公积	466 600
低值易耗品	140 000	盈余公积	300 000
库存商品	120 000	利润分配（未分配利润）	180 000
材料成本差异	7 000		
存货跌价准备	-13 000		
长期股权投资	600 000		
长期股权投资减值准备	-9 000		
固定资产	6 198 000		
累计折旧	-1 200 000		
固定资产减值准备	-380 000		
在建工程	3 200 000		
无形资产	2 400 000		
累计摊销	-480 000		
长期待摊费用	300 000		
合计	16 320 200	合计	16 320 200

该公司2007年发生业务如下：

（1）购入原材料一批，材料价款400 000元，增值税税额34 000元，共计468 000元，原已预付材料款130 000元，余款338 000元用银行存款支付，材料未到。

（2）收到原材料一批，实际成本240 000元，计划成本230 000元，材料已验收入库，货款已于上月支付。

（3）购入不需要安装的设备一台，价款180 000元，支付的增值税30 600元，支付包装费、运费2 200元。价款、增值税及包装费、运费共计212 800元均以银行存款支付。设备已交付使用。

（4）购入工程物资一批，价款260 000元，增值税44 200元，均已用银行存款支付。

（5）收到银行通知，用银行存款支付到期的商业承兑汇票300 000元，偿还应付账款170 000元。

（6）销售产品一批，销售价款800 000元，应收取增值税136 000元，产品已发出，价款尚未收到。

（7）从银行借入3年期借款1 000 000元，借款已存入银行，该项借款用于购买固定资产。

（8）在建工程应付工资820 000元。

（9）一项工程完工，计算应负担的长期借款利息320 000元。该项借款本息未付。

（10）一项工程完工，交付生产使用，已办理竣工手续，固定资产价值3 000 000元。

（11）销售产品一批，价款1 600 000元，应收取增值税272 000元，货款银行已收妥。

（12）公司出售一台不需用设备，收到价款800 000元，设备原价1 600 000元，已提折旧520 000元，已提减值准备200 000元，设备已交付给购入单位。

（13）收到一项长期股权投资的现金股利80 000元，存入银行。该项投资按成本法核算，对方公司的所得税税率与本公司一致。

（14）归还短期借款本金400 000元，利息20 000元，共计420 000元。借款利息已预提。

（15）用银行汇票支付采购材料价款，公司收到开户银行转来银行汇票多余款收账通知。通知上所填多余款为834元，购入材料的价款及运费共247 000元，支付的增值税税额为44 166元，材料已验收入库，该材料的计划价格为247 600元。

（16）提取现金2 074 000元，准备发放工资。

（17）支付职工工资2 074 000元，其中包括支付给在建工程人员的工资820 000元。

（18）分配应支付的职工工资1 254 000元（不包括在建工程应负担的工资820 000元），其中，生产人员工资1 140 000元，车间管理人员工资22 800元，行政管理部门人员工资91 200元。

（19）用银行存款支付研发部门的新技术开发支出40 000元，该项支出符合资本化条件。

（20）用银行存款支付产品展览费30 000元，广告费26 000元。

（21）基本生产领用原材料，计划成本600 000元；领用低值易耗品，计划成本120 000元，采用一次摊销法摊销。

（22）结转领用原材料与低值易耗品的成本差异，材料成本差异率为2%。

（23）公司采用商业承兑汇票结算方式销售产品一批，价款为600 000元，增值税税额102 000元，收到702 000元的商业承兑汇票一张。

（24）公司将上述商业承兑汇票向银行办理贴现，贴现息为48 000元，该票据的到期日为2007年4月20日。同时将上年销售商品所收到的一张面值为160 000元，已到期的无息银行承兑汇票，连同解讫通知书和进账单交银行办理转账，收到银行盖章退回的进账单一联，款项银行已收妥。

（25）提取应计入本期损益的借款利息共65 000元。其中，短期借款利息44 000元，长期借款利息21 000元。

（26）计提固定资产折旧240 000元，其中，应计入制造费用200 000元，管理费用40 000元。

（27）摊销无形资产160 000元。

（28）缴纳印花税22 000元；摊销基本生产车间固定资产修理费150 000元，原已全部列入长期待摊费用。

（29）用银行存款支付本年度企业财产保险费134 200元。

（30）本期产品销售应缴纳的城市维护建设税29 750元，教育费附加12 750元。

（31）用银行存款缴纳增值税240 000元，城市维护建设税29 750元，教育费附加12 750元。

（32）年末交易性金融资产的公允价值为57 600元，应确认公允价值变动损益4 000元。

（33）计算并结转本期完工产品成本2 247 200元。没有期初在产品，本期生产的产品全部完工入库。

（34）结转本期产品销售成本1 800 000元。

（35）基本生产车间盘亏一台设备，原价560 000元，已提折旧450 000元，已提减值准备50 000元。

（36）偿还长期借款本金1 700 000元。

（37）收回应收账款720 000元，存入银行。

（38）应收某客户的账款10 000元，已确定不能收回。

（39）按应收账款余额的2%计提坏账准备。

（40）计提存货跌价准备22 380元。

（41）计提固定资产减值准备40 000元。

（42）第（35）笔的固定资产盘亏在年末结账前仍未批准处理，按规定将60 000元损失转为营业外支出。

（43）年末查明一批管理部门用低值易耗品提前报废，价值2 000元应全部计入本期损益。

（44）结转各收入、费用科目，确定利润总额406 600元。

（45）计算并结转应交所得税104 775元，所得税费用80 650元，减少递延所得税负债5 000元，增加递延所得税资产19 125元。

上述数字的计算过程如下：

应纳税所得额 = 406 600 − 40 000 × 150% − 4 000 + 76 500 = 419 100（元）

当期应交所得税 = 419 100 × 25% = 104 775（元）

递延所得税负债 =（40 000 + 4 000）×25% = 11 000（元）
期初递延所得税负债　16 000 元
递延所得税负债减少　5 000 元
递延所得税资产 =（14 120 + 22 380 + 40 000）×25% = 76 500 × 25% = 19 125（元）
期初递延所得税资产　0 元
递延所得税资产增加　19 125 元
递延所得税 = −5 000 − 19 125 = −24 125（元）（收益）
当期所得税费用 = 当期应交所得税 + 递延所得税 = 104 775 − 24 125 = 80 650（元）

（46）用银行存款缴纳所得税 97 000 元。

（47）提取盈余公积 43 110 元；分配普通现金股利 162 290 元。

（48）将利润分配各明细科目的余额转入“未分配利润”明细科目，结转本年利润。

（49）2007 年末将于一年内到期的非流动负债为 800 000 元。

二、根据上述资料编制会计分录

（1）借：材料采购　400 000
　　应交税费——应交增值税（进项税额）　68 000
　贷：银行存款　338 000
　　预付账款　130 000

（2）借：原材料　230 000
　　材料成本差异　10 000
　贷：材料采购　240 000

（3）借：固定资产　212 800
　贷：银行存款　212 800

（4）借：工程物资　304 200
　贷：银行存款　304 200

（5）借：应付票据　300 000
　　应付账款　170 000
　贷：银行存款　470 000

（6）借：应收账款　936 000
　贷：主营业务收入　800 000
　　应交税费——应交增值税（销项税额）　136 000

（7）借：银行存款　1 000 000
　贷：长期借款　1 000 000

（8）借：在建工程　820 000
　贷：应付职工薪酬　820 000

（9）借：在建工程　320 000
　贷：长期借款——应付利息　320 000

（10）借：固定资产　3 000 000
　贷：在建工程　3 000 000

（11）借：银行存款　1 872 000
　贷：主营业务收入　1 600 000
　　应交税费——应交增值税（销项税额）　272 000

（12）借：固定资产清理　880 000
　　累计折旧　520 000
　　固定资产减值准备　200 000
　贷：固定资产　1600 000

借：银行存款　800 000
　贷：固定资产清理　800 000

借：营业外支出——处理固定资产净损失　80 000
　贷：固定资产清理　80 000

（13）借：银行存款　80 000
　贷：投资收益　80 000

（14）借：短期借款　400 000
　　应付利息　20 000
　贷：银行存款　420 000

（15）借：材料采购　247 000
　　银行存款　834
　　应交税费——应交增值税（进项税额）　44 166
　贷：其他货币资金　292 000

借：原材料　247 600
　贷：材料采购　247 000
　　材料成本差异　600

（16）借：库存现金　2 074 000
　贷：银行存款　2 074 000

（17）借：应付职工薪酬　2 074 000
　贷：库存现金　2 074 000

（18）借：生产成本　1 140 000
　　制造费用　22 800
　　管理费用　91 200
　贷：应付职工薪酬　1 254 000

（19）借：开发支出　40 000
　贷：银行存款　40 000

（20）借：销售费用——展览费　30 000
　　——广告费　26 000
　贷：银行存款　56 000

（21）借：生产成本　600 000
　贷：原材料　600 000

借：制造费用　120 000
　贷：低值易耗品　120 000

（22）借：生产成本　12 000
　　制造费用　2 400
　贷：材料成本差异　14 400

（23）借：应收票据 702 000
　　贷：主营业务收入 600 000
　　　　应交税费——应交增值税（销项税额） 102 000
（24）借：银行存款 654 000
　　　　财务费用 48 000
　　贷：应收票据 702 000
借：银行存款 160 000
　贷：应收票据 160 000
（25）借：财务费用 65 000
　　贷：应付利息 44 000
　　　　长期借款——应付利息 21 000
（26）借：制造费用——折旧费 200 000
　　　　管理费用——折旧费 40 000
　　贷：累计折旧 240 000
（27）借：管理费用——无形资产摊销 160 000
　　贷：累计摊销 160 000
（28）借：管理费用——印花税 22 000
　　贷：银行存款 22 000
借：制造费用——固定资产修理费 150 000
　贷：长期待摊费用 150 000
（29）借：管理费用——财产保险费 134 200
　　贷：银行存款 134 200
（30）借：营业税金及附加 42 500
　　贷：应交税费——应交城市维护建设税 29 750
　　　　　　　　——应交教育费附加 12 750
（31）借：应交税费——应交增值税（已交税金） 240 000
　　　　　　　　——应交城市维护建设税 29 750
　　　　　　　　——应交教育费附加 12 750
　　贷：银行存款 282 500
（32）借：交易性金融资产——公允价值变动 4 000
　　贷：公允价值变动损益 4 000
（33）借：生产成本 495 200
　　贷：制造费用 495 200
借：库存商品 2 247 200
　贷：生产成本 2 247 200
（34）借：主营业务成本 1 800 000
　　贷：库存商品 1 800 000
（35）借：累计折旧 450 000
　　　　固定资产减值准备 50 000
　　　　待处理财产损溢——待处理固定资产损溢 60 000

贷：固定资产　　560 000

（36）借：长期借款　　1 700 000

贷：银行存款　　1 700 000

（37）借：银行存款　　720 000

贷：应收账款　　720 000

（38）借：坏账准备　　10 000

贷：应收账款　　10 000

（39）借：资产减值损失——计提的坏账准备　　14 120

贷：坏账准备　　14 120

（40）借：资产减值损失——计提的存货跌价准备　　22 380

贷：存货跌价准备　　22 380

（41）借：资产减值损失——计提的固定资产减值准备　　40 000

贷：固定资产减值准备　　40 000

（42）借：营业外支出——固定资产盘亏　　60 000

贷：待处理财务损溢——待处理固定资产损溢　　60 000

（43）借：管理费用　　2 000

贷：低值易耗品　　2 000

（44）借：主营业务收入　　3 000 000

投资收益　　80 000

公允价值变动损益　　4 000

贷：本年利润　　3 084 000

借：本年利润　　2 677 400

贷：主营业务成本　　1 800 000

营业务税金及附加　　42 500

销售费用　　56 000

管理费用　　449 400

财务费用　　113 000

资产减值损失　　76 500

营业外支出　　140 000

（45）借：所得税费用　　80 650

递延所得税负债　　5 000

递延所得税资产　　19 125

贷：应交税费——应交所得税　　104 775

借：本年利润　　80 650

贷：所得税费用　　80 650

（46）借：应交税费——应交所得税　　97 000

贷：银行存款　　97 000

（47）借：利润分配——提取盈余公积　　43 110

贷：盈余公积　　43 110

借：利润分配——应付普通股股利　　162 290

贷：应付股利　162 290

（48）借：利润分配——未分配利润　205 400

贷：利润分配——提取盈余公积　43 110

——应付普通股股利　162 290

借：本年利润　325 950

贷：利润分配——未分配利润　325 950

三、根据会计分录编制2007年12月31日的科目余额表（见表15—6）

表15—6　**科目余额表**

编制单位：东方公司　2007年12月31日　单位：元

科目名称	借方余额	科目名称	贷方余额
库存现金	6 200	短期借款	600 000
银行存款	2 652 134	应付票据	200 000
其他货币资金	44 000	应付账款	1 350 000
交易性金融资产	57 600	其他应付款	130 000
应收票据	0	应付职工薪酬	102 000
应收账款	1 006 000	应付股利	162 290
坏账准备	－20 120	应交税费	247 209
预付账款	0	应付利息	48 000
其他应收款	9 000	长期借款	3 241 000
材料采购	400 000	其中：一年内到期的非流动负债	800 000
原材料	60 000	递延所得税负债	11 000
包装物	20 000	股本	8 400 000
低值易耗品	18 000	资本公积	466 600
库存商品	567 200	盈余公积	343 110
材料成本差异	2 000	利润分配（未分配利润）	300 550
存货跌价准备	－35 380		
长期股权投资	600 000		
长期股权投资减值准备	－9 000		
固定资产	7 250 800		
累计折旧	－470 000		
固定资产减值准备	－170 000		
工程物资	304 200		
在建工程	1 340 000		
无形资产	2 400 000		
累计摊销	－640 000		
开发支出	40 000		
长期待摊费用	150 000		
递延所得税资产	19 125		
合计	15 601 759	合计	15 601 759

四、编制资产负债表和利润表（见表15—7和表15—8）

表15—7 资产负债表

编制单位：东方公司 2007年12月31日 单位：元

资　产	年初数	期末数	负债和所有者权益	年初数	期末数
流动资产：			流动负债：		
货币资金	3 858 200	2 702 334	短期借款	1 000 000	600 000
交易性金融资产	53 600	57 600	应付票据	500 000	200 000
应收票据	160 000	0	应付账款	1 520 000	1 350 000
应收账款	784 000	985 880	预收账款	0	0
预付账款	130 000	0	应付职工薪酬	102 000	102 000
应收利息	0	0	应交税费	81 600	247 209
应收股利	0	0	应付利息	24 000	48 000
其他应收款	9 000	9 000	应付股利	0	162 290
存货	696 400	1 031 820	其他应付款	130 000	130 000
一年内到期的非流动资产	0	0	一年内到期的非流动负债	1 700 000	800 000
流动资产合计	5 691 200	4 786 634	其他流动负债	0	0
非流动资产：			流动负债合计	5 057 600	3 639 499
持有至到期投资	0	0	非流动负债：		
长期应收款	0	0	长期借款	1 900 000	2 441 000
长期股权投资	591 000	591 000	应付债券	0	0
固定资产	4 618 000	6 610 800	长期应付款	0	0
在建工程	3 200 000	1 340 000	专项应付款	0	0
工程物资	0	304 200	预计负债	0	0
固定资产清理	0	0	递延所得税负债	16 000	11 000
无形资产	1 920 000	1 760 000	其他非流动负债	0	0
开发支出	0	40 000	非流动负债合计	1 916 000	2 452 000
商誉	0	0	负债合计	6 973 600	6 091 499
长期待摊费用	300 000	150 000	所有者权益：		
递延所得税资产	0	19 125	实收资本（股本）	8 400 000	8 400 000
其他非流动资产	0	0	资本公积	466 600	466 600
非流动资产合计	10 629 000	10 815 125	减：库存股	0	0
			盈余公积	300 000	343 110
			未分配利润	180 000	300 550
			所有者权益合计	9 346 600	9 510 260
资产总计	16 320 200	15 601 759	负债和所有者权益总计	16 320 200	15 601 759

表 15—8　　　　　　　　　　　**利润表**

编制单位：东方公司　　　　　　2007 年度　　　　　　单位：元

项　目	本年金额	上年金额
一、营业收入	3 000 000	2 400 000
减：营业成本	1 800 000	1 500 000
营业税金及附加	42 500	36 000
销售费用	56 000	50 000
管理费用	449 400	382 000
财务费用	113 000	100 000
资产减值损失	76 500	50 000
加：公允价值变动收益	4 000	2 000
投资收益	80 000	100 000
二、营业利润	546 600	384 000
加：营业外收入	—	60 000
减：营业外支出	140 000	130 000
三、利润总额	406 600	314 000
减：所得税费用	80 650	96 000
四、净利润	325 950	218 000
五、每股收益		
（一）基本每股收益		
（二）稀释每股收益		

第七节　会计报表附注和其他财务报告

一、会计报表附注概述

附注是财务报告不可或缺的组成部分，是对在资产负债表、利润表、现金流量表和所有者权益变动表等报表中列示项目的文字描述或明细资料，以及对未能在这些报表中列示项目的说明等。

财务报表中的数字是经过分类与汇总后的结果，是对企业发生的经济业务的高度简化和浓缩的数字，如果没有形成这些数字所使用的会计政策、理解这些数字所必需的披露，财务报表就不可能充分发挥效用。因此，附注与资产负债表、利润表、现金流量表、所有者权益变动表等报表具有同等的重要性，是财务报告的重要组成部分。报表使用者了解企业的财务状况、经营成果和现金流量，应当全面阅读附注。

二、附注披露的内容

附注应当按照如下顺序披露有关内容：

（一）企业的基本情况

1. 企业注册地、组织形式和总部地址。

2. 企业的业务性质和主要经营活动，如企业所处的行业、所提供的主要产品或服务、客户的性质、销售策略、监管环境的性质等。

3. 母公司以及集团最终母公司的名称。

4. 财务报告的批准报出者和财务报告批准报出日。

（二）遵循企业会计准则的声明

企业应当声明编制的财务报表符合企业会计准则的要求，真实、完整地反映了企业的财务状况、经营成果和现金流量等有关信息，以此明确企业编制财务报表所依据的制度基础。如果企业编制的财务报表只是部分地遵循了企业会计准则，附注中不得做出这种表述。

（三）重要会计政策和会计估计

根据财务报表列报准则的规定，企业应当披露采用的重要会计政策和会计估计，不重要的会计政策和会计估计可以不披露。

1. 重要会计政策的说明

由于企业经济业务的复杂性和多样化，某些经济业务可以有多种会计处理方法，即存在不止一种可供选择的会计政策。例如，存货的计价可以有先进先出法、加权平均法、个别计价法等；固定资产的折旧可以有年限平均法、工作量法、双倍余额递减法、年数总和法等。企业在发生某项经济业务时，必须从允许的会计处理方法中选择适合本企业特点的会计政策，企业选择不同的会计处理方法可能极大地影响企业的财务状况和经营成果，进而编制出不同的财务报表。为了有助于报表使用者理解，有必要对这些会计政策加以披露。

2. 重要会计估计的说明

财务报表列报准则强调了对会计估计不确定因素的披露要求，企业应当披露会计估计中所采用的关键假设和不确定因素的确定依据，这些关键假设和不确定因素在下一会计期间内很可能导致对资产、负债账面价值进行重大调整。

在确定报表中确认的资产和负债的账面金额过程中，企业有时需要对不确定的未来事项在资产负债表日对这些资产和负债的影响加以估计。例如，固定资产可收回金额的计算需要根据其公允价值减去处置费用后的净额与预计未来现金流量的现值两者之间的较高者确定，在计算资产预计未来现金流量的现值时需要对未来现金流量进行预测，并选择适当的折现率，应当在附注中披露未来现金流量预测所采用的假设及其依据、所选择的折现率为什么是合理的等等。又如，为正在进行中的诉讼提取准备时最佳估计数的确定依据等。这些假设的变动对这些资产和负债项目金额的确定影响很大，有可能会在下一个会计年度内做出重大调整。因此，强调这一披露要求，有助于提高财务报表的可理解性。

（四）会计政策和会计估计变更以及差错更正的说明

企业应当按照《企业会计准则第28号——会计政策、会计估计变更和差错更正》及其应用指南的规定，披露会计政策和会计估计变更以及差错更正的有关情况。

（五）报表重要项目的说明

企业应当以文字和数字描述相结合、尽可能以列表形式披露报表重要项目的构成或当期增减变动情况，并且报表重要项目的明细金额合计应当与报表项目金额相衔接。在披露顺序上，一般应当按照资产负债表、利润表、现金流量表、所有者权益变动表的顺序及项目列示的顺序。

（六）其他需要说明的重要事项

这主要包括或有和承诺事项、资产负债表日后非调整事项、关联方关系及其交易等，具体的披露要求须遵循相关准则的规定，分别参见相关章节的内容。

三、其他财务报告

其他财务报告包括辅助资料和财务报告的其他手段，主要向企业外界提供某些相关的但不符合全部确认标准的信息，其中有财务的和非财务的，有历史的，也有预测的，但必须符合三个条件：（1）企业根据准则法规要求或自愿提供；（2）要有助于理解财务报表信息，不应误导信息使用者的决策；（3）要求经注册会计师或企业以外的专家审阅，如管理当局讨论和分析、社会责任报告、财务预测报告等。也有些其他财务报告是必须对外披露的，我国就有这方面的规定，如上市公告书、招股说明书、中期报告、分部报告、财务情况说明书等。其他财务报告有定期报告也有不定期报告，定期报告又有中期报告和年度报告之分。其他财务报告也可分为在年度报告中披露的和在非年度报告中披露的。

（一）在年度报告中披露的其他财务报告

以我国为例，上市公司年度报告的内容除会计报表和会计报表附注外，还必须包括公司简介、财务数据与非财务数据、股本结构及股东情况、董事会报告、监事会报告、重要事项以及审计报告、向国外提供信息时需提供的管理层讨论和分析等。

1. 管理当局讨论和分析

管理当局讨论和分析是指管理当局对企业的看法及未来计划，它有助于信息使用者了解财务报表中有关数据的变化原因，以及预测管理当局将如何引导企业的发展。许多国家都要求企业将其包括在年度报告中对外披露。

2. 财务数据和非财务数据

会计报表中的数据虽能概括地说明公司的财务状况、经营成果和资金流转，但因篇幅庞大，一般的报表用户难以找出各项重要的、关键的数据，更何况表中数据还可能缺乏必要的联系，在年度会计报表中提供财务数据和非财务数据（如我国的会计数据与业务数据）摘要的信息，可以解决这一问题。

财务数据和非财务数据摘要采用表格形式（还可以附有图形表），提供至报告年度末为止的公司前三年（或更多年份，或公司成立以来）的主要财务数据和财务指标，包括（但不限于）以下各项：营业收入净额、税后利润、总资产、股东权益、每股净收益、每股权益（我国要求按全面摊薄计算）、每股净资产、净资产收益率等。前四项可直接从会计报表中摘录，其他数据应根据会计报表中的相关数据计算而得。

3. 董事长或总经理的业务报告

董事长或总经理的业务报告是指董事长或总经理应向股东和其他年度报告的使用人报告公司的经营情况及有关内容。

4. 注册会计师报告

注册会计师报告又称审计报告，是由企业外部独立的注册会计师出具的对企业财务报告提供的签证。注册会计师报告不构成财务报表的一部分，但也是重要的信息来源，在国内外上市公司的年度报告中，往往放在年度报告之前。

5. 社会责任报告

社会责任报告是指企业就公众极大关注的社会责任（如教育、医疗卫生、公益事业、职工的就业与培训、职工劳动保护和休养、资源环境的保护以及城市的改造与开发等）所做的努力和取得的成果对外提供的信息，这些信息可以改变信息使用者对企业的看法。

6. 简化年度报告

简化年度报告是摘录传统年度报告的一些主要信息并经过浓缩后形成的。与年度报告相比，简化年度报告的内容比较简单、说明简短、项目集中、图表较少，阅读起来清楚、简单、扼要、明确，使使用者对企业经营状况能有一个概括的了解。

7. 财务情况说明书

财务情况说明书是企业财务会计报告的重要组成部分，主要说明企业一定会计期间内生产经营、资金增减和周转、利润实现及分配、财务收支、税金缴纳、各项财产物质变动等情况。它是会计报表的说明性文件，随会计报表一并报出。

（二）在非年度报告中披露的其他财务报告

非年度报告是指除年度报告以外的其他财务报告，包括招股说明书、上市公告书、盈利预测报告、中期报告及临时报告等。

1. 招股说明书

招股说明书是指股份有限公司向社会公众公开发行股票募集股份时，由发起人起草，向社会公众披露公司有关信息的书面报告。

2. 上市公告书

上市公告书是指上市公司股票获准在证券交易所交易后，由公司管理当局向社会公众披露有关股票上市信息的书面报告。

3. 盈利预测报告

盈利预测报告又称财务预测报告，是指对公司盈利预测情况所做的说明，是招股说明书和上市公告书中需披露的重要信息。

4. 中期报告

中期报告又称中期财务报告，一般是指公司应当在每个会计年度的前六个月结束后六十天内编制完成的财务报告。与年度报告相比，中期报告所披露的信息相对较少，主要包括财务会计报告、经营情况的回顾与展望、重大事件提示等，其中财务会计报告包括会计报表和附注，中期会计报表可以是简化的会计报表，也可以是完整的会计报表。

5. 临时报告

临时报告是指上市公司根据有关法规对某些可能给上市公司股票的市场价格带来较大影响的事件予以披露的报告，包括公司收购公告和重大事件公告。

第八节　财务会计报告分析

一、财务会计报告分析概述

编制财务会计报告的目的在于提供有关企业经营成果、财务状况、现金流量方面的信息，以便企业管理者和企业外界有关方面做出正确的经济决策。然而财务会计报告上的数据仅仅是对企业经济活动的一种记录，并不能直接用于决策，所以财务会计报告使用者要做出正确的经济决策，还必须对财务会计报告本身所提供的数据进一步加工、分析，即财务会计报告分析。具体地说，财务会计报告分析是指人们根据会计报表所反映的各项数据，有重点、有针对性地逐一加以分析和考察，并进行整体思考后，综合地评价企业的财务状况、经营成果和现金流动情况，揭示企业的偿债能力、资金运营能力、盈利能力，从而判断企业经营管理上的得失，为财务会计报告使用者提供决策依据的活动。财务会计报告分析的最终目的在于通过财务数据的解读，知晓企业的过去，探明企业的现状，预测企业的未来，从而改进决策，提高决策效果。

二、财务会计报告分析的程序

要使财务会计报告分析工作规范进行，保证财务分析的效果，必须有一套科学、合理的财务会计报告分析程序。有效的财务分析应该具有计划性，完整的财务会计报告分析的基本程序包括以下步骤：

（一）明确财务会计报告分析的目标

财务信息有很多需要者，比如股权投资者、债权人、企业管理当局、企业员工、政府相关管理部门、企业的供应商、企业的顾客等，不同的利益主体对财务信息的关注点有所差异；而且，各个主题的决策有时是面向全局的问题，有时是面向局部的问题，有时是监督，有时是评价。只有弄清了财务会计报告分析的目标，财务分析人员才能有的放矢地开展工作，才能保证财务会计报告分析工作的效率和效果。

（二）收集财务会计报告分析所需的资料

根据财务会计报告分析的目标，财务分析人员要积极有效地收集财务会计报告分析所需的资料。资料的收集要与本次财务分析工作具有较高的相关性，否则既影响财务会计报告分析的效率，又影响财务会计报告分析的效果。财务资料中最重要的是资产负债表、利润表、现金流量表等会计报表，除此之外，企业所遵循的会计政策也是重要的组成部分。为了提高分析、判断的效果，财务分析人员还要了解影响企业经营的宏观经济、法律等环境以及企业所在行业的特点、行业的发展状况、竞争对手的状况、公司管理层的倾向、公司的文化、公司的历史、公司的发展战略等资料。分析人员获取财务资料的渠道也很多，有的直接来自企业对外披露的资料，有的来自行业协会，有的来自统计部门及其公布的资料，有的来自新闻媒体，有的来自中介机构，有的来自企业的往来部门与机构。在条件允许、经济可行的条件下，资料收集得越多，分析的效果会越好。

（三）确定科学、合理的评价标准

财务会计报告分析工作是需要判断、需要比较的，要判断就要有标准，标准是否合适直接决定判断结果的正误。可以作为分析判断的标准很多，可以是行业中历史指标值、企业的计划指标值等，甚至有时可以用分析人员自己认定的经验值。分析的目标不同，分析人员对评价标准的选择会有所差异，合适的、有利于分析的就是最好的。

（四）选择恰当的财务会计报告分析方法

财务会计报告分析的方法很多，常见的有比率分析法、比较分析法、趋势分析法、结构分析法等，不同的分析方法各有特点及优缺点，但是不同的分析方法对问题的分析判断具有殊途同归的结果，分析人员可以综合使用。财务会计报告的分析程序对于财务分析工作的规范化及企业搞好财务分析工作是一种有效的制度保障。

三、财务会计报告分析的方法

（一）比较分析法

所谓比较分析法是指通过主要项目或指标数值变化的对比，确定出差异，分析和判断企业经营及财务状况的一种方法。比较分析法在财务分析中运用得最为广泛，因为通过比较分析，可以发现差距，寻找产生差异的原因，进一步判定企业的财务状况和经营成果；通过比较分析，可以确定企业生产经营活动的收益性和企业资金投向的安全性，分析企业是否健康地发展。在财务分析中，比较分析法所进行的对比一般不是指单指标对比，而是对反映某方面情况的报表的全面、综合对比分析，也就是说比较分析一般通过编制比较财务报表进行。比较分析的具体方法种类繁多，主要表现在以下几个方面：

1. 按比较对象分类

与本企业历史比，即将不同时期指标相比。如同上期数、历史先进水平相对比，确定前后期指标之间的差异，可以揭示财务活动及其效率的发展变化情况，考察企业财务管理工作的改进情况。与同类企业比，即与行业平均数或竞争对手比较，可以确定本企业的水平及差距。与计划预算比，即实际执行结果与计划指标比较，可以确定实际与计划的差距，考察企业财务计划的完成情况。

2. 按比较形式分类

比较分析法按比较形式的不同可以分为绝对数增减变动分析、百分数差异分析等。绝对数增减变动分析方法是将各报表项目的数额与比较对象进行比较，计算各项目与比较对象之间的差额，以帮助财务报表使用者获得比较明确的增减变动数字。其计算公式为：

绝对数变动数量 = 分析企业项目金额 − 分析标准项目金额

绝对数增减变动分析是用相减方法计算对比指标增减差异；百分数差异分析则是用相除方法计算对比指标百分数差异。具体计算公式有：

增减变动率 = （分析企业项目金额 − 分析标准项目金额） ÷ 分析标准项目金额 × 100%

变动比率值 = 分析企业项目金额 ÷ 分析标准项目金额 × 100%

应用比较分析法时，首先，要注意比较指标的可比性。第一，对比的指标在性质上应当相同。第二，对比的指标所代表的经济活动范围、规模应当基本相同。第三，对比的指标所反映的时间长短应当相同。第四，对比的指标的计算方法、计价基础应当相同。在企业间进行同类指标比较时，还要注意企业间的可比性。其次，应用比较分析法，还应将绝对数增减变动分析和百分数差异分析结合起来，做出全面的判断。

（二）比率分析法

比率分析法是将影响财务状况的两个相关因素联系起来，通过计算比率，反映它们之间的关系，借以评价企业财务状况和经营状况的一种财务分析方法。比率作为一种相对数，可以把一些用绝对数不可比的指标转化为可比的财务量化指标，从而准确揭示财务指标之间的经济关系。例如，甲企业资产总额为 5 000 万元，息税前利润为 400 万元，乙企业资产总额为 2 000 万元，息税前利润为 280 万元，从表面上看甲企业收益额高于乙企业。实际上乙企业资产收益率远大于甲企业的资产收益率，这说明比率分析法是财务分析的一种重要方法。

根据分析的不同内容和要求，比率分析法主要分为相关比率分析和构成比率分析两种：

1. 相关比率分析

相关比率分析是根据经济活动客观存在的相互依存、相互联系的关系，将两个性质不同但又相关的指标加以对比计算，求出比率，以便从经济活动的客观联系中认识企业的生产经营状况。如企业财务管理人员把息税前利润或税后利润分别同与其相联系的成本费用、销售收入、资产平均占用额等财务数据相对比，可计算出成本费用利润率、销售收入利润率、总资产收益率等新的财务指标，从而使企业透彻了解不同财务活动环节及其相应生产经营活动环节的质量和效率，总结成绩，发现错误，寻找原因，采取措施。

2. 构成比率分析

构成比率分析是指通过计算某项经济指标各个组成部分占总体的比重，分析构成内容的变化，从而掌握该项经济活动的特点与变化趋势。如将各资产项目分别与总资产项目比较，求出各资产项目占总资产的比重，可确定企业资产结构安排中存在的问题，为进一步优化企业资产结构确定重点和方向；再比如将利润表各项目分别与销售收入比较，分别求出各项目占销售收入的比重，可以将对企业盈利能力的分析进一步深化到盈利结构的分析，更能发现提高企业收益能力的重点，帮助信息使用者揭示主要矛盾。

（三）趋势分析法

趋势分析法是根据企业连续几个时期的分析资料，以第一期或另外选择某一时期为基础，计算每一期各项目对基期同一项目的趋势百分比，或计算趋势比率及指数，形成一系列具有可比性的百分数或指数，确定分析期各有关项目的变动情况和趋势的一种财务分析方法。趋势分析法既可用于对会计报表的整体分析，即研究一定时期报表各项目的变动趋势，也可对某些主要指标的发展趋势进行分析。

趋势分析法将不同时期的分析资料换算为同一基期的百分比或指数，不仅能反映出企业总体财务状况和经营成果或分项内容的发展趋势，而且可以从对过去的研究、观察和分析中，发现企业未来的发展趋势。这种分析方法按其基期选择的不同有两种基本形式：定基趋势分析法和环比趋势分析法。前者是把不同分析期项目的金额与固定基期同一项目的金额进行对比，而后者则是把不同分析期项目的金额与其前一时期同一项目的金额进行对比。其计算公式如下：

定基趋势百分比 = 本期金额 ÷ 固定基期金额 × 100%

定基趋势指数 = 本期金额 ÷ 固定基期金额

环比趋势百分比 = 本期金额 ÷ 上期金额 × 100%

环比趋势指数 = 本期金额 ÷ 上期金额

（四）因素分析法

因素分析法是通过顺序变换各个因素的数量，来计算各个因素的变动对总的经济指标的影响程度的一种方法。因素分析法主要应用于寻找问题的成因，寻找财务管理中出现问题的根源，为下一步有针对性地解决问题提供信息，并为企业内部考核提供依据。因素分析法根据其分析特点可分为连环替代法和差额分析法两种。

1. 连环替代法

连环替代法是因素分析法的基本形式。它是通过逐个因素替换，计算几个相互联系的因素对综合经济指标变动的影响程度和方向的一种分析方法。为正确理解连环替代法，首先应明确连环替代法的一般程序或步骤。

连环替代法的基本程序：

（1）确定分析对象。

（2）确定分析指标与其影响因素之间的关系。通常是用指标分解法，即将经济指标在计算公式的基础上进行分解或扩展，从而得出各影响因素与分析指标之间的关系式，并以此计算分析指标的报告期数值与基期（计划、上期、同类型企业等）数值的总差异数。

（3）连环顺序替代，计算替代结果。以基期指标体系为计算基础，用实际指标体系中的每一个因素的实际数顺序地替代其相应的基期数，每次替代一个因素，替代后的因素被保留下来，有几个因素就替代几次，直到所有因素都替代成实际数为止；将每次替代所得的结果与前一次计算结果相比较，两者之差即为某一因素，替代后的因素被保留下来，有几个因素就替代几次，直到所有因素都替代成实际数为止；将每次替代所得的结果与前一次计算结果相比较，两者之差即为某一因素对分析指标影响的程度和方向；汇总各个因素的影响数额，其和等于该分析指标的实际数与基期数的总差异数。

（4）分析评价。利用这一计算结果，结合企业的具体情况，即可对分析指标变动原因做出正确而切合实际的分析。

下面，我们举例说明连环替代法的计算过程。

【例 15—1】某企业 2006 年和 2007 年有关总资产产值率、产品销售率、销售利润率、总资产报酬率的资料，如表 15—9 所示。

表 15—9　　企业 2006—2007 年有关资料（%）

指　标	2007 年	2006 年
总资产产值率	80	82
产品销售率	98	94
销售利润率	30	22
总资产报酬率	23.52	16.96

要求：分析各因素变动对总资产报酬率的影响程度。

本例的分析对象为总资产报酬率指标，要确定它与影响因素之间的关系，可按下式进行分解：

总资产报酬率 = 息税前利润 ÷ 平均资产总额 × 100%
= 销售净额 ÷ 平均资产总额 × 息税前利润 ÷ 销售净额 × 100%
= 总产值 ÷ 平均资产总额 × 销售净额 ÷ 总产值 × 息税前利润 ÷ 销售净额 × 100%
= 总资产产值率 × 产品销售率 × 销售（息税前）利润率

由此可见，总资产报酬率受总资产产值率、产品销售率和销售利润率三个因素的影响。

根据上述对总资产报酬率的因素分解式，可得出：

实际指标体系：80% ×98% ×30% =23.52%

基期指标体系：82% ×94% ×22% =16.96%

两者的差额：23.52% -16.96% =6.56%

下面进行连环顺序替代，并计算各个因素对总资产报酬率的影响程度和方向。

基期指标体系：82% ×94% ×22% =16.96% ……………………………… ①

第一次替代：80% ×94% ×22% =16.54% ……………………………… ②

第二次替代：80% ×98% ×22% =17.25% ……………………………… ③

第三次替代：80% ×98% ×30% =23.52% ……………………………… ④

总资产产值率对总资产报酬率的影响：

② - ① =16.54% -16.96% = -0.42%

产品销售率对总资产报酬率的影响：

③ - ② =17.25% -16.54% =0.71%

销售利润率对总资产报酬率的影响：

④ - ③ = 23.52% - 17.25% = 6.27%

各个因素对总资产报酬率影响的总差异数 = -0.42% + 0.71% + 6.27% = 6.56%

2. 差额分析法

差额分析法是连环替代法的一种简化形式，其因素分析的原理与连环替代法是相同的。只是差额分析法比连环替代法简化，即它可直接利用各影响因素的实际数与基期数的差额，在其他因素不变的假定条件下，计算各因素对分析指标的影响程度。

根据例15—1提供的数据，运用差额分析法计算各因素变动对总资产报酬率的影响程度：

（1）总资产产值率对总资产报酬率的影响：

(80% - 82%) × 94% × 22% = -0.41%

（2）产品销售率对总资产报酬率的影响：

80% × (98% - 94%) × 22% = 0.7%

（3）销售利润率对总资产报酬率的影响：

80% × 98% × (30% - 22%) = 6.27%

三个因素对总资产报酬率影响的总差异数 = -0.41% + 0.7% + 6.27% = 6.56%

复习思考题

1. 试述资产负债表的理论依据及作用。资产负债表有哪些缺陷？

2. 编制利润表有哪两种观点？试述其主要内容。

3. 什么是现金流量表？企业在提供了资产负债表和利润表以后，为什么还要提供现金流量表？

4. 直接法下如何计算经营活动现金流量？

5. 有人说“没有注释的会计报表是劣质报表”，也有人说“注释比会计报表本身还重要”，试评述之。

6. 其他财务报告与财务信息有关吗？为什么？

练习题

1. 金芙蓉公司为增值税一般纳税人，销售货物的增值税税率为17%，消费税税率为20%。销售价格中不含向购买方收取的增值税。年初“利润分配——未分配利润”账户贷方余额为30万元，2007年发生下列相关业务：

（1）购入原材料，增值税专用发票注明买价500万元、增值税85万元，对方代垫运杂费15万元（开出普通发票），材料已验收入库，计划成本505万元，并于10月1日开出面值600万元的商业汇票，期限6个月，票面年利率4%。

（2）销售甲产品，销售价格1 100万元，销售成本550万元，用存款代垫运杂费13万元，收到对方开来的面值1 300万元、4个月期、年利率6%的商业汇票，该票据4月1日出票，8月1日到期收到款项。

（3）在建工程领用自制乙产品，成本50万元，售价120万元。

（4）本年6月1日根据协议向A公司出售丙产品，成本160万元，销售价200万元。本产品不交消费税，5月31日将该商品回购，回购价为220万元，对方开来增值税专用发票，以银行存款结算，购后作库存商品入库。

（5）以存款支付全年办公费 20 万元，广告费 40 万元，税收罚款 10 万元。

（6）盘盈固定资产，估计原值 100 万元，累计已提折旧 30 万元，经批准已处理完毕。

（7）本年长期债券投资年末应收利息 200 万元，对方承诺按年付息。

（8）按规定应交城市维护建设税 14 万元，教育费附加 6 万元。

（9）结转本年损益类科目发生额。

（10）本年应交所得税 170 万元。

（11）结转本年净利润。

（12）提取法定盈余公积 30 万元，法定公益金 20 万元，向投资者分配利润 140 万元。

要求：（1）根据以上资料编制完整的会计分录。

（2）编制本年度的利润表。

2. 华康股份有限公司（以下简称华康公司）为上市公司，适用的增值税税率为 17%，适用的所得税税率为 25%。公司采用资产负债表债务法进行所得税会计处理，采用表结法编制会计报表。该公司 2007 年 11 月 30 日有关账户余额如表 15—10 所示。

表 15—10　　**有关账户余额表**　　单位：元

科目	借方余额	贷方余额
应收账款	3 800 000	
坏账准备		106 500
存货	1 500 000	
其中：甲商品	1 000 000	
乙商品	500 000	
存货跌价准备		300 000
其中：甲商品		200 000
乙商品		100 000
短期投资	158 460	
其中：A 股票	23 560	
B 股票	56 000	
C 股票	78 900	
长期股权投资	3 000 000	

2007 年 11 月：主营业务收入 2 560 000 元；主营业务成本 2 100 000 元；营业税金及附加 135 000 元；销售费用 46 000 元；管理费用 65 600 元；财务费用 20 000 元；存货跌价损失 300 000 元；营业外收入 5 000 元；营业外支出 15 600 元。

华康公司 2007 年 12 月份发生的经济业务及其他有关资料如下：

（1）向 S 公司购进丙商品一批，增值税专用发票上注明的价款为 2 000 000 元、增值税税额为 340 000 元。商品已经验收入库，款项尚未支付。

（2）向T公司销售一批丙商品，开出增值税专用发票，发票上注明的价款为1 000 000元、增值税税额为170 000元。商品已经发出，款项尚未收到。

（3）月末结转已售丙商品的成本800 000元。

（4）公司采用成本与市价孰低法计提短期投资跌价准备。该公司短期投资的A、B、C股票系1999年10月购入。这些短期股票投资在12月31日的市价分别为：A股票22 000元；B股票43 000元；C股票75 800元。

（5）公司采用应收账款余额百分比法计提坏账准备。鉴于2007年应收账款发生坏账的可能性有所增加，决定将应收账款坏账准备的计提比例由2006年的3%提高为5%。

（6）公司采用成本与可变现净值孰低法对期末存货进行计价。12月31日，各项存货的预计可变现净值分别为：甲商品900 000元；乙商品400 000元；丙商品1 050 000元。

（7）公司长期股权投资系2007年7月以固定资产形式向M公司的投资，该项固定资产投出时的账面原价为3 500 000元，已提折旧为1 200 000元，公允价值为3 000 000元，该长期股权投资的入账成本为3 000 000元（不考虑相关税费），采用成本法核算。12月31日得知M公司由于财务状况严重恶化，已于12月25日进入清算程序，华康公司预计该项投资的可收回金额为1 200 000元。

（8）12月份共发生管理费用20 000元（不包括提取的坏账准备）、财务费用3 500元、销售费用9 000元，已登记入账。该月未发生营业外收支事项。

要求：（1）根据上述资料编制华康公司2007年12月份商品购销业务有关的会计分录。

（2）计算华康公司2007年末应计提的短期投资跌价准备（按投资总体计提）、坏账准备、存货跌价准备和长期投资减值准备，并编制计提各项准备的会计分录。（3）编制华康公司2007年度利润表。